Erwan Chauty
Qui aura sa vie comme butin ?

Beihefte zur Zeitschrift für die alttestamentliche Wissenschaft

Edited by
John Barton, Reinhard G. Kratz, Nathan MacDonald,
Sara Milstein, Carol A. Newsom and Markus Witte

Volume 519

Erwan Chauty

Qui aura sa vie comme butin ?

Échos narratifs et révélation dans la lecture
des oracles personnels de Jérémie

DE GRUYTER

G

ISBN 978-3-11-065380-9
e-ISBN (PDF) 978-3-11-065784-5
e-ISBN (EPUB) 978-3-11-065445-5
ISSN 0934-2575

Library of Congress Control Number 2019955430

Bibliographic information published by the Deutsche Nationalbibliothek
The Deutsche Nationalbibliothek lists this publication in the Deutsche Nationalbibliografie;
detailed bibliographic data are available on the Internet at http://dnb.dnb.de.

© 2020 Walter de Gruyter GmbH, Berlin/Boston
Printing and binding: CPI books GmbH, Leck

MIX
Papier aus verantwor-
tungsvollen Quellen
FSC
www.fsc.org   FSC® C083411

www.degruyter.com

«Writing, when properly managed (as you may be sure I think mine is) is but a different name for conversation. As no one, who knows what he is about in good company, would venture to talk all ; – so no author, who understands the just boundaries of decorum and good-breeding, would presume to think all : The truest respect which you can pay to the reader's understanding, is to halve this matter amicably, and leave him something to imagine, in his turn, as well as yourself.»

Laurence Sterne,
The Life and Opinions of Tristram Shandy, Gentleman
(York 1759) Livre II, Chapitre 11.

Cette page de Sterne est citée deux fois par Wolfgang Iser dans *Der implizite Leser.*

Remerciements

Ce livre reprend la thèse doctorale défendue le 2 octobre 2017 à Paris. Je tiens à remercier chaleureusement tous ceux qui ont permis cette aventure. Mes deux directeurs, Elena Di Pede (pour l'Université de Lorraine) et Christoph Theobald (pour le Centre Sèvres – Facultés jésuites de Paris), ont été des guides remarquables ; ils se sont engagés avec confiance dans l'aventure de la cotutelle. Les bibliothèques parisiennes, aux bibliothécaires serviables et compétents, m'ont offert des conditions de travail privilégiées : Boseb, Centre Sèvres, BnF, fonds de la revue *Études* anciennement rue Monsieur. Des rencontres avec des amis ont été précieuses, que ce soit les doctorants du Centre Sèvres et du Rrenab, ou lors de rencontres informelles. Les équipes universitaires et administratives de l'École doctorale Fernand Braudel et du laboratoire Écritures m'ont accueilli chaleureusement et m'ont permis de travailler efficacement malgré la distance séparant Paris de Metz. Étienne Celier s'est amicalement acquitté, avec son acribie coutumière, de la relecture du manuscrit. Didier Luciani, Jean-Daniel Macchi, Anthony Feneuil, Odile Flichy, Sylvie Patron ont eu la patience de me lire et la bonté de m'encourager, à titre de rapporteurs ou de membres du jury. La Compagnie de Jésus m'a très généreusement envoyé et encouragé dans cette aventure ; je n'oublie pas ses nombreux bienfaiteurs. John Barton, Reinhard G. Kratz, Nathan MacDonald, Sara Milstein et Markus Witte m'ont fait l'honneur d'accueillir ce livre dans la collection «Beihefte zur Zeitschrift für die alttestamentliche Wissenschaft» dont ils sont les éditeurs chez de Gruyter.

Grâce à eux tous, j'ai pu lire le livre de Jérémie, et tenter de rendre compte de cette lecture. Puisqu'il s'agit de lecture, je ne peux oublier celles et ceux qui m'ont appris à lire, à St-Marc-sur-Mer, St-Nazaire, Versailles, Palaiseau, Évreux, St-Didier-au-Mont-d'Or, Paris, Dublin, Clamart, Rome, et Jérusalem.

https://doi.org/10.1515/9783110657845-001

Abréviations

Le nom des personnages Jérémie et Baruch ne sera jamais abrégé, contrairement aux livres dont ils sont les personnages éponymes.

Les noms de revues et de collections sont abrégés selon les normes de l'IATG[2] : S.M. Schwertner, *Internationales Abkürzungsverzeichnis für Theologie und Grenzgebiete* (Berlin – New York ²1992).

BHS   *Biblia Hebraica Stuttgartensia*. Editio quinta emendata opera A. Schenker (Stuttgart 1997).

BJ   *La sainte Bible*. Traduite en français sous la direction de l'École biblique de Jérusalem (Paris 1973).

CTAT   Barthélemy, D. (éd.), *Critique textuelle de l'Ancien Testament*. 2. Isaïe, Jérémie, Lamentations (OBO 50/2 ; Göttingen 1986).

DEB   Centre informatique et Bible de l'Abbaye de Maredsous, *Dictionnaire encyclopédique de la Bible* (Turnhout ³2002).

DV   Concile Vatican II, *Constitution dogmatique sur la Révélation divine Dei Verbum*, dans G. Alberigo (éd.), *Les conciles œcuméniques*. II-2. Les Décrets. Trente à Vatican II (Le magistère de l'Église ; Paris 1994).

EHLL   Khan, G. (éd.), *Encyclopedia of Hebrew Language and Linguistics* (publiée en ligne en 2013) (consultée sur brillonline.com le 26/5/2015).

GKC   Gesenius, H.F.W. – Kautzsch, E. – Cowley, A.E., *Gesenius' Hebrew Grammar*. As Revised and Enlarged by the Late E. Kautzsch. Second English Edition Revised in Accordance with the Twenty-Eighth German Edition by A. E. Cowley (Oxford 1910).

JM   Joüon, P. – Muraoka, T., *A Grammar of Biblical Hebrew*. Second Reprint of the Second Edition, with Corrections (SubBi 27 ; Roma 2009).

KB   Koehler, L. – Baumgartner, W., *The Hebrew and Aramaic Lexicon of the Old Testament*. Translated and edited under the supervision of M.E.J. Richardson (Leiden – Boston – Köln 2001).

TDOT   Botterweck, G.J. – Ringgren, H. – Fabry, H.J. (éd.), *Theological Dictionary of the Old Testament* (Grand Rapids – Cambridge 1999).

TOB   *La Bible*. Traduction œcuménique. Édition intégrale TOB (Paris – Villiers-le-Bel 2000).

Les noms propres seront habituellement transcrits en suivant la TOB, plus proche phonétiquement du TM que la BJ, plus influencée par la LXX et la Vulgate. Lorsqu'on s'écartera de cette référence, on visera une transcription phonétique aisément lisible, plutôt qu'une translittération scientifique univoque.

https://doi.org/10.1515/9783110657845-002

Table des matières

Introduction

Le livre de Jérémie est aussi passionnant qu'énigmatique. Finesse des oracles poétiques aux formules ciselées et percutantes, inquiétude extrême de la petite Jérusalem devant l'invincible Nabuchodonosor, destin tragique d'un prophète qui ne cesse d'appeler sans succès à des changements politiques et religieux, espoir extraordinaire que la catastrophe n'aura pas le dernier mot... Mais sa lecture est désarçonnante : alternances inexpliquées de la prose et de la poésie, fils narratifs sans cesse coupés ou mélangés, indications chronologiques et géographiques résistant à toute tentative de reconstitution rationnelle ; les commentateurs décrivent ainsi leurs impressions : «cauchemar», «désordre», «destruction», «disparate», «incompréhensible»...

Cette recherche voudrait résister à la tentation de fuir cette expérience déroutante, et tenter, à proprement parler, de la lire. Ce livre prétend que Yhwh parle, en un lieu et en un temps, à propos de certains de ses personnages : oracles de délivrance ou de condamnation, conseils, appels à la conversion... On voudrait s'en tenir au texte, tel qu'il nous a été transmis dans la forme finale du texte massorétique[1], faisant confiance à ses derniers rédacteurs et copistes anonymes, pour tenter d'en chercher le sens. Non pas nier qu'une enquête historique soit légitime, mais se tenir en deçà, dans cette première lecture que chacun a déjà faite, encore vierge de toute connaissance sur Jr.

Au loin, se dessine déjà une question théologique : si ce livre, qui affirme une parole de Yhwh incarnée dans une situation humaine concrète, nous est transmis sous cette forme, ne peut-on y voir une trace de ce que la théologie chrétienne appelle «révélation» ? De tout temps, la réflexion théologique s'est nourrie d'une lecture des livres prophétiques. Le fossé entre théologie et exégèse est-il aujourd'hui infranchissable ?

Le premier chapitre, consacré aux orientations du travail, voudrait situer ce projet de recherche dans les études jérémiennes depuis le début du XXe siècle. On commencera par rendre compte de la manière majoritaire, dite «diachronique», dans laquelle l'exégèse se nourrit des problématiques historiques. Mais cette manière de faire n'est pas la seule possible : les études récentes montrent l'émergence d'une manière «synchronique», dans laquelle cette recherche veut se situer. On pourra alors préciser l'objet étudié : l'observation du rapport entre oracles et narration, dans le texte hébreu dit massorétique situé parmi les traditions textuelles de Jr, sous l'angle particulier des personnages secondaires

---

1 Cette recherche s'intéressera uniquement au TM. On discutera plus loin du rapport très spécifique du TM de Jr avec la LXX (cf. 1.4).

https://doi.org/10.1515/9783110657845-003

recevant un oracle par l'intermédiaire du prophète Jérémie. Dans les oracles destinés à trois de ces personnages se trouve l'expression «avoir sa vie comme butin»[2], qui donne son titre à cette recherche.

Avant d'en venir à l'étude des personnages de Jr, un long détour est nécessaire, qui associera apports théoriques et vue d'ensemble de Jr. Ce sera le rôle de la première partie de construire une théorie narrative adéquate à l'étude de Jr. Elle comportera deux chapitres. Puisque l'on veut réfléchir au rapport entre des oracles et des personnages, il est nécessaire de commencer par étudier la différence, dans le texte hébreu de Jr, entre la forme du discours représenté et celle de la narration, et de considérer les possibilités d'enchâssement d'une forme par une autre ; ce sera l'objet du chapitre 2. Le chapitre 3 traitera de la théorie des personnages, et se terminera par l'étude du premier personnage nommé dans le récit autre que Yhwh et Jérémie : Pashehour fils d'Immer.

La deuxième partie comportera quatre chapitres, chacun dédié à l'étude d'un personnage particulier : Eved-Mélek, puis Baruch, Guedalias, et enfin Sédécias. On précisera au début de cette partie les raisons qui ont conduit à ce choix.

La troisième partie, plus courte, comportera un seul chapitre. Il s'agira d'interpréter théologiquement les résultats du travail exégétique, sous l'angle de la théologie de la révélation. Une conclusion générale viendra enfin reprendre l'essentiel du parcours.

Cette thèse a été préparée dans le cadre d'une convention de cotutelle entre l'Université de Lorraine et le Centre Sèvres – Facultés jésuites de Paris. Ces deux universités dépendent de deux États européens engagés dans le processus de Bologne: la France, pour l'Université de Lorraine, et le Saint-Siège (Cité du Vatican) pour le Centre Sèvres. Chacun des deux co-directeurs a supervisé la rédaction de ce qui relevait de sa compétence propre : Elena Di Pede a guidé le travail exégétique et narratologique (chapitres 1 à 8) et Christoph Theobald a supervisé la reprise théologique (chapitre 9).

---

2 La TOB traduit «avoir la vie sauve». L'expression apparaît pour Sédécias en 21,9 ; pour Eved-Mélek en 39,18 ; pour Baruch en 45,5.

1 Orientations du travail

1.1 Les présupposés des lectures diachroniques

1.1.1 Introduction

C'est à une lecture synchronique que l'on veut procéder dans cette étude, selon des principes qui seront exposés en leur temps. Ce n'est pas pour autant que l'on peut ignorer la domination de la perspective diachronique sur les études jérémiennes au XXe siècle. Certains, dans cette lignée, vont jusqu'à y voir la seule perspective possible, identifiant la voie synchronique à une démarche obscurantiste. L'argumentation de Robert P. Carroll, exégète reconnu de Jr, est typique de l'opposition au projet de cette recherche. Il vaut la peine de le citer pour montrer combien le chemin à parcourir n'est pas évident. Il écrivait ainsi il y a une vingtaine d'années :

> «The only way I can rescue a synchronic reading is *to do it in a diachronic way* ! [...] It makes sense of the untidy book of Jeremiah, it allows me to incorporate my post-Enlightenment critically reflective perspective into my reading of the text, and it seems to make due allowances for the discrete and diverse interests operating in the production of the text.»

> «Perhaps a synchronic reading of Jeremiah can be sustained by postmodernist readers of the bible or by readers who resolutely refuse to recognize the Enlightenment as ever having happened in matters pertaining to reading the bible.»[1]

Serait donc en jeu la réception des Lumières, de l'avènement de la raison critique, incompatibles selon Carroll avec les lectures synchroniques. On pourrait peut-être se contenter de répondre en affirmant a priori la possibilité d'une lecture synchronique, la déduisant d'une réflexion herméneutique fondée en raison critique. On pourrait aussi se résoudre à affirmer la légitimité d'une diversité de méthodes, chacune ayant son domaine propre de validité, sans tenter d'ébaucher une articulation entre ces méthodes. On courrait alors le risque de

---

1 R.P. Carroll, «Synchronic Deconstructions of Jeremiah : Diachrony to the Rescue ? Reflections on Some Reading Strategies for Understanding Certain Problems in the Book of Jeremiah», *Synchronic or Diachronic*. A Debate on Method in Old Testament Exegesis (éd. J.C. de Moor) (OTS 34 ; Leiden 1995) pp. 39–51, pp. 50 et 49 ; cité par A. C. Osuji, *Where is the Truth ?* Narrative Exegesis and the Question of True and False Prophecy in Jer 26–29 (MT) (BEThL 214 ; Leuven – Paris – Walpole 2010) pp. 71–72.

https://doi.org/10.1515/9783110657845-004

considérer les méthodes comme étant universellement valides, indépendamment de l'objet sur lequel elles se penchent.

Mais il est une autre manière, pour qui veut tenter une lecture synchronique de Jr, d'aborder les études diachroniques. Synchronie et diachronie ne paraissent incompatibles que si elles sont présentées de manière trop schématique ; s'il est certain que les résultats de chaque méthode sont conditionnés par les questions spécifiques qu'elle pose au texte, une ignorance mutuelle des approches n'est pas satisfaisante. Chaque méthode exégétique, en effet, prétend rendre compte du sens du même texte – le texte massorétique considéré comme état final du processus de rédaction – et s'appuie sur des présupposés particuliers avec lesquels elle prétend entretenir un rapport critique : même si la science historique du XIXᵉ siècle espérait mener une recherche parfaitement objective, on sait bien aujourd'hui que toute interprétation repose sur de tels présupposés. On se propose donc, dans la partie qui va suivre, de rendre compte de quelques études diachroniques majeures de Jr ; l'analyse ne portera pas d'abord sur leurs résultats, mais sur leurs fondements, souvent implicites ; elle ne visera pas une présentation objective, mais se concentrera sur ce qui touche au projet ici poursuivi. Dans ce but, l'étude de leurs introductions se montrera très significative ; on observera particulièrement le langage et les métaphores qui servent à chaque auteur pour penser ses résultats quant au prophète historique et à l'histoire de la rédaction : cela révèle des schémas de pensée. L'analyse ne sera pas menée pour elle-même, indépendamment du projet de cette recherche : l'argumentation ne se privera donc pas de détailler tel ou tel point, en fonction de son caractère significatif.

Dès à présent, on peut annoncer l'essentiel de ce qui ressortira : chacun de ces ouvrages s'appuie sur des préconceptions, concernant ce qu'est un prophète, ou ce qu'est un livre prophétique, ou sur l'herméneutique générale des livres bibliques. C'est l'écart entre Jr et ces préconceptions qui nourrit le découpage du texte en authentique et inauthentique, série de sources et de collections, traces de compilation, de réinterprétations, ou de corrections. Ce faisant, si ces commentateurs contestent la possibilité d'une lecture naïve, qui lirait le livre du début à la fin comme on le fait pour un livre moderne composé d'un seul trait en partant d'une feuille blanche, cela ne revient pas à affirmer l'impossibilité de toute lecture synchronique. Une bonne critique de ces présupposés, nettement manifestés dans les textes de ces auteurs, montrera que notre projet de lecture synchronique n'est pas rendu illégitime par l'exégèse jérémienne du XXᵉ siècle, et qu'il ne se confond pas avec une démarche pré-critique. Sera ainsi peu à peu précisée une manière particulière de lire Jr synchroniquement, qui ne soit pas remise en cause par les travaux diachroniques ; ainsi se dégageront quelques acquis pour la construction d'une théorie narrative adéquate à Jr.

Les auteurs présentés le seront de manière chronologique, ce qui, malgré quelques inconvénients, présente des avantages. On court le risque, certes, d'induire l'idée que l'analyse narrative d'aujourd'hui – que cette recherche développera – doit justifier de sa légitimité en s'opposant à des approches dont certaines sont plus que centenaires. Cet anachronisme serait spécieux, faisant oublier que les travaux exégétiques ont progressé depuis ce temps. Si les questions lancées par les auteurs les plus anciens restent vives, leurs résultats ne s'imposent plus à personne aujourd'hui ; chaque génération reprend le travail non sur le mode d'un progrès linéaire ou d'une accumulation de la connaissance, mais d'un chantier sans cesse recommencé, habité par des questions qui se transforment au fur et à mesure de leur avancée. Pourtant, il vaut la peine de commencer par ces auteurs anciens : leurs prises de position implicites, distantes des manières d'aujourd'hui, apparaissent de manière plus vive ; surtout, elles sont à la source d'une incompréhension face à la possibilité d'une lecture synchronique qui traverse l'histoire et demeure aujourd'hui. L'ordre chronologique permet un autre avantage : même si l'on ne procèdera que par sondage, sans prétendre à l'exhaustivité, on parviendra à percevoir les mouvements de fond transformant l'exégèse historico-critique de Jr. On doit noter, d'ailleurs, que ces études s'appuient sur les résultats d'une recherche historique et archéologique qui progresse aussi : on connaît les révolutions[2] produites non seulement par la découverte des manuscrits de Qumrân à partir de 1947, mais aussi après 1967 par les travaux de l'*Archaeological Survey* israélien, qui invalident la tendance très concordiste de l'archéologie biblique du début du XXe siècle. Après avoir cité les fondateurs de l'analyse moderne de Jr, puis quelques ouvrages majeurs universellement cités, on terminera par quelques travaux plus récents qui montrent la vitalité des études diachroniques de Jr aujourd'hui, ainsi que la persistance de présupposés envers l'analyse narrative. Une synthèse conclura cette partie, tentant de réfléchir de manière herméneutique aux observations dégagées ; elle préparera ainsi l'entrée dans la perspective synchronique.

Deux remarques s'imposent avant de commencer. On sait que les livres prophétiques ont souvent été qualifiés de *vaticinatio ex eventu* : ce qui permettrait au récit de mettre en scène un prophète dont les prophéties se sont réalisées, c'est d'avoir été écrit après les événements. Analogiquement, il en est de même pour l'emplacement dans cette recherche du parcours bibliographique : placé au début, il pourrait donner l'impression que l'exégèse de Jr qui suivra est

---

2 On trouve une synthèse équilibrée des résultats de l'archéologie récente sur la reconstitution du fond historique des livres bibliques dans I. Finkelstein – N.A. Silberman, *The Bible Unearthed* (New York 2001).

en quelque sorte déduite de la bibliographie. Il n'en est pas vraiment ainsi, bien sûr : cette partie a en effet été rédigée en miroir des parties suivantes. Cela explique qu'on rendra compte des auteurs cités en portant une attention particulière à ce qui se révélera utile au projet exégétique poursuivi.

De plus, il importe de noter que ce qui suit n'est pas un jugement de valeur sur la démarche historico-critique, ni une présentation objective de son histoire et de ses apports indéniables – ce que ferait un ouvrage de type « commentaire ». Si le ton employé peut parfois paraître dur, c'est uniquement pour tenter de dégager une place pour le projet ici poursuivi, au milieu de ces monuments impressionnants. Le terme de « présupposés » est employé comme outil d'analyse, dans un sens que pourrait revendiquer une démarche de déconstruction, mais sans aucune valeur péjorative.

1.1.2 Duhm (1901)

Le commentaire de Bernhard Duhm[3], publié en 1901, est habituellement présenté comme le point de départ des études critiques modernes sur Jr, d'où l'importance de repérer son rapport au texte final et aux processus qui y ont conduit. Duhm a initié le découpage du livre en plusieurs sources, ce en quoi il dépasse la tentative précédente de Carl Heinrich Cornill en 1895[4], qui avait réorganisé le texte hébreu selon un principe chronologique, mais sans l'accompagner d'une réflexion critique. Duhm, donc, affirme que le livre provient de plusieurs écrivains ayant travaillé au long de plusieurs siècles[5]. Il distingue les formes de prose, demi-prose, et poésie ; selon lui, seule la poésie est attribuable au prophète historique (p. VII). Attardons-nous sur une phrase de l'introduction, qui révèle la dynamique de son analyse :

> « Das Endergebnis, dass nämlich dem Jeremia nur prophetische Dichtungen von einer bestimmten Form zuzuschreiben sind, aber keine Prosa oder Halbprosa, habe ich weder vorhergesehen, noch gar tendenziös herbeigeführt. Aber für mich bedeutet es die Befreiung von einem Albdruck ; ich glaube jetzt den Jeremia als Menschen, Schriftsteller und Propheten verstehen zu können, soweit man sich anmassen darf, das von einem so grossen Mann zu sagen. »[6]

---

3 B. Duhm, *Das Buch Jeremia* (KHC 11 ; Tübingen – Leipzig 1901).
4 C.H. Cornill, *The Book of the Prophet Jeremiah*. Critical Edition of the Hebrew Text Arranged in Chronological Order, With Notes (Leipzig – Baltimore – London 1895).
5 Duhm, *op. cit.*, p. X. On suivra la numérotation en chiffres romains de la préface et de l'introduction.
6 *Ibid.*, p. VII.

On peut d'abord remarquer que la première justification indiquée de la position de Duhm est la mesure de son effet psychologique sur l'exégète : elle a produit en lui la libération d'un cauchemar («die Befreiung von einem Albdruck») ; dans les premières lignes de son commentaire[7], il avait déjà décrit sa crainte initiale («ich habe mich vor diesem Buch immer mehr gefürchtet») face à Jr qu'il trouvait énigmatique («rätselhafter»). Cette position repose sur deux mouvements opposés à propos de l'historicité : d'une part, attribuer à des rédacteurs ultérieurs plutôt qu'au prophète certains passages sur la base de leur forme littéraire (prose et demi-prose) ; d'autre part, chercher à connaître la personne historique Jérémie comme homme, écrivain et prophète. La recherche de la personne historique va donc de pair avec la qualification de nombreux passages comme non historiques.

La suite de l'introduction montre bien que Duhm raisonne à partir d'un schéma historique de dégradation progressive : ce qui est à l'origine est pur ; l'histoire ne peut ensuite que porter atteinte à la pureté première. Ce schéma, typique de la mentalité romantique de l'époque de Duhm, se révèle d'abord dans un concept d'évolution religieuse : il parle ainsi de l'ancienne et pure religion de Yhwh («die alte reine Jahwereligion», p. XI), ensuite oubliée par la population. Il se révèle aussi dans sa manière de parler des responsables des états successifs du livre, d'abord Jérémie, dont le livre conserve les «poèmes prophétiques» («die prophetischen Gedichte Jeremias», p. XI), puis Baruch, auteur d'un livre[8] rapportant la vie du prophète («die von Baruch geschriebene Lebensgeschichte Jeremias», p. X), enfin des «glosateurs»[9] («Ergänzer») : alors que le prophète était «ein so grosser Mann» (p. VII), Baruch n'est ni un grand esprit ni un écrivain brillant[10] ; quant aux «glosateurs», ils sont de mauvaise qualité :

---

7 *Id.*

8 L'hypothèse d'un «livre de Baruch» a été ensuite longtemps reprise, jusqu'à ce que Gunther Wanke montre que les passages attribués par Duhm à Baruch ne pouvaient pas provenir d'un rédacteur unique : «Was kann [...] zum Problem der sogenannten Baruchschrift gesagt werden ? Zunächst jedenfalls dies, daß die Fremdberichte des Jeremiabuchs nicht als ein einheitliches Werk eines Verfassers mit einer das Ganze bestimmenden Grundabsicht verstanden werden können.». Des critères de construction, de structure, de contenu, d'intention et de tendance théologique, permettent en fait de distinguer trois groupes : A) 19,1–20,6 ; 26–29 et 36 ; B) 37–44 ; C) 45 et 51,59-64. Cf. G. Wanke, *Untersuchungen zur sogenannten Baruchschrift* (BZAW 122 ; Berlin 1971), notamment pp. 144 et 155. Ces textes se regroupent selon leurs intérêts préexiliques, exiliques, ou postexiliques, cf. G. Wanke, «Das Buch», *Jeremia 1* (ZBK.AT 20.1 ; Zürich 1995) pp. 11–17.

9 Littéralement, des «ajouteurs». Je remercie J. López de Castro pour ce conseil de traduction.

10 «Er ist kein grosser Geist und kein glänzender Schriftsteller», *ibid.*, p. XV.

«Vielfach erhält man den Eindruck, dass die Ergänzer [...] keine schriftstellerische Schulung genossen haben und [...] kein Autorentalent besitzen.»[11]

La facture de leurs écrits est qualifiée de très enfantine («von sehr kindlicher Faktur», p. XIX). Cette logique conduit Duhm à comparer l'état final du livre avec celui d'une forêt laissée sans surveillance[12] ; remarquons que cette métaphore abandonne l'histoire de la rédaction à des processus observables par les sciences de la nature, en déniant toute intervention de la liberté spirituelle et de la créativité intellectuelle habituellement attribuables à des esprits humains.

Cette dépréciation marquée du texte final de Jr n'est pas motivée par un scepticisme immodéré ; avec le recul historique qui nous sépare de Duhm, on ne peut que s'étonner de la confiance avec laquelle son imagination reconstruit la vie du prophète. Les difficultés critiques du texte ne l'empêchent pas de retrouver la prédication historique du prophète ; sans doute faut-il y voir moins un résultat de l'analyse qu'un fruit de l'hypothèse selon laquelle c'est l'oralité qu'il faut chercher dans le livre :

«Auch bei Jer ist wie bei den älteren Propheten die mündliche Wirksamkeit noch die Hauptsache.»[13]

Cette confiance lui permet ainsi de tenir des affirmations assez peu fondées dans le texte. Un exemple est significatif : du sens de la nature présent dans les oracles reconnus authentiques, il n'hésite pas à déduire que Jérémie a grandi à la campagne (cf. p. XI) ; il parvient à dater le déménagement de Jérémie d'Anatoth à Jérusalem (cf. p. XI), etc.

Le commentaire de Duhm a marqué l'histoire de l'exégèse[14] ; certains pourraient y voir le premier signal de l'interdiction d'une lecture synchronique. En effet, lire le texte dans son état actuel, du début à la fin, demande de faire confiance aux derniers rédacteurs. Est-ce pour autant retomber dans le «cauchemar» dont souffrait Duhm avant de proposer son critère d'identification des passages inauthentiques ? Non, si l'on s'écarte de son présupposé fondamental, qui est de rechercher la personne historique en amont du livre. Il est sympto-

---

11 *Ibid.*, p. XIX.
12 «wie ein unbeaufsichtiger Wald», *ibid.*, p. XX.
13 *Ibid.*, p. XII.
14 Ce qui ne signifie pas que ses présupposés et résultats soient toujours repris tels quels. L'exégèse historique s'est depuis bien davantage intéressée à la signification du travail des rédacteurs finaux. Ce n'est pas pour autant qu'elle encourage unanimement une lecture de la forme finale, indépendamment de l'histoire rédactionnelle.

matique, d'ailleurs, que Duhm oppose certains discours du livre, considérés comme inauthentiques, à ce que le Jérémie historique a proclamé « en vérité »[15]. On peut conclure que, lorsqu'il étudie Jr, c'est aux dépens du livre qu'il cherche l'homme ; mais d'autres lectures restent possibles si l'on part d'autres hypothèses.

1.1.3 Mowinckel (1914)

En 1914, l'exégète norvégien Sigmund Mowinckel a publié un essai[16] devenu célèbre sur la composition de Jr. En moins de 70 pages, il a proposé une analyse du texte en quatre sources qui demeure incontournable ; on peut soupçonner l'influence épistémologique de la théorie documentaire de Wellhausen sur un tel résultat. On voudrait, en présentant ses conclusions, rechercher la pré-compréhension de la prophétie qui en constitue le fondement. La source A, dont proviennent les 25 premiers chapitres, contient des oracles parmi lesquels on trouve les paroles mêmes de Jérémie ; la source B, contenant des récits, se trouve à partir du chapitre 26. La source C contient de grands récits, caractérisés par la superscription « la parole qui survint vers Jérémie », הדבר אשר היה אל־ירמיהו. La collection[17] D, enfin, se retrouve dans les chapitres 30 – 31.

Le texte final provenant d'un assemblage de ces sources et collections, il est illusoire d'y chercher un plan ordonné de manière logique[18]. Mowinckel imagine certes que certains documents préalables aient pu être organisés suivant un plan, mais

« Sowohl dieser Plan als auch die Chronologie ist von späteren Redaktoren zerstört worden. »[19]

L'état final provient donc selon lui d'une destruction (« zerstört ») : ce terme fort interdit, si l'on suit Mowinckel, toute lecture continue. Ne parvenant pas à trouver de signaux d'unité dans le texte, tels que des mots-crochets, des tran-

---

15 Noter en haut de la p. XVI l'opposition entre le livre (« das Buch ») et la vérité (« in Warheit »).
16 S. Mowinckel, *Zur Komposition des Buches Jeremias* (Kristiania [=Oslo] 1914). NB : ce livre a été édité dans la ville d'Oslo, renommée Kristiania de 1877 à 1925.
17 Alors que A, B et C sont caractérisées comme étant des sources (« Quellen »), D est une collection (« Sammlung »).
18 Cf. p. 3.
19 *Ibid.*, p. 5.

sitions, des unités thématiques, il conclut à propos de la source A que les oracles qu'elle contient sont

«ganz lose nebeneinander gestellt, ohne besondere Einleitungsformeln.»[20]

Cette manière de concevoir Jr se reflète dans le plan même de l'essai de Mowinckel : la grande masse (pp. 3 à 51) est consacrée à une analyse génétique («eine genetische Analyse», p. 61) ; seules les quinze dernières pages sont dédiées à une synthèse dont la rapidité est comparée à celle d'un coup d'œil :

«Nachdem wir so die Analyse des Buches vorgenommen haben, müssen wir auch einen Blick auf die Synthese werfen.»[21]

La théorie de Mowinckel à propos du livre de Jérémie est parfaitement cohérente avec sa conception de la prophétie, telle qu'il l'expose au début de l'essai. Il la pense en effet sur le mode de la vision extatique :

«[...] das Wesen des prophetischen (nabiistischen) Orakels [...] ist eine ekstatische Vision»[22]

Qualifiée aussi, peut-être de manière péjorative, de «semi-mystique» (p. 3), la vision prophétique est «kaléidoscopique» (p. 4). Or dans une vision, pensée comme contemplation d'un paysage statique, aucun ordre particulier ne s'impose. Cette conception de la prophétie entraîne deux conséquences. Premièrement, elle conduit à négliger tout phénomène de mise en ordre dans le recueil des oracles, on l'a déjà remarqué. Deuxièmement, si elle est cohérente avec une étude générale du prophétisme antique, elle est bien peu fondée dans le texte jérémien. Certains prophètes bibliques, certes, décrivent de nombreuses visions au moyen d'un langage fantastique et apocalyptique, mais force est de constater que Jr est d'une rare sobriété. Les dialogues avec Yhwh introduits par la question «que vois-tu ?» l'amènent à décrire des scènes de la vie quotidienne : un amandier dans un jardin (1,11), une marmite dans une cuisine (1,13), le potier au travail dans son atelier (18,3). Ferait peut-être exception la «parole que Yhwh me fit voir» en 38,21. Mais très majoritairement, c'est la métaphore de la parole que Jérémie emploie pour rapporter la prophétie.

Même avec ces limitations, l'analyse de Mowinckel ne peut être négligée. Elle n'interdit pas, en soi, de porter l'attention sur l'effet d'un texte, aussi

---

20 *Ibid.*, p. 17.
21 *Ibid.*, p. 51.
22 *Ibid.*, p. 3.

composite soit-il, sur son lecteur. Il est toutefois clair qu'on devra être attentif à toutes les ruptures, changements, décalages qui auront de l'effet sur ce lecteur au fur et à mesure de sa lecture. Une herméneutique qui aurait besoin d'une unité parfaitement articulée, depuis les débuts de la rédaction jusqu'à la forme finale, ne pourra pas être appliquée à Jr ; mais une telle manière de comprendre l'unité n'est pas universelle, et toute œuvre littéraire ne ressemble pas à un ouvrage systématique de philosophie. L'esthétique contemporaine nous a habitués à considérer des œuvres fragmentaires ; le cinéma, qui n'en était qu'à son état naissant à l'époque de Mowinckel, en donne un bon exemple : nous nous sommes appropriés au point de le trouver naturel[23] son langage basé non sur la continuité, mais sur l'effet de *cut*[24] produit par le montage de plans tournés séparément.

1.1.4 Hyatt (1942)

Deux articles publiés en 1942[25] et 1951[26] par James Philip Hyatt permettent d'aborder la question de la relation entre Jérémie et le Deutéronomiste (par la suite : Dtr). L'auteur s'appuie sur les relevés textuels de John William Colenso[27],

---

23 Deleuze affirme que le montage est « l'acte principal du cinéma » ; il reconnaît toutefois que les cinéastes n'en ont pas immédiatement perçu la valeur significative, cherchant d'abord à le dissimuler. Cf. G. Deleuze, *Cinéma 2*. L'image-temps (Critique ; Paris 1985), pp. 51 et 57.

24 Robbe-Grillet en a proposé cette description : « Si je vois un événement se dérouler sur l'écran, je le reçois comme en train de s'accomplir : il est au présent de l'indicatif. D'autre part, la continuité de cette action présente se trouve interrompue de façon imprévisible et brutale à chaque changement de plan, c'est-à-dire chaque fois que les ciseaux du monteur ont coupé la pellicule pour coller à la suite (à la place) une autre prise de vues. Entre le dernier photogramme du plan N et le premier photogramme du plan N+1, il se passe quelque chose qui n'occupe aucune durée dans le film (durée filmique nulle) : la caméra a changé de place et une faille plus ou moins longue s'est opérée dans le temps diégétique. », A. Robbe-Grillet, « Pour un nouveau cinéma (1982) », *Le voyageur*. Textes, causeries et entretiens (1947–2001) (Paris ¹2001 ²2003) pp. 205–213, p. 209.

25 J.P. Hyatt, « Jeremiah and Deuteronomy », *JNES* 1/2 (1942) pp. 156–173.

26 J.P. Hyatt, « The Deuteronomic Edition of Jeremiah », *Vanderbilt Studies in the Humanities* 1 (éd. R.C. Beatty – J.P. Hyatt – M.K. Spears) (Nashville 1951) pp. 71–95.

27 Colenso a relevé 200 expressions communes au Dtr et à Jr et en a conclu que le prophète Jérémie et le Deutéronomiste ne faisaient qu'un. Si cette étude a lancé la problématique toujours actuelle du rapport entre Dtr et Jr, ses conclusions ne sont plus reprises aujourd'hui, comme le montre par exemple l'analyse de Hyatt. Cf. J.W. Colenso (Bishop of Natal), « Appendix 149. Comparison of the language of the Deuteronomist with that of Jeremiah », *The Pentateuch and the Book of Joshua Critically Examined*. VII. The Pentateuch and Book of Joshua compared with

publiés dans la deuxième moitié du XIXe siècle, pour proposer une solution à cette question. On peut résumer ainsi les données textuelles : d'une part, la parenté entre Jr et Dtr est indéniable, puisque certaines parties de Jr ont un langage, un style et des thèmes que l'on retrouve aussi dans le Dtr. Pourtant, malgré cette évidente parenté, on rencontre vite deux obstacles. D'une part, Jr ne mentionne pas la réforme de Josias : ni la centralisation du culte, ni l'épisode fondateur de la découverte du rouleau dans le Temple (cf. 2 R 22). On pourrait toutefois reconnaître dans la formule de Jr 36,24, « ils ne déchirèrent pas leurs vêtements », une négation qui n'a de sens que si l'alternative positive est présupposée, donc sur fond d'une connaissance du texte de 2 R 22,11[28]. D'autre part, l'historiographie dtr présente un problème symétrique : elle ne mentionne jamais le prophète Jérémie ni ne cite ses oracles.

Hyatt commence son analyse par une réflexion historique, cherchant à ne pas prendre pour argent comptant toutes les affirmations bibliques. Par exemple, le récit par 2 R de la réforme de Josias peut être un programme idéal jamais réalisé, ou bien une réalisation temporaire ensuite oubliée ; il essaye alors de situer le prophète historique Jérémie par rapport à cette réforme. Il en vient ensuite aux livres bibliques, pour tenir compte de l'histoire de la rédaction tant de l'historiographie dtr que de Jr. Il conclut à un travail d'édition de Jr pour le rapprocher de ce courant réformateur, alors qu'historiquement le prophète aurait été assez distant de ses promoteurs :

---

the other Hebrew Scriptures (London 1879) Appendix, pp. 85 – 110. NB : l'Appendice se trouve à la fin du livre, après la p. 528, et sa pagination recommence à 1.

28 Argument transmis oralement par J.-M. Abrego de Lacy. De même, Konrad Schmid voit dans le caractère « quelque peu obscur » du verset le signe que « c'est Jr 36 qui connaît 2 R 22 et non l'inverse. ». Dans le même sens, mais sans réflexion sur la sémantique de la négation, Isbell reprend en le radicalisant l'argument de Kessler : il introduit sa citation par la formule « the narrator surely intended [...] » alors que Kessler affirmait seulement : « That the narrator compares Jehoiakim's impious reaction with the favorable response of Josiah may be implied ; cf. II Kings 22 11. ». *Sed contra*, Minette de Tillesse voit 2 R 22 dépendre de Jr 36, mais son argument est moins convaincant : la présupposition selon laquelle le roi aurait dû déchirer ses vêtements serait la réaction des Ninivites à la prédication de Jonas ; mais ils s'étaient contentés de revêtir le sac, sans déchirer leurs vêtements. Cf. K. Schmid, « L'accession de Nabuchodonosor à l'hégémonie mondiale et la fin de la dynastie davidique. Exégèse intrabiblique et construction de l'histoire universelle dans le livre de Jérémie », *ETR* 81/2 (2006) pp. 211– 227, p. 214 ; C.D. Isbell, « 2 Kings 22:3 – 23:24 and Jeremiah 36 : A Stylistic Comparison », *JSOT* 3/8 (1978) pp. 33 – 45, p. 37 ; M. Kessler, « The Significance of Jer 36 », *ZAW* 81/3 (1969) pp. 381– 383, p. 383 ; C. Minette de Tillesse, « Joiaqim, repoussoir du ‹ Pieux › Josias : Parallélismes entre II Reg 22 et Jer 36 », *ZAW* 105/3 (1993) pp. 352–376, p. 368.

«The Deuteronomic editors did their work well. The best measure of their success is the general prevalence of the view that Jeremiah once approved of the Deuteronomic reforms and later changed his attitude. But, in order to understand the true Jeremiah, we must discount the Deuteronomic passages. We shall then see that the prophet was not given to compromise or to fundamental change of mind.»[29]

On voit poindre ici, derrière l'expression «the true Jeremiah», opposée à l'état final du livre, une démarche qui recherche l'historicité aux dépens du livre. L'auteur a explicité cette précompréhension dans un ouvrage de vulgarisation :

«When the prophetic messages [...] were collected and edited, little attention was given to chronological order, and to indicating the proper division between messages which had been originally delivered at different times and on different occasions. [...] Yet, in order to study a particular prophet intelligently we must try to separate his individual messages, assign them where possible to specific occasions and dates, and put them into chronological order.»[30]

Ces réflexions ne semblent pas interdire une lecture synchronique qui ferait abstraction du rapport de Jr au Dtr. Il ne s'agit pas, bien sûr, de nier ce rapport ; mais il faut reconnaître que la complexité du débat, qui se poursuit aujourd'hui[31], interdit de recevoir immédiatement les conclusions de tel auteur plutôt que de tel autre, d'autant plus que leurs arguments s'appuient sur les résultats d'une science historique elle aussi en recherche. On perçoit donc l'intérêt d'une étude de Jr pour lui-même, préalablement à la comparaison avec d'autres livres bibliques ; ce serait d'ailleurs une manière de contribuer, par la suite, à la compréhension de ce livre dans son contexte historique et de l'histoire de sa rédaction en parallèle avec l'histoire de la rédaction deutéronomiste.

---

29 Hyatt, «Jeremiah and Deuteronomy», p. 173.

30 J.P. Hyatt, *Jeremiah Prophet of Courage and Hope* (New York – Nashville 1958) p. 12.

31 Voir par exemple T. Römer, *The So-Called Deuteronomistic History*. A Sociological, Historical and Literary Introduction (London [1]2005 [2]2006). Il y remet en cause le concept même de «période exilique», derrière laquelle il faut voir davantage une conception idéologique de l'école deutéronomiste plutôt qu'une réalité historique, et préfère employer l'expression «période néo-babylonienne». Une étape majeure de l'étude des liens entre Jr et Dtr est constituée par la publication en deux tomes de la dissertation doctorale de Winfried Thiel. Cf. W. Thiel, *Die deuteronomische Redaktion von Jeremia 1–25* (WMANT 41 ; Neukirchen-Vluyn 1973) et W. Thiel, *Die deuteronomische Redaktion von Jeremia 26–45* (WMANT 52 ; Neukirchen-Vluyn 1981).

1.1.5 Rudolph (1947)

On ne peut négliger l'influence de Wilhelm Rudolph sur l'exégèse de Jr, puisqu'il en est l'éditeur dans la BHS. Son commentaire[32], dont la première édition remonte à 1947, s'ouvre sur une introduction suivie du commentaire linéaire du texte. Cette introduction est très significative de sa démarche. Elle se divise en cinq parties : la vie de Jérémie, ses actions, sa théologie, son livre, enfin une brève bibliographie. La quatrième partie, intitulée «Das Jeremiabuch», traite des sources, de la composition, puis des recensions ; elle se base sur la théorie de Mowinckel, à laquelle elle reprend les sources A, B et C, sans toutefois mentionner la collection D.

La première partie, «Das Leben Jeremias», présente une biographie de Jérémie, depuis sa naissance jusqu'aux dernières traces de sa vie ; elle suit une chronologie linéaire et s'appuie sur les données fragmentaires du livre. Il est très significatif de la perspective de Rudolph que cette biographie reconstituée soit placée au tout début : elle a donc valeur de fondement interprétatif. On peut en remarquer deux caractéristiques. Premièrement, elle cherche à expliquer de manière causale, autant que possible, les événements de la vie du prophète, et signale explicitement ce qui n'est pas connaissable. Deuxièmement, malgré une remarque finale qui appelle à respecter les différences entre la vie et les enseignements de Jérémie et de Jésus[33], la reconstitution de la biographie du prophète donne parfois l'impression de reposer sur des schémas évangéliques. Ainsi, l'hypothèse (p. III) que, lorsqu'il prêchait à Jérusalem, Jérémie habitait encore à Anatoth, ne provient-elle pas de l'exemple de Jésus enseignant dans le Temple et logeant à Béthanie[34] ? C'est encore plus clair lorsque Rudolph affirme que le roi et le peuple ne savaient pas reconnaître les «signes des temps»[35].

Comme ses prédécesseurs, Rudolph associe une reconstitution biographique, basée sur les données du livre, à une critique de l'histoire de la rédaction qui conduit à juger comme non authentiques nombre de ses parties. Cette reconstitution biographique, qui prend sans surprise la forme d'un récit, contraste avec le texte de Jr qui présente la vie du prophète de manière lacunaire, rapportant souvent les événements sans en expliquer les causes. Remarquant cela,

---

32 W. Rudolph, *Jeremia* (HAT 12 ; Tübingen ¹1947 ²1958 ³1967).

33 «Die mancherlei Parallelen zwischen dem Leben und Lehren Jeremias und dem Jesu sind schon der alten Kirche zum Bewußtsein gekommen [...], doch darf man darüber die Unterschiede nicht vergessen [...].» *Ibid.*, p. VIII.

34 Cf. Mt 21,17 ; Mc 11,11 ; cette expression est absente chez Lc et Jn.

35 «Leider erkannten König und Volk die Zeichen der Zeit nicht in gleicher Klarheit wie der Prophet.» Rudolph, *op. cit.*, p. V ; à comparer avec Mt 16,3.

on peut supposer que c'est l'écart entre le récit reconstruit par Rudolph dans sa première partie, suivant la forme qu'il considère implicitement comme étant celle d'une bonne narration, et la forme déroutante de Jr, qui est un des moteurs de son analyse diachronique. Cette constatation est une mise en garde pour la théorie narrative que l'on pourra mettre en pratique dans la lecture de Jr : pour pouvoir entreprendre une lecture du texte dans son état final, elle devra avoir renoncé à certaines formes classiques de récit bien ordonné ; elle devra accepter non comme une faiblesse à dépasser, mais comme une caractéristique participant à l'élaboration du sens, tout ce qui dans le texte jérémien déroute le lecteur habitué à un certain style de biographie historique.

1.1.6 Neher (1960)

Est-il légitime de citer ici le petit *Jérémie*[36] d'André Neher, livre qui n'a rien d'académique ? En effet, son style qui ne mesure jamais ses affirmations à l'aune d'une réflexion critique, de même que l'absence de notes comme de bibliographie, le situent dans un autre champ que les études ici présentées. Ce style ne provient pas uniquement d'un projet légitime de vulgarisation : bien souvent, on est incapable d'imaginer un fondement académiquement recevable à ce qui est avancé. Mais il serait dommage de le négliger, tant pour le rayonnement de l'auteur dans le monde intellectuel francophone que pour certaines de ses intuitions. Étant en effet rabbin, philosophe et écrivain, ami d'Emmanuel Levinas, il a souvent été cité et repris par les philosophes et théologiens ; c'est à travers lui qu'ils ont lu Jr. Son lien avec la philosophie transparaît ainsi lorsqu'il qualifie l'année 605 d'«hégélienne» (p. 77). Il est significatif de son influence que Paul Ricœur ait signé la recension dans la revue *Esprit*[37] d'un autre de ses ouvrages, *L'essence du prophétisme*. De plus, sa connaissance générale de la Bible hébraïque lui donne une grande sensibilité au texte de Jr, et il lui arrive d'avoir des intuitions lumineuses.

La méthode suivie par l'auteur entre difficilement dans les catégories générales de diachronique ou synchronique. L'abondance d'une information historique extérieure à la Bible, par exemple pour l'histoire des souverains baby-

---

36 A. Neher, *Jérémie* (Judaïsme-Israël ; Paris 1960).
37 Il ne s'agit pas d'une recension formelle, plutôt d'un essai philosophique en dialogue critique avec l'ouvrage de Neher, à l'occasion de sa parution. Si Ricœur y manifeste quelques réserves, elles ne sont pas d'ordre exégétique et ne remettent pas en cause son admiration pour l'ouvrage. Cf. P. Ricœur, «Aux frontières de la philosophie. II. Philosophie et prophétisme», *Esprit* 23/12 (1955) pp. 1928–1939.

loniens (cf. pp. 81–82), ne ressortit pas à l'exégèse synchronique ; le vocabulaire narratologique commun est d'ailleurs absent. Inversement, son commentaire ne peut être qualifié de diachronique : le concordisme entre histoire et récit biblique échappe à toute critique ; l'écriture très emphatique de l'auteur n'aide pas son lecteur à prendre ses distances par rapport à ce qui est affirmé. On lit ainsi, à propos d'Ezékias :

> «Si vous n'avez pas foi en la Bible, Hérodote vous le confirmera [...]»[38]

Pire encore, la recherche de la belle formule n'excuse pas une phrase qui semble affirmer l'existence historique d'Adam, indéfendable dans un livre paru en 1960 :

> «Entre Jérusalem et Babel, voici devant les yeux inspirés de Jérémie, les peuples du monde [...] tous les empires qui occupent la surface de cette *adama*, de ce sol d'où, en un jour d'avènement comme celui-ci, fut pétri Adam.»[39]

Malgré tout cela, ce livre mérite d'être cité et peut fournir quelques inspirations en vue d'une lecture synchronique. Bien que non critique, la confiance faite au texte permet parfois à l'auteur de révéler la force de son sens littéral. Il décrit ainsi une manière inspirante de lire Jr, appuyée sur la forme spécifique de ce livre :

> «Comme celle de la Genèse, et en merveilleux accord avec le sens créateur qu'il faut lui donner, la lumière est, pour Jérémie, enfouie dans le chaos. Il faut la chercher dans son Livre, non pas dans les pages dernières et qui seraient comme l'Après consolateur d'un douloureux Avant, mais au creux du message, dans la pente vertigineuse qui mène au gouffre.»[40]

Les premières pages de l'introduction, enfin, méritent absolument d'être lues. Alors que de nombreux auteurs voient dans la forme fragmentaire du livre un défaut de rédaction, provenant de rédacteurs tardifs et faisant obstacle à une rencontre du lecteur avec le prophète historique, Neher propose une interprétation dans laquelle la forme du texte participe à l'élaboration du sens. L'impression de désordre est liée au contexte rédactionnel initial : les circonstances historiques, tout sauf paisibles, n'ont pas laissé à Jérémie et à Baruch le loisir de produire une rédaction ordonnée.

---

38 Neher, *op. cit.*, p. 93.
39 *Ibid.*, pp. 117–118.
40 *Ibid.*, pp. 213–214.

«Tout se passe comme si un témoignage nous était livré à la source, dans le jaillissement limpide et souverain de l'événement.»[41]

«Mais ni la rédaction, ni la mise au point n'ont pu être menées jusqu'au bout : l'aube fatale est venue les interrompre toutes deux, laissant aux confessions leur caractère doublement inachevé, dans le matériau et la charpente.»[42]

Cette analyse de l'effet produit par la forme du texte pourra nourrir une lecture synchronique, à une condition toutefois : en toute rigueur, on devra suspendre la référence historique pour s'en tenir à ce que Jr dit non d'événements anciens de l'histoire, mais du monde du texte[43].

1.1.7 Bright (1965)

La traduction et le commentaire de Jr par John Bright[44] dans la collection *The Anchor Bible* sont précédés d'une vaste introduction de 130 pages. Le commentaire présente l'originalité de ne pas suivre l'ordre du texte : certaines parties biographiques sont réorganisées avec l'intention de permettre au lecteur de mieux suivre la vie de Jérémie[45]. L'introduction dit s'inspirer de Duhm et Mowinckel pour étudier l'histoire de la rédaction ; de manière classique, l'auteur repart des sources A, B et C, sans toutefois mentionner la collection D.

On remarque chez Bright une recherche de l'humanité du prophète, avec des accents psychologiques[46], en voulant dépasser les lacunes et ambiguïtés du texte. L'ambition de remettre le texte dans l'ordre chronologique le signalait

---

41 *Ibid.*, p. 9.
42 *Ibid.*, p. 10.
43 Ricœur définit le concept de «monde du texte» après avoir cité les catégories de *Lebenswelt* (Husserl) et d'*être-au-monde* (Heidegger) : «Ce qui est en effet à interpréter dans un texte, c'est une *proposition de monde*, d'un monde tel que je puisse l'habiter pour y projeter un de mes possibles les plus propres. C'est ce que j'appelle le monde du texte, le monde propre à *ce* texte unique.». P. Ricœur, «La fonction herméneutique de la distanciation», *Du texte à l'action* (Paris 1986) pp. 113–131, p. 128.
44 J. Bright, *Jeremiah*. A New Translation with Introduction and Commentary (AncB 21 ; Garden City ¹1965 ²1981).
45 «It was felt that the reader would get a clearer grasp of Jeremiah's life if these passages were brought together and placed in an order according to chronology.», *ibid.*, p. CXXXIX.
46 Un exemple de cette approche psychologisante, au style si éloigné du langage de Jr : «Beyond all this, we may suppose that this sensitive lad had indulged in long hours of meditation upon the nature of Yahweh's covenant and its demands, as well as upon the explosive international situation [...]», *ibid.*, p. LXXXIX.

déjà. Certaines expressions le manifestent aussi ; prenons l'exemple des deux récits dans lesquels Jérémie est confié à Guedalias :

> «There are two accounts telling how Jeremiah came into the new governor's company [...] Whatever the details, Jeremiah found himself in the company of the governor [...]»[47]

Les particularités, certes déconcertantes, d'un tel récit double, qui attireraient immédiatement l'attention d'un narratologue, sont écartées comme peu dignes d'attention par ce «whatever the details». Comme dans d'autres commentaires déjà cités, ce mouvement est associé à une reconstitution assez imaginative du prophète historique ; on remarquera l'abondance du terme «man» dans la première page de l'introduction. On peut noter chez Bright une volonté de présenter une psychologie qui serait compatible avec ce que vit un homme d'aujourd'hui[48]. Par exemple, la vision de la vocation est réinterprétée comme expérience réflexive :

> «In the first of these [visionary experiences], the sight of an almond rod (*šāqēd*) brought to his mind the word *šōqēd* (watching) and the assurance that Yahweh was watching over his word of judgment to bring it to pass [...]»[49]

Cette reconstruction en langage moderne, qui s'écarte fortement du langage de Jr, n'hésite pas à recourir à des concepts hérités du christianisme : «parvenir à la sainteté»[50], «péché mortel»[51], «évangéliste» et «évangélisation»[52], langage de la «foi»[53]. Cette projection sur le texte de concepts qui lui sont étrangers va de pair avec une absence de critique historique : Bright accorde assez naïvement sa confiance en l'historicité de certains textes. Par exemple, il ne soupçonne jamais

---

47 *Ibid.*, p. CX.

48 Une expression montre cette volonté de concilier la manière de penser contemporaine avec celle, reconstruite, du prophète historique : «[...] which seems to us, as it did to Jeremiah [...]», *ibid.*, p. XLVII.

49 *Ibid.*, p. XCVI.

50 «Jeremiah did not arrive at sainthood», *ibid.*, p. CXII.

51 «paganism [...] could only have appeared to him as a mortal sin against Israel's God.», *ibid.*, p. LXXXIX.

52 «Certainly it cannot be argued from xi 6 that he [Jeremiah] became a peripatetic evangelist in its interests.» «Moreover, the reform [...] scarcely required such evangelizing activity to ensure its adoption», *ibid.*, p. XCI.

53 «That [...] is not the whole of it. Were it so, we might put Jeremiah down as [...] a small-spirited man whose faith was not great enough [...].», *ibid.*, p. C.

que le récit de la réforme de Josias en 2 R 22–23 puisse être davantage motivé par un projet idéologique que par la fidélité aux événements[54].

Les métaphores employées pour décrire l'histoire de la rédaction révèlent de manière éclairante les présupposés de Bright. Si la vie du prophète et de ses disciples est présentée avec un langage très humain – et, on l'a vu, souvent anachronique et infidèle au texte – le travail des éditeurs successifs est pensé de manière déshumanisée. Cela évite, certes, de perdre la rigueur de la réflexion, en projetant des intentions sur ces rédacteurs, qui nous restent largement inatteignables. Mais le langage employé montre que tout l'intérêt de Bright pour l'humanité se concentre sur le moment historique du prophète aux dépens de l'histoire de la rédaction. Ainsi, il emploie des phrases dans lesquelles ce sont les textes de Jr qui tiennent le rôle grammatical de sujet, comme si c'était leur énergie propre qui les avait conduits à se combiner avec d'autres textes ; profitant aussi d'une tournure naturelle en langue anglaise, il use de nombreux passifs, ce qui évite de suggérer ne serait-ce que l'existence d'un « agent », grammatical comme humain, pour ces travaux rédactionnels :

> « The basis of this unit consists of two prose discourses (xviii 1-12, xix 1-13), which were probably brought together because of the catchword common to both [...]. »

> « In the course of such a process as the one just described, it is not surprising that the same material should on occasion have entered the book at more than one place. »[55]

De plus, on remarque un langage provenant des sciences naturelles pour décrire l'assemblage des sources qui a produit l'état final du texte. On quitte ici toute pensée d'un travail de l'esprit humain au profit de processus soumis à des lois mécaniques régies par la nécessité :

> « The Jeremiah book as we have it came into being through the gradual coalescing of various streams of Jeremiah tradition. »[56]

L'assemblage des diverses sources pour donner l'état final du texte n'aurait, si les processus qui l'ont causé sont pensés suivant ce paradigme des sciences naturelles, pas davantage de signification que la poussière qui s'accumule sur les rayons de nos bibliothèques : Bright en parle comme de phénomènes de « courants » (« streams ») et de « coalescence »[57] (p. LXIII). On voit bien, en sortant

---

54 Cf. p. XXXIXs.
55 *Ibid.*, p. LXXV.
56 *Ibid.*, p. LXIII.
57 Le *Petit Robert* donne de « coalescence » deux acceptions en sciences naturelles et une en linguistique : « 1. Biologie. Soudure de deux surfaces tissulaires en contact, par ex. les lèvres

du commentaire de Bright, comment l'analyse synchronique pourra se situer : elle évitera une reconstruction historique et psychologique – largement imaginaire – de l'homme Jérémie ; elle fera confiance à l'humanité de ces rédacteurs, certes inconnus et grandement inconnaissables, qui ont produit le texte dont nous disposons.

1.1.8 Carroll (1986)

Robert P. Carroll a publié son commentaire[58] de Jr en 1986, ouvrage préparé par la publication cinq ans plus tôt de *From Chaos to Covenant*[59]. Le commentaire est de forme classique : après une longue introduction, il suit linéairement le texte jérémien. La méthode suivie consiste à considérer Jr comme un assemblage éditorial de traditions ; Carroll signale que ce choix s'oppose à une autre possibilité, qui serait de considérer Jr comme biographie historique[60]. Par rapport à des commentaires plus anciens, se manifeste clairement un approfondissement de la critique : les énoncés du texte sont rarement pris pour argent comptant ; peu à peu la figure du personnage de Jérémie dans le livre s'éloigne et se sépare du prophète historique.

L'auteur affirmait, dans *From Chaos to Covenant*, n'avoir qu'un seul jugement a priori :

> «Taking the core of the poetic oracles as the work of the poet/prophet Jeremiah (probably the only a priori judgment used in this book) [...].»[61]

> «My point is rather that a major poet, and there is little doubt that Jeremiah was indeed such a poet [...].»[62]

On peut pourtant déceler d'autres jugements a priori, à propos de l'archéologie et des lectures synchroniques. Carroll s'oppose ainsi à la tentation du lecteur

---

d'une plaie. 2. Chimie. État des particules liquides en suspension réunies en gouttelettes plus grosses. 3. Linguistique. Contraction de deux ou plusieurs éléments phoniques en un seul.», *Le Nouveau Petit Robert*. Texte remanié et amplifié sous la direction de J. Rey-Debove et A. Rey (Paris 2009).

58 R.P. Carroll, *Jeremiah. A Commentary* (OTL ; London 1986).

59 R.P. Carroll, *From Chaos to Covenant*. Uses of Prophecy in the Book of Jeremiah (London 1981). «This book [...] is also a preparatory volume for a commentary on Jeremiah which will appear later.» (p. VII).

60 Carroll, *Jeremiah*, p. 34.

61 Carroll, *From Chaos to Covenant*, p. 9.

62 *Id.*

moderne de croire que les textes bibliques doivent avoir une signification cohérente, en les comparant à une description par M. Smith des ruines de cités
antiques :

> « On the contrary, biblical texts are untidy masses of disparate material which are often
> ‹ like the mounds of ancient near-eastern cities, layer over layer of deposits from generation
> after generation of nameless persons who lived in these structures, added, destroyed,
> remodelled, and left the complex to their successors for further alterations. › »[63]

Cette métaphore, fréquente dans les études historico-critiques, mérite d'être
critiquée. Il ne s'agit pas, bien sûr, de remettre en cause l'immense apport de la
recherche archéologique à l'interprétation des textes bibliques ; il ne s'agit pas
non plus de nier la complexité du processus rédactionnel ayant produit le livre
dont nous disposons aujourd'hui. Mais on doit remarquer que la comparaison
entre ce processus rédactionnel et les processus architecturaux n'est qu'une
analogie. Tout d'abord, l'archéologie, en pratiquant des fouilles, observe visuellement des couches superposées, qui se distinguent par des caractéristiques
extrêmement visibles ; inversement, l'exégète ne voit que le texte final et ce n'est
que par un jugement interprétatif subtil qu'il reconstruit des états antérieurs. De
plus, le processus d'écriture ne se compare pas au processus de construction :
alors que les bâtisseurs, par souci d'économie, laissent sous leurs pieds les
vestiges des constructions précédentes, le scribe commence avec une page
blanche sur laquelle il est techniquement libre de recopier, ou pas, les textes
traditionnels ; les raisons qui l'obligent à reprendre des textes anciens ne sont
pas matérielles mais culturelles. Enfin, même si l'architecture ne se réduit pas à
des techniques de maçonnerie et de charpente, et rejoint, par son intérêt pour
l'homme, le champ des humanités, l'écriture a un rapport très particulier au sens
et à l'esprit humain, qui lui est propre. Il aurait donc été plus juste que Carroll
n'emploie pas la formule « texts […] are like […] cities » mais qu'il propose une
articulation faisant mieux sentir la distance.

L'auteur manifeste aussi un jugement a priori très marqué concernant les
lectures synchroniques. On lui sait gré, certes, de souligner la valeur des récits et
de citer un long extrait de Robert Alter[64] ; cela lui permet d'affirmer le sens de
ces textes même lorsque manque toute référence historique. Mais il ne s'attache
ici qu'aux fragments clairement narratifs de Jr. Il explique ailleurs pourquoi une

---

63 Carroll, *Jeremiah*, p. 81. Il cite M. Smith, « Jewish Religious Life in the Persian Period », *The
Cambridge History of Judaism*. I. (éd. W.D. Davies – L. Finkelstein) (Cambridge 1984) pp. 219 –
278, p. 256.
64 Cf. pp. 60 – 61.

lecture continue du livre est impossible ; il vaut la peine de détailler ces arguments, qui explicitent un état d'esprit fréquent dans la communauté exégétique. Carroll présente en effet un certain nombre de difficultés de Jr, qu'il interprète aussitôt comme impossibilité de le lire comme on lit un livre :

> «To the modern reader the books of Isaiah, Jeremiah and Ezekiel are virtually incomprehensible as *books*. This is especially the case with Isaiah and Jeremiah, where poetry and prose alternate or interrupt each other in commingled forms. Often the material lacks apparent order or arrangement, does not have the kind of contextualizing information necessary for interpretation, and is quite unlike the artefacts known as books produced in modern civilization since the time of Gutenberg. The term ‹book› is a misleading description of these congeries[65] and they might be described better as a miscellany of disparate writings – a gallimaufry of writings suggests itself as an entirely adequate categorization of this type of collection, except that it lacks a certain technical sophistication.»[66]

Le désarroi du lecteur moderne face à Jr est certes incontestable, mais ce qui est regrettable chez Carroll, c'est de sous-entendre une clarté constante ou uniforme dans les œuvres littéraires imprimées «since the time of Gutenberg». L'histoire littéraire montre précisément le contraire : certains livres aujourd'hui reconnus comme des classiques ont été très mal reçus à leur parution ; il leur a fallu du temps pour trouver leur public. On trouverait certainement des exemples dans la littérature anglaise ; en voici un provenant du monde francophone. À la sortie du premier tome de la *Recherche du temps perdu*, les critiques ont porté les accusations suivantes, avec un langage qui ressemble étonnamment beaucoup à celui que Carroll emploie à propos de Jr :

> «Selon Jacques Rivière, *Du côté de chez Swann* est ‹encore beaucoup plus mal composé qu'aucun des livres de Larbaud›. [...] Louis Bertrand note qu' ‹un autre charme qui éblouit les snobs, c'est l'amorphisme invraisemblable de [l]a composition› et que la phrase de Proust est ‹très souvent un laborieux et volontaire galimatias, qui vise à donner l'illusion de la profondeur, de l'extrême subtilité, ou de l'extrême délicatesse›.»[67]

> «Paul Souday [...] critique [...] le ‹récit touffu›, les ‹phrases enchevêtrées› [...].»[68]

---

65 Noter que ce terme provient de la racine latine *congerere*, qui a donné en français *congère* (amas de neige) : encore une métaphore venant des sciences naturelles.

66 Carroll, *Jeremiah*, p. 38.

67 I. Vultur, «La réception de la *Recherche* : une question de genre ?», *Poétique* 142/2 (2005) pp. 239–254, p. 240. Jacques Rivière a été le directeur de la *Nouvelle Revue Française*, qui – étonnant revirement – publiera par la suite toutes les œuvres de Proust. Louis Bertrand écrivait dans *Candide*, un de principaux hebdomadaires littéraires politiques de l'entre-deux-guerres.

68 Vultur, *op. cit.*, p. 241. Extrait du journal *Le Temps*, grand journal français publié entre 1861 et 1942, auquel succèdera *Le Monde*.

La position de Carroll n'invalide donc pas la possibilité d'une lecture de Jr comme on lit un livre ; elle invite toutefois à se rendre attentif à la diversité des littératures, plutôt qu'à confondre un type particulier avec tout ce qui a été publié «depuis Gutenberg». On se perdra, en effet, à vouloir projeter sur Jr des catégories d'analyse littéraire qui ne seraient adéquates que pour un type particulier de littérature ; les romans qui, parce que nous en avons l'habitude, nous semblent naturels, ne sont pas le seul modèle possible.

1.1.9 McKane (1986)

William McKane a publié son commentaire de Jr en deux volumes ; le premier[69], publié en 1986, comporte une longue introduction d'une centaine de pages suivie du commentaire des chapitres 1 à 25 ; le deuxième, consacré aux chapitres 26 à 52, fut publié dix ans plus tard ; il comprend une introduction à ces chapitres, d'une quarantaine de pages, suivie du commentaire linéaire. C'est l'introduction du premier tome qui va se révéler utile pour la perspective ici poursuivie.

Cette introduction dégage une première impression de grande objectivité : au lieu de s'engager dans une reconstruction imaginaire de la biographie du prophète, McKane commence par faire l'inventaire des différences entre TM et LXX. Il présente plus loin ses choix herméneutiques. Il veut s'intéresser au livre de manière interne, sans comparaison avec d'autres livres (p. XLVII). Il introduit, pour décrire Jr, le terme de «rolling corpus» (à partir de p. L) : il s'agit de considérer Jr comme un ensemble d'écrits dus à plusieurs rédacteurs, entretenant entre eux des relations de dépendance ; ce corpus est considéré selon un point de vue évolutif («rolling») : des fragments anciens ont donné naissance à d'autres fragments plus récents. Cet accent porté sur le développement du livre a pour conséquence de détourner l'intérêt tant de l'origine, dans la prédication du prophète historique, que du terme, dans la forme finale du livre. Il tente ainsi de décourager le candidat à une lecture synchronique :

> «The exegetical exploration of supposed, larger, cumulative, literary entities will not repay the labour.»[70]

---

69 W. McKane, *A Critical and Exegetical Commentary on Jeremiah*. I. Introduction and Commentary on Jeremiah I–XXV (ICC ; Edinburgh 1986).
70 *Ibid.*, p. LXXXIV.

L'étude est d'une grande précision et offre certainement une explication fine de l'évolution du texte. Mais on doit remarquer que cette évolution est pensée selon des catégories mécaniques ou biologiques, d'ailleurs revendiquées par l'auteur :

> « My demarcations of units assume that the original units of poetry are short, that exegesis should be concentrated on them as the most significant units of sense, and that connections between them are of a mechanical kind, or else are founded on very general thematic considerations. »[71]

Ce choix se retrouve dans les termes utilisés pour décrire la croissance du texte : termes mécaniques comme « reservoir » (p. XLIII), « quarry » (p. LVI) et « trigger » (p. L), ou biologiques comme « kernel » (p. LIII), « flowers » et « garden » (p. LXI). Les lois de développement du texte sont décrites comme des lois d'engendrement qui pourraient ressortir à la biologie :

> « It will be a demonstration that poetry generates prose [...]. It will also be a demonstration that prose generates prose [...]. »[72]

Si de tels choix ont l'avantage d'offrir une certaine rigueur à l'analyse, restant dans l'observation du texte en évitant une projection imaginaire sur l'intention des rédacteurs, elle s'écarte toutefois de la possibilité de penser la question du sens du texte global. On peut être surpris, d'ailleurs, du jugement de valeur porté sur le travail de certains rédacteurs, alors que l'exégèse devrait être portée à comprendre l'effet produit plutôt qu'à condamner : les versets 3,6-11 sont attribués à un exégète qui a « assumed wrongly » (p. LXII) ; 12,1-5 est repris dans des versets en prose pour produire une interprétation qualifiée de « wrong » (p. LXIV) ; ces qualificatifs « wrong » et « wrongly » reviennent par la suite (p. LXXIII et LXXII). On lit ailleurs à propos de certains versets :

> « They are an inferior patchwork and the unintelligent portrayal of nations parading past the ruins of Jerusalem is the consequence of the unskilful use of borrowed material. »[73]

Il serait plus correct exégétiquement de parler d'une transformation des citations, d'une décontextualisation, etc., plutôt que de médiocrité rédactionnelle ou de fautes. D'autre part, malgré l'apparence de rigueur, on remarque quelques présupposés théologiques concernant le prophétisme et la possibilité d'une parole divine. McKane s'oppose ainsi à un certain littéralisme :

---

71 *Ibid.*
72 *Ibid.*, p. LXI.
73 *Ibid.*, p. LXXVIII.

«The theological problems raised by this [Weiser's] way of speaking are [...] not solved by a literalism which affirms that the prophet did in fact, in vision or in trance [...] hear Yahweh speaking Hebrew [...] because the possession of abnormal psychological experiences is not a guarantee that God has been encountered, that is, that truth has been appropriated. It may be rather an indication of derangement and delusion.»[74]

«It is a mistake to suppose that the ineffability of a prophet's meeting with God can be contained and expressed in any linguistic account of it.»[75]

On le voit, dans la même perspective, opposer «human document» et «God» (p. XCVIII). Il y a certes du bon sens théologique dans ces affirmations : l'auteur veut marquer un écart entre l'expérience réelle et historique des prophètes et les affirmations du livre, ou peut-être aussi contrer les prétentions de certaines personnes aujourd'hui à recevoir des paroles inspirées. Mais cela le conduit d'une part à s'éloigner des affirmations du livre, qui pourraient malgré tout avoir un sens théologique de manière non immédiate, et d'autre part à projeter des concepts théologiques qui n'ont pas nécessairement leur place en exégèse. D'ailleurs, quitte à faire usage de théologie, on peut s'étonner de cette opposition aussi radicale entre parole humaine et révélation divine, qui, de la part d'un exégète chrétien[76], est assez peu chalcédonienne.

Retenons que l'approche de McKane, aussi intéressante soit-elle pour sa manière de plonger dans le processus rédactionnel, tente de décourager une lecture du texte final mais sans aller jusqu'à l'interdire formellement. On peut en effet supposer que, à travers tous ces processus qui peuvent apparaître mécaniques si on les observe sous un certain angle, ce sont des esprits humains en quête de sens qui écrivent. On retiendra aussi une précaution particulière : il faudra réfléchir théologiquement à l'expérience de la parole de Yhwh telle qu'elle se présente dans le monde du texte, en veillant à respecter la distance tant historique que théologique d'avec ce qu'un croyant peut appeler «parole de Dieu». À ce titre, on se retiendra d'identifier sans distinction le personnage de Yhwh du récit avec le Dieu des croyants.

---

74 *Ibid.*, p. XCVII.
75 *Ibid.*, p. XCVIII.
76 William McKane était ministre ordonné d'une église presbytérienne écossaise, The Original Secession Church. Cf. sa notice nécrologique du 13/09/2004, consultée sur http://www.independent.co.uk/news/obituaries/professor-william-mckane-39222.html le 11/12/2015.

1.1.10 Holladay (1989)

William L. Holladay a publié son commentaire de Jr en deux tomes. Le premier[77], publié en 1986, reporte le projet de grande introduction au deuxième tome ; il fait toutefois précéder le commentaire linéaire des chapitres 1–25 par une reconstitution biographique : «A Chronology of Jeremiah's Career». Paru trois ans plus tard, le deuxième tome[78] commence par une introduction d'une centaine de pages, suivie du commentaire des chapitres 26–52. Avant d'entrer dans la discussion avec cet auteur, signalons l'apport très utile du relevé des contacts entre Jr et tous les autres livres bibliques[79], même si l'on ne reprendra pas sans réserve l'interprétation en termes de dépendance et d'influence, qui suppose un classement chronologique préalable de la rédaction de ces différents livres.

De manière générale, on peut dire que Holladay cherche à reconstituer le prophète historique Jérémie en accordant une très grande confiance tant au texte de Jr qu'aux autres livres bibliques. Cela le conduit à attribuer une référence historique à de nombreux oracles non datés. En voici un exemple typique à propos de 15,16, «tes paroles avaient été trouvées» :

> «The expression ‹your words were found› is, as Giesebrecht described it, ‹a somewhat drastic expression›, but it makes sense as a description of the finding of the scroll in the temple.»[80]

Il va jusqu'à s'appuyer sur la loi de Dt 31,9-13 pour dater chronologiquement les proclamations du Dt tous les sept ans, y compris après la destruction du Temple par les armées babyloniennes :

> «In the autumn of 587 it was time to recite Deuteronomy once more. Could one imagine the priests embarking on this ritual at the appointed time, when the temple itself had been burned a scant six weeks before ? I submit that they did.»[81]

---

77 W.L. Holladay, *Jeremiah 1. A Commentary on the Book of the Prophet Jeremiah. Chapters 1–25* (Hermeneia ; Philadelphia 1986).
78 W.L. Holladay, *Jeremiah 2. A Commentary on the Book of the Prophet Jeremiah. Chapters 26–52* (Hermeneia ; Minneapolis 1989). NB : l'éditeur a déménagé d'une ville à l'autre entre la publication des deux tomes.
79 Holladay, *Jeremiah 2*, pp. 35–70.
80 *Ibid.*, p. 26.
81 Holladay, *Jeremiah 1*, p. 9.

Holladay assume clairement la distance qu'il prend par rapport aux théories classiques de l'histoire rédactionnelle de Jr[82]. On comprend que certains recenseurs de son commentaire aient émis de fortes réserves[83]. D'un point de vue méthodologique, Holladay considère que beaucoup de textes bibliques veulent être lus comme des documents historiques dans une perspective systématique ; il projette ainsi sur le texte des attentes qui ne sont pas nécessairement celles de la littérature biblique. De plus, il ne réfléchit jamais à de nombreux silences qui pourraient être significatifs : comment comprendre, si la loi deutéronomique de la proclamation tous les sept ans a été vraiment mise en œuvre, que jamais Jr n'y fasse référence[84] ? Peu critique historiquement, sa démarche ne l'est pas davantage dans ses analyses psychologiques. On le voit à la recherche d'une personne historique équipée d'une structuration mentale identique à celle que pense la psychologie d'aujourd'hui. Ainsi, les oracles sont réinterprétés comme compréhension de soi-même. Typiquement, Holladay écrit :

« [...] and since Jeremiah understands himself to be called from his mother's womb [...] »[85].

À propos du célibat du prophète, il va même jusqu'à faire la supposition suivante :

---

82 Holladay, *Jeremiah 2*, p. 15–16.

83 Ainsi T. Polk : « But a skein of possibilities does not make for probability, at least in a way that distinguishes history from more deliberate fictions [...]. More wary historians would suspect an apologetic motivation [...] The question does force itself : why should authenticity so dominate the historical-critical project ? And is there a theological agenda behind its claim ? », cf. *JBL* 107/4 (1988) pp. 739–742, p. 741. Et L. Boadt : « Holladay has been a prolific student of Jeremiah, and he has proposed many of his ideas over the last two decades, but they have been often received controversially », *BTB* 18/1 (1988) p. 35.

84 Dans une perspective diachronique, affirmer que Jr s'appuie sur une loi deutéronomique prend le contrepied des interprétations habituelles du rapport entre Torah et Prophètes. On connaît la formule classique « lex post prophetas », employée pour synthétiser la position de Wellhausen. Les études récentes montrent toutefois que l'influence n'a pas été dans un seul sens ; par exemple, Jr 30,18 peut être vu comme réinterprétation de Dt 13,17, autorisant exceptionnellement la reconstruction de la ville apostate incendiée ; cf. K. Schmid, « The Prophets after the Law or the Law after the Prophets ? Terminological, Biblical, and Historical Perspectives », *The Formation of the Pentateuch*. Bridging the Academic Cultures of Europe, Israel and North America (éd. J.C. Gertz – B.M. Levinson – D. Rom-Shiloni – K. Schmid) (FAT 111 ; Tübingen 2016) pp. 841–850.

85 Holladay, *Jeremiah 2*, p. 66.

«His references to his mother and his abstention from marriage might suggest the possibility of an Oedipal fixation, but our data are far too slim even for the most determined devotee of psychohistory.»[86]

La fin de la phrase marque certes une réserve, mais le début montre bien l'idéal de connaissance, espéré à défaut d'être atteint, de l'auteur.

Si Holladay s'écarte donc des résultats classiques de l'analyse diachronique, il n'entre pas pour autant dans la voie synchronique telle qu'on veut la suivre ici. Certes, il manifeste une certaine confiance dans le texte qu'il veut abandonner le moins possible à des rédacteurs ultérieurs[87], mais cette confiance est subordonnée à la projection d'attentes historiques et psychologiques qui n'ont rien à voir avec l'analyse synchronique. On voit bien qu'Holladay est déçu et tente de contourner la difficulté lorsqu'il reconnaît que «ancient Israel did not have our own biographical interests»[88]. L'analyse synchronique, au contraire, comme on le précisera plus loin, cherche à décrire la figure littéraire qui émerge du travail rédactionnel, sans postuler d'hypothèse sur le processus de rédaction qui peut bien s'être étalé sur plusieurs siècles ; cette attention à la forme littéraire, qui fait défaut chez Holladay, permet justement de se détacher d'une identification immédiate du texte avec des faits historiques. Plutôt que de projeter des intérêts biographiques absents dans le livre, elle veut tenter de correspondre aux intérêts propres de l'œuvre littéraire qu'est Jr.

1.1.11 K. Schmid (1996)

Avec la publication de *Buchgestalten des Jeremiabuchs*[89], Konrad Schmid a offert une approche historico-critique renouvelée non seulement des chapitres 30–33 auxquels le livre est consacré, mais aussi de l'ensemble de Jr ; il a ensuite développé cette perspective dans d'autres publications. Un mot la résume : *Fortschreibung*, que l'on pourrait traduire «poursuite de l'écriture». Il s'agit, comme il se doit dans l'approche diachronique, d'interpréter le livre en fonction de la valeur qu'il portait au moment de sa rédaction[90], mais en portant l'atten-

---

86 *Ibid.*, p. 73.
87 Ainsi «I have concluded that the picture of Jrm that emerges from the book is that of a highly distinctive and innovative person : it is not the kind of figure that later generations would be likely to create.», *ibid.*, pp. 24–25.
88 *Ibid.*, p. 2.
89 K. Schmid, *Buchgestalten des Jeremiabuches.* Untersuchungen zur Redaktions- und Rezeptionsgeschichte von Jer 30–33 im Kontext des Buches (WMANT 72 ; Neukirchen-Vluyn 1996).
90 *Ibid.*, p. 385.

tion spécifiquement aux processus ayant fait apparaître le livre en tant que tel. Cela conduit à se demander si l'on peut trouver des traces rédactionnelles d'une prise de conscience de l'apparition d'un livre, puis à découvrir de telles traces tant dans le TM que dans la LXX de Jérémie[91].

L'auteur ne reprend pas pour autant le concept de *rolling corpus* développé par McKane[92] ; le modèle de la *Fortschreibung*[93] propose plutôt que, pour chaque passage étudié, plusieurs sens potentiels doivent être envisagés, selon qu'il a été inséré pour lui-même, ou pour produire des effets de correction de ce qui était préalablement rédigé, ou encore de structuration de l'ensemble du livre naissant :

> «Mit dem Einblick in die an vielen Stellen belegbare Redaktionsarbeit an den Prophetenbüchern stellet sich die Frage von selbst, was denn überhaupt redigiert wird : Handelt es sich um eine Eizelaussage, die durch einen redaktionellen Zusatz korrigiert wird, um eine Neudeutung einer Perikope oder um noch weiterreichende Eingriffe der Buchstrukturierung oder redaktionellen Abstimmung verschiedener Bücher ?»[94]

Dans des publications postérieures, Schmid donne des exemples d'ajout rédactionnel ayant une signification pour l'ensemble du livre. Ainsi, à propos de Jr 24 :

> «La vision des bonnes et des mauvaises figues donne une préférence à la première Golah (les ‹bonnes figues›), par rapport à ceux qui, après la chute de Jérusalem et de Juda, sont restés au pays ainsi qu'à ceux qui se sont réfugiés en Égypte (les ‹mauvaises figues›). L'insertion rédactionnelle de Jr 24 n'est pas une insertion isolée sans aucun rapport avec le reste du texte : elle concerne au contraire le livre de Jérémie *dans son ensemble*, dans la mesure où elle permet de le structurer selon cette alternative.»[95]

Quant à Jr 36, Schmid y décèle «une étiologie théologique du livre écrit de Jérémie»[96] :

---

91 *Ibid.*, pp. 2, 5 et 7.
92 Cf. 1.1.9.
93 Cf. Schmid, *Buchgestalten*, pp. 376–387.
94 *Ibid.*, p. 378.
95 K. Schmid, «La formation des prophètes postérieurs (histoire de la rédaction)», *Introduction à l'Ancien Testament* (éd. T. Römer, J.-D. Macchi, C. Nihan) (MoBi 49 ; Genève ¹2004 ²2009) pp. 400–409, p. 404.
96 Schmid, «L'accession de Nabuchodonosor», p. 222.

> «Rien de fondamental n'empêche d'interpréter Jr 36,32 comme texte-source attestant de la conscience de la Bible d'être née – pas exclusivement mais aussi – d'un processus d'exégèse littéraire productive et d'écriture continue.»[97]

Ce processus d'écriture qui se déploie dans le temps, relu selon la perspective de révélation de Yhwh telle que le livre le revendique, permet de comprendre d'une manière temporellement longue cette révélation :

> «Das Jeremiabuch ist somit aus der Perspektive seiner Fortschreiber zunächst als Dokument der gesammelten geschichtlichen Offenbarungen Jhwhs an Jeremia zu verstehen.»[98]

Tout en se situant dans la ligne des travaux fondateurs de Duhm et Mowinckel, cette approche revendique explicitement l'évolution des problématiques qui, en faisant porter l'attention sur la production du livre en tant que tel, prend distance par rapport aux exégèses des XIXe et XXe siècles. Elle n'est plus marquée par la pensée romantique, qui conduisait à s'intéresser aux prophètes en tant que «personnages singuliers, spirituels et géniaux» pour en chercher – comme dans l'exégèse contemporaine des évangiles – les «*logia* prophétiques originaux»[99]. Elle cherche à reconstruire la manière dont les livres prophétiques étaient lus à l'époque de leur croissance littéraire, découvrant que, d'Isaïe à Malachie, les livres prophétiques étaient lus comme un ensemble[100]. Il est ici intéressant de remarquer que, si notre approche narrative de Jr ne se confondra pas avec l'exégèse diachronique de K. Schmid, des phénomènes parallèles d'évolution se constatent dans chacun des champs : l'exégèse narrative, elle aussi, tend à s'écarter d'une étude des personnages pensés comme «personnes fictives», et découvre un effet-personnage limité, qui déplace l'attention des personnages vers la manière de raconter[101].

Cette avancée dans la connaissance des processus historiques ayant conduit à la production du livre de Jérémie est bien sûr remarquable ; mais ce n'est pas pour autant qu'elle interdit l'approche synchronique que cette recherche veut déployer. On y lit, comme souvent, que les livres de la Bible ne ressemblent pas à

---

97 *Ibid.*, p. 214.
98 Schmid, *Buchgestalten*, p. 382.
99 Schmid, «La formation», p. 400.
100 Cf. K. Schmid – O.H. Steck, «Restoration Expectations in the Prophetic Tradition of the Old Testament», *Restoration*. Old Testament, Jewish, and Christian Perspectives (éd. J.M. Scott) (JSJ.S 72 ; Leiden – Boston – Köln 2001) pp. 41–81, p. 48.
101 Cf. 3.3.6.

des livres actuels[102]. De plus, cette attention à l'histoire, si elle permet de mieux comprendre les processus ayant eu lieu autour de la clôture canonique[103], produit un point aveugle, qui interdit de considérer le sens produit par cette décision de clôture. Alors que le propre d'un écrit – par rapport à l'oral – est de pouvoir se détacher de ses conditions de production pour rejoindre d'autres lecteurs qui les ignorent, ce point aveugle conduit de manière regrettable à affirmer que :

« L'interprétation, elle-même prophétique, de la tradition prophétique qui la modèle *depuis son début* pourrait servir de modèle pour la manière dont il convient de considérer aujourd'hui la prophétie vétéro-testamentaire ; en tous les cas, elle montre qu'une compréhension naïvement bibliciste des prophètes n'avait pas voix au chapitre, même pour les lecteurs et les porteurs de l'AT. »[104]

De même, une continuité trop forte est affirmée entre la réinterprétation qui produit le livre et celle qui lui fait suite :

« At the beginning of the second century BCE, the Nebiim section of the canon was closed to further continuations (*Fortschreibungen*). [...] However, exegesis of the prophets concerning this topic no longer continues to be recorded in the text of the prophetic books themselves. Rather, this exegesis appears as commentary, homily, or tractate alongside the prophetic book. Thus, biblical exegesis inside the text is replaced by biblical exegesis outside the text. »[105]

K. Schmid affirme d'ailleurs lui-même le type de lecture auquel sa recherche contribue, et qui se distingue de la nôtre : une lecture savante, alors que nous cherchons à construire la lecture du lecteur implicite :

« Il est remarquable que la théorie de l'histoire universelle du livre de Jérémie ne soit pas portée à la surface du texte. [...] Cette dimension du sens ne surgit *qu'au travers de la lecture savante du livre.* »[106]

---

102 « [...] da sich die Schriften der Bibel in der Regel kaum als Bücher im heutigen Sinn – als in sich sachlich geschlossene Sinneinheiten – lessen lassen. » Schmid, *Buchgestalten*, p. VII.
103 Voir aussi, notamment pour sa remise en cause du rôle historique du synode de Jamnia, G. Wanke, « Kanon und biblische Theologie. Hermeneutische Überlegungen zum alttestamentlichen Kanon », *Gott und Mensch im Dialog.* Festschrift für Otto Kaiser zum 80. Geburtstag (éd. M. Witter) (BZAW 345/II ; Berlin – New York 2004) pp. 1053–1061.
104 Schmid, « La formation », p. 407.
105 Schmid – Steck, « Restoration Expectations », p. 81.
106 Schmid, « L'accession de Nabuchodonosor », p. 226.

1.1.12 Römer (1997)

Thomas Römer s'intéresse à Jr sous l'angle de l'influence deutéronomiste au moins depuis sa thèse de doctorat[107] publiée en 1990. De l'immense bibliographie de ce chercheur[108], on retiendra ici un article publié en 1997, « La conversion du prophète Jérémie à la théologie deutéronomiste »[109] dans un volume consacré à Jr et sa réception, reprenant les contributions d'un séminaire tenu à Lausanne en 1995. Cet article présente l'avantage de mentionner les lectures synchroniques et de manifester clairement l'herméneutique à l'œuvre dans les approches d'histoire de la rédaction.

L'introduction (pp. 27–28) évoque l'histoire de la recherche et les différentes approches possibles. Toutes se doivent de rendre compte de certaines particularités de Jr :

> « [...] la complexité du livre qu'une lecture synchronique devrait faire apparaître. La grande diversité des matériaux, les changements de style étonnants et les tensions au niveau des énoncés idéologiques [...] »[110].

Cette situation interdit certaines approches. Römer critique d'abord les premières études historico-critiques, qui faisaient fond sur les textes narratifs et les « soi-disant confessions » (p. 27) pour mener « une approche psycho-biographique » (p. 27), dont la valeur n'est plus défendable aujourd'hui. Il a alors quelques mots sur les approches synchroniques, dont provient le passage cité ci-dessus. Il reconnaît en effet la légitimité d'une approche synchronique, car elle fait droit au caractère de « littérature » de Jr (p. 27). Mais il conteste un certain nombre de tentatives, qualifiées de lectures « holistiques » ou « stylistiques », qui ne respectent pas suffisamment les particularités du livre : ce sont, selon lui, des « lectures harmonisantes ». Son choix de la *Redaktionsgeschichte* ne se présente pas comme l'unique possible, mais apparaît particulièrement en adéquation avec le livre :

---

107 T. Römer, *Israels Väter*. Untersuchungen zur Väterthematik im Deuteronomium und in der deuteronomistischen Tradition (OBO 99 ; Freiburg – Göttingen 1990). Cf. le chapitre 3 : « Die Väter in Jer ».

108 Consultée le 8/12/15 sur le site internet du Collège de France (http://www.college-de-france.fr/site/thomas-romer/Bibliographie__1.htm), cette bibliographie comportait 295 références, sans compter les recensions.

109 T. Römer, « La conversion du prophète Jérémie à la théologie deutéronomiste. Quelques enquêtes sur le problème d'une rédaction deutéronomiste du livre de Jérémie », *The Book of Jeremiah and its Reception* (éd. A.H.W. Curtis – T. Römer) (BEThL 128 ; Leuven 1997) pp. 27–50.

110 *Ibid.*, p. 28.

«C'est ainsi que la méthode de la *Redaktionsgeschichte* semble rendre compte des diffé-rents aspects de la littérature jérémienne de manière particulièrement adéquate.»[111]

La suite de l'article, après un bilan de l'histoire de la recherche sur la rédaction dtr de Jr, ouvre deux dossiers : «Y a-t-il une intention compositionnelle de facture dtr en Jr ?» (p. 36) et «Comment Jérémie, absent de l'HD [historiographie deu-téronomiste], se transforme-t-il en porte-parole de l'idéologie dtr ?» (p. 44). C'est l'enchaînement, dans cet article, de l'étude de l'histoire de l'exégèse et de l'analyse de ces dossiers qui peut révéler l'herméneutique sous-jacente à la problématique du rapport entre Jr et Dtr. Il apparaît très clairement, en effet, qu'on n'est pas face à un raisonnement déductif, qui procéderait par étapes, assurant chacune de manière définitive avant de passer à la suivante. On con-state au contraire que la réflexion se déploie selon plusieurs cercles. On ne veut pas dire qu'il s'agisse de cercles vicieux : l'herméneutique a montré comment des cercles sont à l'œuvre dans tout processus d'interprétation. Un premier cercle se manifeste ici dans l'élaboration initiale du concept de «deutérono-miste» : à partir d'observations tirées de plusieurs livres bibliques, on parvient à définir un style dtr[112]. Cette démarche boucle par un retour au texte, qui permet de découvrir un caractère dtr à certains passages de Jr qui pourtant n'appar-tiennent pas à un référentiel commun à plusieurs livres[113]. Est alors possible la conceptualisation d'une théologie dtr et de l'existence de rédacteurs dtr. Cette connaissance du contexte historique donne lieu à un deuxième cercle : le texte de départ peut être interprété sur fond de ce contexte reconstruit[114]. Remarquons alors un troisième cercle : le progrès de la connaissance conduit à remettre en cause les premières étapes. Ainsi les résultats de Duhm et de Mowinckel (p. 29) ne peuvent plus être repris.

Même si l'on connaît les hésitations de Römer devant les analyses syn-chroniques de Jr[115], les caractéristiques dégagées de son article en laissent la possibilité ouverte. Premièrement, sa préférence pour la *Redaktionsgeschichte*

---

111 *Ibid.*, p. 28.
112 Römer peut ainsi écrire qu'après Mowinckel, «on se rendait compte que le style dtr n'est pas limité aux seuls discours de prose [...].» (p. 30). De même : «les chapitres structurellement importants sont fortement marqués par le style dtr [...].» (p. 36).
113 Römer fait référence à Stulman qui découvre des «tournures déclarées ‹dtr› par la re-cherche, mais limitées à Jr» (p. 40).
114 Römer le rapporte (p. 35) à propos d'Albertz qui comprend le discours du temple «dans un tel contexte» ; il présente (p. 46) sa thèse dans laquelle apparaissent les étapes de la rédaction de Jr sur fond du contexte historique reconstruit.
115 «I am a bit uncomfortable [...]» écrivait ainsi T. Römer dans sa recension de la thèse d'Elena Di Pede, dans *CBQ* 71/2 (2009) pp. 368–369.

n'interdit pas formellement d'autres approches ; on veillera toutefois à respecter les «tensions» signalées du texte. Deuxièmement, il importe de situer l'analyse synchronique dans les différents cercles que parcourt l'analyse diachronique. Puisque l'on utilisera le concept de lecteur implicite de Wolfgang Iser, on peut essayer de situer ce lecteur parmi toutes les lectures qu'opèrent les exégèses diachroniques. Il ne s'agit pas, heureusement, de nier les résultats, sans cesse plus précis et assurés, de la critique historique, mais de constater un autre de leurs présupposés. En effet, ces recherches supposent toujours de connaître déjà le contenu de toute une série de livres bibliques : Dt, les livres associés à l'historiographie dtr, et Jr. L'analyse diachronique n'est possible qu'après que ces lectures aient permis la constatation des ressemblance, différences, répétitions, etc. Or l'approche de Jr sous l'angle du lecteur implicite veut mettre en lumière l'expérience d'une première lecture, d'une lecture pour la première fois. Autrement dit, il ne s'agit pas d'oublier les résultats de l'étude diachronique, mais de décrire une lecture qui les a précédés. On connaît l'affinité du concept de lecteur implicite avec la phénoménologie[116] : il s'agit en effet ici de pratiquer une *épochè* de la connaissance du contexte, pour revenir à la lecture primordiale[117]. On ne veut pas, affirmant cela, prétendre que ces exégètes ont, concrètement, eu une première lecture identique à celle du lecteur implicite : la difficulté de la lecture montre bien que les lecteurs réels ne correspondent qu'approximativement au lecteur que le texte voudrait avoir ; mais en affinant, par l'analyse synchronique, notre connaissance du lecteur implicite, on espère pouvoir aider à préciser l'étape initiale qui précède la reconstruction progressive du contexte dtr du livre de Jr.

---

116 Le langage phénoménologique abonde dans l'œuvre d'Iser, *Der implizite Leser* ; il est significatif qu'il ait ajouté un chapitre intitulé «The Reading Process : A Phenomenological Approach» dans l'adaptation anglaise de ce célèbre volume. Cf. W. Iser, *The Implied Reader*. Patterns of Communication in Prose Fiction from Bunyan to Beckett (Baltimore – London 1974).
117 On aura reconnu, dans cette manière d'articuler lecture synchronique et analyse historico-critique, le projet de la phénoménologie de décrire ce «déjà là» qui précède l'analyse scienti-fique. Paraphrasant Husserl, on pourrait dire que notre projet est de «revenir au texte même». Merleau-Ponty écrivait en ce sens : «Revenir aux choses mêmes, c'est revenir à ce monde avant la connaissance dont la connaissance *parle* toujours, et à l'égard duquel toute détermination scientifique est abstraite, signitive et dépendante, comme la géographie à l'égard du paysage où nous avons d'abord appris ce que c'est qu'une forêt, une prairie ou une rivière.», M. Merleau-Ponty, *Phénoménologie de la perception* (Bibliothèque des idées ; Paris 1945) p. III.

1.1.13 Macchi (1997)

On peut poursuivre par un autre article du même volume, qui lui aussi révèle des présupposés de l'analyse diachronique : l'analyse des «doublets dans le livre de Jérémie»[118] par Jean-Daniel Macchi. L'auteur part d'une liste large des doublets internes à Jr pour analyser de manière précise et fine les doublets en contexte de condamnation, puis ceux liés au thème du salut, ceux situés dans les oracles contre les nations, enfin ceux qui sont spécifiques au TM. Pour rester dans le cadre de cette recherche, on n'en présentera que deux détails, l'un significatif d'une ambiguïté fréquente mais dommageable aux lectures synchroniques, l'autre montrant un présupposé des lectures diachroniques.

Commentant l'origine rédactionnelle de certains doublets, Macchi écrit que l'on ne peut «en démontrer le mécanisme (diachronie, synchronie)» (p. 121). Il précise cette opposition par une note en bas de page :

> «En effet, les remarques qui suivent peuvent s'appliquer autant à un modèle d'édition unique (l'éditeur place un peu partout des liens-doublets) qu'à un modèle à plusieurs couches (reprise d'une phrase pour mettre en relation un fragment ajouté et un texte plus ancien).»[119]

Il apparaît donc que l'auteur associe d'une part «diachronie» avec «modèle à plusieurs couches» et d'autre part «synchronie» avec «modèle d'édition unique». Suivant cette acception, la lecture «synchronique» irait de pair avec les textes provenant d'un éditeur unique, l'analyse diachronique avec les autres ; dans les deux cas, le sens du texte se confondrait avec l'intention des rédacteurs. C'est, malgré des mots identiques, d'une autre manière que cette recherche veut pratiquer une analyse synchronique : recevant l'enseignement de l'herméneutique pour laquelle le texte, séparé de son auteur, gagne un sens autonome indépendant des intentions initiales, considérer le produit final du processus de rédaction et l'effet de sens qu'il produit sur son lecteur.

On peut aussi déceler certains présupposés des lectures diachroniques, notamment par le choix des métaphores utilisées pour penser le processus rédactionnel. Dans l'extrait précédemment cité, on remarque le terme de «couches» ; avec le terme fréquent, chez d'autres auteurs, de «strates», il provient du paradigme de l'archéologie. Si les archéologues, lorsqu'ils contemplent la tranche verticale produite par le creusement d'une tranchée ou d'un carré, ob-

---

118 J.-D. Macchi, «Les doublets dans le livre de Jérémie», *The Book of Jeremiah and its Reception* (éd. A.H.W. Curtis – T. Römer) (BEThL 128 ; Leuven 1997) pp. 119–150.
119 *Ibid.*, p. 121 n. 8.

servent littéralement des couches ou des strates, il importe de remarquer que ce vocabulaire n'est qu'analogique pour un texte dont on ne connaît que l'état final[120].

À propos du processus rédactionnel, Macchi a cette phrase qui dérangera les narratologues, habitués à aborder le texte avec un « présupposé d'intention » (Antoine Compagnon) plutôt que d'y voir une production aléatoire :

> « Les reprises sont donc faites selon une méthode parfaitement cohérente qu'il paraît difficile d'attribuer au ‹ hasard › du processus de développement de la tradition. »[121]

On comprend bien ce que l'auteur veut dire : il cherche, dans ce cas particulier, à affirmer une intention des rédacteurs. Mais, selon l'autre terme de l'alternative, l'absence de l'observation d'une telle « méthode cohérente » conduirait à attribuer la rédaction au « hasard ». Cette manière de juger du texte semble mettre des conditions à la possibilité d'interpréter le sens du produit final du processus rédactionnel. Ailleurs, il emploie la métaphore de la « main »[122] pour parler des éditeurs. Cette métaphore provient de la paléographie, qui s'en sert habituellement pour parler des différents scribes discernables par la différence de leurs écritures. Appliquer cette métaphore pour décrire un travail éditorial vient, là encore, minimiser voire interdire la possibilité de penser le sens du texte produit : c'est en effet rabattre l'acte des éditeurs dans le paradigme de la copie scribale, dont la qualité première est l'effacement personnel.

La voie synchronique qu'on se propose d'emprunter ne se confond pas avec la « synchronie » telle que la présente Macchi dans cet article ; elle considère le texte dans son interaction avec son lecteur, indépendamment de son rapport aux auteurs et éditeurs. De plus, elle accepte de penser que le texte « final » dont nous disposons a été produit par des personnes humaines, à ne pas réduire à de simples mains ou à un processus de hasard : aussi déroutant soit ce texte, on peut faire l'hypothèse heuristique qu'il s'y manifeste une signification.

---

120 Dans le même ordre d'idées, on a critiqué plus haut la reprise par Carroll de Smith, cf. 1.1.8.
121 *Ibid.*, p. 121.
122 « Ces deux textes doivent probablement être attribués à la même main. » (p. 131) ; « Il ne s'agit probablement pas de la même main éditoriale qui est responsable de l'ensemble de ces doublets de salut [...]. » (p. 148).

1.1.14 Un colloque narratif à Lausanne (2002)

En mars 2002 s'est tenu à Lausanne un colloque d'analyse narrative biblique[123], dirigé par Daniel Marguerat. Les conférenciers n'y ont pas traité spécifiquement de Jr. Mais il est intéressant de remarquer que, malgré une thématique qui semblait avoir fait allégeance à l'exégèse narrative, s'y sont encore exprimés de nombreux malentendus quant au rapport de cette méthode avec la démarche historico-critique. On y a ainsi vu Jean-Louis Ska affirmer que :

> «Tout d'abord, l'analyse narrative est fructueuse, à mon sens, lorsqu'elle accepte de dialoguer avec d'autres disciplines et d'autres méthodes.»[124]

Ce «lorsque» a un sens restrictif et conditionnel : on comprend que, pour Ska, l'absence d'un tel dialogue invaliderait l'analyse narrative[125]. Le même auteur écrit plus loin :

> «La question que se pose l'analyse narrative peut difficilement être résolue sans faire recours à l'histoire, c'est-à-dire à la diachronie.»[126]

Dans ce même colloque, Albert de Pury a défendu une position assez proche, qui voulait soutenir la primauté de l'analyse historico-critique :

> «Si elle veut aller au bout de son ambition, l'analyse narrative ne peut donc pas se dispenser de poser la question du contexte historique.»[127]

---

123 Les actes en ont été publiés dans D. Marguerat (éd.), *La Bible en récits*. L'exégèse biblique à l'heure du lecteur. Colloque international d'analyse narrative des textes de la Bible, Lausanne, mars 2002 (MoBi 48 ; Genève 2003).
124 J.-L. Ska, «Le livre de Ruth ou l'art narratif biblique dans l'Ancien Testament», *La Bible en récits*. L'exégèse biblique à l'heure du lecteur. Colloque international d'analyse narrative des textes de la Bible, Lausanne, mars 2002 (éd. D. Marguerat) (MoBi 48 ; Genève 2003) pp. 41–72, p. 71.
125 On mesure ici l'évolution de la pensée de Ska, qui n'est plus celle du temps où il publiait «*Our Fathers Have Told Us*». Introduction to the Analysis of Hebrew Narratives (Subsidia Biblica 13, Roma 1990), traduit une vingtaine d'années plus tard dans «*Nos pères nous ont raconté*». Introduction à l'analyse des récits de l'Ancien Testament (CEv 155 ; Paris 2011).
126 J.-L. Ska, «Un narrateur ou des narrateurs ?», *La Bible en récits*. L'exégèse biblique à l'heure du lecteur. Colloque international d'analyse narrative des textes de la Bible, Lausanne, mars 2002 (éd. D. Marguerat) (MoBi 48 ; Genève 2003) pp. 264–275, p. 272.
127 A. de Pury, «Salomon et la reine de Saba. L'analyse narrative peut-elle se dispenser de poser la question du contexte historique ?», *La Bible en récits*. L'exégèse biblique à l'heure du lecteur. Colloque international d'analyse narrative des textes de la Bible, Lausanne, mars 2002 (éd. D. Marguerat) (MoBi 48 ; Genève 2003) pp. 213–238, p. 238.

La présentation de Jean-Daniel Macchi allait elle aussi dans le même sens :

> « Avant d'aborder les différents visages d'Esther du point de vue de la narration, il convient de s'interroger de manière diachronique sur les données textuelles. »[128]

Le point commun de la pensée de ces auteurs, tel qu'elle se manifeste à travers ces citations, est de reconnaître la légitimité d'une analyse narrative, mais seulement à titre de concession : la recherche historico-critique reste la démarche reine ; la narrativité n'est qu'une analyse seconde. Il est notable que, sous leur plume, l'analyse narrative doive justifier de sa légitimité, requête qui n'est jamais adressée à la méthode historico-critique. À l'arrière-plan se trouve, fondamentalement, un malentendu sur le projet de lecture synchronique ; autrement dit, le refus de considérer le produit final du processus rédactionnel comme étant porteur de sens, indépendamment des circonstances de son apparition. Pourtant, les arguments philosophiques en faveur d'une telle approche ont été développés depuis longtemps.

1.1.15 Synthèse

Une histoire complète de la recherche sur Jr au cours du XXe siècle nécessiterait d'aller plus loin que les sondages qui viennent d'être effectués ; mais ils sont suffisamment représentatifs pour parvenir au but fixé au début de ce chapitre : mieux comprendre les présupposés des méthodes diachroniques et dégager la voie d'une lecture synchronique.

Malgré leurs différences, tous les auteurs cités partagent une orientation fondamentale. Présupposant l'illisibilité du texte dans sa forme finale, ils y cherchent les traces de faits historiques d'une manière qui, inévitablement, produit des points aveugles. Certains – les plus anciens – poursuivent la reconstruction de la vie et de l'activité du prophète historique, et des premières étapes de la rédaction du livre ; d'autres s'intéressent aux étapes suivantes, dites de « croissance » du texte ; d'autres enfin travaillent le moment de la fin de la rédaction et de l'émergence d'un livre en tant que tel. Dans tous ces travaux, cette poursuite de faits historiques est associée à une déshumanisation de certaines étapes rédactionnelles, qui ne sont plus pensées que comme processus

---

128 J.-D. Macchi, « Les livres d'Esther. Évolution littéraire et approche narrative », *La Bible en récits*. L'exégèse biblique à l'heure du lecteur. Colloque international d'analyse narrative des textes de la Bible, Lausanne, mars 2002 (éd. D. Marguerat) (MoBi 48 ; Genève 2003) pp. 239–249, p. 240.

mécanique ou biologique, en tout cas jamais comme un travail humain producteur de sens. Ainsi, la recherche du prophète historique n'était possible qu'en dévalorisant le livre en tant que tel ; l'étude de l'apparition du livre en tant que tel ne peut que négliger le poids herméneutique de la décision de la clôture canonique et passer à côté de ce qui, fondamentalement, distingue un livre d'un discours oral : la capacité – ou plutôt la vocation – à s'écarter, temporellement comme géographiquement, de ses conditions d'apparition. Les approches historiques revendiquent leur objectivité mais se retrouvent dans une situation paradoxale, dont la compréhension demande un détour philosophique.

Deux auteurs vont être ici convoqués : Michel de Certeau et Roland Barthes. Il convient de s'en expliquer brièvement. Le projet de réaliser une exégèse narrative de Jr conduit, comme on le verra dans les chapitres suivants (cf. chap. 2 et 3), à fréquenter les théoriciens du récit. Or le genre narratif a une affinité évidente avec l'histoire ; il n'est donc pas surprenant que ces auteurs réfléchissent aussi à ce que c'est que le travail de l'historien et au fonctionnement des textes historiques. C'est la perspective théorique sur la narratologie qui a conduit à découvrir ces auteurs, et, en approfondissant leur lecture, à remarquer dans leur pensée ce qui pouvait éclairer les fondements de l'exégèse historico-critique. Commençons donc par citer une phrase de Michel de Certeau, dans un article qui a eu un grand retentissement[129] ; il résume bien la difficulté à explorer :

> «La science historique voit grandir, avec son progrès, les régions silencieuses de ce qu'elle manque.»[130]

On a souligné en commentant les exégètes historico-critiques quelques faiblesses du côté de la connaissance de la littérature ; on veut maintenant montrer une insuffisance concernant la philosophie de l'histoire. En effet, alors que ces auteurs pratiquent une démarche historique, ils ne rendent pas manifeste une réflexion sur ce que c'est que l'histoire ; cela pourrait éclairer le paradoxe signalé. Un article de Roland Barthes va alors se révéler lumineux. Publié pour la

---

129 M. de Certeau, «Faire de l'histoire. Problèmes de méthode et problèmes de sens», *L'écriture de l'histoire* (Bibliothèque des histoires ; Paris 1975), pp. 27–62. Cet article a donné son titre aux trois volumes dirigés par Jacques Le Goff et Pierre Nora sur la «nouvelle histoire». Cf. J. Le Goff – P. Nora (éd.), *Faire de l'histoire*. I. Nouveaux problèmes (Bibliothèque des histoires ; Paris 1974) p. IX.
130 *Ibid.*, p. 52.

première fois en 1967, « Le discours de l'histoire »[131] réfléchit à la structure des discours produits par les historiens, sous l'angle des catégories d'énonciation, d'énoncé, et de signification. Il le fait en analysant particulièrement les discours historiques d'Hérodote, Machiavel, Bossuet et Michelet. On découvre ainsi l'impensé de nombreuses exégèses diachroniques : elles ne réfléchissent pas au fait qu'elles sont, elles-mêmes, des discours. Cette absence empêche, en retour, de considérer suffisamment positivement l'aspect narratif des textes étudiés. Quelques citations aideront ici à évoquer cet article extrêmement riche.

> « Au niveau du discours, l'objectivité – ou carence des signes de l'énonçant – apparaît ainsi comme une forme particulière d'imaginaire, le produit de ce que l'on pourrait appeler l'illusion référentielle, puisqu'ici l'historien prétend laisser le référent parler tout seul. »[132]

> « On comprend dès lors que la notion de ‹ fait › historique ait souvent, ici et là, suscité une certaine méfiance. [...] À partir du moment où le langage intervient (et quand n'interviendrait-il pas ?), le fait ne peut être défini que d'une manière tautologique : le noté procède du notable, mais le notable n'est [...] que ce qui est digne de mémoire, c'est-à-dire digne d'être noté. On arrive ainsi à ce paradoxe qui règle toute la pertinence du discours historique [...] : le fait n'a jamais qu'une existence linguistique (comme terme d'un discours), et cependant tout se passe comme si cette existence n'était que la ‹ copie › pure et simple d'une autre existence, située dans un champ extra-structural, le ‹ réel ›. »[133]

> « Comme tout discours à prétention ‹ réaliste ›, celui de l'histoire ne croit ainsi connaître qu'un schéma sémantique à deux termes, le référent et le signifiant ; la confusion (illusoire) du référent et du signifié définit, on le sait, les discours *sui-référentiels*, tel le discours performatif ; on peut dire que le discours historique est un discours performatif truqué, dans lequel le constatif (le descriptif) apparent n'est en fait que le signifiant de l'acte de parole comme acte d'autorité. »[134]

Ce n'est pas le lieu ici d'entrer dans une discussion philosophique de tous les concepts à l'œuvre dans la pensée de Barthes, mais déjà s'éclairent certaines caractéristiques des travaux diachroniques étudiés. Ainsi, ces travaux d'une part produisent fréquemment un nouveau récit, typiquement une biographie de Jérémie, tout en faisant l'impasse sur l'analyse de Jr en tant que récit. On voit d'autre part que cherchant dans le texte de Jr les faits historiques plutôt que le sens (pour le dire avec les termes de Barthes, ils cherchent les référents alors que le texte donne accès à des signifiés), ils ne peuvent s'empêcher de projeter

---

131 R. Barthes, « Le discours de l'histoire », *Essais critiques IV. Le bruissement de la langue* (Paris 1984) pp. 153–166 (article d'abord publié dans *Social Science Information* 6/4, 1967, pp. 63–75).
132 *Ibid.*, p. 158.
133 *Ibid.*, p. 164.
134 *Ibid.*, p. 165.

inconsciemment dans leur commentaire des catégories de leur époque sans les critiquer, que ce soit des idées théologiques ou psychologiques, ou bien une manière de raconter la vie de Jérémie qui ne laisse aucune causalité dans l'ombre, comme on l'a parfois relevé. Cet impensé évolue, évidemment, en fonction de la transformation de l'historiographie. Ainsi, Duhm et Mowinckel pratiquaient l'histoire biblique comme leurs collègues historiens travaillaient d'autres domaines historiques, portés par l'attention au «génie» romantique ; l'histoire plus récente est bien davantage attentive aux milieux sociaux. Mais à côté de cette prise en compte, réelle, des progrès de l'historiographie, il est dommage que les problématiques littéraires – et leur évolution – n'aient pas trouvé davantage d'écho dans le monde des études bibliques.

1.2 Les pionniers d'une lecture synchronique

Alors que les études diachroniques sur Jr se poursuivent, des travaux synchroniques ont été menés depuis une trentaine d'années. C'est dans cette lignée encore jeune que cette recherche se situe. On va donc en présenter quelques auteurs. Mais il faut avant tout dire un mot de la réception de ces études, qui n'a pas été sans heurts ; aujourd'hui encore, elles sont souvent contestées. Il suffit d'écouter certaines conversations de table d'exégètes pour s'en apercevoir. Une telle difficulté n'est pas nécessairement signe de mauvaise qualité pour les résultats obtenus ; on se souvient au contraire que, selon Thomas S. Kuhn, une telle résistance est typique de l'apparition d'un nouveau paradigme dans la structure de la connaissance scientifique :

> «The transfer of allegiance from paradigm to paradigm is a conversion experience that cannot be forced. Lifelong resistance, particularly from those whose productive careers have committed them to an older tradition of normal science, is not a violation of scientific standards but an index to the nature of scientific research itself.»[135]

L'apparition de lectures synchroniques de Jr ne représente pas exactement un changement de paradigme, si l'on s'en tient à la conceptualisation de Kuhn ; en effet, ces nouvelles approches n'ont pas pour ambition de se substituer aux lectures diachroniques comme si elles étaient devenues caduques. Il s'agit plutôt d'un paradigme complémentaire, qui vient contester la prétention à l'exclusivité des méthodes historico-critiques. Mais l'analyse que propose Kuhn des résistances de la communauté académique demeure, de manière analogique, éclai-

---

135 T.S. Kuhn, *The Structure of Scientific Revolutions* (Chicago – London ³1996) p. 151.

rante. On doit de plus reconnaître le caractère pionnier de ces travaux : il est inéluctable qu'une méthodologie naissante ne soit pas encore parfaitement ajustée à son objet. Des imperfections sont inévitables. Mais plutôt que de ne voir que cela, mieux vaut considérer ce qui est promesse d'avenir : ces prémices qui donnent envie de poursuivre un chemin désormais tracé et défriché.

1.2.1 Abrego (1983)

José María Abrego de Lacy a publié sa thèse de doctorat en 1983[136]. Très marquée par l'approche structuraliste (qui n'est plus aussi prévalente aujourd'hui qu'à cette époque), elle se présente comme la première étude synchronique moderne de Jr ; l'auteur signale toutefois, avant lui, un ouvrage de Holladay à perspective synchronique ainsi qu'une étude de Hubmann sur les « confessions »[137]. Il reste qu'il est le premier à chercher le sens de l' « orden actual del texto » (p. 183) en considérant une longue séquence de dix chapitres. Abrego étudie d'abord le chapitre 36, puis la séquence des chapitres 37–45, et termine en les situant dans le contexte constitué par l'ensemble du livre.

Pour chaque séquence étudiée, l'auteur commence par établir une structure formelle de surface à partir d'indices tels que : « construcción paralela » et « introducción de un oráculo » (pp. 21–22), répétitions de vocabulaire ou de syntaxe... Il établit ensuite la structure du contenu avec une étape de « sintagmática narrativa » puis d' « estudio semántico ». La syntagmatique narrative use fréquemment du schéma actantiel de Greimas. L'étude sémantique ne se limite pas à des relevés statistiques mais aborde des champs lexicaux et conduit à l'établissement de paires d'oppositions croisées[138].

Par certains aspects, le travail d'Abrego s'approche de ce qui est poursuivi ici. La complexité des résultats de la critique des sources n'interdit pas de « buscar el sentido [...] del texto resultante » (p. 133). Plutôt que de s'en tenir au monde des études bibliques, la démarche s'appuie sur les progrès des sciences herméneutiques générales : l'auteur cite Saussure comme fondateur (p. 14), les « principios fundamentales de la lingüística estructural » (p. 7), les « técnicas del análisis estructural del relato » (p. 14), des auteurs nombreux parmi lesquels Propp et Greimas (p. 14). L'analyse s'appuie sur la manière dont le texte est

---

136 J.M. Abrego de Lacy, *Jeremías y el Final del Reino*. Lectura sincrónica de Jer 36–45 (EstAT 3 ; Valencia 1983).
137 W.L. Holladay, *The Architecture of Jeremiah 1–20* (Lewisburg 1974) ; F.D. Hubmann, *Untersuchungen zu den Konfessionen : Jer 11,18–12,6 und Jer 15,10-21* (Würzburg 1978); cités p. 13.
138 Cf. par ex. p. 46.

construit plutôt que de combler les manques par une reconstruction histo-rique[139].

Mais on doit aussi enregistrer une certaine distance d'avec notre projet. Le choix du structuralisme, qui analyse son objet grâce à des oppositions, conduit à des résultats fonctionnant eux aussi par oppositions. Il est typique qu'un pa-ragraphe conclusif associe ainsi sans nuances des termes opposés :

> «La concentración es dispersión ; la vida es muerte ; el perdón, condena ; y la solidaridad inicial del profeta aparecerá ante el pueblo como seducción y maquinación.»[140]

De plus, l'herméneutique a progressé depuis les années 1980, notamment par l'intégration de la coopération du lecteur. Repérer avant tout des structures construites par le vocabulaire et la syntaxe du texte ne laisse pas place à la prise en compte de cette coopération, qui conduit pourtant à jouer avec les ellipses, se souvenir de ce qui précède, faire parler les silences... Cette recherche ne suivra pas une perspective pour laquelle la lecture consiste en un pur «décodage»[141]. De même, le repérage de structures à l'aspect architectural, marqué par des symétries, risque de faire oublier que la lecture est marquée par une direction : elle progresse du début à la fin[142] ; cela devrait conduire à relativiser la découverte d'éléments qui «ocupan el centro de la narración» (p. 26).

1.2.2 Di Pede (2005)

Pour un doctorant, rendre compte de la thèse de son directeur est un exercice d'équilibriste, et ce d'autant plus qu'il connaît l'évolution de sa pensée depuis ce travail inaugural. L'un des axiomes de l'analyse synchronique, selon lequel une œuvre peut être lue indépendamment de la connaissance concrète de son au-teur, encourage à tenter l'aventure. La thèse d'Elena Di Pede[143] est d'autant plus

---

139 Ainsi p. 24 Abrego remarque l'absence d'éléments de «referencia escénica».

140 Abrego, *op. cit.*, p. 177.

141 «la descodificación del código usado por el escribano», *ibid.*, p. 45.

142 Alter note en ce sens que «le mot de structure évoque toutefois l'image d'une forme immobile déployée dans l'espace, un peu à la manière d'une construction architecturale, et j'aimerais rectifier cette impression en rappelant que ce que nous caractérisons faute de mieux comme une structure en littérature est, en raison du caractère discursif du médium en question, un mouvement dynamique se déployant séquentiellement.», R. Alter, *L'art de la poésie biblique* (Le livre et le rouleau 11 ; Bruxelles 2003) p. 114.

143 E. Di Pede, *Au-delà du refus : l'espoir.* Recherches sur la cohérence narrative de Jr 32–45 (TM) (BZAW 357 ; Berlin – New York 2005).

incontournable ici qu'elle a ouvert le champ d'une recherche narrative dans Jr. Dans sa préface, André Wénin y précise qu'il s'agissait d'une aventure en «terra incognita» (p. VI), puisqu'une approche vraiment narrative d'un livre prophétique n'avait encore jamais été tentée[144]. La première partie réfléchit à Jr 32 comme «contrat de lecture» ; elle est suivie d'une étude de la temporalité en Jr 32–45 ; la troisième partie est consacrée à l'intrigue et aux personnages. On aura l'occasion de revenir sur les résultats de cette étude, lorsqu'ils rencontrent le champ de notre recherche ; on se contentera pour l'instant de relever ce qui caractérise la méthodologie mise en œuvre.

L'introduction du livre construit cette méthodologie en citant une série d'auteurs : André Wénin, Jean-Pierre Sonnet, Daniel Marguerat et Yvan Bourquin, Anne-Marie Pelletier. Il s'agit de biblistes ayant acclimaté au monde de l'exégèse une théorie narrative déjà devenue classique. Des précisions théoriques sont apportées au cours de la thèse, par exemple en citant Umberto Eco, Jean-Louis Ska et Yairah Amit pour le contrat de lecture (pp. 102–103) ou bien la «rhétorique sémitique» de Roland Meynet (p. 159) pour établir des structures. Proposant une «lecture globale» par une «méthode [...] de type littéraire» (p. 7), Di Pede revendique une prise de distance par rapport aux méthodes historico-critiques auxquelles il arrive d' «érige[r] leur incompréhension en système» (p. 10) ; elle oppose de même l'étude des «observations textuelles» aux «critères relevant de l'histoire de la rédaction» (p. 343).

Deux catégories reviennent sans cesse dans ce travail, et il est intéressant d'en repérer le fonctionnement dans l'argumentation, typique de la théorie narrative biblique classique : le «lecteur» et le «narrateur». Le terme «lecteur» intervient à la fois à un niveau très proche des personnages du récit, mais il peut aussi se retrouver pour décrire une prise de distance par rapport au texte. La proximité par rapport aux personnages se manifeste par des expressions abondantes telles que «le lecteur apprend – et le peuple aussi» (p. 75), «Jérémie, et le lecteur avec lui» (p. 76), «le lecteur [...] comme le souverain» (p. 83) ; c'est donc que le lecteur, bien que distingué conceptuellement des personnages, en partage de nombreux traits dans la manière dont il reçoit des informations (même si, en

---

144 Mis à part le Livre de Jonas, faisant partie du corpus des Douze «petits» prophètes. Ce livre prophétique au genre littéraire particulier a fait l'objet d'études narratives précédentes, cf. la thèse de Claude Lichtert sur Jonas, elle aussi dirigée par André Wénin, défendue en 2003, dont un chapitre est consacré à une analyse narrative. L'intégralité de la thèse n'a pas été publiée, mais on peut en voir le résumé sur le catalogue de l'Université catholique de Louvain. (Consulté sur http://boreal.academielouvain.be/lib/item?id=chamo:1545509&theme=UCL le 2/2/16). De cette recherche dérive le petit ouvrage suivant : C. Lichtert, *Traversée du récit de Jonas* (Connaître la Bible 33 ; Bruxelles 2003).

pratique, ce qu'il connaît de l'histoire est très différent), d'où l'usage abondant de ces incises pour décrire son expérience. Mais il ne s'agit pas pour autant d'une catégorie purement immanente au texte ; Wolfgang Iser et son «lecteur implicite» ne sont d'ailleurs pas mentionnés. On lit en effet que «le lecteur a à sa disposition tous les outils que l'exégèse [...] met à sa disposition» (p. 195) ; le lecteur doit réfléchir à la déchronologisation du récit pour «arriver à se représenter l'ordre chronologique des événements» (p. 155). La catégorie de lecteur est donc employée sans rigidité, de manière fluctuante ; elle sert à représenter le lecteur en chair et en os, qui lit Jr en réfléchissant et en se posant des questions exégétiques, mais aussi, par la magie du pouvoir de représentation du récit, à désigner son expérience lorsqu'il entre dans le monde du texte[145] comme s'il s'y trouvait aux côtés des personnages ; le lecteur est d'ailleurs invité à devenir le «confident» du prophète (p. 289), voire son «témoin» et «scribe»[146] à l'image de Baruch, et à «entend[re]» la parole de Yhwh (p. 265) alors même que, par définition, le lecteur lit plutôt qu'il n'écoute. Même si Di Pede mentionne parfois les formalistes russes, par exemple pour la catégorie de «fabula» (p. 155), elle ne s'engage pas dans une analyse des personnages comme fonctions du texte ; elle fait plutôt confiance à la capacité du récit à représenter un monde peuplé de personnages constitués comme des personnes réelles, la seule différence étant leur caractère fictionnel. Il est ainsi significatif de lire une réflexion sur la personnalité de Jérémie commençant par ces mots : «comme tout humain, le prophète n'est pas univoque [...]» (p. 61).

La catégorie de «narrateur» présente le même caractère à la fois précis et fluctuant. D'une manière générale, le narrateur, tout en étant précisément une caractéristique du texte, est souvent décrit avec un vocabulaire qui pourrait aussi bien s'appliquer à une personne réelle racontant une histoire. On trouve ainsi un paragraphe qui attribue l'organisation du texte au «narrateur», suivi d'un paragraphe qui invite à faire confiance au «rédacteur final» qui met en œuvre une «stratégie poétique et narrative»[147]. Ces deux concepts ne sont pas confondus, mais leur succession est significative d'une proximité conceptuelle : le narrateur est ainsi pensé à l'image d'un rédacteur humain. Il organise le récit et en crée les

---

145 On lit ainsi : «accorder plus d'attention au récit et au monde qu'il crée pour le lecteur.» (p. 331).

146 *Ibid.*, p. 234. Di Pede reprend cette expression à E. Levinas, «La Révélation dans la tradition juive», La révélation (éd. P. Ricœur – E. Levinas – E. Haulotte – E. Cornelis – C. Geffré) (Théologie ; Bruxelles ¹1977 ²1984) pp. 55–77, p. 59.

147 On lit ainsi «le narrateur a introduit un nouveau récit qui commence au chapitre 32 [...]» et au paragraphe suivant «[l]e rédacteur final [...] avait son histoire à raconter [...]», Cf. Di Pede, *Au-delà*, p. 29.

éléments : les personnages sont « ses personnages » (p. 272), il est « omniscient »
(p. 107) comme Dieu seul[148]. Mais le narrateur est aussi ancré dans le monde du
texte ; le concept classique de « narrateur intradiégétique », typique d'un récit
pensé par analogie avec un discours prononcé par une personne réelle, permet
d'écrire à propos de certains passages que Jérémie est « narrateur de sa propre
histoire » (p. 275), et ailleurs que le narrateur – extradiégétique, cette fois –
« respect[e] » la réserve de Jérémie sur son rapport à Dieu (p. 289).

L'analyse repose donc sur une fluidité entre trois niveaux : celui de l'histoire
racontée appelée la « fabula »[149], celui du récit écrit (le « sujet » des formalistes
russes, mais Di Pede n'emploie pas ce concept symétrique de celui de « fabula »),
et le niveau existentiel du lecteur. La catégorie d'intrigue contribue aussi à assurer des communications entre ces niveaux : elle ne se réduit pas à une logique
qui explique l'enchaînement causal des événements racontés, mais elle se situe
aussi au niveau du lecteur qui se pose des questions et trouve des réponses : elle
est ainsi « thématique et événementielle » (p. 240). Cette articulation subtile
permet d'interpréter de manière cohérente un livre qui affirme une causalité
dans les événements tout en présentant une organisation largement déchrono-
logisée. Cette communication est de plus facilitée par le fait que le monde du
texte, bien que créé par le récit, est pensé comme étant habité par des êtres
humains analogues à ceux du monde réel, n'en différant que par leur caractère
fictionnel.

Tout cela constitue un point de départ extrêmement précieux, à partir duquel cette recherche pourra affiner quelques catégories narratologiques appropriées à Jr. Le monde du récit, notamment, sera davantage différencié du monde

---

148 Il faut noter que le concept de narrateur omniscient a d'ailleurs été modélé sur le concept
théologique de l'omniscience divine, le narrateur étant créateur du récit comme Dieu du cosmos.
Une étude récente montre que, dans les récits bibliques du Pentateuque, la manière de raconter
n'est pas influencée par cette prétendue omniscience. Cf. F. Mirguet, « Dieu et l'art de (le)
raconter. Ou comment en finir avec le narrateur omniscient », *Raconter Dieu : entre récit, histoire
et théologie* (éd. C. Dionne – Y. Mathieu) (Le livre et le rouleau 44 ; Bruxelles 2014). Cet article
reprend les conclusions de sa thèse de doctorat, basée sur la théorie narrative, alternative à la
narratologie classique, de Hamburger, Kuroda et Banfield ainsi que sur les études bibliques de
Niccacci et Kawashima : F. Mirguet, *La représentation du divin dans les récits du Pentateuque.
Médiations syntaxiques et narratives* (VT.S 123 ; Leiden – Boston 2009).

149 Selon la traduction qu'en donnent Ska, Sonnet et Wénin cités p. 155 ; on s'en tiendra dans
cette étude à la traduction par « fable », terme retenu par Todorov dans sa traduction de Tomachevski, en se souvenant que Michel de Certeau nous a déjà habitués à cet emploi pour
désigner autre chose que les *Fables* de La Fontaine. Cf. B. Tomachevski, « Thématique », *Théorie
de la littérature*. Textes des formalistes russes (éd. et trad. T. Todorov) (Tel Quel ; Paris 1965)
pp. 263–307, p. 268 (trad. de *Teorija literatury [Poetika]*, Leningrad 1925, pp. 132–165).

réel ; il en sera de même pour le rapport entre personnage du récit et personne réelle : le caractère fictif du récit permet des différences structurelles profondes d'avec le monde réel, bien davantage que la simple suspension de la question de savoir si « cela est vraiment arrivé ».

1.2.3 Osuji (2010)

Anthony Chinedu Osuji a publié en 2010 sa thèse de doctorat[150], préparée comme celle d'Elena Di Pede sous la direction d'André Wénin. Il y réalise une analyse narrative et théologique de Jr 26 – 29. Après une introduction qui fait le point sur l'histoire de la recherche et la méthodologie qu'il souhaite employer, il établit la délimitation des chapitres étudiés ; il procède alors à une analyse précise de chacun des quatre chapitres, puis organise une reprise autour de la cohérence littéraire et thématique, de la caractérisation des personnages, et enfin de la réflexion théologique. On aura l'occasion plus loin de dialoguer avec les résultats de cet auteur lorsque cette recherche étudiera les mêmes passages ; on va pour l'instant se contenter de relever quelques traits de la méthodologie narrative puis de l'approche théologique.

Osuji explique (p. 55s) la naissance de la narrativité à partir de deux courants nés chez des auteurs qui voulaient pallier les insuffisances de l'analyse historico-critique : le structuralisme d'une part, et d'autre part le « New Criticism », mouvement majeur dans le champ des études littéraires anglophones mais sans équivalent direct dans la francophonie, auquel on doit la pratique de « close reading ». Il fait remonter à Saussure (p. 57) la distinction entre synchronique et diachronique ; mais l'absence de citation de première main ne permet pas de voir précisément comment cette alternative, née dans le débat des linguistes entre la recherche du sens d'un vocable par l'étymologie ou par le fonctionnement dans l'état actuel d'une langue, s'applique analogiquement à l'interprétation des textes[151]. Pour la théorie narrative biblique, Osuji s'appuie sur Robert Alter, Yairah Amit, et Jan Fokkelman. Il donne une citation de Fokkelman qui mérite d'être commentée, car elle pourrait être de nature à nourrir la réticence de certains envers l'exégèse narrative. Cet auteur, en effet, affirme que les textes sont bien écrits et que :

---

150 A.C. Osuji, *Where is the Truth ?* Narrative Exegesis and the Question of True and False Prophecy in Jer 26 – 29 (MT) (BEThL 214 ; Leuven – Paris – Walpole 2010).
151 On remarque d'ailleurs que les exégètes synchroniques se satisfont habituellement des dictionnaires de l'hébreu recourant à l'étymologie.

«[...] as products of a deliberate and meticulous designing intelligence they have been crafted to speak for themselves [...]»[152].

Quelle que soit l'intention – dont on ne veut pas ici soupçonner la légitimité – de Fokkelman, c'est l'expression «designing intelligence» qui surprend, et qui risquerait d'être reprise, presque à bon droit, par des opposants à l'exégèse narrative. Ils seraient en effet fondés à y voir une parenté avec les schémas de pensée de l'*Intelligent Design*, ce courant développé aux États-Unis dans la li-gnée du créationnisme, réfutation de la théorie darwinienne de l'évolution au nom d'une lecture fondamentaliste de Gn. L'*Intelligent Design*, qu'aucun biolo-giste sérieux ne défend, reconnaît la longue évolution des espèces, mais en réfute l'interprétation darwinienne d'évolution au hasard guidée par l'adaptation au milieu : à travers ces processus observés par la science, se manifesterait à l'arrière-plan une intelligence à l'œuvre, pensée sur le même mode que l'esprit d'un ingénieur concevant une machine. Contre ce risque de méprise, il est es-sentiel d'affirmer que l'exégèse narrative ne fonctionne pas selon ce schéma de pensée. Reconnaître, dans l'état final d'un texte, un sens qui se manifeste à travers une histoire racontée, n'oblige à aucun postulat quant aux intentions des rédacteurs, et encore moins quant à un esprit cohérent et univoque qui aurait travaillé, à l'insu des rédacteurs, tout au long du processus éditorial. La théo-logie catholique de l'inspiration, remarquons-le en passant, n'exige pas une telle thèse[153]. L'analyse synchronique s'intéresse aux effets du texte sur son lecteur, indépendamment du processus rédactionnel ; la seule source des effets de sens qu'elle découvre se trouve dans l'esprit intelligent[154] du lecteur.

Osuji consacre un de ses chapitres à la caractérisation des personnages. On peut relever la définition qu'il en donne :

---

152 J.P. Fokkelman, *Reading Biblical Narrative*. A Practical Guide (Leiden 1999) p. 21 ; cité par Osuji, *op. cit.*, p. 68.

153 On peut par exemple citer K. Rahner pour qui la doctrine de l'inspiration de l'Ancien Testament doit être pensée non à partir du passé de ce livre, mais à partir de son avenir dans l'Église : «Die Schriftinspiration ist nur [...] einfach die Kirchenurheberschaft Gottes, insofern diese sich gerade auf jenes konstitutive Element der Urkirche als solcher bezieht, das eben die Schrift ist.» K. Rahner, *Über die Schriftinspiration* (Freiburg 1958) p. 58.

154 Ce fait est particulièrement net dans la théorie narrative post-classique, et apparaîtra clairement lorsqu'on évoquera la théorie «poétique» de Kuroda.

« By characterisation [*sic*] of personages in this context, we mean how the narrator uses the elements at his disposal to influence the reader's point of view of a particular character in the story. »[155]

On peut remarquer une citation de Shimon Bar-Efrat[156] qui souligne la proximité émotionnelle entre personnages et lecteurs. On est donc dans une perspective où les personnages sont pensés comme des êtres humains, comparables aux personnes réelles que le lecteur connaît. L'étude exégétique de la caractérisation du personnage se rapproche donc d'une enquête psychologique sur la personnalité d'un être humain réel ; cette proximité est manifeste dans la citation suivante :

« Many works on the personality of the prophet Jeremiah as depicted in the book that bears his name, concentrate solely or mainly on his Confessions. However, it is not only in the Confessions that the character of the prophet is made evident to the reader. »[157]

Cette conception très humaine des personnages va de pair avec l'attribution d'une même humanité au narrateur :

« A narrative in its literary form is essentially characterised distinctly by the presence of a story and a teller of the story, the narrator. »[158]

Ces prises de positions sont légitimes, mais on doit remarquer qu'elles ne sont pas les seules possibles : narrateur et personnages pourraient être pensés de manière moins anthropomorphe et davantage comme fonctions du texte ou projections du lecteur.

Il importe, pour terminer, de relever la méthodologie théologique à l'œuvre à la fin de l'ouvrage. On peut la résumer en disant qu'il s'agit de penser, à travers une distance historique qui n'est pas niée, la pertinence du message du prophète pour un lecteur croyant contemporain. Après avoir décrit les lecteurs réels, croyants juifs ou chrétiens d'aujourd'hui, Osuji identifie le sens théologique avec « Jeremiah's message » et le Dieu des croyants avec « Yhwh » (p. 408) ; il revendique aussi que la perspective théologique modifie la manière de lire le livre :

---

155 Osuji, *op. cit.*, pp. 291–292. Osuji suit l'orthographe britannique, alors que dans les ouvrages sur ce sujet on rencontre plus souvent l'orthographe américaine « characterization ». Cf. par ex. J. Garvey, « Characterization in Narrative », *Poetics* 7/1 (1978) pp. 63–78
156 S. Bar-Efrat, *Narrative Art in the Bible* (JSOT.S 70 ; Sheffield 1989). Cité p. 292 n. 60.
157 Osuji, *op. cit.*, p. 309.
158 *Ibid.*, p. 403.

« In the logic of our work, theology becomes the prism through which a normal literary piece is seen as Scripture, and when this happens, clearly, the logic, the grammar, of the reading shifts. »[159]

Cette manière de faire se rejoindre la théologie à l'œuvre au sein du monde du texte, où vivent les personnages de Yhwh et de Jérémie, avec les préoccupations théologiques des lecteurs croyants contemporains, peut avoir sa légitimité, mais Osuji ne semble pas mesurer qu'il prend position dans le débat philosophique entre herméneutique générale et herméneutique spéciale : l'analyse narrative procède-t-elle d'une théorie narrative applicable à des textes non religieux ou bien est-elle déjà teintée par des préoccupations théologiques ? On doit remarquer que la position d'Osuji se distingue, dans sa théorie si ce n'est dans la pratique, de l'articulation proposée par Ricœur[160]. C'est plutôt cette seconde option que notre recherche tentera de suivre, commençant par analyser le texte biblique avec des méthodes valables pour tout récit, avant de proposer une réflexion théologique à partir des résultats de l'analyse narrative.

1.2.4 Autres recherches à dominante synchronique

Les trois ouvrages que l'on vient de citer ont ouvert le champ d'une exégèse synchronique de Jr ; on va maintenant mentionner brièvement trois autres études qui montrent, chacune à leur manière, qu'il s'agit moins de tentatives isolées que d'un mouvement d'ensemble.

Dans *l'Encyclopédie littéraire de la Bible*, publiée sous la direction de Robert Alter et Frank Kermode en 1987, on trouve une présentation de Jr par Joel Rosenberg[161]. Il ne s'agit pas à proprement parler d'un commentaire synchronique :

---

159 *Ibid.*, p. 402.

160 Dans un article célèbre, Ricœur avait résumé ainsi sa position : « La voie que je viens de suivre était donc celle de l' ‹ application › d'une catégorie herméneutique générale à l'herméneutique biblique traitée comme herméneutique régionale. Ma thèse est que cette voie est la seule au bout de laquelle peut être en même temps reconnue la spécificité de la ‹ chose › biblique. En cela Ebeling a raison : c'est allant jusqu'au bout d'une écoute de ce livre, comme d'un livre parmi les autres, qu'on peut le rencontrer comme parole de Dieu. », P. Ricœur, « Herméneutique philosophique et herméneutique biblique », *Du texte à l'action*. Essais d'herméneutique II (Paris 1986) pp. 133–149, p. 143 (Article publié initialement dans F. Bovon – G. Rouiller [éd.], *Exegesis*. Problèmes de méthode et exercices de lecture, Neuchâtel 1975, pp. 216–228).

161 J. Rosenberg, « Jérémie et Ézéchiel », *Encyclopédie littéraire de la Bible* (éd. R. Alter – F. Kermode) (Paris 2003) pp. 231–255 (trad. de *The Literary Guide to the Bible*, Cambridge 1987).

la part belle est faite à l'histoire de la rédaction, à la distinction de trois «voix» qui sont autant de sources (oracles poétiques, sermons en prose, récits), ainsi qu'à l'établissement d'une structure du livre. Mais on remarque une manière nouvelle de parler du travail des ultimes rédacteurs du texte, qui autorise à s'intéresser à la forme finale du texte. Au lieu de ne voir dans ce travail rédactionnel qu'un écart ou une dégradation par rapport aux paroles originales du prophète, Rosenberg y reconnaît un surcroît de sens :

> «Il est probable que les lecteurs antiques avaient conscience, au moins de manière subliminale, d'une autre présence [que celle du prophète] – anonyme, narrative et de caractère traditionnel – grâce à l'intelligence de laquelle les paroles du prophète acquièrent un surcroît de forme, de cohérence et de résonance historique pour une communauté ultérieure.»[162]

La thèse de Mario Cucca[163], dirigée par Pietro Bovati, s'intéresse à quelques chapitres de Jr où les thématiques du corps et de la ville sont présentes[164]. La méthodologie revendique d'être synchronique, tout en mélangeant selon les besoins «approccio narrativo» et «approccio retorico» (p. 33), ce dernier terme faisant référence à la «rhétorique sémitique» de Meynet[165]. On peut qualifier cet ensemble d'exploration du monde du texte, en particulier de ses résonances symboliques et anthropologiques. L'introduction, très brève, revendique de lire la forme finale du texte sans aplanir les difficultés apparentes :

> «Ci sembra possibile assumere il dato incontrovertibile della eterogeneità del materiale confluito nella redazione ultima del libro».[166]

L'auteur, cependant, oublie parfois de rappeler que la réflexion est située dans un monde du texte distinct du monde réel dans lequel nous vivons ; des lecteurs peu convaincus par la légitimité des approches synchroniques pourraient en prendre ombrage et accuser l'auteur de ne pas tenir compte des résultats

---

162 *Ibid.*, p. 232.
163 M. Cucca, *Il corpo e la città*. Studio del rapporto di significazione paradigmatica tra la vicenda di Geremia e il destino di Gerusalemme (Studie et ricerche ; Assisi 2010).
164 Une partie de Jr 1, puis les chapitres 20, 26, 36, 37 et 38.
165 Il cite p. 35 R. Meynet, *Trattato di retorica biblica* (Retorica biblica 10 ; Bologna 2008). N.B. : Cette traduction italienne est postérieure d'un an à l'édition française (Rhétorique sémitique 4 ; Paris 2007).
166 Cucca, *op. cit.*, p. 28.

pourtant massifs de la recherche historique[167]. Lorsqu'on lit ainsi à propos de Jérémie que «la totalità della sua esistenza umana è *stata* ‹simbolica›» (p. 30), doit-on comprendre qu'il s'agit du prophète historique ou du personnage du livre ? On lit aussi (pp. 301–302) une phrase associant «il fenomeno profetico», «il corpo del profeta» et «la parola di Dio nella storia», qui donne l'étrange impression qu'elle serait parfaitement vraie si Jr rendait compte objectivement de la vie corporelle d'un prophète ayant historiquement et réellement vécu à Anatoth et Jérusalem ; fait ici défaut une articulation qui prenne en compte solidement la médiation littéraire et le rapport à l'histoire.

On peut encore mentionner la thèse de Benedetta Rossi[168], elle aussi dirigée par Bovati. Elle s'inscrit dans la ligne synchronique, se plaçant «sullo sfondo della crescente attenzione dedicata al libro profetico e al testo nella sua forma finale» (p. 22) ; elle invoque l'autorité de Stulman[169] pour montrer l'importance de ce mouvement, ainsi que les synthèses proposées par Zenger[170] et Fischer[171]. On doit remarquer qu'il ne s'agit pas, pour autant, d'une étude proprement narrative : Rossi cherche avant tout à mener une réflexion à la fois thématique – ce qui explique que l'introduction s'ouvre sur un état de la recherche sur le thème biblique de l'intercession plutôt que sur l'interprétation de Jr – et sémantique, attentive au vocabulaire et à ses connotations. Ainsi, le choix des passages traitant d'intercession rend inutile une discussion des problèmes de cohérence narrative auxquels sont confrontées des recherches sur de vastes ensembles ; Rossi peut même parler de «storia»[172], la définissant à partir de citations de Sonnet, sans dire que la chronologie perturbée de Jr remet en cause la définition donnée. Cette approche explique et justifie un certain éclectisme méthodologique, qui n'hésite pas à discuter de la nature «rédactionnelle» de certains versets (pp. 270–282). On remarque parfois un peu de flou dans l'emploi des concepts narratologiques ; ainsi une phrase associe le concept de «voix» à celui de «rédacteur», tout en remarquant en note que le texte est

---

167 Iraient dans le même sens l'absence dans la bibliographie d'auteurs majeurs de la recherche historico-critique, comme l'incontournable Mowinckel. Duhm est mentionné, mais seulement au fil du texte, pour discuter de l'interprétation de certains versets.

168 B. Rossi, *L'intercessione nel tempo della fine. Studio dell'intercessione profetica nel libro di Geremia* (Analecta Biblica 204 ; Roma 2013).

169 L. Stulman, *Order amid Chaos.* Jeremiah as Symbolic Tapestry (The Biblical Seminar 57 ; Sheffield 1998) cité p. 22 n. 47.

170 E. Zenger et al. (éd.), *Einleitung in das Alte Testament* (Stuttgart [8]2012) cité p. 22 n. 47.

171 G. Fischer, *Jeremia.* Der Stand der theologischen Diskussion (Darmstadt 2007) cité p. 111 n. 40.

172 Rossi, *op. cit.*, p. 87 n. 156.

destiné non à un «auditeur» mais à un «lecteur»[173] ; on pourrait trouver paradoxal ce croisement entre oral et écrit, d'autant plus qu'un passage précédent avait construit rigoureusement l'opposition entre «showing» et «telling» (p. 111).

1.2.5 Conclusion

Concluons en notant que la possibilité d'une analyse synchronique apparaît désormais bien réelle. On a vu que les auteurs qui pensaient l'interdire étaient bien intentionnés mais ne traitaient pas exactement de ce qu'entreprend un projet narratologique rigoureux. Mais il est utile de préciser dès maintenant un premier trait de cette perspective : il ne s'agira pas de reproduire une démarche historienne en ne faisant que l'alléger de la comparaison avec des sources d'information extérieures. Il s'agira bien plutôt de considérer Jr en tant que livre ; en ce qui concerne les personnages, dont l'étude occupera une grande part de cette recherche, il faudra les analyser tels que le livre les construit, davantage comme figures de papier et éléments d'un système créateur de sens, que comme image transparente et immédiate de personnes humaines. Entrer dans une lecture synchronique de Jr demande d'entrer dans le livre comme on entre dans une œuvre de fiction ; mais il est important de noter les deux termes, «œuvre» et «fiction». Le chemin n'est pas en effet seulement de passer de l'histoire à la fiction, autrement dit de suspendre la question historienne «est-ce que c'est vraiment arrivé ?», mais aussi de considérer l'œuvre en tant qu'œuvre, comme «signifié» à distinguer de son «référent». Toutes les remarques des exégètes sur la difficulté du texte, ses ruptures ou ses incohérences, ne devront pas être oubliées : considérer Jr comme œuvre littéraire ne signifie pas le lire comme si c'était un roman classique, continu, linéaire, facile à lire pour des lecteurs d'aujourd'hui habitués aux productions littéraires des XIXe et XXe siècles.

---

173 On lit p. 179 «Il titolo di 14,1 è caratterizzato dalla presenza di una ‹voce fuori campo ›, con la quale il ‹ redattore › del testo si rivolge idealmente al suo lettore.» La phrase renvoie à une note qui précise : «[...] riteniamo plausibile identificare con un ‹lettore› il fruitore del testo [...]. Proprio l'elaborata articolazione della pericope ci sembra difficilmente compatibile con una sua fruizione orale [...]».

1.3 Un intérêt : le rapport entre oracles et narration

Il est temps, après ce parcours d'études jérémiennes tant diachroniques que synchroniques, d'en venir au sujet de cette recherche, pour en préciser le champ et la méthodologie. C'est la présence, dans un même livre biblique, d'oracles prophétiques – qu'ils soient en prose ou de forme poétique – ainsi que de récits plus ou moins longs qui a suscité l'intérêt pour cette étude de Jr : ce livre ne peut être classé ni dans la catégorie générale de recueil d'oracles, ni dans celle de grands récits unifiés ; il franchit aussi sans cesse la frontière entre prose et poésie. Mais alors que les approches diachroniques se saisissent de ces observations comme d'indices de l'histoire rédactionnelle, la sensibilité synchronique conduit à une question nouvelle : comment peut-on considérer le sens produit par cette association d'oracles et de récits ? Autrement dit, un lecteur qui lirait Jr du début jusqu'à la fin, comme on lit un livre composé d'un seul trait, recevrait-il un message particulier du fait de la présence de ces différentes formes littéraires ? Verrait-il une interaction apparaître du fait de cette association ? Accéderait-il à un message qui serait absolument inexprimable dans une forme littéraire unique ? Lorsque la perspective diachronique régnait de manière absolue sur les études jérémiennes, on ne disposait pas d'une conceptualité à même d'articuler un tel questionnement ; mais la naissance, signalée plus haut, d'un champ de recherche synchronique, offre un cadre idéal pour cette problématique.

Une tentative préliminaire, avant l'engagement dans ce travail de doctorat, m'avait laissé entrevoir la possible fécondité d'une recherche sur le rapport entre oracles et narration dans Jr. L'étude de Jr 37,3-16, selon la méthodologie sémiotique du séminaire de J.-M. Abrego de Lacy[174], avait permis d'observer un schéma structurel proche entre l'oracle des versets 7-10 et le récit des péripéties de l'arrestation du prophète (vv. 11-16). Ces deux séquences comportent en effet chacune un événement de « sortie » (יצא) soumis à deux interprétations contradictoires : d'une part, une prophétie à l'occasion de la sortie d'Égypte de l'armée du Pharaon, et d'autre part la sortie de Jérusalem du prophète pour une affaire d'héritage. Le refus d'écouter la deuxième interprétation (« ils ne sont pas partis », v. 9b ; « c'est faux, je ne passe pas aux Chaldéens », v. 14b) conduit dans chaque cas à une conséquence catastrophique : l'incendie de la ville et l'arrestation de Jérémie. Il est remarquable que l'association entre ces deux séquences

---

174 Ce travail a donné lieu à une publication : E. Chauty, « Réduit au silence dans une citerne... (Jr 37,1-16) », *Le livre de Jérémie : crise et résistance* (éd. E. Di Pede – G. Balestier) (CBFV 53 ; Octobre 2014) pp. 24–36.

n'est construite qu'au niveau de la mise en récit : au niveau de l'histoire, rien n'indique que les personnages aient perçu un quelconque lien entre cette prophétie et l'arrestation du prophète. En revanche, pour le lecteur qui découvre les événements racontés par le moyen de cette mise en récit particulière, apparaît un sens nouveau. Il découvre un critère de vérification de la vérité des paroles de Jérémie, grâce à une analogie entre la vérité démontrée de ses motivations pour sortir de la ville et la vérité revendiquée de l'oracle. Ce premier essai dans l'exégèse de Jr a fait naître deux questions : peut-on élargir à un ensemble plus vaste une telle étude de l'association entre oracles et narration ? Comment peut-on préciser la méthodologie d'une telle démarche ?

Cette recherche sera donc avant tout littéraire, et cherchera à faire émerger des caractéristiques de Jr d'une manière nouvelle. En effet, certains éléments du livre, pris isolément, ont une valeur informative dévaluée pour un lecteur du XXIe siècle : la dénonciation de l'idolâtrie est depuis toujours assimilée par la théologie ; la critique historique remet en cause nombre des événements racontés ; le schéma enchaînant une prophétie et son accomplissement n'a pas grande valeur apologétique une fois remise en cause l'historicité du livre. L'étude de l'association des éléments que constituent les oracles et les récits peut donc faire surgir autre chose. Cela passera par une étude proprement littéraire, s'inscrivant dans les mouvements contemporains d'interprétation non seulement des textes bibliques, mais plus largement dans l'herméneutique des récits, principalement sous la forme des écrits de fiction comme les romans ; on s'inspirera aussi de l'analyse d'autres formes narratives comme le cinéma. On aura, bien sûr, à s'interroger sur le type de forme produit par l'association des oracles avec des récits plus ou moins longs : Jr doit-il être considéré comme une narration globale ? Ou comme une collection d'oracles intégrant des narrations ? Les narrations n'ont-elles qu'une fonction relative d'encadrement des oracles ?...

Cette enquête rejoindra alors la théologie ; mais plutôt que sous la forme précise de la théologie biblique, c'est vers la théologie fondamentale qu'elle s'orientera. En effet, l'association telle que la réalise Jr d'oracles et de récits présente, au moins à l'échelon du monde du texte, une parole divine survenant de manière historique. Or la théologie fondamentale a amplement réfléchi au thème de la parole de Dieu et de la révélation, en appuyant souvent l'argumentation sur le fait de la prophétie biblique. Mais il ne semble pas qu'elle se soit déjà intéressée, plutôt qu'à ce fait, à la forme littéraire que prend la prophétie. Deux citations de grands auteurs du XXe siècle peuvent, dès maintenant, indiquer l'intérêt théologique de ce projet. Paul Ricœur avait appelé à une interprétation théologique des livres prophétiques qui fasse droit à leur forme littéraire, sous peine de courir un risque d'absorption :

«Cette absorption de la narration dans la prophétie risque d'annuler le trait spécifique de la confession narrative : sa visée vers la trace de Dieu dans l'événement.»[175]

L'absorption qui est à craindre ne désigne pas, dans la pensée de Ricœur, l'absorption d'un genre littéraire par un autre, mais l'absorption de l'interprétation théologique d'un genre littéraire par celle d'un autre. Une autre citation, de Paul Beauchamp, permet de mettre en valeur un lien formel entre Jr et les évangiles, qui vient compléter la mention de Jérémie dans la version matthéenne de la confession de Césarée (Mt 16,14) :

«On lui doit [à Baruch] cette biographie à la troisième personne, rédigée par un disciple, avec rattachement des ‹ dits › prophétiques à des circonstances personnelles dans l'histoire, genre littéraire (pour lequel le terme de biographie reste très analogique) qui ne sera pas reproduit avant les Évangiles.»[176]

Ce n'est pas bien sûr pour l'attribution à Baruch, devenue aujourd'hui indéfendable, que cet extrait mérite d'être cité, mais pour la sensibilité au rôle typologique joué par Jr par rapport aux évangiles : alors qu'on ne relève habituellement que l'aspect figuratif du sort du personnage principal ou de la menace de la destruction du Temple, la forme littéraire elle-même de Jr serait une figure anticipant les évangiles. Ainsi, on devine à la lecture de ces deux auteurs une promesse pour la recherche exégétique et théologique : une investigation dans la forme de Jr pourrait conduire à réfléchir aux évangiles et à la révélation.

1.4 Le choix du TM

On a déjà signalé que cette recherche consistera en une exégèse du texte massorétique de Jr ; si un tel choix comporte une part d'arbitraire et ne constitue pas d'abord la conclusion d'une longue démonstration, il importe a posteriori d'en mesurer les enjeux, sous les angles diachronique, synchronique et enfin herméneutique.

---

175 P. Ricœur, «Herméneutique de l'idée de révélation», *La révélation* (éd. P. Ricœur – E. Levinas – E. Haulotte – E. Cornelis – C. Geffré) (Théologie ; Bruxelles ¹1977 ²1984) pp. 15–54, p. 21.
176 P. Beauchamp, *L'un et l'autre testament*. I. Essai de lecture (Parole de Dieu ; Paris 1976) p. 102.

L'analyse diachronique se nourrit des différences bien connues[177] entre le TM et la LXX de Jr. Avant la découverte des manuscrits de Qumrân, on considérait ce problème comme relevant de l'histoire de la transmission du texte original ; deux solutions étaient possibles : soit le TM était une transformation avec expansion de la *Vorlage* de la LXX, soit la LXX provenait d'une abréviation et d'une réorganisation du TM. Ce problème restait indépendant de celui de l'histoire de la rédaction de Jr, et il était courant d'utiliser la LXX comme matériau pour la critique textuelle du TM ; les notes de la BHS en sont un exemple typique. La découverte des manuscrits de Qumrân est venue transformer radicalement tant le problème que son interprétation. La position majoritaire, défendue notamment par Pierre-Maurice Bogaert[178] à la suite de son établissement par John Gerald Janzen[179] et Emmanuel Tov[180], considère que la *Vorlage* de la LXX est basée sur une première édition de Jr, et que le TM provient d'une autre édition, plus tardive. La position contestataire de Georg Fischer sera présentée plus bas.

De ces études, il est important de retenir d'une part que le TM ne provient pas directement de la *Vorlage* de la LXX[181], et d'autre part que cette reconstitution de l'histoire de la transmission vient se mêler à la reconstitution classique de l'histoire de la rédaction. Ainsi, Tov a retrouvé des amplifications du TM dans

---

177 Toutes les introductions à Jr rappellent que le texte de la LXX est plus court que le TM d'environ un huitième, avec un emplacement différent des oracles contre les Nations. À cela, s'ajoutent les observations suivantes, selon le résumé qu'en donne Janzen : grand nombre de conflations dans le TM alors qu'elles sont rares dans LXX ; abondance d'haplographies dans la LXX et rareté dans le TM ; grand nombre d'expansions dans le TM à partir de passages parallèles ; complément des noms avec des épithètes. Cf. J.G. Janzen, « Double Readings in the Text of Jeremiah », *HThR* 60/4 (1967) pp. 433–447, p. 446. N.B. : Janzen est le premier à avoir étudié les manuscrits de Jr découverts à Qumrân.
178 P.-M. Bogaert, « De Baruch à Jérémie. Les deux rédactions conservées du livre de Jérémie », *Le livre de Jérémie*. Le prophète et son milieu. Les oracles et leur transmission (éd. P.-M. Bogaert) (BEThL 54 ; Leuven 1981) pp. 168–173. Pour une actualisation de l'argumentation après la publication de la thèse de Goldman, voir aussi P.-M. Bogaert, « Le livre de Jérémie en perspective : les deux rédactions antiques selon les travaux en cours », *RB* 101/3 (1994) pp. 363–406.
179 Janzen, *op. cit.*, est un article publié pendant la révision de sa dissertation doctorale, publiée 6 ans plus tard : J.G. Janzen, *Studies in the Text of Jeremiah* (HSM 6 ; Cambridge 1973).
180 Cf. E. Tov, « L'incidence de la critique textuelle sur la critique littéraire dans le livre de Jérémie », *RB* 79/2 (1972) pp. 189–199 ; E. Tov, « Some Aspects of the Textual and Literary History of the Book of Jeremiah », *Le livre de Jérémie*. Le prophète et son milieu. Les oracles et leur transmission (éd. P.-M. Bogaert) (BEThL 54 ; Leuven 1981) pp. 145–167.
181 Cf. Tov, « Some aspects », p. 148.

les couches A, B et C de Mowinckel[182] ; il remarque aussi, dans la rédaction de Jr ayant conduit au TM,

> «[des] éléments provenant probablement du prophète Jérémie lui-même. Le rédacteur II [du texte ayant donné le TM] a eu accès à des éléments probablement authentiques, poésie et prose, qui n'avaient pas été incorporés à la rédaction I [source de la *Vorlage* de la LXX].»[183]

Reprenant aussi l'interprétation de Hyatt quant au rapport entre Jr et Dtr[184], il conclut que le «rédacteur II» (dont dépend le TM) appartient comme le «rédacteur I» (dont dépend la LXX) à l'école dtr[185].

La position contestataire de Fischer est bien connue[186]. Reprenant tous les arguments récents développés notamment par Tov et Janzen, il parvient à une conclusion différente quant au rapport entre LXX et TM. Il conteste comme indémontrable l'hypothèse d'une *Vorlage* indépendante pour la LXX[187] et dénonce une application non critique de principes de critique textuelle[188]. Selon lui, l'argumentation majoritaire repose sur des arguments circulaires[189]. En repartant de l'observation du texte de Jr dans le TM et la LXX, des découvertes de Qumrân, et des phénomènes de citations et d'allusions à l'intérieur du corpus biblique, il conclut que le texte hébreu de Jr est le texte le plus original dont nous disposons[190] et que le texte grec n'est qu'un produit, certes admirable, de

---

182 Cf. Tov, «L'incidence», p. 199.

183 *Ibid.*, p. 195.

184 Cf. 1.1.4.

185 Cf. Tov, «L'influence», p. 199.

186 Parallèlement à la publication de son commentaire en deux volumes, Fischer a présenté dans un bref ouvrage l'essentiel de ses résultats, à l'exception du commentaire linéaire du texte. C'est sur cet ouvrage que l'on s'appuiera ici : G. Fischer, *Jeremia. Der Stand der theologischen Diskussion* (Darmstadt 2007). Pour son commentaire, cf. G. Fischer, *Jeremia 1–25* (HThKAT ; Freiburg im Breisgau 2005) ; G. Fischer, *Jeremia 26–52* (HThKAT ; Freiburg im Breisgau 2005). L'auteur a présenté une synthèse de son argumentation, précédée d'une étude à jour des différences entre TM et LXX, dans G. Fischer, «Jeremiah. Septuagint», *Textual History of the Bible*. 1B. The Hebrew Bible. Pentateuch, Former and Latter Prophets (éd. A. Lange – E. Tov) (Leiden – Boston 2017) pp. 543–555.

187 «Die beliebte Annahme einer *verschiedenen* hebr. ‹Vorlage› für die griech. Übersetzung ist eine Spekulation, welche die Diskussion in einen unüberprüfbaren, weil heute nicht mehr zugänglichen Bereich hinein verschiebt ; ein Argumentieren ist dort nicht mehr möglich.», Fischer, *Der Stand*, p. 49.

188 «Auch findet sich die *unreflektierte Anwendung* von textkritischen Grundsätzen [...]», *ibid.*, p. 49.

189 «Häufig begegnet man *Zirkelschlüssen* [...]», *id.*

190 «Der *hebr. Text von Jer*, wie er in MT erhalten ist, steht mit Sicherheit dem Ursprung näher als jede andere Textform.», *ibid.*, p. 50.

l'histoire de la culture de l'humanité[191]. On ne cherchera pas ici à entrer dans ce débat assez technique et encore moins à trancher ; on doit toutefois mesurer les conséquences de cette situation pour notre projet d'analyse synchronique du TM. Tout d'abord, la critique de Fischer a le mérite de rappeler le statut de la position majoritaire : comme pour tout résultat scientifique, il ne s'agit pas d'une vérité définitive et indiscutable, mais de la conclusion d'un effort d'interprétation, basé sur des indices textuels qui restent ténus[192]. De plus, on doit noter que Fischer ne remet pas en cause le fait essentiel que la LXX n'est pas une simple traduction du TM, mais qu'il s'y manifeste des intérêts théologiques spécifiques ; est ainsi confirmé l'intérêt d'une étude indépendante de chacune des deux éditions attestées de Jr, TM et LXX. Enfin, il importe de signaler que s'engager dans une analyse synchronique et à visée théologique du TM ne demande pas de ratifier la position de Fischer. On l'a déjà dit, en effet, une interprétation théologique de Jr, considéré comme livre inspiré, est tout à fait possible sans que ce caractère soit lié à sa proximité historique avec un prophète à l'écoute de l'esprit ; le livre n'a pas besoin d'être le plus ancien possible pour pouvoir être qualifié d'inspiré.

On a montré précédemment la complexité du champ de recherche diachronique sur Jr, et les présupposés qui en guidaient certaines conclusions ; on peut se situer de diverses manières dans ce débat, mais il demeure que, du point de vue diachronique, le TM est un texte de grande valeur. Malgré sa relative jeunesse (si l'on suit la théorie majoritaire), il mérite d'être étudié pour lui-même.

D'un point de vue synchronique, le choix du TM permettra de mettre en œuvre une théorie narrative ancrée dans la syntaxe hébraïque : on pourra étudier les moyens précis par lesquels le texte hébreu procède à la représentation de paroles et d'actions. La méthodologie qui sera employée ne pourrait donc pas être reprise telle quelle pour la LXX.

Il est important, enfin, d'enregistrer les conséquences herméneutiques de ce choix du TM. On se retrouve en effet à analyser un texte dont on reconnaît le caractère tardif et dont l'état final a vu le jour plusieurs siècles après les événements historiques qui en constituent l'arrière-plan ; on peut aussi soupçonner

---

191 «Der *griech. Text von Jer* gehört, wie die LXX überhaupt, zu den Meisterleistungen der menschlichen Kulturgeschichte.», *ibid.*, p. 51.
192 Bogaert, contestant la remise en cause de Fischer, a précisé le statut épistémologique de la théorie majoritaire : c'est l'hypothèse de travail la plus économique et la plus simple pour expliquer les données textuelles. Mais il ne réfléchit qu'en comparant les différentes éditions de Jr, sans intégrer les phénomènes de citation et d'allusion relevés par Fischer. Cf. Bogaert, «Le livre de Jérémie en perspective», p. 401.

que, vu la fragilité des filières ayant porté à notre connaissance cette rédaction ancienne, d'autres rédactions de Jr aujourd'hui oubliées aient pu exister ; la paléontologie peut ici offrir une analogie : de même que plusieurs espèces humaines ont existé, dont ne subsiste aujourd'hui que notre espèce *Homo Sapiens*, nous n'avons peut-être pas accès à toutes les rédactions primitives de Jr. Pourtant, cette recherche veut analyser le TM de Jr en ayant le projet de faire de l'exégèse et de la théologie qualifiables de « bibliques », donc qui décrivent un texte revêtu d'une autorité particulière et éminente pour des communautés croyantes ; cela est-il compatible avec son statut de produit accidentel d'un processus obscur de rédaction et d'édition ? Oui, à condition de s'écarter d'une herméneutique qui voudrait qu'un texte, pour être qualifiable théologiquement de « révélé », soit en quelque sorte « tombé du ciel », sans l'intervention de médiations humaines et historiques. Autrement dit, si dans le monde du texte de Jr on découvre un personnage divin qui transmet ses paroles au prophète de manière immédiate et certaine, il faut reconnaître que, dans le rapport entre le livre et le monde réel dans lequel vivent ses lecteurs, une révélation n'est possible que selon un paradigme très différent, assumant les lenteurs et les obscurités de l'histoire et de la littérature. Tel sera l'enjeu du dernier chapitre de cette recherche.

1.5 Un lieu d'observation particulier : les personnages

L'étude du rapport entre oracles et narration dans le TM de Jr se présente donc comme un champ de recherche à la fois pertinent et nouveau. Mais un inconvénient apparaît immédiatement : il est extrêmement vaste. Il n'est évidemment pas possible d'analyser tous les éléments narratifs de Jr et tous les oracles avec lesquels ils entretiennent des liens. Échapper à la superficialité requiert pourtant d'analyser précisément certains passages, donc de recourir à un principe de délimitation. Mais comment délimiter le texte de manière pertinente avant de l'avoir analysé ? On court en effet le risque de voir la recherche s'enliser dans une argumentation circulaire : d'abord délimiter les textes étudiés de manière trop rapide, puis les étudier, enfin produire une conclusion qui consiste en la confirmation de la délimitation initiale... La conclusion ne serait alors rien d'autre que le produit de l'hypothèse initiale : si *A*, alors *A*.

On espère conjurer ce risque en employant un principe de délimitation en adéquation avec l'objet étudié et la méthodologie choisie. Ainsi, puisque l'on s'engage dans la perspective de la théorie narrative, on va délimiter le texte à étudier au moyen d'un critère cohérent avec cette méthode. Parmi ses catégories usuelles[193], telles que l'intrigue, la temporalité, le narrateur, le point de vue, on se propose ici de partir de la catégorie de personnages. Sans eux, en effet, pas de récit : à la différence d'autres genres littéraires, un récit organise la représentation d'actions réalisées par des sujets. Mais cette catégorie ne fait pas qu'offrir un critère efficace de délimitation : elle présente aussi un intérêt théorique. Même si les ouvrages de vulgarisation ne le montrent pas toujours clairement, il y a en effet débat dans le champ théorique pour penser ce qu'est un personnage et pour établir les catégories les plus pertinentes pour son analyse. On peut espérer alors entrer en débat avec la théorie narrative contemporaine et aboutir à une conceptualisation adéquate à un livre tel que Jr.

Très concrètement, les personnages se laissent habituellement reconnaître par leur nom, même si certaines littératures jouent des désignations multiples que sont noms, prénoms, surnoms et titres : quel lecteur ne s'est pas un peu perdu, sauf à tenir des fiches au cours de la lecture, parmi les protagonistes des romans de Dostoïevski[194] ? Les choses sont plus claires pour Jr, où la récurrence des noms propres offre un critère aisé de délimitation. Ainsi, on peut repérer ceux dont le nom apparaît dans un oracle ainsi que dans un passage narratif, et délimiter un champ d'étude à partir de cela.

On a choisi de retenir cinq personnages mentionnés à la fois dans des récits et dans des oracles. On reviendra sur les critères de ce choix, au début de la deuxième partie, après les réflexions sur la théorie narrative et la théorie des personnages. Dès à présent, on peut signaler qu'ils sont suffisamment différents pour permettre à cette recherche de présenter une vue d'ensemble du phénomène étudié : certains reçoivent des oracles de condamnation, d'autres de délivrance ; certains apparaissent très brièvement, d'autres reviennent au long de nombreux chapitres ; oracle et narration sont contigus pour les uns et distants pour les autres. On étudiera donc, dans cet ordre, Pashehour fils d'Immer, Eved-Mélek, Baruch, Guedalias, et Sédécias. L'ordre suivi consistera à commencer par l'analyse de sections brèves, gardant pour la fin l'ensemble le plus étendu. Pashehour fils d'Immer est, après le prophète Jérémie, le premier à recevoir un oracle personnel (chap. 20) ; Eved-Mélek et Baruch reçoivent chacun un oracle de salut ; Sédécias reçoit de très nombreux oracles et c'est lors de son règne que se produit la catastrophe majeure de la chute de Jérusalem. Le choix de Guedalias semble faire exception, puisqu'il ne reçoit aucun oracle ; mais on verra

---

193 On ne veut pas dire ici que ces catégories soient définies d'une manière qui fasse l'unanimité. On présentera d'ailleurs en 2.2 le débat sur le concept de narrateur.
194 On reparlera de Dostoïevski lorsqu'on traitera de l'effet de la dénomination des personnages (cf. 3.3.2).

que, situé dans la seule séquence du livre dans laquelle le prophète n'est pas mentionné, on se trouve face à un silence éloquent.

On croisera sans cesse deux personnages essentiels, mais sans qu'un chapitre particulier leur soit consacré : Yhwh et Jérémie. Ce choix provient d'abord d'un principe d'économie : mieux vaut s'occuper d'unités restreintes, plutôt que de se retrouver submergé par une trop grande masse de textes. Exclure la divinité et son prophète donne certes l'impression de s'en tenir à des personnages secondaires. Pourtant, ce choix devrait nous permettre d'atteindre plus aisément une caractéristique unique de Jr : la mise en scène narrative de la réception des oracles par leurs destinataires. Inversement, une étude spécifique de Yhwh et Jérémie aurait mis l'accent sur l'origine des oracles. On fait donc le pari que, même sans étudier pour eux-mêmes Yhwh et Jérémie, l'étude des cinq personnages cités ci-dessus permettra de mettre au jour des structures littéraires fondamentales de Jr et de s'approcher du cœur du message du livre.

Partie 1 **Construction d'une théorie narrative appropriée à Jr**

2 Distinction entre narration et discours

2.1 Introduction

À ce point de notre réflexion, il n'est pas possible d'aborder immédiatement l'étude des personnages ; des études préliminaires sont indispensables. En effet, si l'on a bien montré la légitimité d'une analyse synchronique de Jr, il n'en découle pas nécessairement que ce livre puisse être considéré comme un récit et soumis à une analyse narratologique. Nul ne doute qu'on trouve de courts récits dans Jr, mais cela ne suffit pas à justifier de qualifier l'ensemble de récit, ni à assurer la légitimité d'une étude de personnages qui s'appuie sur de grands ensembles plus étendus que ces courts récits. Mais la première étude à mener ne se limite pas à une réflexion sur Jr : la théorie narrative aussi doit être approfondie. Même si les ouvrages de vulgarisation à destination des étudiants en exégèse biblique peuvent en donner l'impression, il n'existe pas de catégories indiscutées pour l'analyse des textes narratifs. Parmi toutes les théories narratives existantes, on doit donc choisir et affiner celle qui sera adéquate à l'analyse particulière de Jr.

Le livre de Jérémie contient des récits et des discours ; certaines instances, qu'il s'agisse de personnages ou de ce qu'on appelle à titre provisoire «narration», revendiquent l'origine divine de certains de ces discours : ce sont ces discours qu'on qualifiera d'oracles, indépendamment du débat qui peut surgir, au sein même du livre, sur leur authenticité[1]. Si cette combinaison de diverses formes littéraires semble, à première vue, rendre moins évidente la possibilité d'une analyse narrative, on va voir qu'elle offre, à bien y regarder, un point de départ très certain pour construire une théorie narrative solide et adéquate à Jr.

Il se trouve que le rapport entre discours et narration n'est pas qu'une question pour l'exégèse de Jr ; c'est au contraire un thème qui habite la philosophie occidentale depuis ses origines. Un article de Gérard Genette publié en 1966 va se montrer éclairant[2] ; même si notre recherche s'écartera des catégories de cet auteur, cet article permet de revisiter très utilement l'histoire de la littérature. Cherchant à définir ce qu'est un récit, Genette parcourt la littérature

---

[1] Ainsi au chap. 26, prêtres et prophètes reprochent à Jérémie ses oracles ; au chap. 28, Hananya prononce un discours qui a toutes les caractéristiques formelles d'un oracle, mais la suite du récit montre qu'il ne parlait pas au nom de Yhwh.

[2] G. Genette, «Frontières du récit», *Communications* 8. Recherches sémiologiques. L'analyse structurale du récit (1966) pp. 152–163.

https://doi.org/10.1515/9783110657845-005

depuis Homère jusqu'à Albert Camus et Alain Robbe-Grillet ; il y est habité par le projet de

> « [...] reconnaître les limites en quelque sorte négatives du récit, [...] considérer les principaux jeux d'oppositions à travers lesquels le récit se définit, se constitue en face des diverses formes du non-récit. »[3]

Il commence par reprendre des distinctions antiques : pour Platon, la *lexis* (façon de dire) se divise entre imitation proprement dite (*mimèsis*) et simple récit (*diègèsis*) ; à cela s'ajoute un mode mixte ou alterné, celui de l'épopée, par exemple dans l'Iliade :

> « Le récit ‹ mixte › selon Platon [...] ‹ imite › alternativement, sur le même ton [...] une matière non-verbale qu'il doit bien effectivement représenter comme il le peut, et une matière verbale qui se représente d'elle-même, et qu'il se contente le plus souvent de *citer.* »[4]

Aristote transforme ces catégories pour distinguer deux modes d'imitation poétique (*mimèsis*) : le récit (*diègèsis*) et la représentation des événements par des acteurs devant le public. Malgré ces différences de termes, Genette montre que « les deux systèmes sont donc bien identiques » (p. 154) :

> « pour Platon comme pour Aristote, le récit est un mode affaibli, atténué de la représentation littéraire [...] »[5]

Mais la réflexion de Genette sur la fonction du langage inverse la hiérarchie de ces différents modes : c'est le récit qui est la forme la plus haute, puisqu'il est « équivalent verbal d'événements non verbaux et aussi [...] d'événements verbaux » (p. 155) ; autant il est simple de représenter un discours, autant raconter des événements non verbaux ne va pas de soi.

Cette recherche s'écartera souvent des théories de Genette, ce qui ne retire pas la valeur introductive de l'article cité : il permet en effet de comprendre que l'analyse de la forme déconcertante de Jr, combinant oracles et récits, mobilisera des réflexions sur ce qu'est un récit – représentation d'actions et de paroles – qui courent depuis les origines de la tradition philosophique occidentale. Ce chapitre comportera alors trois étapes. On commencera par présenter le cadre théorique choisi pour cette étude, la théorie « poétique » de la narration, dont on verra les avantages théoriques, les avantages pratiques pour l'étude de Jr, et

---

3 *Ibid.*, p. 152.
4 *Ibid.*, p. 155.
5 *Ibid.*, p. 154.

enfin son lien avec les études contemporaines de la syntaxe hébraïque. Signalons dès à présent que ce cadre théorique sera repris et développé dans le chapitre suivant pour élaborer une théorie des personnages. Ayant remarqué que les théories narratives ne sont pas construites de manières abstraites mais en analysant un donné particulier[6], on poursuivra dans une deuxième étape en étudiant les différentes formes de phrase qui structurent le texte jérémien ; on y cherchera particulièrement à voir comment se distinguent syntaxiquement la représentation des actions (narration) et celles des discours (discours humains ou oracles), et comment sont construits les rapports de ces deux catégories : Comment s'organisent les transitions entre chacune de ces formes ? Chacune d'entre elles peut-elle contenir l'autre ? Etc. On peut signaler dès à présent que l'absence de guillemets en hébreu donne à ce problème une complexité qui n'existe pas dans les écrits en langues modernes. On terminera, dans une troisième étape, en réfléchissant à la possibilité de considérer l'ensemble de Jr comme un récit global.

À titre de guide dans ces réflexions complexes, signalons une catégorie essentielle qui servira de fil rouge : l'analyse en reviendra toujours à considérer l'effet du texte sur le lecteur. Il apparaîtra en effet que la catégorie de lecteur permet non seulement de dépasser des apories, mais qu'elle se révèle très pertinente pour l'analyse de Jr.

2.2 La théorie poétique de la narration

2.2.1 Présentation

Sylvie Patron servira de guide pour s'orienter dans les théories narratives et pour le choix de la théorie «poétique» de la narration. Après l'avoir suivie, on approfondira la réflexion par quelques passages tirés de S.-Y. Kuroda et Ann Banfield, deux auteurs sur lesquels elle appuie sa réflexion. Si l'on suit la présentation qu'en donne Patron[7], les théories narratives peuvent se répartir en deux catégories : d'une part les théories communicationnelles, dont les auteurs majeurs sont Gérard Genette, Lubomír Doležel, Seymour Chatman, Frank K. Stanzel entre autres, qui considèrent le récit comme communication entre un émetteur et un destinataire ; d'autre part les théories poétiques, développées par

---

6 Ainsi Genette travaille un corpus littéraire ; Benveniste et Kuroda partent de faits de langue idiomatiques.

7 S. Patron, *Le narrateur*. Introduction à la théorie narrative (Collection «U» ; Paris 2009).

Hamburger, Kuroda, Banfield, et Patron elle-même, qui montrent que certains récits n'informent pas le lecteur de la présence d'un émetteur. La lecture de ces auteurs montre combien les différentes théories sont nées de l'analyse de récits particuliers, en tenant compte des logiques internes de leurs langues : à titre d'exemples, on peut évoquer le rôle de la division entre passé simple et passé composé en français chez Benveniste[8], la place de Proust dans la réflexion de Genette, ou l'étude de la langue japonaise pour Kuroda. On a donc à retenir une théorie qui convienne aux structures de la narration hébraïque, ce qui fera aborder le débat entre la «linguistique textuelle» défendue par Niccacci et Kawashima, pour laquelle la valeur d'une forme verbale[9] se définit à une échelle plus vaste que celle de la phrase, contre la position plus classique (cf. les grammaires de Joüon-Muraoka et Gesenius[10]) pour laquelle les formes verbales ont des valeurs intrinsèques. On ne va toutefois pas s'engager, dans le cadre de cette recherche, dans la construction *ex nihilo* d'une théorie narrative : on ne procède ici qu'à titre préliminaire d'une étude du texte de Jr ; on va se contenter d'un point de départ, le choix de la théorie poétique de la narration et de l'interprétation de Niccacci des formes verbales ; ce choix pourra paraître arbitraire, mais ce qui suit en montrera au moins la cohérence interne et l'adéquation avec le but poursuivi.

La catégorie de «narrateur» est si fréquemment employée dans le monde de l'exégèse biblique qu'il pourra paraître surprenant de voir la théorie poétique la remettre en cause. La diffusion de l'exégèse dite «narrative» peut donner l'impression que les catégories de «narrateur», d' «intrigue», de «personnage», ont une validité semblable à celle des idées platoniciennes : toute phrase d'un récit pourrait s'interpréter comme adressée par la voix d'un narrateur à un narrataire ;

---

8 Cf. É. Benveniste, «Chapitre XIX. Les relations de temps dans le verbe français», *Problèmes de linguistique générale* (Paris 1966) pp. 237–250.
9 On ne parlera pas de «temps» pour désigner les différentes conjugaisons d'un verbe (comme «imparfait de l'indicatif» ou «*qal wayyiqtol*»), mais de «formes verbales». Cela permettra d'éviter une interprétation trop temporelle de ces formes, qui ferait négliger les connotations avant tout aspectuelles ou modales de certaines d'entre elles. Les grammairiens médiévaux interprétaient les formes verbales hébraïques en fonction de la catégorie de temps ; à partir du XIXe siècle a été pris en compte l'aspect. La grammaire contemporaine utilise la formule «T-A-M», articulant les trois dimensions du temps, de l'aspect et de la modalité. Cf. K.M. Penner, «Verbal System, History of Research», *EHLL*.
10 Joüon, P. – Muraoka, T., *A Grammar of Biblical Hebrew*. Second Reprint of the Second Edition, with Corrections (SubBi 27 ; Roma 2009) ; Gesenius, H.F.W. – Kautzsch, E. – Cowley, A.E., *Gesenius' Hebrew Grammar*. As Revised and Enlarged by the Late E. Kautzsch. Second English Edition Revised in Accordance with the Twenty-Eighth German Edition by A. E. Cowley (Oxford 1910).

tout déroulement narratif serait structuré par l'avancée d'une intrigue ; on pourrait poser à propos des personnages du récit toutes les questions valides pour connaître une personne réelle. Cette impression provient de ce que, si la théorie narrative classique a été reçue dans le monde des études bibliques, ses développements « post-classiques »[11] sont encore peu connus. La lecture de l'étude de Sylvie Patron offre alors une remise en question salutaire. On y découvre combien le débat est vif parmi les narratologues, et combien des questions de personnes ont rendu difficile la réception de certains auteurs. L'influence de Genette semble avoir été grande pour empêcher une lecture honnête d'Ann Banfield ; Patron ouvre justement son ouvrage par l'analyse de cette polémique (pp. 9 – 11), faisant part de son indignation :

> « J'ai été plus indignée encore en découvrant, au hasard de rencontres et de discussions, qu'on pouvait encore citer Genette à propos de Banfield ('Le récit sans narrateur, l'énoncé sans énonciation me semblent de pures chimères, et, comme telles, 'infalsifiables'') sans avoir lu la moindre ligne de Banfield. »[12]

Pour déconstruire le pseudo-consensus sur le concept de narrateur, Patron cite, avant de la contredire, une phrase de Roland Barthes qui connut une grande fortune :

> « [...] le récit, comme objet, est l'enjeu d'une communication : il y a un donateur du récit, il y a un destinataire du récit. On le sait, dans la communication linguistique, *je* et *tu* sont absolument présupposés l'un par l'autre ; de la même façon, il ne peut y avoir de récit sans narrateur et sans auditeur (ou lecteur). »[13]

L'apparente simplicité de cette formule dissimule en fait l'enjeu du débat : « y a-t-il un narrateur pour tous les récits de fiction ou seulement pour certains d'entre eux ? » (p. 24). Il n'y a pas lieu ici de reprendre tous les développements de Patron, qui analyse précisément toute une série de théories narratives, mais on peut retenir sa conclusion, établie après avoir analysé les principales théories du narrateur :

---

11 Pour une brève présentation, cf. G. Prince, « Narratologie classique et narratologie post-classique », article publié en ligne sur http://www.vox-poetica.org/t/articles/prince.html en 2006 (consulté le 11/05/2015).
12 Patron, *op. cit.*, p. 1.
13 R. Barthes, « Introduction à l'analyse structurale des récits », *Communications* 8. Recherches sémiologiques. L'analyse structurale du récit (1966) pp. 1–27, p. 18 ; cité par Patron, *op. cit.*, p. 22.

> «Du côté des théories communicationnelles du récit, il apparaît clairement que le con-
> sensus autour de la présence d'un narrateur dans tous les récits n'est qu'un consensus de
> façade. [...] Le terme ‹narrateur› n'a aucune évidence par lui-même. Il appartient à la
> théorie d'en spécifier le sens. Or, ce que l'on a pu constater dans la première partie, c'est
> que ce sens diffère grandement d'une théorie à une autre.»[14]

> «J'éprouve personnellement de sérieux doutes quant à la capacité du concept de narrateur
> à assumer simultanément tous les rôles que les théoriciens communicationnalistes veulent
> lui faire assumer. [...] En outre, j'ai tendance à penser que, pour chacun de ces exemples, le
> concept de narrateur sert à rendre compte de faits qui pourraient parfaitement être décrits
> sans son concours.»[15]

Après cette remise en cause du concept de narrateur, on peut aborder les théories
«poétiques» de la narration, avec Kuroda puis Banfield. L'adjectif ne doit pas
tromper : il ne s'agit pas de l'art poétique, mais d'une attention à la dimension
objective de la narration. Kuroda a introduit ce terme en réfléchissant à la signification produite par le texte sur le lecteur, qui peut même être l'auteur lui-
même relisant son texte :

> « Selon Hamburger, Aristote définit la poésie (*poièsis*) à partir de la *mimèsis* ; *poièsis* et
> *mimèsis* sont identiques ; la poésie épique est *poièsis* parce qu'elle est *mimèsis*. D'autre
> part, il exclut la *Naturgedicht* d'Empédocle, par exemple, de la poésie et propose d'appeler
> de tels poètes des savants de la nature (*physiologos*). Hamburger y voit l'importance du
> contraste entre *poiein* et *legein*. Que la poésie lyrique soit exclue de la *Poétique* d'Aristote,
> implique, nous suggère Hamburger, que cette poésie appartient aussi, selon Aristote, à la
> catégorie du *logos*. Ainsi, l'opposition *Erzählen/Aussage* (Hamburger) est parallèle à *poiein/
> legein* et à *mimèsis/logos*. »[16]

> «En se souvenant que l'opposition *Erzählung/Aussage* peut se comparer au contraste
> *poiein/legein*, on pourrait appeler la théorie du récit reposant sur cette conception de la
> performance linguistique une théorie poétique de la narration.»[17]

Au modèle de la narration pensée comme *legein* dans les théories communicationnelles, Kuroda oppose donc le modèle du *poiein* pour une théorie poétique.
L'intérêt de ce déplacement théorique est avant tout de mieux rendre compte de
certains faits littéraires, mais on verra en conclusion de cette partie un avantage
de cohérence théorique. Du point de vue pratique, il permet de rendre compte
d'un certain nombre de faits syntaxiques et narratifs qui restent incompréhen-

---

14 Patron, *op. cit.*, p. 253.
15 *Ibid.*, p. 255.
16 S.-Y. Kuroda, *Pour une théorie poétique de la narration*. Essais traduits par C. Braconnier, T.
Fauconnier et S. Patron (Recherches ; Paris 2012) p. 116.
17 *Ibid.*, p. 131.

sibles dans le paradigme communicationnel : Kuroda a découvert des phrases que l'on peut écrire mais qui ne peuvent trouver leur place dans la bouche d'un personnage ; on trouve aussi des phrases qui font se représenter au lecteur une situation sans pourtant manifester de point de vue ; on trouve enfin des phrases qui représentent la conscience non-réflexive d'un fait.

Il est difficile de reprendre ici directement les exemples de Kuroda, tirés du japonais. Mais à titre d'illustration, on peut citer quelques passages tirés de la littérature française et rapportés par Banfield[18]. Ainsi, dans *Germinal*, la phrase «Maintenant, il entendait les mouleurs poussant les trains sur les tréteaux» est possible dans la narration au sens de Banfield, où l'imparfait peut s'accorder avec «maintenant», mais pas en discours, où «maintenant» exige le présent. Dans *Madame Bovary*, la phrase «Elle [Emma au couvent] aimait [...] le pauvre Jésus qui tombe en marchant sur sa croix», l'adjectif «pauvre» ne désigne pas le point de vue du narrateur, ni un discours représenté, ni l'indication d'une réflexion du personnage, mais il plonge le lecteur dans la conscience non réflexive du personnage. Dans la phrase de *Salammbô* «Mais si Rabbetna triomphait, si le zaïmph était rendu et Carthage délivrée, qu'importe la vie d'une femme ! pensait Schahabarim», l'incise «pensait Schahabarim» ne présente aucun signe linguistique ou syntaxique qui permettrait d'y voir le point de vue d'un quelconque narrateur.

Revenons à Kuroda et à sa réflexion. Son point de départ a été de découvrir, dans la langue japonaise, des phrases qui syntaxiquement peuvent être écrites mais pas dites. À leur place dans un texte écrit, elles paraîtraient grammaticalement fautives si on les plaçait dans la bouche d'un locuteur. Ce fait ne serait compatible avec l'existence d'un narrateur qu'au prix de l'hypothèse absurde d'un narrateur parlant une autre langue que celle des personnages du récit. Kuroda propose comme exemple l'effet du pronom réfléchi *zibun* («soi») comparé à celui du pronom *kare* («il/elle»)[19], notamment sous l'angle du point de vue. Ayant construit une phrase «qui ne peut être utilisée en discours» (p. 109), il conclut que «la grammaire de *zibun* est différente, dans l'histoire et dans le discours» (p. 110), et poursuit en analysant les effets de cette phrase sur le lecteur :

> «En lisant cette phrase, nous obtenons une image ou une connaissance d'un événement, mais nous ne présupposons l'existence d'aucune conscience qui aurait jugé cet événement

---

18 Cf. A. Banfield, *Phrases sans parole*. Théorie du récit et du style indirect libre (Paris 1995) pp. 298, 281 et 285.
19 Kuroda, *op. cit.*, p. 109.

en train de se produire et qui la communiquerait à quelqu'un d'autre. La phrase crée simplement en nous l'image ou la connaissance de l'événement.»[20]

Il sera difficile d'entrer en discussion avec Kuroda sur cette interprétation de la langue japonaise ; on ne peut que le croire sur parole. Mais on doit remarquer, dans cette citation, le rôle de la conceptualisation du lecteur dans l'interprétation de l'effet narratif. Kuroda décrit justement l'effet de la lecture de la phrase imprimée par l'expression «nous obtenons une image ou un événement». C'est en remarquant qu'il n'est pas associé à l'effet de connaissance d'une «conscience qui [...] communiquerait» qu'il peut écarter la théorie classique du narrateur. Pour que cette théorie soit valide pour les exemples analysés par Kuroda, il faudrait que la connaissance par le lecteur de l'image ou de l'événement soit associée à la connaissance de quelqu'un qui parle.

Cette réflexion a été reprise par Ann Banfield dans son ouvrage *Phrases sans parole*[21] (*Unspeakable Sentences*). Après avoir signalé dans l'introduction que son éducation dans les écoles catholiques des USA lui avait donné la chance d'étudier la syntaxe des langues grecques et latines, elle développe une formalisation poussée des phrases du discours rapporté direct et indirect et analyse la subjectivité grammaticale. Elle se penche alors sur une caractéristique majeure de la littérature moderne : le style indirect libre, ou *erlebte Rede*[22]. Un certain nombre d'exemples lui permettent de choisir entre deux courants des théories narratives :

> «[l'un] qui attribue toutes les phrases du texte à la voix du narrateur unique, et l'autre dans [lequel] le concept d'auteur ne se confond pas avec celui de narrateur, lui-même défini de manière extrêmement stricte.»[23]

De nombreuses phrases de fiction sont habituellement analysées comme reflétant un point de vue du narrateur, mais Banfield en analyse toute une série en cherchant à savoir «quels indices grammaticaux [nous y trouvons] de la pré-

---

20 *Ibid.*, p. 126.
21 Banfield, *op. cit.*
22 Banfield rapporte que l'expression «style indirect libre» est apparue chez Bally en 1912, que Lorck a introduit en allemand l'expression *erlebte Rede* en 1921, et qu'il n'y a pas de formule consacrée en anglais ; elle propose de parler de *represented speech and represented thought*. Cf. Banfield, *op. cit.*, p. 421 n. 14. Les références ne sont pas précisées ; il s'agit sans doute de C. Bally, «Le style indirect libre en français moderne», *Germanisch-Romanische Monatsschrift* 4 (1912) pp. 549–556 et 597–606, et E. Lorck, *Die «Erlebte Rede»*. Eine sprachliche Untersuchung (Heidelberg 1921).
23 *Ibid.*, p. 279.

sence d'un point de vue du narrateur»[24]. Elle conclut par la négative : son analyse grammaticale de l'énonciation conduit à y reconnaître non le narrateur mais la représentation des perceptions et pensées des personnages. Cela ouvre à une compréhension de la capacité des romans modernes à représenter une psychologie très fine, puisque ces formes grammaticales permettent de rendre compte de pensées des personnages sans qu'elles soient présentes à leur conscience réflexive – ce qui est absolument impensable dans les théories communicationnelles de la narration :

> «Peut-être serait-il plus exact de dire que la langue contient déjà – parmi les choses dont on peut dire que la langue les sait – la distinction même que la philosophie s'efforce de rendre explicite entre d'une part la conscience réflexive, le *cogito* de Descartes, le ‹je suis en train de penser› par lequel le sujet sait qu'il sait, et d'autre part les autres états de conscience qui sous-tendent cette conscience réflexive et qui, tout en ne pouvant jamais être l'objet d'une réflexion consciente, sont la condition minimale pour que l'on puisse dire d'un sujet qu'il est conscient et non inconscient. Du point de vue linguistique, cette distinction ne se réalise que dans le récit [et pas dans la parole représentée].»[25]

Il est clair que les exemples cités par Banfield, empruntés à la littérature moderne, ne rendent pas nécessairement compte de la littérature sémitique ancienne. Mais la pertinence de cette approche demeure : elle permet de remettre en cause, sur leur terrain d'analyse habituel, les théories communicationnelles de la narration ; ces théories, elles aussi, ont été établies sur le champ de la littérature moderne, et ont parfois été appliquées de manière non critique au texte biblique. Notons au passage qu'une exégèse biblique basée sur les théories poétiques a déjà été pratiquée, de manière fructueuse : c'est ainsi que Françoise Mirguet, par une étude syntaxique et narrative du personnage divin dans le Pentateuque, a pu infirmer la théorie habituelle du «narrateur omniscient»[26].

En conclusion de cette partie, on peut relever que les théories poétiques de la narration n'ont pas que l'avantage pratique de mieux rendre compte de cer-

---

24 *Ibid.*, p. 284.

25 *Ibid.*, p. 313.

26 «Loin de se faire omnisciente pour le besoin de dire et célébrer Yhwh, la narration, dont j'évite de qualifier l'activité en termes cognitifs, fait preuve d'une exceptionnelle réserve et discrétion dans l'expression du divin.», Mirguet, *La représentation du divin dans les récits du Pentateuque*, p. 368. La recension par Sonnet de cet ouvrage emploie des arguments théologiques là où il faudrait en rester à l'analyse littéraire, et semble considérer que la pertinence de la théorie narrative «post-classique» se restreint à la littérature «post-moderne» ; cf. J.-P. Sonnet, «Lorsque Dieu vient au récit. À propos d'un ouvrage récent», *RTL* 42 (2001) pp. 75–83. NB : Mirguet ne qualifie pas sa théorie narrative de «poétique» mais de «théorie de la distinction narrative» ou «théorie événementielle», *ibid.*, p. 19.

tains récits : elles présentent aussi l'avantage théorique d'une plus grande cohérence logique. On ne reprendra pas ici toute l'argumentation de Patron à ce
sujet ; sa conclusion suffira :

> «[...] les théories non communicationnelles ou poétiques du récit de fiction ont un concept
> relativement clair et unifié du narrateur [contrairement aux théories communicationnelles],
> et elles sont dépourvues des principaux défauts logiques ou épistémologiques mentionnés
> ci-dessus. Une autre de leurs supériorités est qu'elles incluent les théories communica-
> tionnelles du récit, lorsqu'il s'agit de rendre compte des récits ou de certains récits de
> fiction à la première personne [...]. Elles affirment que la question la plus intéressante, dans
> le cas du récit de fiction, ce n'est pas la question ‹qui parle ?›, mais la question ‹comment
> est-ce écrit ?› – même lorsque l'un des buts recherchés par l'auteur est que le lecteur ait
> l'impression que quelqu'un parle à quelqu'un d'autre fictionnellement.»[27]

2.2.2 Avantage pour l'étude de Jr

On voudrait aussi proposer un avantage pratique des théories poétiques de la
narration sur les théories communicationnelles, lorsqu'on traite d'un texte à
l'histoire rédactionnelle longue et mouvementée. Précisons avant tout que cet
avantage ne consiste pas en une impossibilité théorique des approches communicationnelles, mais plutôt d'une affinité particulière, d'un risque moins
grand de confusion, lorsqu'on pratique les théories poétiques.

Les théories communicationnelles, en effet, analysent le récit comme étant
le lieu d'une communication, ayant son origine dans un narrateur et sa destination dans un narrataire. Le narrateur est porteur d'une intention, que le
narrataire s'efforce de recevoir. Dans ce paradigme, il est clair que l'intention de
signification est extérieure au narrataire et qu'elle précède, temporellement et
logiquement, son acte de réception. Rien n'interdit, d'un point de vue théorique,
d'utiliser un tel schéma pour un texte dont l'histoire rédactionnelle s'étend sur
plusieurs siècles. Toutefois, pour l'appliquer avec rigueur, on devra se prémunir
contre un risque de confusion avec deux autres actes de communication basés
sur le même paradigme. Premièrement, le prophète Jérémie (pourvu que l'on
suppose qu'il ait existé historiquement) a transmis des oracles à ses auditeurs ; il
était habité par une intention de communication qu'il s'efforçait de faire partager
à des destinataires. Deuxièmement, les rédacteurs successifs, habités par des
intentions que la recherche historico-critique tente de discerner, ont repris et
transformé les sources dont ils disposaient pour produire une nouvelle version

---

27 Patron, *op. cit.*, p. 257.

du texte de Jr, et ceci jusqu'au texte dont nous disposons aujourd'hui. Eux aussi, donc, étaient habités par une intention de communication.

Or pratiquer une analyse narrative de Jr, en cherchant à comprendre l'intention du narrateur à destination de son narrataire, ce n'est ni retrouver l'intention du prophète historique ni celle des rédacteurs. Le narrateur, en effet, ne doit pas être confondu avec des personnes historiques ; il s'agit d'un effet produit par le texte. Autrement dit, une analyse en narratologie communicationnelle repose sur le fondement que la lecture du texte produit dans l'imagination du lecteur l'impression d'un narrateur, puis que ce narrateur porte, de manière préalable à sa réception par le narrataire, une intention de communication. Sans cette précision, on courra toujours le risque de laisser penser qu'on confond l'intention du narrateur avec celles des responsables historiques de la production du texte ; on aura souvent à se justifier face aux approches diachroniques qui remettent en cause la possibilité d'une lecture synchronique indépendamment de l'histoire rédactionnelle.

Inversement, la théorie poétique de la narration, de par la structure de son paradigme fondamental, ne court aucun risque de produire une confusion entre le sens du texte et les intentions de ses producteurs historiques. Elle rappelle en effet sans cesse qu'elle s'intéresse à l'effet du texte, dans son objectivité matérielle de papier imprimé, sur l'imagination du lecteur. Kuroda écrit ainsi :

> «Ces phrases existent dans le monde réel en tant que lettres imprimées. Ce sont des phrases matérialisées. En tant que telles, elles exercent la fonction objective sur la conscience du lecteur. Et c'est grâce à cette fonction objective que l'histoire crée une fausse réalité dans sa conscience. [...] La phrase couchée sur la page imprimée, en tant qu'entité réelle dans le monde, a une fonction objective par rapport à la conscience du lecteur.»[28]

Dans ce paradigme, il est évident que tout effet de sens a sa source dans le lecteur, et non dans une entité intentionnelle qui lui serait extérieure et préexistante. Autrement dit, ce paradigme objectif se prête particulièrement bien à l'analyse du sens d'un texte indépendamment des intentions historiques de ses producteurs.

On peut aussi qualifier la différence entre ces deux théories narratives en soulignant que l'une est structurée par le paradigme de la communication orale, l'autre par celui de la communication écrite. Or ces deux paradigmes présentent une différence radicale : à l'écrit, contrairement à l'oral, l'écrivain peut corriger ce qu'il a déjà écrit, jusqu'à parvenir à une rédaction qui le satisfasse. Il est ainsi de la nature de tout texte écrit d'être le fruit d'une histoire rédactionnelle qui

---

28 Kuroda, *op. cit.*, p. 123.

demeure habituellement inaccessible au lecteur (sauf dans le cas particulier où les chercheurs disposent des manuscrits d'un écrivain). Le romancier Patrick Modiano avait exprimé cette situation avec une grande pénétration, dans son discours de réception du Prix Nobel de littérature :

> «C'est la première fois que je dois prononcer un discours devant une si nombreuse assemblée et j'en éprouve une certaine appréhension. On serait tenté de croire que pour un écrivain, il est naturel et facile de se livrer à cet exercice. Mais un écrivain – ou tout au moins un romancier – a souvent des rapports difficiles avec la parole. Et si l'on se rappelle cette distinction scolaire entre l'écrit et l'oral, un romancier est plus doué pour l'écrit que pour l'oral. [...] Il a une parole hésitante, à cause de son habitude de raturer ses écrits. Bien sûr, après de multiples ratures, son style peut paraître limpide. Mais quand il prend la parole, il n'a plus la ressource de corriger ses hésitations.»[29]

«Après de multiples ratures», dit Modiano, soulignant l'inattendue difficulté du discours oral pour ce maître de l'écrit. On comprend alors que, s'il y a un grand hiatus entre la forme de la communication orale, marquée par l'immédiateté entre celui qui parle et celui qui écoute, et celle d'un livre dont la rédaction s'étale sur plusieurs siècles, il n'y a en revanche qu'une différence de degré entre un livre écrit par un seul auteur, sur une période de quelques mois ou années, et un livre comme Jr : ces deux livres sont chacun le produit d'une histoire rédactionnelle qui demeure masquée au lecteur. La théorie poétique de la narration, qui analyse le récit en partant de l'objectivité matérielle du texte écrit, est naturellement adéquate à l'analyse de textes indépendamment de l'histoire de leur rédaction, même si elle s'avérait très longue.

2.2.3 Narrativité et syntaxe hébraïque

De même que Kuroda est parti de l'étude de la langue japonaise pour construire sa théorie narrative, cette recherche doit observer la manière dont l'hébreu et sa syntaxe appellent une théorie narrative particulière. Parmi les différentes théories possibles, on fera l'hypothèse que la théorie de Niccacci[30], telle qu'elle est reprise par Kawashima[31], décrit adéquatement les différentes formes littéraires

---

29 P. Modiano, *Discours de réception de son prix Nobel de littérature le dimanche 7 décembre* (consulté le 19/01/2015 sur http://www.lemonde.fr/prixnobel/article/2014/12/07/verbatimledis coursdereceptionduprixnobeldepatrickmodiano_4536162_1772031.html).
30 A. Niccacci, *The Syntax of the Verb in Classical Hebrew Prose* (JSOT.S 86 ; Sheffield 1990) (trad. de *Sintassi del verbo ebraico nella prosa biblica classica*, Jerusalem 1986).
31 R.S. Kawashima, *Biblical Narrative and the Death of the Rhapsode* (ISBL ; Bloomington – Indianapolis 2004).

présentes dans Jr. Il se trouve en effet que Kawashima s'appuie sur Banfield pour nourrir sa réflexion, et qu'en retour Patron elle-même cite Kawashima[32]. On évaluera donc la pertinence de cette théorie en cherchant des exemples et éventuels contre-exemples dans le texte de Jr, sachant que ce livre n'a pas servi de point d'appui à ces auteurs[33].

Les grammaires classiques de l'hébreu biblique décrivent son système verbal en partant de la valeur des formes *qatal* et *yiqtol*, comprises comme «accompli» (en anglais : *perfect*) et «inaccompli» (*imperfect*), puis en dérivent celle du *wayyiqtol*, décrit comme «inaccompli inverti» (*inverted future*). Joüon-Muraoka écrit ainsi du *wayyiqtol* :

> «However, it has roughly the same values as the *qatal* form, to which it mainly adds the idea of succession : it is like a substitute for *qatal*.»[34]

Niccacci bouleverse cette perspective grâce à l'avancée de deux disciplines. Le progrès de l'étude diachronique de l'hébreu a montré que l'existence d'un temps spécifiquement narratif en ougaritique permet d'expliquer la différence de forme pour certains verbes faibles entre *yiqtol* et *wayyiqtol*[35]. La linguistique des textes a aussi progressé. Cela permet à Niccacci de décrire autrement le système verbal de l'hébreu : la valeur d'une forme verbale ne peut pas se définir de manière absolue ; elle dépend de sa place dans la phrase, en tête de proposition ou pas, ainsi que de son enchaînement dans une suite de propositions dont le premier élément est déterminant. Deux formes littéraires sont alors décrites et opposées : le discours et la narration. De nombreux exemples, tirés principalement des livres historiques, montrent la transformation syntaxique d'événements relatés d'abord dans une narration puis dans un discours. Il en ressort que, de manière générale, le *wayyiqtol* est la forme verbale typique de la narration, dont il peut

---

32 Patron note que «Kawashima montre que le récit biblique, par opposition aux poèmes narratifs ougaritiques, relève d'un art verbal spécifiquement écrit.» Patron, *op. cit.*, p. 257.

33 Niccacci cite certes Jr 36,19 au §153 de son résumé final, mais il n'utilise pas ce verset lorsqu'il compare la double présentation d'un même fait en narration et en discours.

34 JM, §118a.

35 On ne signale ici, de manière extrêmement schématique, que ce qui est indispensable pour approcher les positions de Niccacci et de Kawashima, qui seront ensuite concrètement testées sur le texte de Jr. Pour un résumé de l'histoire de la réflexion sur les formes verbales hébraïques depuis le Moyen Âge, cf. B.K. Waltke – M. O'Connor, *An Introduction to Biblical Hebrew Syntax* (Winona Lake 1990) §29 (pp. 455–478) et §33 (pp. 543–563). Pour un état des lieux du débat contemporain sur la valeur de ces formes verbales, voir E. van Wolde (éd.), *Narrative Syntax and the Hebrew Bible*. Papers of the Tillburg Conference 1996 (Biblical Interpretation Series 29 ; Leiden – New York – Köln 1997).

être la forme initiale ; l'enchaînement de ces verbes sous la forme d'une chaîne construite permet de représenter une chronologie d'actions passées. Inversement, le passé est typiquement évoqué par le *qatal* dans le discours ; il peut être suivi du *wayyiqtol* mais cette forme n'y est pas dominante ; d'autres formes lui sont souvent préférées pour rapporter des événements passés (participes, phrases nominales). De plus, toutes les phrases ont la structure prédicat-sujet, le prédicat étant un verbe dans les «phrases verbales» et un nom dans les «phrases nominales» ; quel que soit le type de phrase, le premier mot est toujours le prédicat.

Kawashima, dans *Biblical Narrative and the Death of the Rhapsode*, a repris cette réflexion en tenant compte des objections soulevées notamment par Muraoka, et en s'inspirant de la théorie littéraire d'Ann Banfield dans *Unspeakable Sentences*. Il a ainsi présenté un dualisme linguistique, dans le récit biblique, entre narration et discours, chacune de ces deux formes ayant sa syntaxe propre. Il a aussi découvert des marqueurs de ce qui, précédemment, n'était connu que dans le roman moderne : la parole et la pensée représentées. La recherche en narrativité hébraïque rejoint ainsi celle sur la narrativité générale. Cette avancée invite de plus à poursuivre cette piste de recherche qui n'a pas encore atteint Jr. En découvrant l'articulation syntaxique et narrative des récits et des discours, on peut espérer gagner une compréhension profonde du rapport entre oracles et narration, dans une théorie narrative capable de comprendre Jr comme récit global.

2.3 Formes de phrase et narration dans Jr

Partons donc à la recherche de caractéristiques formelles du texte de Jr, pour voir si elles s'harmonisent avec la théorie narrative et syntaxique qu'on vient d'exposer. Plutôt que de chercher à définir une série de formes littéraires à partir de leurs caractéristiques essentielles propres, on va plutôt chercher des lieux où des différences apparaissent entre différentes formes ; on va porter l'attention sur des ruptures et des transformations. Apparaîtront ainsi des caractéristiques opposées, et les manières qu'ont ces deux formes de se rapporter l'une à l'autre, notamment par des enchâssements et des jeux de substitutions. Cette manière de caractériser des formes par leurs différences plutôt que par leur essence sera utile au projet poursuivi, qui est précisément d'étudier le rapport qu'elles entretiennent l'une avec l'autre.

Un problème va toutefois se poser. Lorsque Kuroda et Banfield étudiaient des exemples de phrases tirées de la littérature, ils disposaient d'un critère important pour décider qu'une phrase possible en narration ne pouvait pas être prononcée par un locuteur : cette phrase aurait semblé fautive à un locuteur natif. Ce critère n'est pas applicable au texte biblique : à supposer que l'hébreu biblique ait été, à une époque donnée, une langue parlée, ce n'était pas nécessairement le cas à toutes les étapes de la rédaction du livre, et ce n'est de toute façon plus le cas aujourd'hui. Mais cette difficulté peut être dépassée si l'on trouve dans le texte jérémien quelques exemples dans lesquels mettre en œuvre un critère analogue : des phrases d'abord placées dans une situation d'énonciation particulière, puis reprises dans une autre situation d'énonciation. On devrait ainsi pouvoir comparer la structure syntaxique de la narration à celle des discours représentés des personnages.

2.3.1 Observation de quelques différences

2.3.1.1 Le discours représenté
On trouve fréquemment dans Jr des discours représentés au style direct au sein d'une narration : une première forme littéraire expose narrativement une situation d'énonciation, puis on passe au discours, après quoi on revient au niveau narratif initial. Malgré l'absence de guillemets modernes, la rupture entre ces deux formes ne fait aucun doute car elle se manifeste très clairement, tant par des décalages dans les marqueurs de l'énonciation comme les déictiques et les formes verbales que par l'emploi très fréquent de la formule consacrée לֵאמֹר (litt. « disant » ; cette construction dérivée du verbe אמר, « dire », est un marqueur habituel du passage au style direct). Prenons l'exemple de 38,10-11 :

וַיְצַוֶּה הַמֶּלֶךְ אֵת עֶבֶד־מֶלֶךְ הַכּוּשִׁי לֵאמֹר

« Et le roi commanda à Eved-Mélek le Koushite disant : »

קַח בְּיָדְךָ מִזֶּה שְׁלֹשִׁים אֲנָשִׁים וְהַעֲלִיתָ אֶת־יִרְמְיָהוּ הַנָּבִיא מִן־הַבּוֹר בְּטֶרֶם יָמוּת׃

« ‹ Prends dans ta main d'ici trente hommes et fais monter Jérémie le prophète de la citerne avant qu'il ne meure ! › »

(...) וַיִּקַּח עֶבֶד־מֶלֶךְ אֶת־הָאֲנָשִׁים בְּיָדוֹ

« Et Eved-Mélek prit les hommes dans sa main [...] »

La première partie du verset 10 emploie un verbe au *wayyiqtol*, temps de la narration, et présente deux personnages : le roi et Eved-Mélek. Après לֵאמֹר, la situation d'énonciation change : le premier verbe est à l'impératif, il est adressé par le roi, représenté par la première personne du singulier, à Eved-Mélek, représenté par la deuxième personne. On trouve dans cette phrase un déictique de lieu, מִזֶּה (« d'ici »), et une indication temporelle orientée vers un avenir redouté («avant qu'il ne meure»). Au début de verset 11, il n'y a pas de formule symétrique de לאמר – contrairement à la traduction qui emploie des guillemets fermants. Mais les changements dans la situation d'énonciation suffisent à manifester que le discours représenté vient de s'achever : le verbe לקח («prendre»), précédemment à l'impératif, est repris au *wayyiqtol*, en chaîne construite avec le verbe צוה («commander») du début du verset 10 ; le serviteur Koushite est nommé par son nom au lieu d'être le destinataire de l'impératif ; le suffixe pronominal de יד («main») n'est plus celui de la deuxième personne (בְּיָדְךָ, «dans ta main») mais de la troisième (בְּיָדוֹ, «dans sa main») ; il n'y a plus de déictique de lieu et a disparu toute mention d'une mort possible de Jérémie à l'avenir.

Notons qu'un processus de grammaticalisation a fait perdre à לאמר sa valeur sémantique, liée au verbe de parole אמר, pour en faire un indicateur de début de discours représenté au style direct. Cela explique des constructions telles que celle de 26,11, qui paraîtrait pléonastique si on ne tenait pas compte de ce processus de grammaticalisation :

וַיֹּאמְרוּ הַכֹּהֲנִים וְהַנְּבִאִים אֶל־הַשָּׂרִים וְאֶל־כָּל־הָעָם לֵאמֹר

La traduction de ce verset évitera donc d'introduire un pléonasme inélégant en français :

«Et les prêtres et les prophètes *dirent* aux ministres et à tout le peuple *disant* : ‹…›.»

En conclusion de ce point, on constate que l'exemple de 38,10-11 fait apparaître clairement un phénomène de transition qu'on peut qualifier d'enchâssement, ceci avant même d'avoir défini les caractéristiques formelles respectives de la narration et du discours : une forme littéraire est enchâssée dans une autre ; l'articulation entre les deux formes est marquée par des ruptures de temporalités, de déictiques, ainsi que par la particule לאמר.

2.3.1.2 Différence syntaxique entre narration et discours

On a signalé en introduction que, contrairement à Kuroda et Banfield qui pouvaient tester certaines phrases sur des locuteurs natifs et évaluer ainsi leur caractère acceptable ou inacceptable, on ne dispose pas de locuteur natif de l'hébreu biblique. Mais dans le récit des oracles écrits puis proclamés par Baruch au chapitre 36, on a un cas remarquable où le même fait est d'abord rapporté dans la narration puis dans un discours. On va l'observer pour en remarquer la transformation syntaxique.

(36,4) וַיִּקְרָא יִרְמְיָהוּ אֶת־בָּרוּךְ בֶּן־נֵרִיָּה
וַיִּכְתֹּב בָּרוּךְ מִפִּי יִרְמְיָהוּ אֵת כָּל־דִּבְרֵי יְהוָה
אֲשֶׁר־דִּבֶּר אֵלָיו עַל־מְגִלַּת־סֵפֶר:

« Et Jérémie appela *[wayyiqtol]* Baruch fils de Nériya
et Baruch écrivit *[wayyiqtol]* de la bouche de Jérémie toutes les paroles de Yhwh
qu'il lui avait parlées sur un rouleau de livre. »

(36,18) וַיֹּאמֶר לָהֶם בָּרוּךְ
מִפִּיו יִקְרָא אֵלַי אֵת כָּל־הַדְּבָרִים הָאֵלֶּה וַאֲנִי כֹּתֵב עַל־הַסֵּפֶר בַּדְּיוֹ:

« Et Baruch leur dit : ‹ De sa bouche il me dit *[yiqtol]* toutes ces paroles, quant à moi j'écris
[participe] sur le livre avec l'encre. › »

Dans le récit du verset 4, les formes verbales au *wayyiqtol* construisent la représentation d'actions successives, comme le ferait une séquence au passé simple en français : Jérémie appela, Baruch écrivit. Les verbes sont placés en tête de proposition. Mais lorsque Baruch expose aux ministres l'origine du rouleau, le texte présente un discours représenté dont la syntaxe est complètement différente : les verbes ne sont pas en tête de proposition ; le verbe קרא qui exprimait précédemment la convocation de Baruch par Jérémie est désormais employé pour l'action de dicter, conjugué au *yiqtol* qui signifie une habitude[36], non située précisément dans le temps. Le deuxième verbe est au participe, forme adaptée à une situation permanente et contemporaine du verbe précédent.

La différence entre la narration qui enchâsse le discours représenté et ce discours n'est donc pas qu'une différence de niveau ou de degré : la narration n'est pas ici comme un discours qui citerait un autre discours, à l'image des poupées gigognes russes. Au moins dans cet exemple, la narration et le discours représenté sont deux formes littéraires différentes, chacune ayant ses spécificités syntaxiques. À la narration appartient le temps historique dans lequel les événements se succèdent, représentés par une chaîne construite où se suivent les verbes au *wayyiqtol* ; au discours représenté, la communication orale entre les personnages et la description de relations permanentes. La présentation d'un fait dans la narration doit subir une importante transformation syntaxique lorsqu'elle est transposée dans le discours représenté.

---

36 « A special usage [of yiqtol] is the expression of iterative processes, especially in past-tense contexts : prospective modality is interpreted in terms of repeated action, exactly as in the case of English *will/would*, e. g., ‹ He will sit like that for hours › ; ‹ Sometimes I would see Gerald in the Café Royal ›. », J. Joosten, « Verbal System : Biblical Hebrew », *EHLL*.

2.3.1.3 *Qatal* ou *wayyiqtol* pour introduire un oracle

On vient de constater une différence syntaxique nette entre une narration où les personnages sont présentés à la troisième personne du singulier, et un discours où ils dialoguent à la première et à la deuxième personne. Cette distinction est-elle aussi nette dans le reste de Jr ? On trouve en effet une forme qu'on peut hésiter à classifier dans l'une de ces deux catégories, car elle semble intermédiaire : les narrations dans lesquelles Jérémie est présenté à la première personne du singulier – on parlerait ici, dans la théorie communicationnelle de la narration, de narrateur intradiégétique et homodiégétique[37]. On rencontre cela dès le premier chapitre :

(1,4-5) ...וַיְהִי דְבַר־יְהוָה אֵלַי לֵאמֹר בְּטֶרֶם אֶצָּרְךָ בַבֶּטֶן

«Et survint la parole de Yhwh vers moi :
‹Avant que je te façonne dans le sein maternel [...]›»

Pour clarifier le statut de ce genre d'énoncé, il est utile de relever toutes les occurrences de la formule d'introduction d'oracle «survint la parole de Yhwh vers moi», qui associe le verbe היה («être/survenir»), le groupe nominal דבר־יהוה («parole de Yhwh»), et la première personne du singulier. Comme, suivant la perspective de Niccacci, on s'intéresse avant tout aux formes verbales des propositions principales, on ne retiendra pas ici les formules d'introduction d'oracle se trouvant dans des propositions subordonnées (par אשר – pronom relatif – ou par כי, conjonction de subordination). Le relevé de ces occurrences permet alors de distinguer :

- deux occurrences de la formule avec *qatal* initial (היה דבר־יהוה אלי) en 25,3 et 32,6 ; en 25,3, la formule est précédée d'une indication temporelle avec datations absolue et déictique («Depuis la treizième année de Josias [...]

---

[37] On s'abstiendra, en théorie poétique de la narration, de reprendre ce qualificatif, puisqu'on y distingue radicalement la narration du discours : on peut être en présence d'une narration qui, bien que portée par un «je», n'est pas un discours (une *diégèse*). On parlera donc de «narration en ‹je›» ou de «narration à la première personne». L'expression de narrateur «homodiégétique» a été forgée par Genette : «En tant que le narrateur peut à tout instant intervenir *comme tel* dans le récit, toute narration est, par définition, virtuellement faite à la première personne [...]. La vraie question est de savoir si le narrateur a ou non l'occasion d'employer la première personne pour désigner *l'un de ses personnages*. On distinguera donc ici deux types de récits : l'un à narrateur absent de l'histoire qu'il raconte [...], l'autre à narrateur présent comme personnage dans l'histoire qu'il raconte [...]. Je nomme le premier type [...] *hétérodiégétique*, et le second *homodiégétique*.», G. Genette, «Discours du récit. Essai de méthode», *Figures III* (Poétique ; Paris 1972) pp. 65–282, p. 252.

jusqu'à ce jour»), alors qu'en 32,6 la formule est en tête de proposition, après l'introduction narrative embrayant sur le discours représenté ;

- neuf occurrences de la formule avec *wayyiqtol* initial (ויהי דבר־יהוה אלי) : 1,4.11.13 ; 2,1 ; 13,3.8 ; 16,1 ; 18,5 ; 24,4[38].

Ces onze occurrences permettent d'observer une différence nette entre les deux constructions syntaxiques. La formule avec *qatal* initial se trouve dans des discours représentés, enchâssés dans une forme narrative de niveau supérieur. Ainsi, en 25,3, elle est intégrée dans un discours adressé à un «vous», introduit narrativement par les versets 1-2. En 32,6, le discours représenté de Jérémie est introduit par la formule narrative au *wayyiqtol* ויאמר ירמיהו («et Jérémie dit»), en chaîne construite avec la prise de parole du roi introduite par le verset 3. Au contraire, les neuf occurrences de la formule avec *wayyiqtol* initial se trouvent dans des ensembles qui ne sont jamais précédés par une introduction narrative ; ils ne sont pas enchâssés dans un niveau supérieur par une formule de citation.

La différence syntaxique entre discours et narration, telle qu'elle est apparue dans la partie précédente, se retrouve donc dans les formules d'introduction d'oracles adressés à Jérémie en tant que première personne. La formule au *wayyiqtol* ויהי דבר־יהוה אלי, «et survint la parole de Yhwh vers moi», est incompatible avec la forme syntaxique du discours représenté enchâssé, bien qu'elle emploie un déictique de première personne. On comprend alors que le concept de «narrateur intradiégétique» est inapproprié pour décrire ces passages de Jr : certes, Jérémie y transmet un message à la première personne du singulier, mais ce message n'a pas la forme d'un discours représenté. Le fait est d'autant plus marquant qu'un discours représenté de Jérémie, enchâssé dans une forme narrative de niveau supérieur et comprenant la formule d'introduction d'oracle avec un *qatal* initial, est possible dans Jr : on l'a vu particulièrement en 32,6.

2.3.2 Quelques caractéristiques des deux formes

On vient de repérer, sur quelques passages de Jr où s'enchaînent narration et discours, des différences syntaxiques fortes ; on va poursuivre en repérant quelques caractéristiques spécifiques à chacune de ces formes. On s'appuie pour

---

38 On ne développe ici que le relevé de la formule d'introduction d'oracle avec la première personne du singulier. Mais on peut aussi noter en passant que la formule d'introduction d'oracle au *wayyiqtol* ne se trouve avec la première personne du singulier qu'au début du livre (chap. 1–24), alors qu'elle n'apparaît ensuite qu'avec le nom propre de Jérémie, donc comme troisième personne (9 occurrences réparties dans les chap. 28–43).

cela sur les exemples présentés dans l'étude de Kawashima[39], en étudiant ce qui trouve un appui textuel dans Jr : l'expression וְעַתָּה («et maintenant») et les formules de datation.

2.3.2.1 וְעַתָּה, «et maintenant»

עַתָּה n'est pas qu'un déictique temporel : s'il peut signifier «maintenant», KB recense aussi des emplois liés à l'argumentation du discours davantage qu'à la temporalité : «henceforth», «yet, nevertheless» ; le terme a donc une valeur proche de celle de *now* en anglais. Kawashima affirme que עתה est un déictique temporel qui ne peut apparaître qu'en discours représenté ; toutefois, quelques emplois de Jr ne sont pas d'une grande clarté, car ils sont employés sans qu'un discours soit explicitement construit entre deux interlocuteurs (cf. 3,4 ; 4,12 ; 14,10 ; 27,16). En revanche, précédé d'un ו (*waw*, «et»), il se trouve toujours dans des situations dialogiques dans lesquelles l'auditeur est explicitement représenté par un «tu» ou un «vous» :

– soit dans un oracle poétique adressé à un «tu» : 2,18 ;
– soit dans un discours représenté, précédé d'une introduction narrative, et adressé à un «tu» : 18,11 ; 29,27 ; 37,20 ; 40,4 ;
– soit dans un discours représenté, précédé par une introduction narrative, et adressé à un «vous» : 7,13 ; 26,13 ; 27,6 ; 32,36 ; 42,15 ; 42,22 ; 44,7.

L'expression וְעַתָּה est donc dans Jr un marqueur caractéristique du discours représenté ; on ne la trouve jamais dans les narrations.

2.3.2.2 Formules de datation

Si les formules temporelles déictiques comme «et maintenant» sont typiques du discours représenté, on va considérer les formules de datation non déictiques, qui semblent à première vue typiques de la narration. Un exemple très net se trouve en 39,1 : «La neuvième année de Sédécias roi de Juda, le dixième mois, vint Nabuchodonosor [...].». De telles formules de datation se trouvent-elles pour autant exclusivement en narration ?

---

39 Notamment l'étude de *'attâ* comme élément expressif en discours direct (Kawashima, *op. cit.*, p. 85) et la réflexion sur la représentation du temps au chapitre 5 («Biblical Time and Epic Time : From Grammar to Narrative Technique», *ibid.*, p. 124s). L'étude de גם, אך et הנה comme marqueurs d'expressivité au chapitre 3 m'a aussi inspiré («Narration and Discourse : The Linguistic Dualism of Biblical Narrative and its Literary Consequences», *ibid.*, p. 35s).

Une exception se trouve apparemment en 25,3 : le discours de Jérémie comprend la formule «depuis la treizième année de Josias fils d'Amôn roi de Juda». Ce discours est clairement enchâssé par l'introduction narrative des versets 1-2. Toutefois, cette datation est immédiatement associée à un déictique temporel : וְעַד הַיּוֹם הַזֶּה, «jusqu'à aujourd'hui». On peut donc induire la règle suivante : une formule de datation non déictique, comprenant des années ou des mois, lorsqu'elle n'est pas associée à un déictique temporel, est un marqueur caractéristique de la narration ; cela n'apparaît jamais en discours représenté.

On doit remarquer qu'il ne s'agit pas ici d'une sorte de loi d'impossibilité syntaxique : rien n'interdirait, en soi, à un personnage de s'adresser à un autre pour dire : «rappelle-toi qu'untel, en telle année, a fait cela». Mais on constate que cela n'arrive jamais dans Jr. Même les Rékabites, lorsqu'ils rapportent leur décision de s'installer à Jérusalem lors de la première invasion de Nabuchodonosor, ne mentionnent pas de datation du genre «en telle année du règne de tel roi» (cf. 35,11). Moins que face à une loi syntaxique, on se trouve plutôt face à une préférence de Jr dans sa différenciation des formes littéraires de la narration et du discours représenté. Il semble donc que la mesure du temps écoulé est une fonction réservée à la narration et impropre aux discours des personnages. Inversement, la mention d'une mesure du temps futur ne se trouve qu'en discours représenté précédé d'une introduction narrative, dans les oracles mentionnant les soixante-dix ans (25,11.12 ; 29,10)[40].

2.3.3 La représentation du passé dans les discours

Ce qui précède semble indiquer que Jr présente deux types de phrases qui, en certains passages, sont radicalement distincts : la narration, structurée par une chronologie d'événements passés représentée par des verbes au *wayyiqtol*, et le discours représenté, qui transmet des paroles au présent ou à propos de l'avenir. Il semble aussi que le seul enchâssement possible soit celui du discours dans une narration. Il arrive pourtant que des discours représentés contiennent une mention d'événements passés, utilisant parfois la forme verbale du *wayyiqtol*. Cela vient-il contredire les observations précédentes ? Une véritable narration peut-elle prendre place dans un discours représenté ? Ou bien est-ce une autre manière syntaxique de représenter des événements du passé ?

---

40 On peut aussi citer ici le discours d'Hananya en 28,3, en comprenant שְׁנָתַיִם יָמִים comme «deux ans» plutôt que «deux jours», cf. «יוֹם», sens 7, KB.

Niccacci a introduit la catégorie de *narrative discourse* pour rendre compte de ce phénomène[41] : une forme particulière de discours qui évoque le passé, tout en restant formellement différente de la narration. On se propose alors d'étudier, dans le cas particulier de Jr, la forme syntaxique de la représentation du passé dans les discours. Pour cela, on mentionnera d'abord les évocations brèves du passé dans les recueils d'oracles ; on étudiera ensuite quatre évocations du passé dans la partie la plus proprement narrative du livre : le souvenir du prophète Michée (26,18-19), le grand récit de Jérémie à la première personne (à partir de 32,6), les récits successifs de l'affranchissement des esclaves (34,8-22), et enfin le discours des Rékabites (35,6-11).

2.3.3.1 Évocations brèves du passé

Il est fréquent que les oracles évoquent brièvement le passé en utilisant la forme du *wayyiqtol* ; si cela arrive souvent dans ceux qui se trouvent hors d'un cadre narratif précis, on ne trouve toutefois aucun cas dans les parties les plus structurées narrativement de Jr. Ainsi, dans les chapitres 37–39, les discours et les oracles n'utilisent jamais cette forme verbale, préférant les participes, le *qatal*, et les phrases nominales, pour évoquer le passé[42]. À titre d'exemple du *wayyiqtol* dans les oracles, on peut observer l'oracle contre les pères et les prêtres en 2,5-9. En 2,5, la faute des pères est d'abord évoquée par un *qatal*, רָחֲקוּ, «ils se sont éloignés», auquel font suite deux verbes au *wayyiqtol* : וַיֵּלְכוּ, «et ils sont allés», puis וַיֶּהְבָּלוּ, «et ils sont devenus sans valeur». Au verset suivant, la négation commande logiquement un *qatal* : וְלֹא אָמְרוּ, «mais ils n'ont pas dit». L'accusation se poursuit au verset suivant avec trois *wayyiqtol*. Puis vient au verset 8 une série d'accusations commençant à chaque fois par le sujet, suivi d'un verbe au *qatal*. Mais la suite est radicalement différente de ce qu'une narration réalise : cette évocation du passé ne visait pas à informer d'événements anciens, mais à introduire l'annonce d'une sanction, qui commence dans le présent et se poursuivra à l'avenir. «Ainsi, je vais encore plaider contre vous», annonce le verset 9 : לָכֵן עֹד אָרִיב אִתְּכֶם. La différence est donc manifeste par rapport aux longues séquences chronologiques des narrations : le passé n'est ici mentionné que brièvement ; il ne suit pas une chaîne au *wayyiqtol* mais rompt sans cesse par des formes *x-qatal* ; surtout, le passé évoqué est situé en relation avec des auditeurs représentés par la deuxième personne du pluriel («vos

---

41 Cf. Niccacci, *Syntax*, §§74–78.
42 Participe en 37,7 : «l'armée du Pharaon qui est sortie d'Égypte» ; *qatal* en 37,18 : «en quoi ai-je péché contre toi ?» ; phrase nominale en 37,19 : «où sont passés vos prophètes ?», etc.

pères», v. 5 ; «je vous ai conduits», v. 7), et sert à introduire une sanction qui commence dans le présent. On peut aussi remarquer l'absence de noms propres, de personnes ou de lieux, de même que d'indications chronologiques.

2.3.3.2 Michée (26,17-19)

Au chapitre 26, quelques anciens prennent la parole pour comparer Jérémie au prophète Michée, se souvenant de ses oracles et du respect avec lequel il a été traité. L'ensemble est un discours, introduit au verset 17 par le verbe de parole אמר suivi du marqueur de style direct לאמר. La première action passée est construite par un imparfait périphrastique (verbe היה, «être», suivi du participe au début du v. 18), auquel fait suite un *wayyiqtol*. Le verset suivant commence par une interrogation, sous la forme d'un infinitif absolu suivi d'un *qatal*, puis se poursuit avec deux verbes au *wayyiqtol*. La fin du verset revient au présent, en introduisant le sujet par un pronom personnel (וַאֲנַחְנוּ, «quant à nous»), suivi d'un participe. Comme dans le cas précédemment discuté, ce discours sur des faits passés est distinct de la forme d'une narration : les *wayyiqtol* n'interviennent que rarement, seulement en continuation d'une autre forme du passé ; la chaîne construite est interrompue lorsque le sujet change au début du verset 19. Et, surtout, cette évocation du passé est au service d'une considération du présent des locuteurs, qui se manifeste à la fin du discours.

2.3.3.3 Le récit de Jérémie (32,6s)

On en vient maintenant au chapitre 32, où Jérémie semble prononcer un long discours, en grande partie construit au *wayyiqtol*. Serait-on en présence d'une forme littéraire présentant toutes les caractéristiques de la narration, mais enchâssée dans une forme de niveau supérieur, alors qu'on a affirmé jusqu'à présent que seuls les discours étaient enchâssables ?

Le début du chapitre semble organisé de manière claire : une narration annonce une parole de Yhwh, indique une datation non déictique, puis au verset 2 le contexte est précisé par des phrases nominales introduites par וְאָז, «et alors que». Vient une relative (v. 3) qui expose l'enfermement de Jérémie par Sédécias et introduit le discours de reproche du roi (vv. 3b-5). Le verset 6 présente alors toutes les caractéristiques d'une introduction narrative avec verbe de parole suivie d'un discours enchâssé. On le représente sur le tableau ci-dessous, en marquant par un trait vertical le passage d'une forme à l'autre :

	לֵאמֹר אֵלַי דְּבַר־יְהוָה	הָיָה		יִרְמְיָהוּ	וַיֹּאמֶר
Personne grammaticale représentant Jérémie	1ère			3ème	
Forme verbale		*qatal* initial		*wayyiqtol*	

Le discours de Jérémie, qui rapporte un enchaînement d'événements du passé, enchâsse à son tour d'autres discours : celui de Yhwh au verset 7, celui de Hanaméel au verset 8, le discours à Baruch aux versets 14-15, puis la supplication adressée à Yhwh aux versets 17-25. Serait-on en présence d'un discours qui fonctionnerait exactement comme une narration ? Ce discours présente une étrange incohérence : d'un point de vue syntaxique, d'une part, l'introduction du verset 6 par ויאמר ירמיהו, «et Jérémie dit», indique une continuité narrative par rapport à ce qui précède. Ce discours se comprend donc comme réponse à la question de Sédécias, «pourquoi profères-tu ces oracles ?» ; lorsqu'on lit le verset 6, on comprend naturellement que ce discours a été tenu par Jérémie pour tenter de se disculper, donc avant la punition imposée par le roi de la détention dans la cour de garde. D'autre part, si l'on prend pour référence ce qu'affirme le verset 8, le discours se situe temporellement à un moment où le personnage de Jérémie est déjà prisonnier dans la cour de garde : c'est dans ce lieu que Hanaméel vient lui rendre visite ; le même lieu est encore mentionné au verset 12. Remarquons aussi que pas une seule fois cet ensemble ne présente certains traits habituels du discours représenté : pas de deuxième personne du singulier ou du pluriel, pas de forme volitive (on pourrait imaginer une supplication au roi : «ne me laisse pas dans la cour de garde !», à l'image de 37,20), pas de ועתה («et maintenant»)... Une autre incohérence apparaît au verset 26. Une formule dont la syntaxe semble typique d'une forme narrative introduit un discours de Yhwh :

וַיְהִי דְּבַר־יְהוָה אֶל־יִרְמְיָהוּ לֵאמֹר:

«Et survint la parole de Yhwh vers Jérémie disant : »

Si l'on considère le contenu du discours ainsi introduit, il ne fait pas de doute qu'il répond à la supplication rapportée par Jérémie depuis le verset 17 : Yhwh vient situer l'acte d'achat du champ dans le contexte de l'attaque chaldéenne, dans la perspective du retour à venir qui fera suite à la déportation. Pourtant, la supplication de Jérémie était précédée non par une forme à la troisième personne du genre «et Jérémie adressa cette supplication», mais par une forme à la première personne. Le verset 26 viendrait-il alors, d'un point de vue syntaxique, se placer en continuité narrative du verset 6, dernier verset où Jérémie était représenté dans une narration par la troisième personne ? Si la typographie des

traductions modernes contourne le problème, puisqu'elle finit toujours par re-
fermer les guillemets de différents ordres (en marquant par exemple un premier
niveau de citation par les signes «», et un deuxième niveau par les signes ‹›)
précédemment ouverts, on voit bien qu'on ne peut pas parvenir à reconstruire
une structure cohérente du chapitre 32, où tous les enchâssements de paroles
une fois ouverts seraient refermés, où tout niveau aurait une situation temporelle
constante, et où le personnage de Jérémie serait représenté par la même personne grammaticale tout au long d'un niveau donné.

Mais il importe de remarquer que les incohérences signalées ne se remar-
quent qu'en prenant du recul par rapport à une lecture collée à la surface du
texte[43]. Lorsque le lecteur lit un verset, il y est présent avec netteté ; en revanche,
ses souvenirs de ce qui précède peuvent ne pas être aussi nets. Si, porté par son
désir d'avancer, il ne fait pas d'effort de mémoire pour s'en souvenir avec précision, il peut très bien ne pas remarquer tout de suite ces incohérences[44]. Par
rapport au verset 25, le verset 26 est en parfaite continuité tant argumentative
que syntaxique, si le lecteur n'a pas présent à l'esprit le fait que c'était la
première personne du singulier qui l'introduisait au verset 17. De même, le
problème de la localisation géographique dans la cour de garde ne gêne pas si
on lit le discours de Jérémie en réponse au discours de Sédécias, pourvu que le
lecteur ne mobilise pas un souvenir précis du verset 2. Ce ne sont donc pas
exactement des ruptures nettes d'énonciation qui apparaissent dans ce chapitre,
plutôt des glissements progressifs. Alors que la typographie des langues modernes marque des ruptures nettes par des signes comme les guillemets et
parenthèses, la narration hébraïque de Jr 32 ne manifeste de transformation dans
la situation d'énonciation qu'au lecteur qui prend du recul par rapport à la
lecture ; autrement dit, l'attention du lecteur, en l'absence d'un effort précis de
mémoire, ne prend pas conscience immédiatement de ces décalages. Iser a
d'ailleurs signalé que lors de la lecture, les souvenirs ne sont pas pleinement
présents[45]. On suggère l'hypothèse interprétative que seul un lecteur «tech-

---

43 Au sujet de ce chapitre, E. Di Pede a repris une remarque de Oz à propos d'une nouvelle de
Gogol : «D'emblée, le préambule nous invite à admettre l'incohérence comme inhérente aux
composantes du récit.» E. Di Pede, «Jer 32, *exergue* du récit des chapitres 32–45 ?», *ZAW* 117/4
(2005) pp. 559–573, p. 586 n. 19.
44 Alors qu'on s'appuie ailleurs l'argumentation sur une mémoire très précise du lecteur, on ne
veut pas ici prendre une position inverse en défendant la nécessité d'une mémoire imprécise. Il
s'agit plutôt de prendre en compte la distinction entre le présent de la lecture – ce que le lecteur
perçoit *maintenant* – et la nécessité d'un effort de mémoire pour rappeler ce qui a été connu
avant.
45 «Dans le courant de la lecture, il se produit un éveil incessant et diversifié des contenus de
la rétention et cela signifie que les contenus de la mémoire sont projetés sur un nouvel horizon

nique », prenant des notes ou annotant le texte au cours de sa lecture, prend conscience de tels phénomènes, mais pas un lecteur normal, n'ayant à sa disposition que sa mémoire des versets déjà lus.

Pour mieux expliquer ce phénomène déroutant, on propose deux analogies. D'abord le décalage horaire dont souffre un voyageur se déplaçant entre des villes de longitude différente : le phénomène est insensible pour un voyageur antique, se déplaçant lentement à pied ou à cheval, et ne possédant pas de montre à quartz ; il est au contraire très désagréable pour le rapide voyageur aérien du XXIe siècle. On peut ensuite penser à certaines gravures de Maurits Cornelis Escher : tout ce qui est représenté est cohérent si on n'en regarde qu'une partie ; mais la vision d'ensemble heurte la logique d'un œil qui voudrait, dans ce dessin bidimensionnel, trouver une représentation réaliste suivant les lois de la perspective d'un monde tridimensionnel (cf. Fig. 1.).

Cette grande séquence au *wayyiqtol* à la première personne du singulier commence donc dans ce qui semble être un discours représenté, venant en réponse à Sédécias, mais un glissement s'opère très vite : tout ce qui fait le discours disparaît, et on se retrouve dans une séquence qui pourrait parfaitement être une narration à la première personne, non enchâssée. On n'est donc pas surpris, lorsque l'ensemble prend fin, de ne pas lire de réponse de Sédécias, qui aurait pu par exemple maintenir sa condamnation malgré ce plaidoyer.

On pourrait même suggérer que, dès le verset 8 où intervient le premier *wayyiqtol*, commence l'oubli du contexte dialogique : l'action racontée est située dans la cour de garde, donc temporellement bien après le discours de Sédécias. Aussi étrange que soit la construction d'ensemble du chapitre 32, on n'y trouve donc pas de quoi contredire absolument la théorie proposée selon laquelle le *wayyiqtol* est, de manière préférentielle, le temps de la narration, qu'il n'est jamais vraiment à sa place dans un discours représenté, et qu'un discours ne peut pas enchâsser une narration. Cette théorie est valable, pourvu qu'on n'en fasse pas un système mécanique rigide.

2.3.3.4 L'affranchissement des esclaves (34,8-22)

Au chapitre 34 (sur lequel on reviendra lors de l'étude du personnage de Sédécias) prennent place deux comptes-rendus de l'affranchissement des esclaves. Le premier est situé dans la narration introductive des versets 10-11 : une chaîne

---

qui n'existait pas au moment où ils ont été appréhendés. Ils n'en deviennent pas pour autant pleinement présents, ce qui impliquerait la simultanéité de la mémoire et de la perception. », W. Iser, *L'acte de lecture*. Théorie de l'effet esthétique (Philosophie et langage ; Bruxelles 1985) p. 204 (trad. de *Der Akt des Lesens*, München 1976).

Fig. 1 : M.C. Escher, *Waterfall*, 1961
(Gravure téléchargée sur http://www.mcescher.com/ le 12/02/16.)

de six verbes au *wayyiqtol* raconte l'engagement pris d'affranchir les esclaves, puis la réalisation de cet engagement, enfin le changement d'avis et le retour en esclavage. Commence alors un long oracle, qui courra jusqu'au verset 22. Aux versets 15-16, Yhwh rapporte les événements récents : l'affranchissement temporaire des esclaves. Au niveau strict des conjugaisons, les formes verbales sont comparables à celles de la narration introductive : une série de verbes conjugués au *wayyiqtol*. On remarque toutefois deux différences. La première touche aux personnes grammaticales : alors que dans la narration, les verbes étaient conjugués à la troisième personne, ils sont ici à la deuxième, ce qui est logique dans une situation de parole en présence de l'allocutaire. L'autre différence est que le discours divin enchaîne immédiatement avec la condamnation, introduite par לכן, «c'est pourquoi», au verset 17.

Même s'il est rare de trouver, comme ici, une chaîne narrative au *wayyiqtol* au sein d'un discours, elle ne peut ici se confondre avec une narration : les personnes grammaticales comme le retour au présent pour une sentence indiquent clairement qu'on se trouve dans un discours représenté.

2.3.3.5 Les Rékabites (35,1-19)

Au chapitre 35, les Rékabites refusent de boire le vin proposé par Jérémie et prononcent un discours qui justifie ce refus (35,6-11). On y trouve une série de verbes conjugués au *wayyiqtol* (vv. 8, 10, 11), et même la formule typique de relance narrative en fonction d'une circonstance historique : ויהי + ב + infinitif construit + *wayyiqtol* (cf. v. 11). Il importe toutefois de remarquer la structure syntaxique globale de ce discours : après le premier verbe לא נשתה, «nous ne devons pas boire» (v. 6), vient une subordonnée causale au *qatal*, כי צוה, «car il nous a ordonné». Suit le discours représenté de Yonadav fils de Rékav ; aux versets 8-10, une série de verbes au *wayyiqtol* montre l'habitude ancienne d'obéissance à cet ordre. La conjugaison de ces verbes poursuit la chaîne initiée par le *qatal* צוה («ordonner», v. 6). Le *wayyiqtol* n'a donc ici pas vraiment la signification d'une action ponctuelle faisant suite à une autre action ponctuelle ; il décrit plutôt une habitude désormais révolue, alors que le *yiqtol* initial du verset 6 décrivait une habitude toujours actuelle. Le verset 11 vient, là encore, continuer la chaîne initiée par l'ordre de Yonadav, pour décrire le début d'une nouvelle habitude.

Si l'ensemble pourrait passer pour une narration au *wayyiqtol*, tout reste en fait subordonné au *yiqtol* initial du verset 6 : לא נשתה כי, «nous ne devons pas boire car...». Cela ne constitue pas une véritable narration d'un passé révolu, racontant une succession d'événements sans lien avec le locuteur ; il s'agit plutôt d'un discours qui vise à justifier la pratique présente des Rékabites. L'encadrement du discours vient d'ailleurs le confirmer : la pointe se trouve dans le refus de boire le vin proposé par Jérémie. Des versets 2 à 5, il ne s'agissait que de l'ordre donné par Yhwh à Jérémie de faire boire du vin aux Rékabites ; à partir du verset 12, l'oracle s'appuiera sur l'exemple de la fidélité présente des Rékabites à l'ordre ancien de leur ancêtre ; le changement récent d'habitat ne joue aucun rôle dans ces parties.

2.3.3.6 Conclusion

Les cas qui viennent d'être présentés entrent bien dans ce que Niccacci qualifie de *narrative discourse* : la représentation d'événements passés dans un discours représenté, qui ne prend pas pour autant la forme spécifique de la narration. Même si le *wayyiqtol* y est parfois employé, ce n'est pas la forme dominante ; il n'intervient jamais comme premier verbe, mais toujours en continuation d'une autre forme du passé. Les faits représentés, surtout, ne sont pas détachés des conditions de l'interlocution comme dans une narration : le passé est évoqué pour introduire à la situation présente ; les allocutaires du discours sont souvent mentionnés. Ainsi, cette présence dans Jr de *narrative discourse* ne remet pas en cause la distinction radicale entre narration et discours représenté.

2.3.4 Quelques difficultés

Il devient clair que Jr présente, par endroits, deux types de formes littéraires distinctes : la narration et le discours. Mais ces deux catégories sont-elles toujours exclusives l'une de l'autre ? Peut-on, dans l'ensemble du livre, toujours distinguer ces deux formes avec des critères rigoureux ? On va se pencher sur quelques difficultés qui semblent, à première vue, tenir du contre-exemple : une narration qui glisse entre première et troisième personne du singulier, un *qatal* initial hors d'un discours enchâssé, et – puisqu'on n'a encore traité que de prose – la question de savoir comment situer les oracles poétiques dans ce rapport entre discours et narration.

2.3.4.1 Le décalage entre première et troisième personne

On trouve plusieurs fois dans Jr un phénomène de décalage dans le dispositif d'énonciation : d'un verset au suivant, ou même au cours d'un verset, le personnage de Jérémie qui était représenté par la troisième personne passe à la première personne, ou l'inverse. Certains cas sont assez simples : il s'y produit un phénomène classique d'enchâssement et il est logique que l'on passe d'une personne grammaticale à l'autre ; mais d'autres cas sont assez étranges.

Le cas trivial d'enchâssement d'un discours dans la narration au moyen de la formule consacrée לאמר a déjà été présenté plus haut (cf. 2.3.1.1). Commençons donc par un cas d'enchâssement sans cette formule, avec l'exemple de 32,6 :

(32,6) וַיֹּאמֶר יִרְמְיָהוּ הָיָה דְּבַר־יְהוָה אֵלַי לֵאמֹר׃

«Et Jérémie dit : ‹Survint la parole de Yhwh vers moi : [...]›.»

Dans ce verset, une rupture très nette apparaît au niveau de l'*atnah*. La première partie du verset (ויאמר ירמיהו, «et Jérémie dit») est construite avec un verbe au *wayyiqtol* en position initiale, puis Jérémie est mentionné comme troisième personne du singulier ; le verbe est un verbe de parole. L'ensemble constitue une introduction narrative classique de discours représenté. Ce discours commence après l'*atnah* par un verbe au *qatal* en position initiale – construction typique pour le début d'un discours – puis vient le sujet, puis le destinataire de la parole qui est la première personne du singulier. Jérémie, représenté au début du verset comme troisième personne du singulier, passe ici au déictique qu'est la première personne. Même en l'absence de la particule לאמר, il ne fait aucun doute que la narration a fait place à un discours représenté qui lui est subordonné.

Un cas moins net de changement de personne se trouve au tout début du livre : comment comprendre l'enchaînement au premier chapitre entre les versets 1-3 et le verset 4 ? Les versets 1-3 annoncent les «paroles de Jérémie» ; le verset 4 introduit le discours divin du verset 5 par la formule de citation ויהי דבר־יהוה אלי לאמר, «et survint la parole de Yhwh vers moi disant : [...]». La forme *wayyiqtol* de ויהי est typique d'une narration, elle n'arrive normalement jamais en début d'un discours représenté. La situation n'est donc pas très claire : cette phrase est soit en situation de parataxe (ce que voudrait le *wayyiqtol* par rapport à la précédente), soit d'hypotaxe (ce que voudraient la mention de «paroles» au v. 1 et le changement de situation d'énonciation concernant Jérémie). L'hypotaxe signifierait qu'après l'introduction des versets 1-3 commence une citation des paroles de Jérémie dans la narration précédente, ce qui remettrait en cause l'hypothèse que les discours n'ont jamais la forme d'une narration ; la parataxe au contraire signifierait que la narration des versets 1-3 est terminée et que commence une nouvelle narration, cette fois-ci faite en «je». Avant de trancher entre ces deux possibilités, il est nécessaire de présenter d'autres cas similaires.

L'oracle du potier, au chapitre 18, commence par l'annonce d'une parole de Yhwh adressée à Jérémie, représenté comme troisième personne ; le verset 2 rapporte cette parole qui commence par l'impératif קוּם suivi de la forme *wəqatalti* à valeur de volitif indirect וְיָרַדְתָּ : on peut traduire littéralement «lève-toi puis descends !», ou considérer קוּם comme ayant perdu sa valeur sémantique au profit d'un sens grammatical de renforcement de l'impératif[46], et traduire comme la TOB «Descends tout de suite !». Après ce discours représenté, la

---

46 Cf. «קוּם», sens 2, KB.

syntaxe demanderait que la narration reprenne en disant « et Jérémie descendit... », mais c'est la première personne que présente le texte : וָאֵרֵד בֵּית הַיּוֹצֵר , « et je descendis chez[47] le potier ». Du point de vue de l'énonciation, Jérémie était représenté au verset 1 à la troisième personne et il l'est maintenant à la première ; en revanche, du point de vue syntaxique, ce verbe au *wayyiqtol* se présente en chaîne construite avec ce qui précède la citation de la parole divine (v. 2), donc en suite du verset 1. Cela interdit que le verset 3 soit le début d'un discours représenté. Il est nécessaire d'en conclure, aussi surprenant soit-il, que la narration du verset 1 se poursuit au verset 3, et qu'il s'y produit une sorte de substitution de la manière de représenter le prophète. Un effet analogue pourrait se produire si un locuteur parlait de lui-même à la troisième personne puis, au cours de son discours, passait à la première personne.

On trouve un effet symétrique au début du récit du conflit avec Hananya (chap. 28) : le verset 1 commence par une introduction typique d'une narration, ויהי + circonstance de temps avec une datation non déictique, puis mention d'une parole de Hananya adressée « à moi », אלי. Du verset 2 au verset 4 prend place le discours représenté de Hananya, entièrement constitué par un oracle dont il n'est pas immédiat de savoir s'il provient de Yhwh ou pas[48]. Mais au verset 5, la narration reprend au *wayyiqtol*, en représentant Jérémie par la troisième personne : ויאמר ירמיה, « et Jérémie dit... ». Il est bien clair, pourtant, que la mention de Jérémie à la première personne au verset 1 ne se situait pas dans un discours représenté de Jérémie, qui aurait enchâssé le discours représenté de Hananya, et qui se serait clos avec la fin du verset 4. C'est la même narration, initiée au verset 1, qui se poursuit au verset 5. Là encore il s'est produit une substitution dans la manière de représenter le personnage de Jérémie.

Les deux décalages ainsi relevés serviraient, dans une perspective diachronique, à identifier des coutures rédactionnelles. Mais en cherchant, synchroniquement, l'effet du texte final sur son lecteur, on peut remarquer qu'ils prennent sens dans la logique des épisodes concernés. Dans le récit du potier, le passage au « je » permet de rendre plus présente au lecteur l'expérience visuelle de Jérémie, au fur et à mesure qu'elle se produit. Elle est d'ailleurs introduite par

---

47 Les traductions françaises TOB et BJ traduisent fort justement בית à l'état construit par « chez », se souvenant que cette préposition française provient d'une grammaticalisation du substantif latin *casa*, « maison ». Cf. « Chez, prép. », *Le trésor de la langue française informatisé*, consulté sur http://atilf.atilf.fr/ le 16/02/2015.
48 On exprime ici le débat qui surgit dans le monde du texte, quant à l'authenticité de la mission prophétique de Hananya, sans préjuger du débat historico-critique sur l'authenticité du passage.

וְהִנֵּה : cette expression, habituellement traduite «et voici»[49], indique selon Kawashima une perception représentée. Inversement, dans le récit du conflit avec Hananya, le passage à la troisième personne produit un effet de prise de distance ; le lecteur se trouve face à deux prophètes[50] concurrents, Jérémie et Hananya ; ce dernier prononce un oracle dont le caractère contrefait n'apparaît pas immédiatement. Cela crée un suspense qui ne sera dénoué qu'à la fin de l'épisode. Quelle que soit la cause historique qui a conduit à la présence de tels décalages dans Jr, le texte dont nous disposons en fait usage comme d'un véritable procédé littéraire au service d'une intention narrative : soit rapprocher le lecteur de l'expérience intérieure de Jérémie pour la lui rendre plus tangible, soit l'en éloigner pour interroger sa compréhension et son jugement de ce qui est raconté. Notons qu'un tel glissement peut être pratiqué au cinéma : la caméra filme d'abord un personnage qui regarde quelque chose, puis en glissant fait sortir ce personnage du champ, enfin montre cette chose avec le point de vue du personnage, sans jamais que la continuité du plan soit interrompue[51].

On peut alors revenir à la situation, présentée plus haut, du rapport entre les versets 3 et 4 de Jr 1. Les deux exemples des chapitres 18 et 28 amènent à y voir un phénomène du même ordre : un glissement, au sein d'une narration dont la continuité est assurée par le *wayyiqtol* du verset 4, entre une représentation de Jérémie par la troisième personne et une représentation par la première personne. Il ne s'agit pas d'un phénomène d'enchâssement de discours représenté. L'effet littéraire obtenu sur le lecteur est celui d'une plongée par étapes dans l'expérience intérieure de Jérémie : d'abord le lecteur se représente le prophète extérieurement, en le localisant dans l'espace et dans le temps, puis il partage son expérience intérieure, lors de l'appel à être prophète. On peut remarquer un avantage théologique à ce glissement : le récit de vocation comporte la mention

---

49 Les traductions anglaises de la Bible rendent cette expression par la formule consacrée «Behold !».

50 Seule la LXX qualifie Hananya de ψευδοπροφήτης ; dans le TM les deux personnages sont נָבִיא.

51 On en trouve un exemple récent dans la première scène du film d'Alfonso Cuarón, *Gravity* (Royaume-Uni – États-Unis ; 2013). Le réalisateur explique ainsi : «When disaster strikes, and she [Sandra Bullock] starts spinning, the camera keeps on following her objectively until it locks into her and starts spinning with her. And then the camera gets closer and closer until, as you say, it goes into her POV [point of view] and switches the films's POV from third person to first person.». Bien avant Cuarón, et sans ses moyens techniques extraordinaires, Pasolini réfléchissait à une manière de construire au cinéma un équivalent du «style indirect libre». Cf. A. Cuarón, *Interview by Gavin Smith on February 27th, 2014* (consulté le 16/02/2017 sur http://www.filmcomment.com/blog/interview-alfonso-cuaron) ; P.P. Pasolini, «Le cinéma de poésie», *L'expérience hérétique* (Paris 1976) pp. 15–35.

surprenante de la main de Yhwh qui touche la bouche du prophète. Un récit subjectif, avec une représentation de Jérémie à la première personne, permet de signaler qu'il s'agit avant tout de la manière dont ce personnage a ressenti l'expérience, sans s'engager sur son objectivité. Le récit évite ainsi d'assumer objectivement cette représentation très anthropomorphique de Yhwh.

En conclusion de ce point, on peut affirmer que le phénomène, certes étrange, de décalage entre la première et la troisième personne ne vient pas remettre en cause la proposition théorique selon laquelle narration et discours sont dans Jr deux formes littéraires différentes et exclusives l'une de l'autre ; dans ces passages ne se présente pas une forme «mixte», mélange de narration et discours ; on peut au contraire toujours discerner entre ces deux formes.

2.3.4.2 Un *qatal* initial hors d'un discours enchâssé

On trouve en 24,1 un passage qui pourrait remettre en cause la distinction syntaxique proposée, à la suite des formalisations de Niccacci et Kawashima, entre narration et discours représenté. Avec ce chapitre commence en effet une séquence qui n'est pas un discours enchâssé, et qui s'ouvre pourtant par cette forme théoriquement impossible en narration, le *qatal* initial. Il s'agit du seul cas d'un *qatal* initial non enchâssé dans les parties en prose de Jr (on verra plus loin que, de ce point de vue, les oracles poétiques sont assimilables à des discours) :

(24,1) הִרְאַנִי יְהוָה וְהִנֵּה שְׁנֵי דּוּדָאֵי תְאֵנִים מוּעָדִים לִפְנֵי הֵיכַל יְהוָה

«Yhwh me fit voir, et voici deux corbeilles de figues posées[52] devant le palais de Yhwh. »

La suite de l'épisode permet heureusement d'y voir clair. En effet, la description des figues du verset 1 – dont on peine à dire si elle se situe dans une narration ou dans un discours représenté – est reprise dans les discours échangés entre Jérémie et Yhwh, et l'on peut comparer la structure syntaxique de ces deux descriptions. La première description des corbeilles de figues, après והנה («et voici»), est constituée par une série de phrases nominales ; celles du verset 2 ont

---

52 Il n'est pas ici nécessaire de prendre position sur le problème de l'analyse difficile du participe מוּעָדִים : le sens général est clairement de localisation, les corbeilles étant posées devant le Temple. Malgré l'absence d'hésitation dans la tradition manuscrite (Barthélemy ne mentionne d'ailleurs pas ce verset), ce participe *hophal* de יעד a surpris, y compris les éditeurs de la *BHS*. Il a été proposé de le remplacer par les participes *qal* ou *hophal* de עמד, ou par le participe *hophal* de ידע. Cf. D.W. Thomas, « A Note on מוּעָדִים in Jeremiah 24,1», *JThS* 3/1 (1952) p. 55.

la structure sujet + prédicat, le prédicat étant éventuellement précisé par une subordonnée comparative ou relative :

כִּתְאֵנֵי הַבַּכֻּרוֹת	תְּאֵנִים טֹבוֹת מְאֹד	הַדּוּד אֶחָד	(24,2a)
comparative	*prédicat*	*sujet*	
«comme les figues des primeurs»	«des figues très bonnes»	«une corbeille [est]»	

אֲשֶׁר לֹא־תֵאָכַלְנָה מֵרֹעַ	תְּאֵנִים רָעוֹת מְאֹד	וְהַדּוּד אֶחָד	(24,2b)
relative	*prédicat*	*sujet*	
«qu'on ne peut manger de par leur être mauvaises»	«des figues très mauvaises»	«et une [autre] corbeille [est]»	

Or dans le discours par lequel Jérémie répond à la question «que vois-tu ?», on retrouve la même structure syntaxique : des phrases nominales, se suivant soit en asyndète soit avec un ו de coordination, obéissant à la structure sujet + prédicat éventuel + complément éventuel :

תְּאֵנִים	וָאֹמַר	(24,3aβ)
	introduction narrative	
«des figues»	«et je dis : »	

טֹבוֹת מְאֹד	הַתְּאֵנִים הַטֹּבוֹת	(24,3bα)
prédicat	*sujet*	
«très bonnes»	«les bonnes figues [sont]»	

אֲשֶׁר לֹא־תֵאָכַלְנָה מֵרֹעַ	רָעוֹת מְאֹד	וְהָרָעוֹת	(24,3bβ)
relative	*prédicat*	*sujet*	
«qu'on ne peut manger de par leur être mauvaises»	«très mauvaises»	«et les mauvaises [sont]»	

Il apparaît ainsi clairement que, d'un point de vue syntaxique, ces deux descriptions de la vision de Jérémie sont interchangeables : le verset 2 pourrait être placé dans le discours représenté de Jérémie à Yhwh, de même que le verset 3b pourrait être placé dans le compte-rendu de la vision introduit par והנה. On est donc dans une situation opposée à celle de la transposition en discours représenté du récit de l'écriture des oracles par Baruch au chapitre 36 (cf. 2.3.1.2). Si donc le compte-rendu de la vision est syntaxiquement interchangeable avec le discours représenté, c'est que dès 24,1, on est dans la forme littéraire du discours représenté. Il lui manque, certes, une introduction du genre «et Jérémie dit...», qui lui offrirait un enchâssement narratif. Pourtant, la syntaxe ne laisse aucun doute : tant la présence au verset 1 d'un *qatal* initial que la possibilité de transposition entre la forme enchâssante et la forme enchâssée signalent qu'on est en présence d'un discours représenté implicite, à distinguer radicalement d'une narration en «je». Notons d'ailleurs qu'aucune datation absolue ne se trouve dans ce discours, ce qui est bien conforme aux remarques précédentes (cf. 2.3.2.2).

2.3.4.3 La poésie

On a traité jusqu'à présent des différences formelles entre narration et discours, mais uniquement dans les textes en prose. Or la poésie est abondante dans Jr, et on n'ignore pas que certains commentateurs y voient la forme originale et authentique de la prophétie jérémienne[53] ; les exégèses diachroniques montrent d'ailleurs que de nombreux discours en prose ont été dérivés d'un noyau poétique initial[54]. Dans notre approche synchronique, on doit se demander si les versets poétiques peuvent se ranger, selon des critères formels, dans la catégorie des discours représentés. Mais si reste intangible la distinction fondamentale selon laquelle «tout ce qui n'est point prose, est vers ; et tout ce qui n'est point vers, est prose»[55], comment peut-on caractériser la poésie et la distinguer de la prose ? Cette réflexion commencera par quelques remarques à partir de la mise en page spécifique de la poésie ; on en viendra à des caractéristiques générales

---

53 Ainsi les précompréhensions exprimées dans certains commentaires : «der geborene Dichter» (le poète-né), Duhm, *Das Buch Jeremia*, p. XIII ; «Taking the core of the poetic oracles as the work of the poet/prophet Jeremiah (probably the only a priori judgment used in this book) [...]» « My point is rather that a major poet, and there is little doubt that Jeremiah was indeed such a poet, does not use banal prose for the majority of his most important statements. », Carroll, *From Chaos to Covenant*, p. 9.
54 Cf. par ex. W.L. Holladay, «Prototype and Copies : A New Approach to the Poetry-Prose Problem in the Book of Jeremiah», *JBL* 79/4 (1960) pp. 351–367 ; W. McKane, «Relations Between Poetry and Prose in the Book of Jeremiah with Special Reference to Jeremiah 3,6-11 and 12,14-17», *A Prophet to the Nations*. Essays in Jeremiah Studies (éd. L.G. Perdue – B.W. Kovacs) (Winona Lake 1984) pp. 269–284 (Première publication dans *Congress Volume Vienne 1980* [éd. J.A. Emerton], VT.S 32, Leiden 1981, pp. 220–237).
55 Comme l'enseigne le Maître de Philosophie à Monsieur Jourdain. Molière, *Le Bourgeois Gentilhomme* (Paris 1671 ; Création au Château de Chambord le 14 octobre 1670) Acte II, Scène 4.

de la poésie hébraïque ; on terminera en comparant la syntaxe de deux versets de Jr, l'un identifié comme prose et l'autre comme poésie.

Nombre d'études sur la poésie biblique[56] réfléchissent à ses caractéristiques, mais en considérant déjà identifié le caractère poétique d'un texte ; c'est notamment le cas des différentes théories débattant de la structure du mètre en poésie hébraïque[57]. Avant toute réflexion, on identifie habituellement la poésie de deux manières. Premièrement, la poésie est imprimée avec une mise en page particulière : tant dans les traductions modernes que dans la *BHS*, les versets poétiques sont présentés en alinéa et le texte ne court pas jusqu'au bout de la ligne. Deuxièmement, le texte présente, à la lecture, un certain nombre de caractéristiques prosodiques, sémantiques et rythmiques.

Ces deux critères, s'ils permettent un premier repérage de la poésie, se révèlent fragiles. Une observation des reproductions photographiques du Codex de Leningrad et du Codex d'Alep montre que ces manuscrits médiévaux faisaient courir le texte sur toute la largeur disponible dans les colonnes, sans marquer de retour à la ligne. Robert Alter confirme cette observation :

> «Étant donné que les poèmes ne sont pas mis en page comme poèmes dans le texte hébreu traditionnel, de sérieux doutes peuvent survenir quant au repérage de la coupure de la ligne poétique.»[58]

On trouve chez Luis Alonso Schökel une explication de ce fait, qui l'attribue à l'interprétation du texte par les éditeurs :

> «Nos Bibles hébraïques actuelles pour l'étude et le travail impriment d'ordinaire, depuis moins d'un siècle, les vers et la prose de façon distincte. Les traducteurs suivent ce modèle. Malgré tout, il reste des textes imprimés comme de la prose qui semblent requérir une lecture rythmée propre aux vers et il y a un certain nombre de textes prophétiques que l'on pourrait lire et traduire comme des vers libres ou de la prose rythmée. [...] j'inclus dans

---

56 Depuis l'étude fondatrice de R. Lowth, *De sacra poesi hebraeorum* (Oxford 1753) jusqu'à R. Alter, *L'art de la poésie biblique* (Le livre et le rouleau 11 ; Bruxelles 2003).
57 Les approches classiques s'opposent sur la définition de la structure du mètre : d'une part le système de Ley et Sievers, pour qui le mètre se définit par un nombre régulier de syllabes accentuées ; d'autre part le système iambique de Bickell, qui s'attache à l'alternance des syllabes accentuées et non accentuées. Cf. J. Ley, *Die metrischen Formen der hebräischen Poesie, systematisch dargelegt* (Leipzig 1866) ; E. Sievers, *Metrische Studien. I. Studien zur hebräischen Metrik. 1. Untersuchungen* (Leipzig 1901) et E. Sievers, *Metrische Studien. I. Studien zur hebräischen Metrik. 2. Textproben* (Leipzig 1901) ; G. Bickell, «Die hebräische Metrik. I.», *ZDMG* 34 (1880) pp. 557–563 et G. Bickell, «Die hebräische Metrik. II.», *ZDMG* 35 (1881) pp. 415–422.
58 Alter, *op. cit.*, p. 16.

cette catégorie de vers libres un bon nombre de passage de Jérémie que d'autres impriment comme de la prose. »[59]

Considérant cette question de la mise en page de la poésie, on peut s'intéresser aux systèmes d'accentuation. On sait en effet que la Bible hébraïque en présente deux différents[60], l'un pour les livres en prose, l'autre pour les livres poétiques. Cette enquête se révèle toutefois infructueuse : les accents typiques de la prose se retrouvent même dans les oracles poétiques de Jr, tandis que les accents typiques des livres poétiques en sont absents[61].

La question du rythme va, elle aussi, se révéler insuffisante pour fournir un critère formel de distinction entre poésie et prose. Dans son article de l'*Encyclopaedia Judaica*[62] sur l'évolution de la prosodie hébraïque depuis la Bible jusqu'à l'époque contemporaine, Benjamin Hrushovski-Harshav reconnaît à la poésie biblique un certain nombre de tendances qui la spécifient, mais note que cette poésie ne suit jamais de critères formels fixes, contrairement à des manières plus récentes. Ainsi, pour les poètes hébreux postérieurs à la Bible,

« the strength of the biblical example was not merely in its sanctified status, but in the very ‹weakness› of ‹impurity› which its rhythm had from any normative or classicistic point of view : the intimate, almost inseparable relationship between the semantic, syntactic, and accentual aspects of its rhymic patterns of language. »[63]

Dans la remarque suivante, Hrushovski critique certains commentaires de la poésie hébraïque ; on ne peut la lire sans repenser à quelques pages de Duhm dans lesquelles ce dernier prétendait corriger le texte jérémien pour retrouver un rythme régulier :

« For many generations scholars have argued over the ‹secrets› of biblical prosody ; there have been attempts to correct or rewrite the text so that it might conform with pseudo-classic ideas of rhythm which require strict numbers of some kind : regularized ‹feet›, equalized hemistichs, or stanzas of recurring numbers of lines. Such attempts seem

---

59 L. Alonso Schökel, *Manuel de poétique hébraïque* (Le livre et le rouleau 41 ; Bruxelles 2013) pp. 68–69 (trad. et adaptation par M. Gilbert de *Manuel de poetica hebrea*, Madrid 1987).
60 Je remercie Jacques Trublet de m'avoir donné cette piste de recherche.
61 Est notamment typique de la prose le *zāqēp̄ parvum*, qu'on peut chercher dans BibleWorks avec la requête .*@*Zq*; est typique de la poésie le *sinnôrît*, qu'on peut chercher avec la requête .*@*Zs* .
62 B. Hrushovski-Harshav, « Prosody, Hebrew », *Encyclopaedia Judaica* 16 (éd. M. Berenbaum – F. Skolnik) (Detroit ²2007) pp. 595–623.
63 *Ibid.*, p. 598.

pointless today since no exact regularity of any kind has been found and since rhythm need not be based on strict numerical regularity.»[64]

Alonso Schökel va dans le même sens, en ouvrant à une réflexion sur la nature de la poésie :

> «Comme on ne peut distinguer adéquatement entre un vocabulaire de prose et un vocabulaire poétique, on ne peut pas non plus distinguer des procédés exclusivement poétiques. La poésie renforce et concentre les ressources du langage et élargit ses possibilités ; les procédés de la poésie passent ensuite à la prose artistique et peuvent tomber dans le langage ordinaire. Grâce à ce mouvement alterné, de montée et de descente, la vie d'une langue et d'une littérature se maintient en tension. Le purisme a coutume d'être un symptôme de décadence. Il faut parler plutôt de fréquence, de prédominance, de densité, d'intensité.»[65]

Il ne retient comme critère d'identification qu'une dimension fort subjective :

> «Le rythme poétique est toujours une question de son et d'oreille. [...] Cela s'entend ou ne s'entend pas.»[66]

Même si la distinction entre prose et poésie est fragile, reste que le lecteur d'aujourd'hui découvre, à première lecture, des passages identifiés par les éditeurs comme appartenant à l'un ou l'autre style. Or on trouve en 21,11-14 et 22,1-5 deux passages, l'un présenté comme prose et l'autre comme poésie, qui vont pouvoir prendre place dans la distinction précédemment établie entre discours et narration. Ils sont tous les deux destinés à la «maison du roi de Juda», et on y retrouve deux phrases quasiment identiques :

> בֵּית דָּוִד כֹּה אָמַר יְהוָה דִּינוּ לַבֹּקֶר דִּינוּ לַבֹּקֶר מִשְׁפָּט וְהַצִּילוּ גָזוּל מִיַּד עוֹשֵׁק
> (21,12a)

> «Maison de David, ainsi parle Yhwh : jugez le matin le jugement, et délivrez l'exploité de la main de l'opprimant !»

> כֹּה אָמַר יְהוָה עֲשׂוּ מִשְׁפָּט וּצְדָקָה וְהַצִּילוּ גָזוּל מִיַּד עָשׁוֹק
> (22,3a)

> «Ainsi parle Yhwh : faites jugement et justice, et délivrez l'exploité de la main de l'oppresseur !»

---

64 *Ibid.*, p. 599.
65 Alonso Schökel, *op. cit.*, p. 36.
66 *Ibid.*, p. 58.

Entre ces deux versets, la différence entre עוֹשֵׁק («l'opprimant»), le participe *qal*, et עָשׁוֹק («l'oppresseur»), le substantif dérivé de la même racine, paraît négligeable ; dans le texte consonantique, elle ne repose que sur une métathèse du ו et du שׁ. On retrouve donc dans ces deux versets la même expression : וְהַצִּילוּ גָזוּל מִיַּד עוֹשֵׁק, «et délivrez l'exploité de la main de l'oppresseur». Après la formule כה אמר יהוה, la syntaxe est exactement la même : une proposition commençant par un verbe à l'impératif, puis une deuxième proposition commençant par un verbe à l'impératif préfixé d'un ו. On est donc en présence d'une phrase en prose et d'une phrase en vers qui sont interchangeables du point de vue syntaxique, si l'on accepte de négliger d'éventuelles questions de métrique et de phonétique qui pourraient en pratique rendre cette substitution délicate. Cet exemple établit ainsi qu'une phrase en poésie peut être placée, sans subir de transformation syntaxique, dans un discours représenté enchâssé en prose. Sur ce cas particulier, la différence entre poésie et prose apparaît n'être pas une différence syntaxique radicale ; il s'agit plutôt d'une différence de degré : la poésie utilise davantage de métaphores que la prose, elle veille davantage à la métrique, elle recourt davantage à l'asyndète, elle abonde en parallélismes... Dans la partition précédemment établie entre narration et discours représenté, la poésie peut donc se ranger sous la catégorie du discours représenté, même si elle n'apparaît jamais enchâssée dans une forme narrative.

2.3.5 Synthèse

Le point de départ de ce chapitre se trouvait dans la découverte, grâce aux études postérieures à la synthèse classique de la théorie narrative, des théories poétiques de la narration. Leur fondement provenait d'une étude ancrée dans la syntaxe du récit et dans l'effet des phrases sur l'imagination du lecteur, qui se représente des actions et des discours ; la nouveauté de ces théories était la possibilité de comprendre une représentation d'actions sans qu'elle soit associée à une conscience réflexive, ainsi que la possibilité théorique d'avoir des paroles et pensées représentées (selon l'expression de Banfield pour un certain type de style indirect libre). L'hypothèse classique d'un narrateur dont la «voix» serait l'instance organisatrice du récit cessait d'être nécessaire. En supposant que ces théories pouvaient être pertinentes pour lire Jr, et en ayant remarqué leur affinité avec la possibilité de lire narrativement un texte à l'histoire rédactionnelle longue, on a pu trouver un certain nombre d'exemples qui confirmaient l'option choisie. On a parcouru un certain nombre de passages qui donnaient l'impression d'être des contre-exemples, mais qu'on pouvait faire entrer dans la théorie retenue.

Il devient alors clair que Jr présente deux types de phrases, que l'on peut distinguer par des observations formelles : la narration et le discours. On a vu l'intérêt, pour étudier ces formes, de les aborder en considérant leurs différences plutôt que leurs caractéristiques intrinsèques indépendamment l'une de l'autre. Ces deux types sont vraiment différents, ce qui interdit de considérer la narration comme discours d'un narrateur, même lorsque le personnage de Jérémie s'y trouve représenté par la première personne du singulier. Des critères formels, touchant au choix des formes verbales et à la référence au moment de l'interlocution, permettent de les distinguer. De plus, une seule articulation est possible entre ces formes : la narration peut enchâsser le discours, mais pas l'inverse. Ce phénomène d'enchâssement laisse pressentir qu'il pourrait être possible de considérer l'ensemble de Jr comme un grand récit, courant du premier jusqu'au dernier chapitre ; c'est ce qui justifiait d'approfondir ce dossier assez technique. Avant de poursuivre vers une considération de la forme d'ensemble de Jr, on va d'abord résumer les résultats obtenus.

Sur le tableau suivant, on résume les caractéristiques des deux formes que sont la narration et le discours :

	Narration dans Jr	*Discours dans Jr (prose ou poésie)*
Volitifs	Non attestés	Typiques
***Qatal* initial**	Non attesté	Typique
***Wayyiqtol* initial**	Typique	Non attesté
***Wayyiqtol* en chaîne construite**	Typique	Rare et gardant un lien avec le présent *(narrative discourse)*
Personnes	3ᵉ personne est typique, 1ᵉ personne est possible	2ᵉ personne (tu/vous) est typique 1ᵉ et 3ᵉ sont possibles
Datations absolues	Typiques	Exceptionnelles (toujours associées à une datation déictique)
Datation déictique, mention de l'avenir	Non attestée	Typique
ו) עתה	Non attesté	Typique
Enchâssable dans une narration	Non attesté	Oui

Quant à la représentation du personnage de Jérémie, on a montré, en fonction des différentes formes narratives, trois manières différentes de le représenter. La première est le discours à la première personne. C'est la seule situation où l'on peut proprement parler de narrateur. Cette représentation du prophète peut exister soit face à d'autres personnages eux aussi représentés (soit hors du discours, dans une forme qui enchâsse ce discours, soit dans ce discours, par l'emploi des pronoms «tu» et «vous» ou par des noms propres), soit de manière implicite sans présence explicite d'autres personnages (c'est le cas en 24,1-2). Dans cette situation, le lecteur se représente le personnage de Jérémie parlant ; c'est par la représentation dans son imagination de la parole du personnage que le lecteur reçoit le message. Une situation analogue est possible au théâtre : l'acteur parle, que ce soit à d'autres personnages présents sur scène ou à la cantonade.

La deuxième manière est la narration à la troisième personne. Par son imagination, le lecteur se représente visuellement les actions de Jérémie. Cela correspondrait, au théâtre, à un acteur qui agit, se déplace, entre ou sort de scène, éventuellement sans prononcer un mot.

Mais il existe une troisième situation qui, elle, n'a pas de parallèle au théâtre : la narration à la première personne, que la syntaxe interdit de confondre avec un discours à la première personne. Pour la littérature moderne, cette forme a été bien décrite par Banfield[67]. L'effet sur le lecteur doit en être noté : il se représente certes les actions de Jérémie, mais pas de manière extérieure. Il a en quelque sorte l'impression de vivre lui-même ce que le personnage expérimente : il voit, il entend, il est présent à l'action sans rien savoir de ce qui surviendra ensuite. Cette entrée du lecteur dans l'expérience personnelle du personnage, absolument impossible dans une communication orale, n'est pas si étonnante que cela : selon Iser et sa perspective phénoménologique sur la lecture, elle est en effet typique des possibilités de l'acte de lecture :

> «dans la représentation [qui a lieu lors de la lecture], la division entre sujet et objet, qui accompagne toute observation et toute perception, disparaît pour se faire ressentir d'autant plus intensément lors du réveil à la vie quotidienne [après la lecture].»[68]

---

67 Banfield résume ainsi les résultats de son analyse : «Les faits syntaxiques nous ont permis de confirmer l'existence de la catégorie du récit, stylistiquement différente de celle du discours, et en même temps de réfuter le point de vue selon lequel le récit ne pourrait pas contenir de première personne.», Banfield, *Phrases sans parole*, p. 259.
68 Iser, *L'acte de lecture*, p. 254.

Disposant désormais d'une théorie narrative adéquate à l'analyse de Jr, il est bon de préciser le vocabulaire qu'on emploiera dans l'analyse :
- On appelle *récit* le texte objectif que parcourent les yeux du lecteur.
- Ce récit se compose de deux types de phrases : des phrases de *narration*, typiquement au *wayyiqtol*, et des *discours représentés*, représentations de paroles.
- Par l'imagination, le lecteur se représente des personnages agissant et parlant ; on appelle *histoire* leur situation et l'enchaînement de leurs actions.
- Plusieurs récits pourraient correspondre à la même histoire ; on appelle *manière de raconter* ce qui caractérise tel récit par rapport à tel autre.

La dénomination de ces catégories a été choisie pour rendre leur emploi suffisamment intuitif, en s'appuyant sur le sens familier de ces termes. On doit toutefois préciser comment elles se situent par rapport à celles d'autres auteurs, afin d'éviter tout risque de confusion. Malgré des termes identiques, on ne reprend pas la tripartition de Genette entre narration, récit et histoire, qui ne prend pas en compte la distinction entre communication orale et expérience de lecture d'un écrit :

> «Je propose [...] de nommer *histoire* le signifié ou contenu narratif (même si ce contenu se trouve être, en l'occurrence, d'une faible intensité dramatique ou teneur événementielle), *récit* proprement dit le signifiant, énoncé, discours ou texte narratif lui-même, et *narration* l'acte narratif producteur et, par extension, l'ensemble de la situation réelle ou fictive dans laquelle il prend place.»[69]

On est en revanche plus proche de la bipartition de Tomachevski : en opposant *récit* et *histoire*, on en revient à ce qu'il définissait comme *sujet* et *fable*. On a toutefois préféré ne pas utiliser les termes de cet auteur qui, bien que définis précisément, sont employés de manière opposée à leur usage commun en français[70].

> «On appelle fable l'ensemble des événements liés entre eux qui nous sont communiqués au cours de l'œuvre. La fable pourrait être exposée d'une manière pragmatique, suivant

---

[69] G. Genette, «Discours du récit. Essai de méthode», *Figures III* (Poétique ; Paris 1972) pp. 65 – 282, p. 72.

[70] Celui qui ne connaît pas le langage de Tomachevski pourrait ainsi penser que le *sujet* de la *fable* «le corbeau et le renard», c'est un renard qui obtient un fromage en flattant un corbeau. Alors que pour Tomachevski, le renard qui obtient un fromage, c'est la *fable* ; le texte de Jean de La Fontaine intitulé «le corbeau et le renard», c'est le *sujet*.

l'ordre naturel, à savoir l'ordre chronologique et causal des événements, indépendamment de la manière dont ils sont disposés et introduits dans l'œuvre. La fable s'oppose au sujet qui est bien constitué par les mêmes événements, mais il respecte leur ordre d'apparition dans l'œuvre et la suite des informations qui nous les désignent. »[71]

Il ajoute en note :

« Bref, la fable, c'est ce qui s'est effectivement passé ; le sujet c'est comment le lecteur en a pris connaissance. »[72]

Dans le cas, habituel dans Jr, où les phrases que nous appelons *narration* ne représentent ni un discours indirect ni l'expression indirecte du point de vue d'un personnage, elles correspondent à ce que Banfield appelle en anglais « sentences of narration *per se* »[73].

2.4 Jr, un récit global ?

À ce point de la recherche, il est devenu clair qu'on trouve dans Jr des récits, composés de narrations et de discours représentés. Mais cela ne dit encore rien sur la forme de l'ensemble du livre. Une approche mixte entre exégèses diachronique et synchronique pourrait considérer que Jr est le produit de l'association de différents matériaux, parmi lesquels des récits ; mais une telle position ne dirait rien sur la forme finale résultant de ce long processus. Puisque cette recherche veut faire l'option d'une lecture strictement synchronique de Jr, qui décrive l'expérience d'un lecteur qui parcourt le livre du début à la fin, on doit immédiatement remarquer une difficulté d'ordre épistémologique : l'argumentation ne pourra éviter d'être circulaire. On s'intéresse d'une part à l'effet d'un texte délimité sur son lecteur implicite, mais ce lecteur est défini comme celui qui lit le texte déjà délimité. Pour le dire autrement, on cherche d'une part

---

71 B. Tomachevski, «Thématique», *Théorie de la littérature*. Textes des formalistes russes (Tel Quel ; Paris 1965) pp. 263–307 (éd. et trad. par T. Todorov de Boris Viktorovitch Tomashevskij, *Teorija literatury [Poetika]*, Leningrad 1925, 132–165) p. 268. Todorov a traduit par *fable* et *sujet* les termes russes фабула (*fabula* en transcription) et сюжет (*sioujet*). Il semble que le terme фабула ne soit pas d'usage commun en russe ; il s'agit probablement d'une transcription par Tomachevski du latin *fabula*. (Je remercie Assia Benoit-Boutaeva pour cette information.)
72 *Id.*
73 Cf. A. Banfield, *Unspeakable Sentences*. Narration and Representation in the Language of Fiction (Boston 1982) p. 17. La traduction française parle de «phrase du récit proprement dit» ou «phrase du récit en tant que telle». Cf. A. Banfield, *Phrases sans parole*. Théorie du récit et du style indirect libre (trad. C. Veken ; Paris 1995) pp. 45 et 376.

à lire le texte de Jr «tel qu'il veut être lu», donc d'une manière extérieure et préalable à la lecture, tout en reconnaissant d'autre part que le seul lieu possible pour penser cette intention de signification se trouve dans l'acte de lecture même. On argumentera donc en tenant compte de cette difficulté. Pour cela, seront d'abord présentées des objections à la possibilité de lire Jr comme récit global. On y répondra par quelques leçons tirées de la diversité des formes narratives contemporaines. On en viendra à une réflexion sur le caractère narratif de Jr 1, tant pour pratiquer quelques arguments à l'échelle de ce chapitre inaugural avant de les généraliser, que pour considérer cette expérience fondatrice du lecteur avant qu'il ne s'aventure dans les chapitres suivants. Enfin, on détaillera l'hypothèse d'une lecture de Jr comme récit global ; la situation épistémologique circulaire qui a été détaillée ci-dessus ne permettra pas de démontrer la validité de cette hypothèse. Mais on montrera comment elle permet de découvrir des effets narratifs à l'échelle de Jr, ce qui confirme au moins son caractère fécond et raisonnable.

2.4.1 Objections contre un récit global

Les objections à la possibilité de considérer Jr comme récit global sont nombreuses ; on va les présenter, non pour les réfuter directement mais pour préciser peu à peu le type de récit que constitue Jr. Ainsi, on aura à affronter une absence d'études narratives sur l'ensemble de Jr, des chapitres où la narration est minimaliste, un mode narratif non unifié tout au long du livre, des contradictions entre ce qui est annoncé et ce qui se réalise, une difficulté à définir l'intrigue, et enfin des perturbations chronologiques.

On sait, premièrement, qu'a déjà été montré l'intérêt d'une étude synchronique pour une partie de Jr, mais jamais encore pour l'ensemble : Osuji a travaillé les chapitres 26 – 29, Abrego 36 – 45, et Di Pede 32 – 45. Cela pourrait être le signe que, si certaines parties de Jr se prêtent naturellement à ce genre d'analyse, ce n'est pas le cas du livre considéré dans son ensemble.

La deuxième objection provient de la forme de nombreux chapitres regroupant des oracles. On a distingué précédemment la forme de la narration, opposée à celle du discours. Or on trouve fréquemment des chapitres regroupant des oracles sans les associer à une forme narrative. Ailleurs, on trouve certes une très brève introduction narrative, comme «et Yhwh me dit», sans rien d'autre, ce qui donne l'impression d'une narration minimaliste et subordonnée au discours représenté de l'oracle. D'autres passages font davantage penser à une pièce de théâtre qu'à un récit déployant toutes ses potentialités d'effets : la narration ne fait que passer la parole aux personnages qui dialoguent, mais ne représente pas directement de circonstances ou d'actions.

Troisièmement, les parties narratives ne partagent pas toutes les mêmes caractéristiques formelles et ne font pas usage des mêmes procédés littéraires. Le mode de représentation du prophète n'est ainsi pas constant, alternant entre «je» et «il», avec même parfois des glissements entre ces deux modes (cf. 2.3.4.1). Les formules de datation sont parfois présentes, mais pas toujours. Certaines parties n'ont que deux personnages, Yhwh et Jérémie, alors que d'autres en présentent un grand nombre.

Quatrièmement, certains oracles semblent se contredire entre eux ; la suite des événements racontés prend parfois un tournant différent de ce qu'ils annonçaient. C'est assez clair pour le sort de Sédécias : le premier oracle qui lui est destiné annonce que le roi de Babylone le passera au fil de l'épée (21,7) ; deux oracles annoncent qu'ils se verront «les yeux dans les yeux» (32,4 et 34,3) ; il lui est promis de mourir «paisiblement» (34,5)... Mais la suite du récit montrera Nabuchodonosor capturant Sédécias, lui crevant les yeux, et le déportant enchaîné à Babylone. Comment alors accorder l'idée d'une cohérence narrative de l'ensemble avec l'affirmation d'une vérité des oracles de Yhwh [74] ? Il ne sera pas possible, quelle que soit la solution trouvée, de tenir un schéma narratif trop simple dans lequel le récit montrerait l'accomplissement littéral des oracles.

Cinquièmement, l'analyse narrative associe habituellement à la catégorie de récit celle d'intrigue. Si l'on suit par exemple la définition proposée par Raphaël Baroni, c'est l'intrigue qui permet de

> «distinguer les récits des autres formes de textualisation de l'action, notamment de la chronique, de la recette ou de la relation.»[75]

Or l'intrigue est liée à la représentation des actions : elle

> «repose sur la présence d'une *tension* interne qui doit être créée dès le début du récit, entretenue pendant son développement et qui doit trouver sa solution dans le dénouement.»[76]

Dans le cas de Jr, la difficulté apparaît immédiatement : si le premier chapitre comprend des représentations d'actions, les chapitres qui suivent ne comportent que des discours ; on ne retrouve une représentation d'actions qu'à la fin du

---

74 À la fin de l'étude du personnage de Sédécias, on conclura (cf. 7.12) que Jr présente trois perspectives inconciliables sur ce roi.

75 R. Baroni, *La tension narrative. Suspense, curiosité et surprise* (Poétique ; Paris 2007) p. 52.

76 R. Bourneuf – R. Ouellet, *L'univers du roman*, Paris, 1972, p. 43, cité par Baroni, *op. cit.*, p. 41.

chapitre 19[77]. Comment alors penser une intrigue qui, amorcée en Jr 1, parviendrait à enjamber sans s'essouffler ces dix-huit chapitres privés d'action[78] ?

La sixième objection pose la plus grande difficulté : il s'agit de la chronologie. On va en repérer quelques caractéristiques puis commenter la difficulté narrative ainsi créée. On observe aisément un premier fait : si certains récits de Jr sont datés, parfois très précisément[79], d'autres ne présentent aucune datation ; ils commencent parfois par une indication temporelle imprécise, qui ne permet pas de les ordonner avec certitude[80]. On remarque aussi que les épisodes datés ne se trouvent pas dans Jr dans l'ordre chronologique : par exemple, les chapitres 25 – 26 et 35 – 36 sont datés du règne de Yoyaqim, mais leur emplacement dans le livre vient interrompre le récit d'événements situés sous le règne de Sédécias (chap. 21 – 39). Si certains commentateurs classiques ont essayé de remettre en ordre l'ensemble du livre, Di Pede a montré la fécondité d'une approche synchronique qui cherche le sens de cette manière de faire :

> «D'un point de vue narratif, l'étape de la remise en ordre de la *fabula* – travail que le lecteur fait toujours, même inconsciemment – est utile sans aucun doute, car elle permet au lecteur d'avoir une idée claire du déroulement des événements.»[81]

> «Pour comprendre ce texte déroutant, le lecteur doit, certes, arriver à se représenter l'ordre chronologique des événements [...]. Mais ce n'est pas le tout de la démarche à accomplir. La question qui importe, en effet, est de savoir pourquoi les événements s'enchaînent de cette manière et pas autrement.»[82]

Ce rapport de Jr avec la chronologie se complexifie encore lorsqu'on remarque le fait suivant : devant certains passages doubles, on hésite à dire s'ils racontent deux histoires différentes ou s'ils sont deux récits différents de la même histoire.

---

77 «Et Jérémie revint du Tafeth...» 19,14. On pourrait peut-être considérer le compte-rendu de la visite du prophète au potier (18,3-4) comme événement ; mais ce qui est rapporté décrit une pratique professionnelle récurrente plutôt qu'une action unique. De plus, ces deux versets sont introduits par והנה («et voici»), marque d'une perception représentée plutôt que du récit objectif d'une action.

78 Une solution à cette difficulté pourrait être d'introduire la catégorie d' «intrigue thématique» en complément de l'intrigue «événementielle». Cf. Di Pede, *Au-delà*, pp. 239 – 240.

79 «La onzième année de Sédécias, au quatrième mois, le neuf du mois» 39,2.

80 Ainsi, l'oracle à Eved-Mélek est daté du temps où Jérémie était «enfermé dans la cour de garde» (39,15). Cela se situe-t-il chronologiquement avant ou après la libération du prophète de la citerne (chap. 38) ? On aura l'occasion d'y revenir, cf. 4.3.

81 Di Pede, *Au-delà*, p. 333.

82 *Ibid.*, p. 155.

La question se pose à propos de 39,11-14 et 40,1-6 : est-ce que Nebouzaradân a confié Jérémie à Guedalias deux fois ou une seule ? Elena Di Pede écrivait ainsi :

> «Mais peut-on affirmer narrativement qu'il y ait eu deux libérations du prophète ? Ou est-ce alors une seule et même libération qui est racontée deux fois pour faire crochet entre les deux parties ?»[83]

Callaway a alors bien décrit l'expérience du lecteur, qui ne peut que se perdre dans une reconstitution historique sapée (*undermined*) par le texte :

> «Both its detail-rich texture [of the narrative] and its overtly linear structure [...] encourage a historical reading ; at the same time, however, the repetitions and contradictions in chronology frustrate such a reading. The narrative sets the reader up for a historical account while at the same time undermining such a reading.»[84]

Cette situation est donc bien plus difficile à évaluer que le cas, fréquent dans la littérature ou au cinéma, où le récit s'écarte de l'ordre chronologique au moyen d'analepses et de prolepses. Elle s'écarte aussi des cas étudiés par Sternberg, pour lequel même dans des récits bibliques à l'agencement narratif ambigu, le monde du récit est toujours régi par une temporalité linéaire[85]. On pourrait alors qualifier la situation de Jr de «déchronologisation» : les éléments chronologiques y abondent, mais on échoue à reconstituer avec certitude une histoire cohérente à partir du récit[86]. On a là une grave difficulté narrative qui pourrait

---

83 *Ibid.*, p. 134.

84 M.C. Callaway, « Black Fire on White Fire : Historical Context and Literary Subtext in Jeremiah 37–38 », *Troubling Jeremiah* (éd. A.R.P. Diamond – K.M. O'Connor – L. Stulman) (JSOT.S 260 ; Sheffield 1999) pp. 171–178, pp. 173–174.

85 Sternberg affirme que les événements d'un récit biblique peuvent toujours être organisés sur une ligne temporelle, aussi problématique soit-elle, sans quoi «la narrativité elle-même disparaît». Sa réflexion n'aborde toutefois pas Jr, et repose sur l'hypothèse que le «monde des personnages» fonctionne suivant une temporalité identique à celle de «tout monde historique ou de vraisemblance historique». Des récits parallèles et incompatibles ne sont pour lui envisageables que selon une perspective «génétique» (diachronique), mais pas en perspective «poétique» (synchronique). Cf. M. Sternberg, *La Grande Chronologie. Temps et espace dans le récit biblique de l'histoire* (Le livre et le rouleau 32 ; Bruxelles 2008) (trad. de «Time and Space in Biblical [Hi]story Telling : The Grand Chronology», *The Book and the Text : The Bible and Literary Theory* [éd. R. Schwartz], Oxford 1990, pp. 81–145) pp. 6, 88 et 100.

86 La possibilité d'une telle difficulté était bien perçue par Genette dans sa conceptualisation des anachronies du récit. Rappelons qu'il a défini la prolepse comme «toute manœuvre narrative consistant à raconter ou évoquer d'avance un événement ultérieur» et l'analepse comme «toute évocation après coup d'un événement antérieur au point de l'histoire où l'on se trouve». Mais s'il reconnaît la nécessité d'une reconstitution chronologique dans le «récit classique»,

empêcher de considérer Jr comme récit global. En effet, un récit est habituellement compris comme étant le genre littéraire dans lequel est représentée une
succession d'événements, cette succession étant régie par une causalité. En cela,
le récit se distingue des annales qui se contentent d'enregistrer jour après jour
des faits sans penser la logique de leur enchaînement. C'est la présence d'une
causalité dans un récit qui permet de jouer avec l'intérêt du lecteur au moyen de
l'intrigue. Or si le livre est à ce point déchronologisé[87], on risque de ne pas
pouvoir mettre au jour une causalité qui explique les événements racontés.

2.4.2 La diversité des formes narratives contemporaines

Une manière de répondre à cette série d'objections est de parcourir quelques
œuvres narratives contemporaines, pour percevoir la complexité de ce que re-
couvre la catégorie de récit. On découvrira qu'elles aussi présentent des difficultés d'ordre narratif. Il serait pourtant aberrant d'invoquer un argument de
type diachronique pour voir dans ces difficultés des traces de coutures rédactionnelles : il ne fait aucun doute que ces œuvres sont le fruit de la volonté d'un
auteur, qu'elles ont été composées sur une durée courte, et qu'elles ont été
reçues comme telles par un public assez large.

Bien sûr, chacun croit savoir ce qu'est un récit ; et, affirmant cela, on se
réfère moins aux œuvres difficiles et exigeantes que l'on peut lire à l'âge adulte,
qu'au souvenir des lectures d'enfance : un livre qui nous plonge dans une histoire passionnante, avec un début, un milieu, une fin. Mais si l'on abandonne
ces souvenirs pour considérer les formes narratives contemporaines, on s'aper-
çoit que ces récits s'écartent très fortement de cet idéal, notamment quant à la
représentation de la temporalité. Peut-être s'agit-il, d'ailleurs, d'une manière de
recevoir le bouleversement dans la représentation de l'univers introduit au XXe
siècle par la théorie de la relativité d'Einstein : bien que cela contredise absolument notre expérience quotidienne et notre intuition, le physicien a montré
que la simultanéité de deux événements n'est pas identique dans tous les
référentiels. Un observateur peut voir deux événements se produire simultanément, alors qu'un autre observateur en mouvement par rapport à celui-ci les

---

lequel n'intervertit « jamais l'ordre des événements sans le dire », il évoque d'autres types pour
lesquels cette reconstitution est « impossible » voire « oiseuse ». La cause en est que le temps du
récit n'est qu'un « pseudo-temps » qui emprunte sa temporalité « métonymiquement » au temps
de la lecture. Cf Genette, « Discours du récit », pp. 78, 79 et 82.
87 Dans le même sens, Rosenberg qualifie le sens de la chronologie de Jr de « tortueux jusqu'au
baroque ». Cf. Rosenberg, « Jérémie et Ézéchiel », p. 236.

verra se produire avec un écart temporel. Des vitesses proches de celle de la lumière sont nécessaires pour que cet écart soit significatif. Notre impression que le temps définit des simultanéités uniformes dans tout l'univers et pour tous les référentiels est donc une illusion, dont la remise en cause est tout autant choquante que le fut la découverte de l'héliocentrisme pour des hommes habitués à voir le soleil tourner autour de la terre. Un tel bouleversement métaphysique pourrait-il être sans conséquence sur la manière dont les récits mettent en œuvre une temporalité et une chronologie ?

Dans son théâtre, Bertolt Brecht a employé divers procédés destinés à rendre la représentation théâtrale « étrange » au spectateur. C'est ce qu'il nomme le *Verfremdungseffekt*, habituellement traduit « effet de distanciation » – même si cette traduction fait perdre la nuance d' « étrangeté » du vocable *fremd*. Dans la pièce *La Mère*[88], cet effet touche notamment à la temporalité. Dans le dernier tableau de cette pièce, des acteurs sont présents et disent leurs répliques ; pourtant ce sont deux moments différents de l'histoire qui sont représentés : une manifestation ouvrière, et un discours ultérieur sur cette manifestation. Dans l'extrait qui suit, il importe de remarquer les jeux de temporalité dans la conjugaison des verbes, construisant un phénomène de discours représenté entre la Domestique et la Mère, pourtant toutes les deux présentes physiquement sur scène :

> « UNE RUE
> *En tête d'une manifestation, la mère porte le drapeau rouge. A son côté marche la domestique.*
> [...]
> LA DOMESTIQUE. – Notre drapeau, c'est une femme de soixante ans qui le portait. Nous lui disions : ‹N'est-il pas trop lourd pour toi ? Donne-le nous.›. Mais elle répondait :
> LA MÈRE. – Non. Quand je serai fatiguée, je te le donnerai, et tu le porteras.
> PREMIER OUVRIER. – Et c'est ainsi qu'elle a marché avec nous, du matin au soir, infatigablement. »[89]

Brecht n'a pas que pratiqué ce genre d'effets, il les a aussi théorisés. Ainsi,

> « Le mode de jeu qui, entre la Première et la Deuxième guerre mondiale, a été mis à l'épreuve au Schiffbauerdamm-Theater de Berlin pour fabriquer de telles reproductions, repose sur *l'effet de distanciation*. Une reproduction qui distancie est une reproduction qui, certes, fait reconnaître l'objet, mais qui le fait en même temps paraître étranger. *(Eine*

---

88 B. Brecht, *La Mère* (Adaptation de Pierre Abraham). *Théâtre complet* III (Paris 1955) (pièce créée à Berlin en 1932).
89 *Ibid.*, pp. 204–205.

verfremdende Abbildulng ist eine solche, die den Gegenstand zwar erkennen, ihn aber doch zugleich fremd erscheinen läßt.)»[90]

Or un tel effet de distanciation se retrouve dans l'analyse d'autres œuvres, que ce soit explicitement ou non. Dans son voyage au Japon, Roland Barthes a découvert avec émerveillement tant une langue, apte à manifester le caractère fictionnel des récits de fiction, qu'une forme théâtrale traditionnelle, qui réalise l'idéal brechtien de distanciation :

> «La parole étant, non pas purifiée (le *Bunraku* n'a aucun souci d'ascèse), mais, si l'on peut dire, massée sur le côté du jeu, les substances empoissantes du théâtre occidental sont dissoutes : l'émotion n'inonde plus, ne submerge plus, elle devient lecture, les stéréotypes disparaissent sans que, pour autant, le spectacle verse dans l'originalité, la ‹trouvaille›. Tout cela rejoint, bien sûr, l'effet de distance recommandé par Brecht. Cette distance, réputée chez nous impossible, inutile ou dérisoire, et abandonnée avec empressement, bien que Brecht l'ait très précisément située au centre de la dramaturgie révolutionnaire (et ceci explique sans doute cela), cette distance, le *Bunraku* fait comprendre comment elle peut fonctionner : par le discontinu des codes, par cette césure imposée aux différents traits de la représentation, en sorte que la copie élaborée sur la scène soit, non point détruite, mais comme brisée, striée, soustraite à la contagion métonymique de la voix et du geste, de l'âme et du corps, qui englue notre comédien.»[91]

Le langage du cinéma est souvent utilisé dans les introductions à la théorie narrative biblique, par exemple quand Alter explique les «scènes-types» à partir des westerns[92]. Mais cet art nous offre aussi des constructions narratives originales. Aux cinéastes déjà citées plus haut[93], on peut ajouter Alain Robbe-Grillet. Il a commenté la difficulté des spectateurs à regarder ses films *L'immortelle*[94] et *L'année dernière à Marienbad*[95] ; les raisons qu'il propose ne sont pas éloignées de notre difficulté à considérer Jr comme un récit global. Il écrit ainsi à propos de *L'immortelle*, dans un langage qui ne craint pas d'être provocateur :

---

90 B. Brecht, *Petit organon pour le théâtre* (Paris ¹1963, ⁴2013) (trad. par J. Tailleur de *Kleines Organon für das Theater*, 1949) §42, p. 40.

91 R. Barthes, *L'empire des signes* (Les sentiers de la création ; Genève ¹1970 ²1993) pp. 74–75.

92 Cf. le début du chapitre 3, «Biblical Type-Scenes and the Uses of Convention», dans R. Alter, *The Art of Biblical Narrative* (New York 1981).

93 Cf. *supra* p. 160 n. 51.

94 *L'immortelle*, film réalisé par A. Robbe-Grillet sur un scénario d'A. Robbe-Grillet (France – Italie – Turquie 1963).

95 *L'année dernière à Marienbad*, film réalisé par A. Resnais sur un scénario d'A. Robbe-Grillet (France – Italie – RFA – Autriche 1961).

«Ce qui déroute les spectateurs épris de ‹réalisme›, c'est que l'on n'essaie plus ici de leur faire croire à rien – je dirai presque : au contraire... [...] [L'œuvre] ne cherche plus à cacher son caractère nécessairement mensonger, en se présentant comme une ‹histoire vécue›. [...] Si bien que nous retrouvons là, dans l'écriture cinématographique, une fonction voisine de celle assumée par la description en littérature : l'image ainsi traitée (quant aux acteurs, au décor, au montage, dans ses rapports avec le son, etc.) empêche de croire en même temps qu'elle affirme, comme la description empêchait de voir ce qu'elle montrait.»[96]

L'expression «empêche[r] de croire en même temps qu'elle affirme» correspond précisément à la conception brechtienne de la distanciation. Quant à l'histoire de *Marienbad*, elle ne serait déroutante que pour le spectateur encombré de questions inadéquates :

«Les questions que l'on se posait le plus volontiers étaient : [...] La jeune femme se souvient-elle et fait-elle seulement semblant de ne pas reconnaître le bel étranger ? [...] Ces questions n'ont aucun sens. [...] Cet homme, cette femme commencent à exister seulement lorsqu'ils apparaissent sur l'écran pour la première fois ; auparavant ils ne sont rien ; et, une fois la projection terminée, ils ne sont plus rien de nouveau. Leur existence ne dure que ce que dure le film. [...] Il vaudrait mieux admettre une solution d'un autre ordre : de même que le seul temps qui importe est celui du film, le seul ‹personnage› important est le spectateur ; c'est *dans sa tête* que se déroule toute l'histoire, qui est exactement *imaginée* par lui.»[97]

On doit remarquer que Robbe-Grillet ne revendique pas d'être un auteur en rupture, mais le continuateur de ses prédécesseurs du début du XXᵉ siècle, qui ont transformé profondément les formes narratives du siècle précédent. Il en résulte une opposition forte avec la forme narrative classique, qu'il identifie aux romans de Balzac et Flaubert :

«Dans le domaine qui nous intéresse ici, celui du récit (qu'il soit romanesque ou ciné-matographique), le seul discours narratif officiellement reconnu est encore aujourd'hui celui qui fit la grandeur des lettres françaises dans la première moitié du XIXᵉ siècle. Continu, unilinéaire, objectif, ce discours est engendré par une force organisatrice : la chronologie. Il est garanti par une valeur : la vérité. Le récit, sous son empire, est définitif comme un jugement. [...] Les sociologues ont identifié de bonne heure cet ordre narratif à

---

96 A. Robbet-Grillet, «Temps et description dans le récit d'aujourd'hui. 1963», *Pour un nouveau roman* (Paris 1963) pp. 123–134, pp. 129 et 130. N.B. : dans ce recueil, le lieu de première publication des différents articles n'est pas indiqué.
97 *Ibid.*, pp. 131 et 132. On doit remarquer que cette explication ne porte pas seulement sur la fabrication du film (en effet, les acteurs n'ont joué que les scènes filmées), mais sur la manière dont le «spectateur implicite» doit le regarder. L'écart entre les spectateurs réels et ce spectateur implicite explique la déception d'une partie du public.

l'ordre politique et moral de la société qui l'a mené à son apogée, c'est-à-dire cette bourgeoisie sûre de ses pouvoirs, qui les croyait de bonne foi naturels, éternels et justes.»[98]

Ces transformations contemporaines dans l'art narratif ne touchent pas que des œuvres « savantes » réservées à une élite culturelle. Dans une étude sur la bande dessinée d'Hergé – ce chef d'œuvre d'un art éminemment populaire – Jean Rime commente un épisode de Quick et Flupke où le dessinateur Hergé s'est lui-même dessiné, et conclut à une « aporie représentationnelle » :

> « Cette confusion des frontières diégétiques conduit à une aporie représentationnelle, puisque Flupke évolue dans un monde censé être à la fois celui où il rencontre Hergé [...] et, contradictoirement, celui dessiné par ce même Hergé [...]. Cette mise en abyme spécieuse et absurde, qui tait et exhibe tour à tour la médiation d'Hergé, trahit, comme dans ‹ Une grave affaire ›, un conflit ouvert entre des personnages qui voudraient s'affranchir de la représentation dans laquelle ils sont enfermés et leur créateur qui a bien du mal à affirmer son autorité, dans tous les sens du mot. »[99]

La réflexion de cet auteur va jusqu'à analyser la présence dans *Tintin* d'Hergé en tant que personnage :

> « Après avoir dégagé quelques lignes de vie de cet ‹ Hergé › méconnu à partir de ses autoportraits, je montrerai, en étudiant deux de ses avatars fictionnels récurrents (le ‹ reporter › et le ‹ medium ›), qu'il ne s'est pas contenté de jouer naïvement son rôle de médiateur, mais qu'au contraire il l'a constamment montré et dévoilé, d'une manière si habile toutefois qu'il a réussi le tour de force de simultanément construire – par la médiation qu'il opère – et déconstruire – par la monstration de cette inévitable contrainte narrative – l'illusion référentielle qui fonde le contrat de lecture réaliste des *Aventures de Tintin*. »[100]

Simultanément « construire » et « déconstruire » « l'illusion référentielle », c'est bien ce que Brecht proposait en parlant de *Verfremdungseffekt*.

Cette brève plongée dans les formes narratives apparues au XXe siècle n'a évidemment pas pour but d'associer Jr à *Tintin*, *Marienbad*, au *Bunraku* ou à *La Mère*. Mais elle permet de prendre conscience du caractère construit et non naturel de notre précompréhension de ce qu'est un récit. En fait, si les œuvres contemporaines nous déroutent, ce n'est pas seulement parce qu'elles sont

---

98 A. Robbe-Grillet, « Après *L'Éden et après*. 1970 », *Le voyageur*. Textes, causeries et entretiens (1947–2001) choisis et présentés par O. Corpet avec la collaboration d'E. Lambert (Paris 2001) pp. 103–107 (texte publié sous ce titre dans *Le Nouvel Observateur*, n° 294, 29 juin 1970), p. 104.
99 J. Rime, « Hergé est un personnage : quelques figures de la médiation et de l'autoreprésentation dans *Les aventures de Tintin* », *Études françaises* 46/2 (2010) pp. 27–46, p. 32.
100 *Ibid.*, p. 28.

nouvelles, c'est parce que nous avons tellement intégré les formes narratives du XIXe siècle que, de construites et nouvelles qu'elles paraissaient en leur temps, elles ont fini par paraître naturelles quelques décennies plus tard. On comprend le risque qui guette l'interprète : ce serait de juger du caractère narratif de Jr à l'aune des récits du XIXe siècle. On doit remarquer, d'ailleurs, que ces récits désormais classiques sont contemporains de la naissance de l'exégèse historico-critique, et l'on peut supposer qu'ils préconfigurent les attentes des chercheurs de cette époque quant à ce que doit être un récit bien rédigé. Ce bref passage par les narrations contemporaines a donc permis de nous déshabituer de certaines préconceptions sur ce qu'est un récit, et va permettre de considérer Jr sous l'angle du récit – non certes d'un récit déroutant du XXe siècle, mais pas davantage d'un récit classique du XIXe, plutôt d'un récit *sui generis*.

Il faut encore remarquer deux caractéristiques de ces œuvres du XXe siècle : d'une part, il est attesté qu'elles sont le produit de la volonté d'un auteur, qui en a approuvé la forme finale au moment de la publication ; d'autre part, elles ont été reconnues comme valables, voire plaisantes, par le public – ou, à tout le moins, par un certain public. Cette coïncidence entre la volonté des auteurs et la reconnaissance du public ne prouve pas, de soi, que dans ces œuvres se manifeste une intention de type narratif. Seule une analyse synchronique pourrait l'établir. Mais cette rencontre entre le projet des auteurs et l'expérience de lecture de lecteurs réels la laisse supposer. C'est là un point important en faveur de la thèse qui considère Jr comme récit global : si la forme de Jr, par bien des aspects, s'écarte de manière déconcertante de formes narratives classiques, cela n'empêche pas qu'il puisse s'y manifester des structures narratives aussi réelles que celles des œuvres narratives d'aujourd'hui.

2.4.3 L'exemple de Jr 1

En perspective synchronique, on concentre l'analyse sur un lecteur qui lirait le livre du début jusqu'à la fin. Si Jr pouvait se comprendre comme un récit global, on devrait pouvoir en remarquer déjà quelques traces dans le premier chapitre. Cette réflexion préparera le point suivant, où l'on réfléchira à Jr comme récit global.

On peut d'abord remarquer une grande chaîne construite, courant du verset 4 jusqu'au verset 14. Ainsi, l'emploi du *wayyiqtol* signale une narration qui enchâsse une série de discours représentés :

«et survint la parole...»	(v. 4) ויהי דבר... לאמר
«et je dis...»	(v. 6) ואמר
«et il dit...»	(v. 7) ויאמר
«et il envoya... et toucha... et dit...»	(v. 9) וישלח... ויגע... ויאמר...
«et survint la parole... et je dis...»	(v. 11) ויהי דבר... לאמר... ואמר
«et il dit...»	(v. 12) ויאמר
«et survint la parole... et je dis...»	(v. 13) ויהי דבר... לאמר... ואמר
«et il dit...»	(v. 14) ויאמר

Ainsi, du verset 4 jusqu'à la fin du chapitre, on n'observe pas de formule de rupture syntaxique comme on en trouve ailleurs dans Jr, par exemple avec la formule הדבר אשר היה..., «la parole qui survint» (12 occurrences dans Jr au début d'un verset[101]), ou bien la formule spécifique à Jr en début de verset[102] אשר היה דבר..., «ce qui survint comme parole, c'est...». La différence est flagrante avec le début du livre d'Ézéchiel, dont le premier chapitre est construit avec des phrases nominales, ou le premier chapitre d'Isaïe qui n'emploie pas une fois le *wayyiqtol*. Au début du chapitre 2, une rupture forte prend place : on n'a plus de chaîne construite, mais un grand discours représenté au style direct après la formule introductive de 2,1, s'étendant jusqu'en 3,6. Le changement thématique est lui aussi marqué : il n'y est plus question ni de la vocation ou de la biographie de Jérémie, ni des ennemis de Juda.

Dans cette narration qui traverse le premier chapitre, on doit remarquer qu'il ne se trouve pas que des verbes de parole introduisant des discours représentés : on a aussi au verset 9 un verbe d'action : וַיַּגַע, «et il toucha». Cette action est certes mystérieuse et appelle sans doute à une interprétation métaphorique, puisqu'on n'est pas habitué à voir représenter une «main» aussi réaliste de Yhwh, mais elle nous assure d'être dans le champ de la narration et pas seulement du discours représenté. De plus, cette action de «toucher la bouche» ne survient que très rarement dans la Bible hébraïque : elle apparaît quatre fois, toujours dans un cadre de vocation prophétique. C'est le cas pour Isaïe (Is 6,7),

---

101 7,1 ; 11,1 ; 18,1 ; 21,1 ; 25,1 ; 30,1 ; 32,1 ; 34,1 ; 34,8 ; 35,1 ; 40,1 ; 44,1.

102 En 14,1 ; 46,1 ; 47,1 ; 49,34. «Wie im Fall der Belege des mit dem verb דבר konstruierten אשר-Zitateinleitungssatzes ist also davon auszugehen, dass der אשר-Satz als Prädikatsatz fungiert und das folgende Zitat der Subjektsatz ist.», K. Finsterbusch – N. Jacoby, «אשר-Zitateinleitungssätze in Jeremia und 1QM. Anmerkungen zu 1QM 10:6, zu der hebräischen Vorlage von LXX-Jer 26:13 ; 49:19 sowie zu MT-Jer 14:1 ; 46:1 ; 47:1 ; 49:34», *VT* 65/4 (2015) pp. 558–566, p. 563.

Ézéchiel (Éz 2,8, toutefois sans le verbe נגע, «toucher») et Daniel (Dn 10,16, où ce sont les lèvres qui sont touchées). La comparaison entre ces quatre scènes inviterait à développer une analyse narrative en termes de «scène-type»[103] ; on remarque notamment que Jr 1 est la seule de ces quatre scènes à ne pas être accompagnée de phénomènes typiques d'une théophanie : pas de temple, pas de séraphins, pas de fumée, pas de personnage mystérieux, pas de gestes à accomplir. Au contraire, les rares éléments visuels de Jr sont d'une grande banalité : un rameau d'amandier, un chaudron – rien qui ne puisse être vu dans n'importe quelle maison.

Un autre questionnement typique de l'analyse narrative se trouve dans la distinction entre narration et histoire (cf. 2.3.5). Il est notable dans Jr 1 que la mise en récit laisse dans l'ombre bien des aspects de l'histoire racontée. Par exemple, que signifie que Yhwh «tendit sa main et toucha ma bouche [de Jérémie]» ? S'agit-il ici d'un personnage en chair et en os ? Est-ce un langage symbolique ? Faut-il y lire un récit d'apparition ? Ou encore un songe d'intronisation, genre littéraire fréquent dans le Proche Orient ancien[104] ? Cette tension entre narration et histoire est aussi particulièrement flagrante dans les versets 11 à 13. On y apprend que Jérémie voit un rameau d'amandier, puis un chaudron. Alors que de nombreux commentaires parlent ici de «vision», rien dans le récit ne précise les circonstances : est-ce que Jérémie se promène dans un jardin puis dans une cuisine ? Rapporte-t-il des images vues en songe ? S'agit-il de visions mystérieuses, à qualifier d' «expérience mystique»[105] ? Le texte suggère ces questions sans y répondre. On doit noter aussi le rôle du jeu de mots des versets 11-12. Il n'y a en effet aucun lien entre le rameau d'amandier en tant qu'objet ou perception visuelle, et le message de Yhwh à la fin du verset. Le lien n'existe qu'au niveau du jeu de mots, donc dans l'ordre du langage, et dans la langue

---

103 Cf. Alter, «3. Biblical Type-Scenes and the Uses of Convention», *The Art of Biblical Narrative*, pp. 47–62 ; Alter reprend ce concept à W. Arend, *Die typischen Scenen bei Homer* (Problemata 7 ; Berlin 1933). Sur les récits de vocation analysés comme scènes-types, voir E. Di Pede, «Le prophète mis en scène. Les récits de vocation prophétique comme scène type», *L'intrigue dans le récit biblique*. Quatrième colloque international du Rrenab, Université Laval, Québec, 29 mai-1er juin 2008 (éd. A. Pasquier – D. Marguerat – A. Wénin) (BEThL 237 ; Leuven 2010) pp. 127–140 ; et E. Di Pede, *Le récit biblique de «vocation» : structure, narration et impact d'une scène type*. Moïse, Isaïe, Jérémie, Ézéchiel et Amos (Thèse HDR soutenue à Metz le 6/12/2013 ; à paraître).

104 Cf. A.L. Oppenheim, *The Interpretation of Dreams in the Ancient Near East, with a Translation of an Assyrian Dream-Book* (TAPhS.NS 46/3 ; Philadelphia 1956).

105 C'est Mowinckel qui qualifiait péjorativement Jérémie de «semi-mystique». Cf. Mowinckel, *Zur Komposition*, p. 3.

particulière du texte. Toutes ces observations peuvent nourrir une analyse narrative.

On doit aussi remarquer l'aspect fondateur de ce chapitre, pour un lecteur qui lira ensuite le reste de Jr. Il construit le personnage de Jérémie comme prophète de Yhwh ; il associe son destin avec celui de Jérusalem. Par la suite, le lecteur pourra suivre les aventures du prophète et craindre pour son sort, mais il n'aura pas oublié la promesse de Yhwh : «Je serai avec toi» (v. 19). De plus, en annonçant une attaque contre la ville par le nord ainsi qu'une remise en cause du prophète par les Judéens, ce chapitre introduit des éléments d'intrigue qui se développeront tout au long du livre.

On n'a fait ici qu'aborder quelques pistes d'analyse narrative de Jr 1, mais elles sont suffisantes pour atteindre le but poursuivi. On s'interrogeait en effet sur le caractère narratif de ce chapitre, malgré l'absence de nombreux éléments habituels des récits : l'épisode de vocation n'a pas de datation ni de cadre géographique déterminé ; les actions représentées sont presque absentes. On a vu pourtant combien les éléments du texte s'offraient bien volontiers aux questionnements de l'analyse narrative. On peut en conclure qu'un lecteur, qui lirait ce chapitre en ouverture d'une lecture continue de tout Jr, mettrait spontanément en œuvre des stratégies de lecture préalablement développées en lisant des récits. Cela ne peut qu'inviter l'exégète à pratiquer l'analyse narrative sur ce chapitre. On comprend ainsi que la question importante n'est pas de savoir si Jr 1 est, oui ou non, un récit, mais de réfléchir à la nature des effets du texte sur le lecteur, et aux mécanismes de lecture qu'il appelle. Dans ce cadre, on voit que l'analyse narrative a toute sa place pour rendre compte de ce chapitre et des effets qu'il continue à développer lors de la lecture de la suite du livre.

2.4.4 Hypothèses sur la forme globale de Jr

Plusieurs hypothèses sont possibles quant à la forme globale de Jr. On va en présenter quelques-unes, en signalant des analogies avec la production littéraire moderne.

Jr pourrait être considéré comme *recueil de textes variés*, certains étant des récits et d'autres des oracles. L'intention d'ensemble qui se manifesterait dans le texte final serait celle de conserver l'ensemble des textes relatifs au prophète, d'une manière relativement ordonnée, mais sans créer par le fait de ce rassemblement un sens lié à cette mise en ordre. On peut ici prendre l'analogie des volumes de la «Bibliothèque de la Pléiade» aux éditions Gallimard : un volume peut présenter les œuvres complètes d'un auteur, associant des poèmes de jeunesse, quelques pièces de théâtre, une dizaine de nouvelles et trois romans.

Si, d'un point de vue diachronique, les éditeurs ont manifesté un désir de donner à lire tout ce qu'avait écrit l'auteur, et l'ont classé de manière chronologique ou thématique, ils se sont placés volontairement en retrait par rapport à l'auteur et à l'individualité de chacune de ses œuvres. Un lecteur pourrait ne pas le savoir et aborder le volume en faisant l'hypothèse d'un récit global ; il lirait ainsi de la première à la dernière page en cherchant le sens de l'unité ainsi construite. Cette expérience le conduirait probablement à remettre en cause son hypothèse. Il s'apercevrait en effet que chacune des pièces rassemblées dans le volume se lit très bien de manière autonome, et que les différences entre chaque pièce l'emportent sur l'unité.

Jr pourrait être considéré comme *recueil de récits*. Des récits – parmi lesquels des oracles «narrativisés» d'une manière à préciser – se suivraient sans avoir beaucoup de liens entre eux. On aurait ainsi le récit de la vocation, puis un certain nombre d'oracles à comprendre d'une manière narrative (qui resterait à définir), puis des récits de Jérémie au temps de Sédécias (chap. 21–24), d'autres au temps de Yoyaqim (chap. 25–26), puis de nouveau au temps de Sédécias (chap. 27–34), etc. Chaque récit aurait sa cohérence, son intrigue, sa manière de raconter, mais il n'y aurait pas à chercher de cohérence narrative à l'ensemble du recueil ; il ne devrait son unité qu'à la présence des personnages principaux Yhwh et Jérémie. Pour prendre une analogie moderne, on peut penser au cycle des Rougon-Maquart d'Émile Zola : vingt romans ayant des liens entre eux, notamment par la généalogie des personnages et par l'intention commune d'écrire une «histoire naturelle et sociale d'une famille sous le Second Empire». Là aussi, le lecteur qui lirait toute la série en faisant l'hypothèse d'un récit global serait rapidement déçu en constatant la faiblesse des liens narratifs entre chaque roman.

Jr pourrait, enfin, être considéré comme un *récit global*. Bien qu'une interrogation de type diachronique fasse découvrir que le livre est l'assemblage de pièces aux styles divers, cette hypothèse de lecture permettrait de découvrir un effet narratif global. On peut ici rappeler que cette hypothèse n'a pas besoin de supposer une intention consciente chez les derniers rédacteurs ayant produit la forme finale du texte : c'est d'un effet de lecture que l'on traite. Cette hypothèse d'une narration globale est audacieuse, mais on peut dès à présent signaler deux analogies qui laissent espérer sa fécondité. Premièrement, on trouve dans Jr des récits courts, dont le caractère narratif ne fait pas débat, qui incorporent des oracles comme éléments narratifs. On peut par exemple citer le chapitre 26 : après une introduction narrative (v. 1), un oracle est reçu par le prophète (vv. 2-6), puis des personnages réagissent à la proclamation de cet oracle (vv. 7-24) ; le récit de ces réactions intègre la péripétie secondaire de la mise à mort du prophète Ouriyahou (vv. 20-23). Si donc le récit est en mesure, au niveau local, d'associer des oracles et des narrations dans une perspective unifiée, un effet analogue pourrait se manifester au niveau global de Jr. Deuxièmement, on peut là aussi prendre une analogie dans la littérature, avec l'aventure du nouveau roman au XXe siècle. Pensons ainsi aux *Fruits d'or* de Nathalie Sarraute, dont le lecteur ne parvient jamais vraiment à identifier les personnages, ou à la *Jalousie* d'Alain Robbe-Grillet[106], dont l'action semble se répéter en boucle. Bien que ces romans, où le lecteur perd ses repères hérités du roman classique, aient dérouté la critique, ils constituent des récits ayant leur cohérence, et ont été voulus comme tels par leurs auteurs.

2.4.5 Fécondité de l'hypothèse

On décide alors de faire l'hypothèse que Jr peut être lu comme un récit global : on imagine un lecteur idéal, qui lirait du premier au dernier chapitre, en ayant déjà développé des mécanismes de lecture narratifs. Il s'agit alors de mesurer les effets de cette hypothèse ainsi que l'affinement qu'en produit le parcours du livre.

On peut tout d'abord remarquer l'effet produit par le premier chapitre et la fin du chapitre 51. Le récit de la vocation du prophète (chap. 1) est ainsi placé avant tous les oracles ; le récit du destin du livre des oracles à Babylone est placé après tous les oracles (fin du chap. 51). Cela crée un encadrement narratif cohérent avec l'ensemble du livre : les oracles n'ont pu survenir que parce que Jérémie était prophète, donc après sa vocation ; symétriquement, l'emplacement à la fin du chapitre 51 (vv. 59-64) d'un épisode daté de la quatrième année de Sédécias – qu'une construction chronologiquement linéaire aurait placée plus tôt – permet de passer le relais à la population exilée à Babylone. Ces deux chapitres manifestent donc une prétention de la narration d'encadrer l'ensemble du livre, ce que souligne l'inclusion sur la formule rare «paroles de Jérémie»[107]. L'effet serait bien moindre si les chapitres du livre étaient disposés autrement[108],

---

106 N. Sarraute, *Les fruits d'or* (Paris 1963) ; A. Robbe-Grillet, *La jalousie* (Paris 1957).
107 Cf. 1,1 et 51,64. Cette expression se retrouve aussi en 36,10 : «Baruch lut, dans le livre, les paroles de Jérémie, au Temple».
108 L'agencement particulier de la LXX produit lui aussi des effets d'encadrement narratif, mais avec des accents différents. La clôture du livre par l'oracle de vie sauve à Baruch (LXX 51,31-35) met en valeur le rôle de ce «témoin de la parole et [...] de sa réalisation». Cf P.-M. Bogaert, «De Baruch à Jérémie. Les deux rédactions conservées du livre de Jérémie», *Le livre de Jérémie*. Le prophète et son milieu. Les oracles et leur transmission (éd. P.-M. Bogaert) (BEThL 54 ; Leuven 1981) pp. 168–173, p. 169 (article déjà cité *supra* p. 57 n. 178).

par exemple avec d'abord plusieurs chapitres d'oracles, puis une partie narrative qui comprendrait vocation, récits du temps de Yoyaqim et Sédécias, chute de Jérusalem et déportation, et enfin une nouvelle série de chapitres d'oracles. Précisons que le chapitre 52, presque identique à 2 R 24,18 – 25,30, est un chapitre qui présente de nombreux traits narratifs comme la représentation d'une suite d'actions par des verbes au *wayyiqtol*, les indications temporelles et géographiques, même s'il n'est pas évident d'en définir l'intrigue. Bien que l'absence du personnage de Jérémie soit surprenante, on retrouve le contexte géographique, temporel, géopolitique, du reste du livre ; ce chapitre n'est donc pas à même de remettre en cause l'hypothèse de lecture.

On peut ensuite remarquer que les deux personnages du premier chapitre se retrouvent tout au long du livre : même lorsque le texte ne suit pas l'ordre chronologique, il traite toujours d'une histoire où Yhwh et Jérémie sont au premier plan[109]. C'est particulièrement manifeste lorsqu'on passe du règne de Sédécias à celui de Yoyaqim et vice-versa : alors que depuis le chapitre 21, on était sous le règne de Sédécias, 25,1 commence par mentionner une « parole » et « Jérémie » avant de nommer le roi Yoyaqim. Au début du chapitre 27, on retourne au règne de Sédécias[110], mais dès le premier verset sont mentionnés une « parole », Jérémie, et Yhwh. À partir du chapitre 35, on retourne pour deux chapitres au temps de Yoyaqim, mais là aussi le premier verset mentionne Yhwh, sa parole, et Jérémie. Le dernier changement de règne raconté se trouve au début du chapitre 37, avec l'intronisation de Sédécias ; dès le verset 2 sont mentionnées les paroles de Yhwh prononcées par Jérémie. Toutes ces perturbations chronologiques du texte ne viennent donc pas briser la cohérence d'ensemble d'un livre qui, du début à la fin, traite des aventures de la parole de Yhwh et de son prophète.

Les chapitres 40 – 41 peuvent sembler faire exception : à partir de 40,7, l'histoire se déroule en l'absence du prophète et de toute référence à Yhwh. Toutefois, l'épisode est introduit par la mention – certes énigmatique – d'une parole de Yhwh (40,1), qui ne sera jamais vraiment explicitée ; de plus, l'épisode conduit à une demande d'oracle à Jérémie au début du chapitre 42 (vv. 1-3), et cette demande est faite en référence aux événements des deux chapitres précédents ; ce fait sera encore souligné, en 43,6, par la mention des personnes confiées à Guedalias par Nebouzaradân. Entre les chapitres 40 et 43, il y a donc

---

109 Cette relation n'est jamais construite indépendamment d'un tiers : le peuple. Toutefois, ce peuple est un personnage polymorphe : il réunit parfois Israël et Juda, ou bien se limite à Jérusalem ; il est parfois uni autour de son roi, ou réduit aux pauvres du pays.
110 On reviendra (cf. 7.5.2) sur la contradiction, souvent corrigée par les éditeurs, entre 27,1 qui mentionne Yoyaqim et 27,3 qui mentionne Sédécias.

une certaine cohérence, marquée à son début et à sa fin par la présence de Yhwh et de Jérémie ; leur absence dans la partie centrale ne suffit pas à rompre cette impression d'unité.

On peut alors en venir à des effets narratifs qui, pour un lecteur lisant Jr du début jusqu'à la fin, se manifestent tout au long du livre, même dans des passages qui, lus isolément, paraîtraient peu « narratifs ». C'est particulièrement le cas des nombreux oracles privés d'introduction narrative : la distinction établie entre narration et discours entraîne que, lus isolément, ils n'ont pas le caractère de récit. Mais, placés tels qu'ils le sont dans Jr, ils se retrouvent en quelque sorte « narrativisés », pourvu qu'on appuie cette affirmation sur l'expérience du lecteur et en particulier sur sa mémoire. Il est utile ici de rappeler la distinction entre énonciateur et locuteur : l'énonciateur est une figure qui se manifeste dans le discours, comme support des points de vue exprimés[111] ; le locuteur est le personnage que le récit présente comme prononçant ce discours. Un récit peut jouer sur la différence entre locuteur et énonciateur : en Gn 27,19 se trouve le discours représenté « Je suis Esaü ton fils », dont l'énonciateur est Esaü, mais le locuteur Jacob. Ainsi, certains oracles de Jr, lus isolément, n'offrent aucune information au lecteur sur les conditions de leur énonciation : les éventuels référents déictiques tels que « ici », « maintenant », « je », ne renvoient à rien d'autre qu'à ce qui peut être écrit dans ces oracles. En revanche, pour le lecteur qui se souvient de ce qu'il a déjà lu, ces oracles seront toujours considérés comme transmis par le locuteur Yhwh à Jérémie, donc comme prenant place dans la relation entre deux personnages construite depuis le récit de la vocation au premier chapitre. De plus, le personnage divin peut se présenter comme vengeur ou destructeur dans un oracle, mais cela sera lu sur le fond de sa promesse de protéger Jérémie ; il peut se plaindre que tous refusent de l'écouter, mais le lecteur se souviendra que le prophète, au moins, a écouté. Les circonstances des oracles mentionnées en 1,2-3 resteront aussi présentes à la mémoire du lecteur : elles fournissent un cadre géographique et historique à ce qui suivra, et orientent la lecture dans la perspective de la chute de Jérusalem et de l'Exil à Babylone. Cela n'interdit pas,

---

111 Ces termes font débat chez les spécialistes. On suit ici la disjonction proposée par Alain Rabatel : « Le locuteur est l'instance première qui produit matériellement les énoncés. [...] L'énonciateur est l'instance qui se positionne par rapport aux objets du discours auxquels il se réfère, et, ce faisant, qui les prend en charge. La notion d'énonciateur correspond à une *position* (énonciative) qu'adopte le locuteur, dans son discours, pour envisager les faits, les notions, sous tel ou tel PDV [point de vue] pour son compte ou pour le compte des autres. », A. Rabatel, « Retour sur les relations entre locuteurs et énonciateurs. Des voix et des points de vue », *La question polyphonique ou dialogique en sciences du langage* (éd. M. Colas-Blaise – M. Kara – L. Perrin – A. Petitjean) (Recherches linguistiques 31 ; Metz 2010) pp. 357–373, p. 370.

bien sûr, que les oracles déplacent cette précompréhension, mais cela sera explicitement perçu par le lecteur comme déplacement. C'est sur fond de la précompréhension construite à partir du premier chapitre que d'autres compréhensions seront bâties, par écarts et par différences[112].

Cet effet narratif global ne se limite pas aux oracles mais concerne aussi les récits courts du livre, tels que les péripéties des arrestations et libérations de Jérémie ou les récits de combats et de fuites. En effet, le lecteur ne les abordera pas sans avoir certaines attentes, qu'elles soient confirmées ou détrompées par la suite. Il s'attendra à voir se réaliser ce qui était construit à partir du premier chapitre, notamment une association entre l'attaque chaldéenne et la persécution du prophète ; il s'attendra aussi à ce que le prophète survive aux épreuves mais que la ville, elle, tombe.

Cet effet de contextualisation narrative sera aussi important pour la lecture de l'épisode de Miçpa après la chute de Jérusalem (à partir de 40,7), dans lequel Jérémie n'est pas mentionné pendant de très nombreux versets. S'il le considérait isolément, le lecteur n'aurait pas à s'interroger sur l'absence de Jérémie. Mais tel n'est pas le cas dans une lecture de l'ensemble : il n'est pas possible d'y lire seulement l'histoire de ce qui arrive aux Judéens restés aux environs de Miçpa. Une remarque de Todorov peut éclairer cela ; elle provient d'un article dans lequel il reprend la distinction classique entre récit et histoire, puis approfondit en distinguant histoire et événements :

> «Il ne faut pas croire que l'histoire corresponde à un ordre chronologique idéal. Il suffit qu'il y ait plus d'un personnage pour que cet ordre idéal devienne extrêmement éloigné de l'histoire ‹naturelle›. La raison en est que, pour sauvegarder cet ordre, nous devrions sauter à chaque phrase d'un personnage à un autre pour dire ce que ce second personnage faisait ‹pendant ce temps-là›. [...] L'*histoire* est donc une convention, elle n'existe pas au niveau des événements eux-mêmes.»[113]

Cela confirme qu'il n'est pas possible de lire l'épisode de Miçpa comme si l'absence de Jérémie était insignifiante. Au contraire : dans un récit global qui traite de la relation entre Yhwh et Jérémie dans le cadre historique et géographique de la chute de Jérusalem, l'absence de toute mention du personnage divin et de son prophète est une absence criante ; elle crée un grand effet de

---

112 Un effet proche est analysé par Brueggemann qui rapporte que, notamment pour Carroll, «the text [of chapter 1] [...] is an editorial construction [...] to give authorization to the text that follows this chapter.». W. Brueggemann, *A Commentary on Jeremiah. Exile & Homecoming* (Grand Rapids – Cambridge 1998) pp. 24–25.

113 T. Todorov, «Les catégories du récit littéraire», *Communications* 8. Recherches sémiologiques. L'analyse structurale du récit (1966) pp. 125–151, p. 127.

suspense pour le lecteur qui pourrait aller jusqu'à craindre que le prophète soit mort[114].

On peut donc conclure que l'hypothèse de lire l'ensemble de Jr comme récit global est une hypothèse à la fois raisonnable et féconde, en ce qu'elle permet d'observer le déploiement de nombreux effets narratifs. Avant de poursuivre dans l'étude de Jr grâce à cette hypothèse désormais renforcée, il importe de préciser la portée de cette affirmation en reprenant le parcours qui y a mené. Il est essentiel de noter qu'on n'est pas parti d'une définition maximaliste du récit, de laquelle on aurait tiré une liste de critères, qu'on aurait ensuite pu vérifier sur le texte jérémien. On n'a notamment pas posé d'hypothèse sur l'intrigue globale qui structurerait l'ensemble du livre. On a préféré, s'inspirant de nombreux ouvrages de théorie narrative, partir d'une observation de la langue et de sa syntaxe, pour analyser les effets produits par sa lecture. Le lecteur, on l'a vu, rencontre soit des phrases de discours représenté, qui produisent en lui la représentation d'une parole, soit des phrases de narration, qui produisent en lui la représentation d'une action. On a montré aussi des phénomènes d'enchâssement : la narration peut inclure des discours, mais l'inverse n'est pas possible. Malgré toutes les difficultés du texte de Jr, et tout ce qui l'en écarte d'un récit à la forme classique, un bref parcours de quelques œuvres contemporaines a rappelé la diversité des formes narratives. C'est alors du côté du lecteur que l'on a pu conclure : même s'il est difficile de dire précisément en quoi le texte est un récit, il est indéniable que sa lecture provoque, chez le lecteur qui tenterait l'aventure de le lire comme récit global, des effets narratifs forts. Ces effets se poursuivent du début jusqu'à la fin du livre et colorent la lecture de chaque partie, soit pour constituer une précompréhension de l'issue des péripéties, soit pour ajouter un locuteur à des discours qui, isolés, ne manifesteraient que leur énonciateur. Si l'expérience de lecture de Jr est celle de lire un récit global, il est alors légitime d'aborder dans le chapitre suivant la question des personnages, même lorsque leur apparition s'étale sur plusieurs chapitres et dans plusieurs formes littéraires, même si, du point de vue diachronique, ces différentes pièces proviennent d'une diversité d'origines.

Reprenons ce qui précède en le mettant en lien avec la théorie poétique de la narration. Il est clair, en effet, qu'une perspective de narratologie classique, qui considère axiomatiquement que tout récit est le produit d'un narrateur, ne peut envisager Jr comme récit global : si les récits en « je », de même que les récits où le personnage de Jérémie est présent à la troisième personne du singulier,

---

114 Confié à Guedalias par Nebouzaradân, Jérémie pourrait fartie de ces « Judéens qui se trouvaient avec Guedalias » assassinés par Yishmaël (41,3).

peuvent chacun être attribués à un narrateur, ce n'est pas le cas des oracles poétiques. Ces derniers, on s'en souvient, se présentent comme représentations de discours, sans qu'aucune instance narrative ne les introduise. Dans la narratologie classique, penser Jr comme récit global demanderait de supposer l'existence d'un narrateur global – d'un hyper-narrateur, si l'on peut dire – qui assumerait l'ensemble de Jr, qui assemblerait donc les récits en «je», les récits où Jérémie apparaît à la troisième personne, et les oracles poétiques. Mais l'absurdité d'une telle hypothèse se manifeste nettement lorsqu'on remarque que rien, dans le texte, ne permet d'établir l'existence d'un tel hyper-narrateur : cette hypothèse, semblable à celle que Sylvie Patron dénonce à propos de certaines interprétations du roman *Pedro Páramo* de Juan Rulfo, n'est pas «falsifiable» : «on peut en effet interpréter n'importe quel fait ou n'importe quelle absence de fait comme venant à l'appui de cette proposition»[115].

---

115 S. Patron, «La mort du narrateur et l'interprétation du roman. L'exemple de *Pedro Páramo* de Juan Rulfo», *La mort du narrateur et autres essais* (Limoges 2015) pp. 25–52, p. 38.

3 Personnages

Un survol des personnages de Jr éveille de nombreuses questions, parmi lesquelles il importe de distinguer les promesses d'une exégèse féconde des fausses pistes et des impasses. Ainsi, qu'est-ce qui motive l'hostilité de Pashehour fils d'Immer envers Jérémie (20,2) ? Pourquoi Sédécias ne tient-il jamais compte des oracles du prophète concernant la ville alors qu'il est sensible à sa supplication pour son propre sort (37,20-21) ? En quoi consiste le fait qu'Eved-Mélek redoute le pouvoir de certains hommes (39,17) ? Qu'est-ce qui justifie les différences de comportement de Yohanân et de Yishmaël (chap. 40–41) ? Bien d'autres exemples seraient possibles. Parmi toutes ces questions, il en est auxquelles le texte veut répondre, et d'autres qui sont étrangères à ses intentions. Certaines d'entre elles se posent parce que le texte veut conduire son lecteur à s'interroger et à tenter d'y répondre ; d'autres au contraire sont sans réponse : le texte, poursuivant d'autres intérêts, comporte des blancs qui ne doivent pas être surinterprétés.

Remarquons que cette réflexion est spécifique à une analyse synchronique. En perspective diachronique, en effet, il est supposé par hypothèse que le monde du texte est identique au monde réel dans lequel vivent tant le lecteur que l'exégète. Cela rend légitime la considération du texte comme trace du réel, et le comblement de ses blancs pour reconstruire la réalité historique qui existait avant l'acte d'écriture. En perspective synchronique, au contraire, on s'intéresse au monde du texte, qui ne ressemble au monde réel que de manière analogique.

Une réflexion théorique s'impose donc, pour réfléchir à ce qu'est un personnage de récit ; de même qu'on a constaté précédemment la multiplicité des théories narratives et la nécessité de trouver un modèle adapté à la narration de Jr, on devra maintenant proposer une théorie des personnages adéquate au projet de cette recherche. Ceci est d'autant plus nécessaire que, selon Dionne[1], ce questionnement est rarement approfondi dans les études bibliques : alors que les théoriciens de la littérature débattent, s'opposent, alimentant ainsi l'avancée d'un débat scientifique, les biblistes se contenteraient d'une certaine approximation, tant dans leurs productions scientifiques que dans les ouvrages de vulgarisation narrative, qui tentent d'harmoniser différentes théories sans vraiment résoudre leurs tensions.

---

1 C. Dionne, « Le point sur les théories de la gestion des personnages », *Et vous, qui dites-vous que je suis ? La gestion des personnages dans les récits bibliques* (éd. P. Létourneau – M. Talbot) (Sciences bibliques. Études 16 ; Montréal 2006) pp. 11–51.

https://doi.org/10.1515/9783110657845-006

Ce chapitre comportera quatre parties. Les deux premières permettront d'établir un *status quaestionis* : on montrera le débat qui anime les théoriciens à propos du rapport entre personne et personnage, puis on en viendra à l'apport à ce débat de la problématique du lecteur. On pourra alors dans une troisième partie proposer une vue d'ensemble des caractéristiques des personnages jérémiens. La dernière partie aura valeur d'application : les catégories précédemment établies seront mises en œuvre dans l'analyse inaugurale de Pashehour fils d'Immer, premier personnage à apparaître dans le récit après Jérémie et Yhwh (20,1-6).

3.1 Le rapport entre personne et personnage

Si le débat est vif quant à la question théorique des personnages apparaissant dans les récits, c'est parce qu'ils ressemblent aux personnes réelles que chacun rencontre dans la vie, en dehors de l'expérience de la lecture et des autres formes narratives (théâtre, cinéma, etc.). Toute la difficulté est de penser cette ressemblance qui n'est ni identité – un personnage fictionnel n'existe pas à la manière d'une personne réelle[2] – ni radicale différence, sans quoi aucun récit ne parviendrait à créer l'illusion de faire rencontrer des personnes réelles.

Or les racines de ce débat se trouvent jusque dans l'étymologie des langues dans lesquelles il est pensé. Dans la langue latine, le terme *persona* a d'abord été lié au monde du théâtre – et donc à ce qu'on appelle ici «personnage» – avant de désigner la notion d'individu. Il semblerait toutefois, si l'on suit Françoise Létoublon[3], qu'il n'en était pas ainsi en grec : avant de désigner le masque porté par les acteurs au théâtre, πρόσωπον désignait la personne physique, avec une étymologie remontant à «ce qui est devant les yeux». Ajoutons, pour signaler toutes les dimensions linguistiques de la question, que deux autres acceptions[4] ont dérivé du latin *persona* : celle de personne grammaticale, lorsqu'on dit par

---

2 Ce qui a été magistralement montré par Barthes dans un article célèbre : «Depuis Propp, le personnage ne cesse d'imposer à l'analyse structurale du récit le même problème : d'une part les personnages [...] forment un plan de description nécessaire [...] ; mais d'autre part ces ‹ agents › [...] ne peuvent être ni décrits ni classés en termes de ‹ personnes › [...]» ; cf. R. Barthes, «Introduction à l'analyse structurale des récits», *Communications* 8. Recherches sémiologiques. L'analyse structurale du récit (1966) pp. 1–27, p. 16.
3 F. Létoublon, «La personne et ses masques : remarques sur le développement de la notion de personne et sur son étymologie dans l'histoire de la langue grecque», *Faits de langues* 3 (1994) pp. 7–14.
4 Cf. B. Colombat, «Remarques sur le développement de la notion de personne dans l'histoire de la linguistique», *Faits de langue* 3 (1994) pp. 15–27.

exemple qu'un verbe est conjugué «à la troisième personne», et l'emploi particulier dans certaines langues comme le français du mot «personne» pour indiquer non une présence mais l'absence de tout individu, et cela même quand manque la particule de négation «ne» : «Y a-t-il quelqu'un dans cette pièce ? – Personne !». Ainsi, la langue dans laquelle s'exprime l'analyse des personnages est déjà prise dans l'objet qu'elle étudie[5].

L'ancienneté et l'influence de la *Poétique*[6] d'Aristote interdisent de la négliger ; on doit toutefois faire quelques remarques préalables pour en déterminer le champ d'application. La *Poétique*, en effet, ne traite que de formes littéraires conçues en vue d'une forme de représentation orale, que ce soit par la simple récitation ou par la représentation scénique : la fable, la comédie, la tragédie. Cela les distingue des œuvres littéraires destinées à la lecture personnelle, que ce soit à voix haute dans l'Antiquité ou silencieusement comme nous le faisons aujourd'hui, car ces dernières rejoignent leur public sans l'intermédiaire d'un aède ou d'un acteur, donc sans la mise en œuvre de moyens expressifs comme la voix, les mouvements du corps, le rythme et la vitesse de récitation. Rappelons d'ailleurs que l'opposition, habituelle dans les analyses littéraires, entre récit et discours, remonte justement à la *Poétique*[7]. Kawashima a aussi mis en lumière la nouveauté littéraire, par rapport aux œuvres de l'Antiquité grecque destinées à l'oralité, des récits bibliques faits pour être lus par leurs destinataires[8]. On doit aussi prendre la précaution de remarquer que le projet aristotélicien n'est pas de réfléchir au fonctionnement phénoménologique ou esthétique du texte mais de traiter des manières de bien composer les différents types d'œuvres : c'est le bon goût, plutôt qu'une impossibilité théorique, qui interdit de faire autrement.

Ces précautions prises, relevons ce qui articule l'analyse des personnages à l'expérience que l'on fait face à des personnes réelles. Aristote insiste sur la subordination, dans la tragédie, des personnages à l'intrigue :

«ἡ γὰρ τραγῳδία μίμησίς ἐστιν οὐκ ἀνθρώπων ἀλλὰ πράξεων καὶ βίου [...]»

«Car la tragédie est imitation non des hommes mais des actions et de la vie [...]»[9]

---

5 Ce phénomène n'est pas sans lien avec la remarque que l'exégèse historique, lorsqu'elle analyse et critique le récit jérémien, produit à son tour un récit (cf. 1.1.15).
6 Aristote, *Poétique*. Texte établi et traduit par J. Hardy (Collection des universités de France ; Paris 1932).
7 *Ibid.*, 1448a, cité par Genette, «Frontières du récit», p. 152.
8 Cf. Kawashima, *Biblical Narrative and the Death of the Rhapsode*. On a présenté l'essentiel de sa théorie en 2.2.3.
9 Aristote, *op. cit.*, 1450a, VI. Je traduis.

On sera ainsi invité, même en lisant d'autres œuvres que les tragédies antiques, à ne pas analyser les personnages sans tenir compte du projet d'ensemble du livre, qui n'a pas nécessairement pour objectif premier d'imiter des personnes réelles. Quelques autres remarques aident à comprendre le rôle des personnages dans l'œuvre. Aristote s'oppose à une imitation trop réaliste de personnes réelles : comme le bon portraitiste, le tragédien doit « embellir » ses personnages (καλλιόω[10]). Si le caractère d'un personnage est habituellement constant, il lui arrive dans certaines œuvres d'être « inégal » (ἀνώμαλος[11]), changeant d'une scène à la suivante. Enfin, Aristote présente une réflexion sur leurs noms : le tragédien peut employer soit des noms de personnes réelles, qui « ont existé » (γίγνομαι au participe aoriste moyen) ou qui sont « connues » (γνώριμος), soit des noms « inventés » (ποίεω au participe parfait moyen-passif[12]).

Il n'est pas possible, après ce fondement antique, de parcourir tous les théoriciens jusqu'à aujourd'hui. Évoquer Aristote a permis de montrer l'ancienneté d'un débat. On en vient alors directement aux auteurs majeurs du XXᵉ siècle. L'étude de Vladimir Propp[13] demeure incontournable ; en employant l'analyse structurale, il a ouvert le champ d'une étude purement littéraire des personnages, indépendamment de leur aspect humain. Sa base de travail était un vaste corpus de contes russes. Alors que les classifications précédentes, organisées par thèmes, se révélaient insatisfaisantes, il est parvenu à proposer un schéma structurel dans lequel tous les contes du corpus pouvaient s'inscrire[14]. Ces récits proches les uns des autres mais présentant des variations lui ont permis de comprendre que les personnages y étaient présents uniquement pour remplir certaines fonctions, dans une structure invariable ; cela explique que, si dans un conte donné, une action est accomplie par un personnage, elle peut l'être dans un autre, presque similaire, par un objet, sans que le sens global change. Il donne ainsi l'exemple de deux contes dans lesquels c'est pour l'un un tapis volant et pour l'autre un cheval qui permettent au héros de rentrer chez lui ; il conclut alors que « les objets agissent comme des êtres vivants »[15], l'objet « tapis volant » étant équivalent à l'être vivant « cheval ». De même, dans un certain conte le héros devient riche en recevant un cheval qui défèque de l'or, alors que dans un autre il devient riche en recevant la capacité de cracher lui-

---

10 *Ibid.*, 1454b, XV.
11 *Ibid.*, 1454a, XV.
12 *Ibid.*, 1451b, IX.
13 V. Propp, *Morphologie du conte* (trad. M. Derrida) (Poétique ; Paris 1965) (trad. de *Morfologija skazki*, Leningrad 1928).
14 *Ibid.*, p. 130.
15 *Ibid.*, p. 100.

même de l'or, ce qui montre «une qualité [qui] fonctionne comme un être vivant»[16], c'est-à-dire que la qualité de cracher de l'or fonctionne comme le cheval, être vivant. L'auteur ne commet pas l'erreur d'une généralisation excessive : la pertinence de ses conclusions est limitée à l'analyse d'un corpus précis de contes qui se déroulent toujours de la même manière, au point de disqualifier comme provenant d'un conteur maladroit les exemples s'éloignant de cette structure. Mais on gardera la question, en ce qui concerne l'étude de Jr, de savoir si les personnages sont principalement présentés de manière individuelle, comme représentation de personnes, ou plutôt comme fonctions en rapport avec un thème central du récit, par exemple la prophétie : opposition, acceptation, etc.

En reprenant le schéma de Propp et en le simplifiant, Algirdas Julien Greimas parvient à un «modèle actantiel»[17] réduit à six actants : destinateur, objet, destinataire, adjuvant, sujet et opposant. Ne serait-ce que par le vocabulaire d'«actant», Greimas veut centrer l'analyse des personnages sur leur fonction dans la structure du récit, en fermant la porte à une analyse trop psychologique qui les confondrait avec des personnes réelles. Si son schéma est célèbre, il vaut toutefois la peine de citer la phrase par laquelle il en délimite la validité, et qui interdit de l'appliquer à n'importe quel texte sans vérifier la légitimité de l'analyse :

> «Induit à partir des inventaires, qui restent, malgré tout, sujets à caution, construit en tenant compte de la structure syntaxique des langues naturelles, ce modèle semble posséder, en raison de sa simplicité, et pour l'analyse des manifestations mythiques seulement, une certaine valeur opérationnelle.»[18]

Cette remarque est capitale : elle laisse entrevoir qu'une théorie générale des personnages court le risque d'être insatisfaisante, différents types de littérature appelant différentes conceptualisations. Cela a été magistralement mis en lumière par Erich Auerbach dans son parcours de la littérature occidentale[19], depuis Homère et l'Ancien Testament, jusqu'à Virginia Woolf et Proust. Il y montre que chaque genre d'écrit, à chaque époque, a sa manière propre de faire in-

---

16 *Id.*

17 A.J. Greimas, *Sémantique structurale*. Recherche de méthode (Langue et langage ; Paris 1966) p. 180.

18 *Id.*

19 E. Auerbach, *Mimèsis*. La représentation de la réalité dans la littérature occidentale (Bibliothèque des idées ; Paris 1968) (trad. par C. Heim de *Mimesis*. Dargestellte Wirklichkeit in der abendländischen Literatur, Bern 1946).

tervenir et de construire des personnages. Les exemples en sont nombreux : séparation antique entre le «style élevé» des tragédies, où des personnages nobles sont confrontés à des grands événements, et le «style humble» des co- médies où le bas peuple affronte la vie quotidienne ; certains vivent dans un univers réaliste et d'autres dans un paysage de contes ; leurs destins individuels peuvent être pensés suivant la logique d'un texte de référence, par exemple les évangiles pour certains textes médiévaux, ou bien indépendamment de toute référence préétablie ; leur caractère peut être constant au long du livre, ou variable ; ils peuvent être très individualisés ou bien n'être qu'une simple il- lustration d'un type ou caractère ; ils peuvent paraître sûrs d'eux-mêmes ou confrontés à des doutes intérieurs... L'auteur ne s'intéresse pas au livre de Jr, mais l'ampleur de son parcours est fort utile pour conjurer le risque d'une interprétation fautive : il serait illusoire d'attendre des personnages jérémiens qu'ils soient construits et fonctionnent de la même manière que ceux d'un type de littérature qui nous paraîtrait, naïvement, naturel.

Un ouvrage de Lucien Goldmann, *Pour une sociologie du roman*[20], est éloigné du champ de cette recherche, mais sa réflexion en rejoint toutefois la problé- matique. Dans une étude sur André Malraux, il distingue chez cet auteur deux types de romans, l'un créant «un univers à intention réaliste constitué d'êtres, imaginaires sans doute mais individuels et vivants» et l'autre présentant «des histoires fantastiques et allégoriques»[21]. On en retiendra la question du réalisme de ce qui est représenté, particulièrement pour les personnages. D'autre part, pour appuyer l'idée selon laquelle «Balzac et Stendhal ont analysé la psycho- logie du personnage et, par cela même, généralisé et rendu banale sa connais- sance»[22], il cite une conférence de Nathalie Sarraute[23] qui montre l'influence forte de certains romanciers, au départ innovants, et désormais tellement entrés dans la culture que leur intérêt psychologique est devenu banal ; cela rappelle à quel point ces auteurs ont été novateurs, et combien on ne doit pas attendre la même logique dans des textes beaucoup plus anciens comme les textes bibli- ques.

Suivant la direction indiquée par Goldmann, on peut reprendre cette con- férence de Sarraute, qui présente l'intérêt d'exposer les raisons de l'évolution de la forme du roman, notamment en ce qui concerne les personnages. On com-

---

20 L. Goldmann, *Pour une sociologie du roman* (Bibliothèque des idées ; Paris 1964).
21 *Ibid.*, p. 42.
22 *Ibid.*, p. 185.
23 Cf. N. Sarraute, «Nouveau roman et réalité. Conférence faite à Bruxelles à la Tribune Libre Universitaire», *Problèmes d'une sociologie du roman. Revue de l'Institut de sociologie* 2 (1963) pp. 431–441.

prendra mieux pourquoi les récits qui nous paraissent racontés de manière naturelle sont en fait une étape d'un processus qui avait commencé avant eux et s'est poursuivi par la suite.

> «Il s'est produit dans le premier quart de ce [XXe] siècle une véritable révolution dans la littérature [...] faite par Proust, Joyce, Virginia Woolf, Kafka. Ces écrivains ont déplacé le centre de gravité du roman [qui était] le personnage [...] modelé au moyen de l'intrigue. [...] On les [ces personnages] dit vivants parce qu'ils agissent, pensent, parlent conformément à la façon dont nous voyons ou croyons voir, agir, penser, parler ces types humains facilement reconnaissables dont nous sommes entourés [...]. Cette vie-là, qui est une vie imitée, une vie de pure convention [...].

> [À propos du courant américain du ‹behaviorisme›] C'était là courir un très grand risque. [...] [Q]ue s'est-il passé le plus souvent ? Ces personnages en train d'agir, dont le lecteur ne percevait qu'une image schématique, le lecteur s'efforçait de remplir leur vide [...] avec les moyens donc il dispose [...] : bric-à-brac psychologique, fait de lieux-communs, de sentiments convenus [...]. »[24]

On perçoit ainsi le risque que l'on court à combler les blancs du texte de manière non critique : croyant y retrouver une illusoire nature humaine éternelle, qui serait identique dans le monde du texte et le monde réel d'aujourd'hui, on projettera en fait des réflexes hérités de la lecture de littératures particulières, menant au risque d'anachronisme avec le texte étudié.

Tous ces exemples montrent bien que les personnages des récits ne peuvent pas être analysés en utilisant sans précaution tous les questionnements valides pour connaître les personnes réelles. S'il n'est pas question de remettre en cause l'analogie entre personne réelle et personnage littéraire, puisque, en lisant, le lecteur reconnaît une représentation ressemblante d'êtres humains, on aura à évaluer ce qui la construit sans négliger ce qui la limite. On se souviendra que certains récits revendiquent cette limitation ; Paul Valéry écrivait ainsi à propos de son personnage Monsieur Teste que, du fait de son étrange psychologie, son existence « ne pourrait se prolonger dans le réel pendant plus de quelques quarts d'heure. »[25]

---

24 *Ibid.*, pp. 436–438.
25 P. Valéry, *Monsieur Teste* (Paris 1946) p. 10. Cité par Y. Roy, «La marionnette et le personnage», *Études françaises* 41/1 (2005) pp. 79–88.

3.2 Le lecteur confronté à ce rapport

Le chapitre précédent a montré l'avancée que constituent les théories poétiques de la narration ; on a souligné qu'elles prennent en compte la médiation du lecteur, parcourant le texte de ses yeux et se représentant l'histoire par l'imagination. Cela conduit à s'intéresser aux théories qui articulent le rapport entre personne réelle et personnage littéraire avec l'expérience du lecteur. On peut espérer y trouver des concepts qui se prêteront bien à l'analyse de Jr.

3.2.1 Une expérience variée selon les types de récits

De nombreux commentateurs ont remarqué que, selon les types de littératures, le lecteur faisait des expériences très variées en se représentant les personnages. Dans *Roman des origines et origines du roman*[26], Marthe Robert s'appuie sur l'expérience d'Oscar Wilde en tant que lecteur pour montrer la spécificité du personnage de roman (avec un exemple tiré de Balzac) par rapport à ceux des autres genres narratifs :

> «Lorsque Oscar Wilde s'écrie que le plus grand chagrin *de sa vie* est la mort de Lucien de Rubempré dans *Splendeur et misère des courtisanes*, personne ne s'offusque de l'absurdité de son propos, qui serait criante s'il s'agissait de Phèdre ou d'Œdipe. C'est que le héros traditionnel obéit à de toutes autres lois, sa vérité ne se confond pas avec sa véridicité, son temps n'est jamais celui de l'horloge, il n'est pas fait pour suggérer une existence complète et détaillée, mais pour rappeler la distance infranchissable qui sépare la représentation de la vie. Alors que le héros de roman se voit reconnaître unanimement le droit de confondre sans cesse le vivant et l'écrit, comme s'il pouvait sortir du papier.»[27]

On doit remarquer dans cette citation l'expression de «distance» dans la représentation, se souvenant que la traduction française habituelle de la *Verfremdung* brechtienne est «distanciation» : on y reviendra plus loin. Mais Robert cite aussi un autre lecteur célèbre, qui faisait une expérience inverse du même personnage : pour Proust,

> «Lucien parle trop comme Balzac, il cesse d'être une personne réelle, distincte de toutes les autres.»[28]

---

[26] M. Robert, *Roman des origines et origines du roman* (Tel 13 ; Paris 1972).
[27] *Ibid.*, p. 65 n. 1.
[28] *Ibid.*, p. 259.

Il ne s'agit pas ici de trancher entre les opinions de Proust et Wilde, mais de comprendre ce qui, dans le roman, donne au lecteur l'impression, ou pas, d'être face à une personne réelle. Marthe Robert a proposé d'analyser le fonctionnement intime de la littérature romanesque, dont elle voit les origines dans *Don Quichotte* et *Robinson Crusoé*, en fonction d'une structure psychologique. Le petit enfant, ainsi, s'invente deux versions successives du «roman familial», se considérant enfant trouvé puis bâtard, ce qui engendre deux types de littératures romanesques et de personnages. Mais ces deux types ont un point commun, qui distingue leurs personnages de ceux des autres genres littéraires :

> «Contrairement à tous les genres constitués en vue d'une figuration, en effet, le roman ne se contente jamais de *représenter*, il entend bien plutôt donner de toutes choses un ‹rapport complet et véridique›, comme s'il ressortissait non pas à la littérature, mais, en vertu d'on ne sait quel privilège ou de quelle magie, directement à la réalité. Ainsi il donne spontanément ses personnages pour des personnes, ses mots pour du temps réel et ses images pour la substance même des faits, ce qui va à l'encontre non seulement d'une saine doctrine de l'art – où la *représentation* se signale elle-même à l'intérieur d'un temps et d'un espace *convenus* : scène et décors d'un théâtre, vers d'un poème, cadre d'un tableau, etc. –, mais de l'invitation au rêve et à l'évasion dont le roman fait d'autre part sa spécialité.»[29]

Alors que les théories narratologiques classiques sont nées en analysant des romans, on mesure donc l'importance d'avoir avec elles un rapport critique lorsqu'on veut traiter des personnages d'une littérature si différente, comme celle que représente Jr. Dans la même ligne, le voyage au Japon[30] de Roland Barthes peut aussi être éclairant : cette culture si différente de la nôtre peut nous déshabituer des références occidentales modernes, ce qui facilitera, le moment venu, une entrée plus adéquate dans le monde sémitique antique. Il relate une expérience similaire à celle rapportée par Robert : tant dans la rencontre de la langue japonaise que dans une forme théâtrale traditionnelle, il a éprouvé une représentation des personnages radicalement différente de ce que l'on connaît en Occident. La langue possède une particularité syntaxique qui coupe les personnages de «l'alibi référentiel», au contraire de la «vie» et de la «réalité» que produit la littérature occidentale :

> «Ainsi, en japonais, la prolifération des suffixes fonctionnels et la complexité des enclitiques supposent que le sujet s'avance dans l'énonciation à travers des précautions, des reprises, des retards et des insistances dont le volume final (on ne saurait plus alors parler d'une simple ligne de mots) fait précisément du sujet une grande enveloppe vide de la parole, et non ce noyau plein qui est censé diriger nos phrases, de l'extérieur et de haut, en

---

29 *Ibid.*, p. 64.
30 Cf. Barthes, *L'empire des signes.*

sorte que ce qui nous apparaît comme un excès de subjectivité (le japonais, dit-on, énonce des impressions, non des constats) est bien davantage une manière de dilution, d'hémorragie du sujet dans un langage parcellé, particulé, diffracté jusqu'au vide. Ou encore ceci : comme beaucoup de langues, le japonais distingue l'animé (humain et/ou animal) de l'inanimé, notamment au niveau de ses verbes *être* ; or les personnages fictifs qui sont introduits dans une histoire (du genre : *il était une fois un roi*) sont affectés de la marque de l'inanimé ; alors que tout notre art s'essouffle à décréter la ‹vie›, la ‹réalité› des êtres romanesques, la structure même du japonais ramène ou retient ces êtres dans leur qualité de *produits*, de signes coupés de l'alibi référentiel par excellence : celui de la chose vivante.»[31]

En suivant Robert et Barthes, on pourrait donc conclure que, loin d'être une règle générale valable pour toute littérature, ce n'est qu'à titre d'exception que les personnages des romans occidentaux donnent l'impression d'avoir toutes les caractéristiques d'une personne humaine. Il faudra en tirer des conséquences précises pour l'étude de Jr, livre qui n'a pas grand-chose à voir avec un roman moderne. Mais on doit prendre en compte une objection provenant des réflexions de Pierre Bayard. Pour cet auteur, les personnages ont une vie propre, en dehors du livre, comme des personnes réelles. Il met en œuvre une méthode qualifiée de «critique policière», appuyée sur une réflexion théorique, pour rouvrir les dossiers de *Hamlet*, du *Chien des Baskerville*, et du *Meurtre de Roger Ackroyd*[32]. Il propose une interprétation qui frappe par sa finesse et qui parvient à convaincre que, dans ces trois œuvres, les meurtriers ne sont pas ceux que l'on croyait. Mais sa méthode est-elle applicable à tout genre littéraire ?

Trois remarques permettent de mieux comprendre sa manière de procéder. Tout d'abord, l'usage de la psychanalyse est chez Bayard d'une grande précision : il ne pratique pas une psychologie de comptoir, qui interprèterait sans rigueur les conflits d'enfance des personnages ou de l'écrivain. Sa pratique de la psychanalyse l'aide plutôt à faire attention à ce qui se cache dans des discours qui prétendent dire la vérité. Deuxièmement, il propose une analyse fine de l'expérience psychologique de la lecture, pour montrer comment, pour le lecteur, l'expérience des personnages se confond avec celle de la rencontre de personnes réelles : la différence, considérée du point de vue de l'inconscient, est moins grande que l'on pourrait croire.

---

31 Barthes, *op. cit.*, pp. 15–16.
32 P. Bayard, *Enquête sur «Hamlet» : le dialogue des sourds* (Paris 2002) ; P. Bayard, *Qui a tué Roger Ackroyd ?* (Paris 2002) ; P. Bayard, *L'affaire du chien des Baskerville* (Paris 2007). Ces trois livres commentent W. Shakespeare, *Hamlet* ; A.C. Doyle, *The Hound of the Baskervilles* (London 1902) ; A. Christie, *The Murder of Roger Ackroyd* (London 1926).

Mais, troisièmement, on peut remarquer que sa méthode, parfaitement adaptée au genre du roman policier, n'est pas généralisable à d'autres littératures. S'il y a lieu de mener une «critique policière» dans les œuvres qu'il commente, c'est parce que ces livres sont tout entier construits autour d'un meurtre qui a eu lieu, sur lequel les personnages ne proposent que des points de vue partiels et biaisés. Il y a eu meurtre, quelqu'un est coupable, et il s'agit de l'identifier. Bayard le fait en remarquant les stratégies de dissimulation de la vérité à l'œuvre dans les discours représentés par le livre ; il est guidé en cela par la théorie psychanalytique pour laquelle un mensonge ne peut jamais dissimuler complètement la vérité : ce qui est refoulé ressort, autrement, ailleurs. L'auteur ne propose pas d'imaginer une vie des personnages de manière indépendante à ce qui est rapporté, mais uniquement d'interpréter autrement les tranches de vie produites par le texte ; les moments non racontés qu'il imagine sont conçus strictement comme une projection à partir de ce qui est écrit. Il n'ajoute pas de pièce nouvelle au puzzle, mais se contente de les assembler autrement, comme l'ont déjà fait plusieurs personnages (typiquement, le policier idiot et le détective génial). Il reste donc à l'intérieur du programme fixé par le livre, pour lequel il y a à identifier le coupable d'un meurtre. La démarche est parfaitement adaptée à ce genre d'intrigue, mais n'appelle sans doute pas à être généralisée. Ainsi, rien n'assure a priori qu'il soit légitime de supposer que les personnages de Jérémie continuent à exister dans tous les moments où la narration ne les appelle pas sur scène.

3.2.2 Le personnage comme effet

Les débats théoriques sur la question du personnage ne sont pas restés enfermés dans la question de savoir s'ils sont immanents au texte ou dotés d'une vie humaine propre ; un article de Philippe Hamon en 1977[33] a permis de déplacer le problème en introduisant la notion de l'effet du personnage sur le lecteur. Il voulait ainsi analyser les personnages avec rigueur, s'opposant à ceux qui «abdiquent toute rigueur pour recourir au psychologisme le plus banal»[34]. Il peut ainsi associer le fait qu'ils sont une pure création du livre de fiction, sans

---

33 P. Hamon, «Pour un statut sémiologique du personnage», *Poétique du récit* (R. Barthes – W. Kayser – W. Booth – P. Hamon) (Points 78 ; Paris 1977) pp. 115–180.
34 *Ibid.*, p. 116.

cette dimension d'existence autonome qui caractérise les personnes réelles[35], avec le fait que, pour le lecteur, ils paraissent bien réels. Ainsi, le personnage

> «est autant une reconstruction du lecteur qu'une construction du texte (l'effet-personnage n'est peut-être qu'un cas particulier de l'activité de lecture).»[36]

D'autre part, sa perspective fortement marquée par le structuralisme – on aura remarqué les citations de Lévi-Strauss – invite aussi à repérer dans un livre les oppositions entre personnages davantage que leurs valeurs individuelles ; Hamon cite ici une remarque de Todorov[37] sur les oppositions entre personnages, et introduit la notion de «qualification différentielle» :

> «le personnage sert de support à un certain nombre de qualifications que ne possèdent pas, ou que possèdent à un degré moindre, les autres personnages de l'œuvre.»[38]

On en retiendra, pour Jr, l'intérêt d'étudier les rapports des personnages entre eux, notamment les rapports d'association et d'opposition. Par mesure de précision, remarquons qu'il reprend à Barthes[39] l'expression d' «effet de réel» [40], mais que pour l'un comme pour l'autre, il ne faut pas la confondre avec le fait qu'un personnage fictionnel donne l'impression d'être réel. L' «effet de réel» est produit par des petits détails concrets et matériels du récit, sans signification notable pour l'intrigue. Ces détails sont caractérisés par «la carence même du signifié au profit du seul référent [qui] devient le signifiant même du réalisme»[41]. On peut sans doute ranger dans cette catégorie la mention dans Jr de la «ruelle des boulangers» (37,21). Si certains personnages participent à cet effet, ce ne sont pas les personnages principaux du récit mais ces personnages historiques, mythologiques, allégoriques ou sociaux, qui constituent le décor sur le fond duquel se déroule l'action.

Wolfgang Iser est célèbre pour avoir introduit, dans une perspective phénoménologique, la catégorie de «lecteur implicite»[42], dans une étude qua-

---

35 La position contraire a été défendue très maladroitement par Hochman. L'abondance de ses apories suffit à en réfuter la thèse. Cf. B. Hochman, *Character in Literature* (Ithaca – London 1985).
36 Hamon, *op. cit.*, p. 119.
37 Cf. T. Todorov, *Poétique de la prose* (Poétique ; Paris 1971) p. 15.
38 Hamon, *op. cit.*, p. 154.
39 Cf. R. Barthes, «L'effet de réel», *Communications* 11 (1968) pp. 84–89.
40 Cf. Hamon, *op. cit.*, p. 168 n. 4 ; p. 170 n. 16.
41 Barthes, *op. cit.*, p. 88.
42 W. Iser, *Der implizite Leser.* Kommunikationsformen des Romans von Bunyan bis Beckett (München 1972).

siment contemporaine de celle de Hamon. Réfléchissant à l'acte de lecture[43], il s'interroge sur la manière dont le lecteur imagine le personnage à partir des indices textuels. Il propose une comparaison éclairante entre l'expérience du spectateur au cinéma et celle du lecteur, en réfléchissant à partir de la déception fréquente de celui qui voit un film adapté d'un roman connu :

> «En effet, nos images mentales [à distinguer des perceptions optiques produites par le cinéma] ne visent pas à créer, à faire vivre physiquement sous nos yeux les personnages du roman ; leur pauvreté optique se traduit du reste par le fait qu'elles ne font pas apparaître le personnage comme objet, mais bien comme porteur d'une signification.»[44]

Il réfléchit plus loin à la différence entre vie humaine et personnage littéraire :

> « il faudrait dire que les aspects schématisés qui composent un personnage se complètent mutuellement de sorte à donner l'illusion d'une présentation intégrale. [...] Même lorsque le personnage est conçu pour donner l'illusion de la réalité, celle-ci n'est pas un but en soi, mais bien un simple signe.»[45]

On comprend ainsi que, même si le lecteur ne prend pas conscience du fait que les personnages sont assez peu constitués, les représentations qu'il s'en fait sont bien plus maigres que celles surgissant face à une personne réelle. L'intérêt suscité chez lui par l'avancée de l'intrigue déplace son attention au point de ne pas remarquer ces insuffisances de la représentation. Mais le commentateur critique du livre ne doit pas, lui, combler inconsciemment ces blancs.

Comment traduire le titre de l'article de James Garvey, «Characterization in Narrative ?»[46] ? Peut-être par «caractérisation en récit», mais on perd ainsi la connotation de l'anglais pour qui *character* signifie «personnage», et l'on risque de laisser entendre erronément une proximité avec la pratique ancienne de l'étude des «caractères»[47]. Garvey aborde les personnages d'une manière éloignée de ce qui semble pertinent pour l'étude de Jr : en reprenant à Chatman la définition des «traits», il part de personnages qui existent à l'extérieur du roman

---

43 Iser, *L'acte de lecture*.
44 *Ibid.*, p. 250.
45 *Ibid.*, p. 318.
46 J. Garvey, «Characterization in Narrative», *Poetics* 7/1 (1978) pp. 63–78.
47 Voir par exemple au chapitre XV d'Auerbach, *op. cit.*, la comparaison entre les personnages de Molière et les «caractères» des moralistes de son siècle, comme La Bruyère. Mirguet a proposé de traduire *characterization* par «mise en personnage», par analogie avec «mise en récit». Mirguet, *La représentation du divin*, p. 9.

lui-même[48]. Son analyse est aussi ancrée dans la théorie communicationnelle de la narration, écartée de cette recherche. Un point de son analyse est toutefois à retenir : il distingue de manière éclairante entre des attributs « directs » et « indirects » :

> « An attribute may arise in a character either directly (through the explicit statements of the narrator or other character) or indirectly (‹dramatically›) through his own statements or those of the narrator, or of a fellow-character ; also through the character's acts, clothing, name. »[49]

On devra donc prendre en compte tous les procédés par lesquels Jr construit les personnages : ce qu'en dit explicitement la narration, ce qui se manifeste par leur nom, leurs actions, leurs paroles, ainsi que ce qu'en disent les oracles, qui peut confirmer les autres attributs ou se situer en tension par rapport à eux.

Les analyses de Vincent Jouve et de Michel Erman, enfin, tirent elles aussi profit du déplacement de la question du personnage grâce à la prise en compte de la catégorie de lecteur. Jouve[50] ne s'intéresse qu'au roman, qu'il définit par l'association de son caractère fictionnel avec son intérêt central pour « la représentation de la vie intérieure »[51]. Dans la lignée d'Iser et de Jauss[52], il veut dépasser tant l'illusion d'être face à des personnes réelles qu'une analyse purement formelle de leur fonction. Il procède à une répartition entre texte et lecteur : la réalité du personnage se trouve dans l'imagination du lecteur, alors que son aspect fictif se trouve dans le texte écrit :

> « L'illusion de personne, aussi efficace soit-elle, n'en demeure pas moins une construction du texte. »[53]

Erman va dans le même sens lorsqu'il affirme que :

> « Le lecteur reconnaît donc à un ‹être de papier› une existence comme s'il était un être vivant – et c'est dans ce ‹comme si› que réside sans nul doute le plaisir de la fiction – à la condition qu'il suscite un effet de présence, lequel se manifeste de façon expressive dans différents signes anthropomorphiques [...] »[54]

---

48 Garvey, *op. cit.*, p. 65.
49 *Ibid.*, pp. 67–68.
50 V. Jouve, *L'effet-personnage dans le roman* (Écriture ; Paris 1992).
51 *Ibid.*, p. 16.
52 Il cite *L'acte de lecture* d'Iser, déjà commenté ici, ainsi que H.R. Jauss, *Pour une esthétique de la réception* (Bibliothèque des idées ; Paris 1978).
53 *Ibid.*, p. 11.
54 M. Erman, *Poétique du personnage de roman* (Thèmes et études ; Paris 2006) p. 18.

Soulignons dans cette citation l'expression «comme si» : le lecteur se prend
donc au jeu de croire que les personnages du récit imitent des personnes réelles,
sans jamais perdre de vue qu'il ne s'agit que d'un jeu. Cette affirmation est
limitée au cadre du roman, dont Erman propose que ses personnages soient
«fondés sur le sujet cartésien». Il note une différence avec les récits du Moyen
Âge, dont les personnages «ne sont que très imparfaitement des imitations de
personnes». Il découvre même dans certains textes des protagonistes «dépersonnalisés»[55].

3.2.3 Retour sur la notion de *Verfremdungseffekt*

Il est donc clair que les personnages des récits, s'ils produisent sur le lecteur
l'effet de se trouver face à des personnes réelles, n'en réalisent jamais qu'une
représentation partielle. Selon les types de littératures, cette représentation peut
être plus ou moins complète. Si le lecteur tente souvent inconsciemment de
combler un certain nombre de blancs, ce n'est pas nécessairement possible pour
tous les récits. Certains d'entre eux, typiquement les romans classiques, font tout
pour rendre invisibles les techniques de la représentation, pour produire l'illusion parfaite d'une personne réelle. Beaucoup d'autres littératures, au contraire,
assument de ne produire que des représentations imparfaites et le rendent
manifeste pour le lecteur. Pour nous qui vivons après l'âge du roman classique,
le passage par les innovations déroutantes du XXe siècle est une bonne manière
de relativiser le modèle classique, et d'aborder de manière plus juste les littératures qui l'ont précédé. Les remarques de Robbe-Grillet, malgré leur ton volontiers polémique, résument bien cette situation :

> «Nous en a-t-on assez parlé, du ‹personage› ! Et ça ne semble, hélas, pas près de finir.
> Cinquante années de maladie, le constat de son décès enregistré à maintes reprises par les
> plus sérieux essayistes, rien n'a encore réussi à le faire tomber du piédestal où l'avait placé
> le XIXe siècle. [...] Beckett change le nom et la forme de son héros dans le cours d'un même
> récit. Faulkner donne exprès le même nom à deux personnes différentes. Quant au K. du
> *Château*, il se contente d'une initiale, il ne possède rien, il n'a pas de famille, pas de
> visage ; probablement même n'est-il pas du tout arpenteur. [...] Le roman de personnages

---

55 *Ibid.*, pp. 6, 7 et 10. Erman qualifie de «dépersonnalisés» des protagonistes qui n'ont pas de
fonction mimétique, mais servent uniquement comme porte-parole du narrateur. Cf. Erman, *op.
cit.*, p. 10.

appartient bel et bien au passé, il caractérise une époque : celle qui marqua l'apogée de l'individu.»[56]

Si les références citées par Robbe-Grillet pourraient passer pour une littérature élitiste, on peut remarquer des phénomènes du même genre dans la littérature indubitablement populaire qu'est la bande dessinée. Jean Rime a remarqué dans les *Aventures de Tintin* une progression au cours de la série, avec une technique de «médiation métaphorisée [qui] permet à Hergé de dénoncer l'artifice de l'illusion référentielle tout en s'y infiltrant *incognito* et en la parasitant»[57]. Cette évolution trouve son accomplissement dans l'album inachevé *L'alph-art* :

> «Significativement, la figure du reporter et celle du médium se rejoignent dans l'album inachevé d'Hergé, *L'alph-art*, le récit des simulacres où toutes les facettes de la médiation sont dévoilées dans la révélation de l'illusion artistique.»[58]

La question est donc ouverte de savoir de quelle manière sont construits les personnages de Jr et quel type d'illusion de personne réelle ils produisent. Donnent-ils l'impression d'une personne absolument réelle, autorisant ainsi le lecteur à combler tous les blancs en y projetant ce qu'il sait de la vie des personnes réelles ? Ou bien Jr emploie-t-il des moyens littéraires pour restreindre cet effet-personnage, pour le «soustraire à la contagion métonymique»[59] en rendant le lecteur conscient de son artificialité ? Si c'était le cas, on se retrouverait, en ce qui concerne les personnages, avec ce que l'on avait décrit dans le chapitre précédent à propos du récit : cet effet pratiqué et théorisé par Brecht sous le nom de *Verfremdungseffekt*. Si le théâtre brechtien produit cet effet notamment en associant sur scène différentes représentations incompatibles entre elles, un tel effet pourrait naître d'un texte à l'histoire rédactionnelle longue, écrit à plusieurs mains au long de plusieurs siècles. Cela conduit le lecteur, on l'a déjà remarqué, à s'intéresser aux personnages non pas d'abord pour y retrouver des personnes réelles[60], mais pour le sens qui se révèle à partir de leur représentation.

---

56 A. Robbe-Grillet, «Sur quelques notions périmées. 1957», *Pour un nouveau roman* (Paris 1963) pp. 25–43, p. 26 et 28. Les citation proviennent de la section «Le personnage» de cet article.

57 Rime, «Hergé est un personnage», p. 36.

58 *Ibid.*, p. 45.

59 Cf. Barthes, *L'empire des signes*, p. 75.

60 N.B. : Par «personnes réelles», on ne veut pas signifier ici des personnes «historiques», «ayant réellement existé», mais «réalisant complètement l'impression d'imiter des personnes réelles».

3.3 Les personnages de Jr

3.3.1 Moyens rendant efficace l'effet-personnage

Le champ conceptuel est désormais suffisamment dégagé pour qu'on puisse en venir à Jr, et commencer par repérer une série de moyens littéraires qui rendent efficace l'effet-personnage. Il s'agit principalement de l'emploi des noms propres, des oracles personnels, du caractère unique de certaines personnalités, de la normalité de leur humanité, et de leur liberté d'action.

Les noms propres sont très fréquents dans Jr, souvent associés au nom du père voire du grand-père[61]. Il est d'ailleurs remarquable que la narration ne présente jamais d'individu anonyme ; les seuls personnages anonymes sont collectifs : les prêtres, tout le peuple[62], les ministres[63], les quatre-vingts hommes arrivant de Sichem, Silo et Samarie (41,5), voire les Rékabites (dont seuls le chef de clan Yaazanya et l'ancêtre Yonadav sont nommés ; cf. chap. 35), etc. Au contraire, on ne rencontre jamais de phrase telle que «un homme vint voir Jérémie» ou «tel personnage nommé s'adressa à une femme qui passait par là». Il n'y a jamais d'intrigue de révélation reposant sur l'identification d'un personnage inconnu des autres. L'emploi abondant de noms associés au nom du père permet même de reconstituer quatre arbres généalogiques pour les descendants de Josias, Shafân, Hananya et Nériya, qui sont représentés ci-dessous. Sur ces arbres généalogiques sont indiqués en bas à droite de chaque case les chapitres dans lesquels apparaissent les personnages ; un tiret entre parenthèses signale ceux qui, absents de la narration, sont mentionnés uniquement comme père d'un autre personnage. Pour le cas particulier des descendants de Josias, les règnes successifs sont disposés selon un axe vertical.

Ces personnages n'apparaissent pas comme des individus isolés ; au contraire, le lecteur a l'impression d'être plongé dans des logiques familiales et dynastiques, où les liens du sang peuvent participer à l'intrigue[64].

À l'emploi des noms propres à fin d'individualisation, on doit tout de même apporter une précision : certains personnages sont nommés au long du récit par

---

[61] Par ex. «Pashehour fils d'Immer» (20,1), «Yiriya fils de Shèlèmya, fils de Hananya» (37,13).

[62] Par ex. «les prêtres, les prophètes et tout le peuple» (26,7).

[63] Par ex. 26,21 ; 38,4.

[64] À titre d'exemple, on peut citer Yiriya, l'opposant à Jérémie en 37,13 : la narration précise qu'il est le petit-fils de Hananya, le faux prophète du chap. 28. Son frère Yehoukal faisait partie de l'ambassade envoyée par le roi quelques versets plus haut (37,3) : en l'absence d'hostilité envers le prophète, la narration n'indiquait pas cette ascendance. J'ai développé cet argument dans Chauty, «Réduit au silence dans une citerne... (Jr 37,1-16)».

```
                    ┌─────────────────────────┐
                    │         Nériya          │
                    │                   (–)   │
                    └─────────────────────────┘
           ┌────────────────────────┴──────────────────────────┐
┌──────────────────────┐                      ┌──────────────────────┐
│      Baruch          │                      │      Seraya           │
│              32–45   │                      │              51,59    │
└──────────────────────┘                      └──────────────────────┘
```

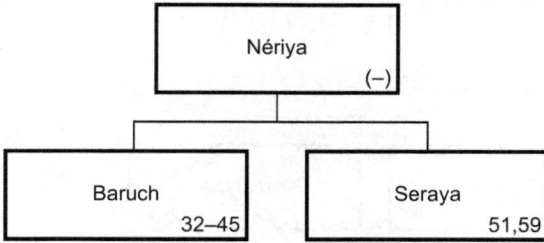

Fig. 2 : Arbre généalogique de Nériya

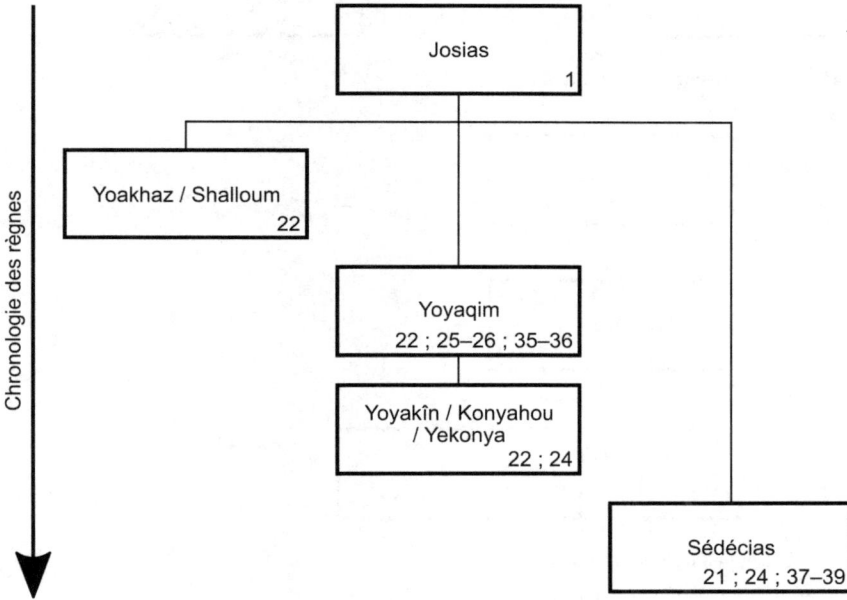

```
                              ┌─────────────────────────┐
                              │         Josias          │
                              │                     1   │
                              └─────────────────────────┘
```

Fig. 3 : Arbre généalogique de Josias

plusieurs versions du même nom. Nom long ou apocopé[65] (la finale de nombreux noms alterne entre absence et présence d'un ו : Jérémie יִרְמְיָה / יִרְמְיָהוּ (comparer 27,1 à 1,1), Sédécias צִדְקִיָּה / צִדְקִיָּהוּ (comparer 27,12 à 1,3), de même pour Guedalias, Shemaya, Cefanya) ; variations orthographiques (Youkal יוּכַל 38,1 / Ye-

---

[65] Pour une étude générale des différentes formes des noms de personne dans la Bible hébraïque, voir Z. Zevit, « A Chapter in the History of Israelite Personal Names », *BASOR* 250 (1983) pp. 1–16, et M. Jastrow Jr., « Hebrew Proper Names compounded with יה and יהו », *JBL* 13 (1894) pp. 101–127.

```
                    ┌─────────────────┐
                    │     Shafân      │
                    │       (–)       │
                    └────────┬────────┘
          ┌──────────────────┼──────────────────┐
┌─────────┴────────┐ ┌───────┴────────┐ ┌────────┴─────────┐
│     Ahiqam       │ │    Eléasa      │ │   Guemaryahou    │
│          26,24   │ │         29,3   │ │        36,10-25  │
└─────────┬────────┘ └────────────────┘ └────────┬─────────┘
┌─────────┴────────┐                    ┌─────────┴────────┐
│    Guedalias     │                    │    Mikayehou     │
│         39–43    │                    │        36,11-13  │
└──────────────────┘                    └──────────────────┘
```

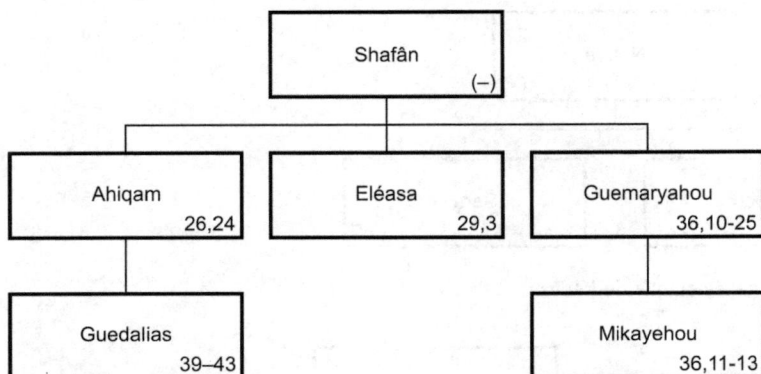

Fig. 4 : Arbre généalogique de Shafân

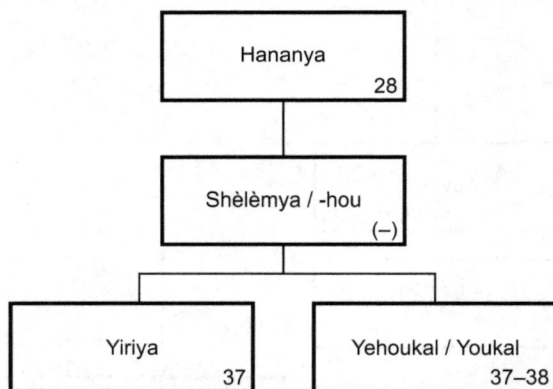

```
              ┌─────────────────┐
              │    Hananya      │
              │           28    │
              └────────┬────────┘
              ┌────────┴────────┐
              │  Shèlèmya / -hou │
              │        (–)       │
              └────────┬────────┘
       ┌───────────────┴───────────────┐
┌──────┴───────┐              ┌─────────┴─────────┐
│    Yiriya    │              │  Yehoukal / Youkal │
│        37    │              │         37–38      │
└──────────────┘              └───────────────────┘
```

Fig. 5 : Arbre généalogique de Hananya

houkal יְהוּכַל 37,3 ; absence du י pénultième pour Yoyaqim יְהוֹיָקִים en 27,1) ; voire même pluralité de noms pour un même personnage (Yoyakîn / Konyahou). Contrairement à 2 R qui montre parfois un souverain étranger changer le nom d'un roi de Juda[66], Jr ne semble pas tirer profit narrativement de ces variations.

---

66 En 2 R 23,34 (et 2 Ch 36,4), le pharaon Néko change le nom d'Elyaqim en Yoyaqim ; en 2 R 24,17, le roi de Babylone change le nom de Mattanya en Sédécias. (2 Ch 36,10 voit en Sédécias le frère de Yoyakîn plutôt que son oncle et ne mentionne pas de changement de nom.)

Si l' «encyclopédie»[67] du lecteur est limitée aux connaissances nécessaires pour lire uniquement Jr, l'emploi des noms propres participe déjà fortement à l'effet-personnage pour donner l'impression de personnes réelles. Mais cet effet est encore plus fort si l'on considère une encyclopédie élargie : un grand nombre de personnages présents dans Jr peuvent être connus par d'autres sources. À l'échelon biblique, certains personnages se retrouvent dans 1–2 R et 1–2 Ch ; à l'échelon archéologique, la découverte récente de «bulles» d'argile, dans des fouilles à la Cité de David entre 1978 et 1982, sur lesquelles ont été imprimés les sceaux de nombreux officiels nommés dans Jr[68], atteste de leur existence historique. Alors que notre connaissance historique de l'époque n'est que parcellaire, cela montre que le livre est écrit sur la base d'une documentation conséquente. Cette donnée historique a longtemps été inaccessible aux lecteurs concrets de Jr, et elle faisait peut-être déjà défaut lors de la finalisation du TM, sans doute plusieurs siècles après les faits racontés[69]. Elle offre toutefois, par la voie diachronique, une rare confirmation au fait synchronique de l'efficacité de l'effet-personnage : pour l'historien comme pour le lecteur implicite, le texte semble mettre en scène des personnages qui ne sont pas créés de toutes pièces.

Les oracles personnels viennent renforcer cette impression de personnes réelles : plusieurs personnages sont nommés dans des oracles, que ce soit pour une condamnation (Pashehour en 20,4-6, Sédécias notamment en 21,7, Yoyaqim en 36,30-31, etc.) ou pour une très exceptionnelle[70] promesse de délivrance (Eved-Mélek en 39,16-18, Baruch en 45,5, et dans une moindre mesure le clan des Rékabites assuré de survivre en tant que clan, cf. 35,19). Par ces oracles, le récit montre que Yhwh s'intéresse particulièrement à eux et que leur destinée sera

---

67 Notion introduite dans le premier chapitre d'U. Eco, *Lector in fabula*. La cooperazione interpretativa nei testi narrativi (Milano ¹1979, ¹¹2010). L'encyclopédie est l'ensemble des connaissances préalables à la lecture et nécessaires à la compréhension du texte.

68 Notamment de Guemaryahou (cf. 36,12), Yehoukal fils de Shèlèmyahou (cf. 37,3), Yerahméel (cf. 36,26), mais aussi, avec un degré de certitude plus faible, de neuf autres personnages de Jr ; l'authenticité des deux exemplaires de la bulle de Baruch étant quant à elle douteuse. Cf. L.J. Mykytiuk, «Corrections and Updates to ‹Identifying Biblical Persons in Northwest Semitic Inscriptions of 1200 – 539 B.C.E.›», *Maarav* 16/1 (2009) pp. 49–132. Rapport des fouilles : Y. Shiloh, *Excavations at the City of David*. I. 1978–1982. Interim Report of the First Five Seasons (Qedem ; Jerusalem 1984).

69 Römer s'appuie sur les différences entre LXX et TM pour proposer que le processus rédactionnel de Jr s'est poursuivi «au moins jusqu'à la fin de la période hellénistique». Cf. T. Römer, «Jérémie», *Introduction à l'Ancien Testament* (éd. T. Römer – J.-D. Macchi – C. Nihan) (MoBi 49 ; Genève ²2009) pp. 426–438, p. 435.

70 Schulte note que «Persönliche Heilsworte aber finden wir in den gesamten Prophetenbüchern nicht – außer im Fall der beiden Männer Baruch und Ebdmelech.», H. Schulte, «Baruch und Ebedmelech. Persönliche Heilsorakel im Jeremiabuche», *BZ* 32/2 (1988) pp. 257–265, p. 258.

individualisée ; ils ne seront pas traités comme n'importe lesquels de leurs semblables.

Si les personnages de Jr peuvent se regrouper en un certain nombre de catégories (rois, officiels, amis de Jérémie, etc.), on doit remarquer qu'il demeure des différences individualisantes au sein de chaque catégorie. Ainsi, bien que tous les rois agissent contre Jérémie et qu'il leur soit annoncé un destin malheureux, Sédécias et Yoyaqim se distinguent l'un de l'autre : Yoyaqim s'oppose systématiquement à Jérémie[71] alors que Sédécias s'intéresse à ses oracles (cf. 37,17 et 38,14) ; d'ailleurs, bien que Sédécias reçoive des oracles de condamnation, le prophète lui annonce tout de même une mort paisible : on entonnera pour lui l'élégie «Quel malheur, mon maître» (34,5)[72], dont Yoyaqim sera privé (22,18). De même, si Baruch et Eved-Mélek sont des personnages qui s'associent positivement à la mission prophétique de Jérémie, c'est de manière différente : Baruch est intéressé au texte même des oracles, dont il est appelé plusieurs fois à assurer la permanence grâce à l'écriture (Cf. 32,13 et tout le chap. 36), alors qu'Eved-Mélek, s'il prend soin du sort corporel du prophète (38,7-13), n'est jamais montré comme écoutant les oracles[73]. Il est donc clair que, si les personnages de Jr peuvent être analysés selon leur «fonction», comme dans les contes russes analysés par Propp, ou comme «actants», «adjuvants» ou «opposants» de Jérémie, d'après le schéma actantiel de Greimas, ils ne se réduisent pas à cela. Une telle réduction serait peut-être possible pour certains écrits sapientiels, dont les personnages ne sont que des types illustrant une vertu ou une forme de caractère, tel Qohéleth, roi philosophe idéalisé (cf. Qo 1,12-18), ou Tobit, tenant un discours religieux (cf. Tb 4) d'une exigence et d'une pureté qui ne peut se réaliser que dans un conte. Par l'effet de tous ces traits individualisants, les personnages de Jr produisent sur le lecteur l'effet de personnes réelles.

---

71 En 26,22-24, Jérémie n'échappe à Yoyaqim que grâce à la protection d'Ahiqam ; en 36,26, Yoyaqim tente de le faire arrêter.

72 En 34,4b-5, cette promesse fait suite à l'impératif d'écouter la parole de Yhwh ; on peut lire cet impératif soit comme appel général à une écoute permanente, ce qui donne un aspect conditionnel à l'oracle, soit comme appel à écouter les phrases particulières qui suivent, ce qui diminue l'aspect conditionnel au profit d'une simple fonction phatique. D'autres oracles à Sédécias expliciteront davantage l'aspect conditionnel, avec la structure classique ...אם ...ואם לא, «si... mais sinon...» (cf. par ex. 37,17-18).

73 Certes, Eved-Mélek qualifie Jérémie de «prophète» dans son discours au roi (38,9) ; mais alors que le TM ne distingue pas entre prophète et pseudo-prophète, l'emploi de ce titre pourrait ne connoter qu'une fonction sociale, indépendamment de toute reconnaissance de l'authenticité des paroles prononcées par Jérémie. On approfondira cette question plus loin (cf. 3.3.2).

Par comparaison avec d'autres livres bibliques, on peut distinguer une caractéristique commune aux personnages jérémiens : ils n'ont pas de traits qui diminueraient leur réalisme. Ainsi, aucun n'a une durée de vie plus longue que la normale, que ce soit par rapport à l'Antiquité ou à l'époque moderne : personne dans Jr ne meurt à 127 ans comme Sara (Gn 23,1) ou 175 ans comme Abraham (Gn 25,7) ; personne n'a la force surhumaine de Samson qui déchire des lions à mains nues (Jg 14,5-6) ; personne n'échappe à la mort comme Élie sur son char (2 R 2,11). Même l'expérience prophétique de Jérémie est d'une certaine banalité : la parole de Yhwh le rejoint sans être accompagnée de signes théophaniques extraordinaires ; les visions de sa vocation se limitent à un amandier et à un chaudron (1,11-13), ce que chacun peut voir dans son jardin et sa cuisine, bien loin des séraphins et de la fumée d'Isaïe (Is 6,1-4) ou des quatre vivants d'Ézéchiel (Ez 1,4-14). Ainsi, le lecteur de Jr est plongé dans un monde qui ressemble trait pour trait à son monde quotidien, habité par des personnages qui n'ont pas de traits fantastiques impossibles aux personnes réelles – si ce n'est, bien sûr, l'abondance de la parole divine adressée au prophète.

L'ambiance des chapitres 40,7–41,18 diffère de celle du reste du livre, puisqu'aucun oracle n'y survient et que Jérémie n'y est pas mentionné ; ces chapitres apportent toutefois eux aussi un éclairage sur la construction des personnages. Alors que Yhwh est silencieux, au point qu'il faudra attendre dix jours pour qu'un oracle survienne à la demande de Yohanân (cf. 42,7), le récit progresse au rythme des actions de trois personnages : Guedalias, nommé à son poste par les Chaldéens (40,7-16), Yishmaël, qui l'abattra (41,1-10), et Yohanân, qui délivrera le peuple puis le conduira en Égypte (41,11–43,7). Dans cette séquence, il apparaît clairement que ce sont leurs actions qui conduisent le progrès de l'intrigue, et pas l'influence de facteurs extérieurs. Il y a là une différence par rapport aux chapitres précédents où c'étaient les allées et venues des armées babyloniennes et égyptiennes qui changeaient les conditions de vie de Jérusalem, ou bien la survenue des oracles qui orientait le récit. Chacun de ces trois personnages est ici en mesure d'infléchir le cours des événements lorsqu'il décide de le faire : Guedalias commande une récolte, qui s'avère abondante (40,9-12) ; Yishmaël parvient aisément à assassiner Guedalias, puis tous les Judéens qui l'entourent, et encore soixante-dix hommes arrivant de Sichem, Silo et Samarie (41,1-7) ; Yohanân enfin, lorsqu'il part à la recherche de la population déportée par Yishmaël, parvient sans combat à les reprendre avec lui (41,11-15). Voici donc trois personnages forts et qui, chacun pour un temps, guident les événements à leur guise. Cela dénote, au moins pour cette séquence, une certaine liberté d'action des personnages, qui ne sont pas présentés par le récit comme des pantins dans les mains de forces supérieures. Bien que moins clairement, on peut repérer une telle liberté chez d'autres personnages de Jr, par exemple dans les tergiversations de Sédécias (38,14-28) ou l'initiative d'Eved-Mélek (38,7-13). Ainsi, même si Jr est marqué dès l'incipit du premier chapitre par la connaissance de la chute de Jérusalem, l'histoire n'est pas racontée comme si tout était joué d'avance : il reste une tension provenant de la liberté des personnages, auxquels des issues favorables sont offertes par d'autres humains ou par Yhwh.

3.3.2 Effet de la dénomination des personnages

Pour permettre au lecteur d'identifier et de reconnaître un personnage, le récit dispose de différents moyens, que l'on regroupe sous la catégorie de «dénomination» (ce que l'anglais désigne par *naming*). Le personnage peut être simplement sous-entendu par la conjugaison d'un verbe : l'impératif sous-entend un destinataire ; un verbe conjugué même sans sujet explicite sous-entend un sujet (ce que permet l'hébreu, comme l'italien, contrairement au français ou à l'anglais). Le personnage peut être explicité par l'usage d'un pronom, soit un pronom sujet (הוּא, «lui»), soit un pronom objet (אֹתוֹ, «lui»), soit un suffixe pronominal complétant un nom, un infinitif construit, ou une particule :

> (36,17) «tu as écrit de *sa* bouche» כָּתַבְתָּ מִפִּיו
>
> (45,1) «alors qu'*il* écrivait» בְּכָתְבוֹ
>
> (39,9) «les déportés qui s'étaient rendus *à lui*» עָלָיו

Comme on l'a déjà signalé, un personnage peut être désigné par son nom, associé ou non aux noms de son père et de son grand père. Cela fournit d'abord une information généalogique, si le père ou le grand-père sont connus par d'autres sources, ou bien si un lien est créé avec d'autres descendants[74]. Mais ce n'est pas le seul effet possible. Il arrive notamment que la mention de l'ascendance d'un personnage vienne interroger la transmission d'un trait de caractère. Cela apparaît dans l'épisode de l'arrestation de Jérémie en 37,11-15 : Yiriya, le factionnaire qui arrête le prophète, est présenté par son nom et celui de son grand-père (37,13), alors que quelques versets plus haut son frère, Yehoukal, avait été introduit en ne mentionnant que le nom de leur père (37,3). Ce passage se donne donc à lire sur le fond d'un débat d'interprétation entre vraie et fausse prophétie, puisque le grand-père de Yiriya est le faux prophète Hananya que

---

[74] Des arbres généalogiques ont ainsi pu être reconstitués à partir de ces informations (cf. 3.3.1).

Jérémie a affronté au chapitre 28[75]. De même, en lisant que Jérémie est confié à « Guedalias fils d'Ahiqam » (39,14 et 40,5), le lecteur pourra se demander dans quelle mesure le prophète est aussi bien protégé par le fils qu'il ne l'avait été par le père (cf. 26,24).

Un effet plus subtil se manifeste lorsque le récit indique le nom du père d'un personnage, alors que ce père est inconnu et que la mention de ce nom ne crée pas de rapport de parenté entre personnages. Cela peut servir simplement à distinguer deux personnages de même nom : ainsi le « Pashehour fils d'Immer » de 20,1 n'est pas le « Pashehour fils de Malkiya » de 21,1. Mais il arrive que la mention du nom du père n'ait même pas cet effet diacritique. On découvre ainsi en 38,1 un certain « Shefatya fils de Mattân » : ni lui ni son père ne sont nommés ailleurs. Il en est de même en 42,1 et 43,2 où survient un certain « Azarya fils de Hoshaya ».

Ces deux exemples aident à comprendre l'effet des dénominations sur le lecteur. Il aurait été absolument identique si les noms des pères avaient été inversés : que le récit parle de « Shefatya fils de Mattân » et d'« Azarya fils de Hoshaya », ou bien de « Shefatya fils de Hoshaya » et d'« Azarya fils de Mattân », rien ne change pour le lecteur : ce n'est pas la littéralité du nom qui est significative, mais sa seule présence. Un premier effet de ces noms inconnus est, pour reprendre l'expression de Barthes, un « effet de réel »[76].

Mais un deuxième effet de ces phénomènes de dénomination doit être suggéré : ils peuvent indiquer au lecteur que, dans le monde du texte, ces personnages sont connus et reconnus sous ce nom. On se souvient justement que Banfield a montré comment les phrases de la narration pouvaient, par elles-mêmes et hors d'un discours représenté, représenter le point de vue non d'un hypothétique narrateur mais d'un des personnages du récit (cf. 2.2.1). On peut donc interpréter ces noms propres comme dénotant le point de vue des autres personnages sur le personnage nommé ; c'est ainsi une signification sociale qui se dégage : il est signifié au lecteur que le personnage n'est pas un inconnu dans son monde. Si le lecteur, lui, n'a habituellement besoin que du nom du personnage pour ne pas le confondre avec un autre, puisqu'il ne connaît que les personnages dont parle le récit, les choses sont d'un autre ordre pour les relations que l'on peut imaginer dans le monde social du texte : même en l'absence d'une représentation explicite dans le récit, on se doit d'imaginer une ville de

---

75 Pour une étude détaillée de l'effet de cette dénomination des deux frères, je me permets de renvoyer à Chauty, « Réduit au silence dans une citerne... (Jr 37,1-16) ».
76 On peut en relire ici sa définition déjà citée plus haut (cf. p. 139) : « la carence même du signifié au profit du seul référent [qui] devient le signifiant même du réalisme. » Cf. Barthes, « L'effet de réel », p. 88.

Jérusalem peuplée de nombreux habitants dont plusieurs pouvaient porter le même prénom[77]. L'ajout dans la narration du nom du père, même lorsqu'il ne donne pas au lecteur d'information strictement généalogique, a donc un effet de signification sur les relations sociales du personnage : il doit être considéré comme étant connu par ses contemporains, membre de cercles de relations. Cet argument ne doit pas être compris, bien sûr, suivant la perspective historique : on ne veut pas dire que le personnage s'appelait «réellement» comme cela et était connu par ses contemporains ; mais du point de vue de l'effet du texte sur le lecteur, ces noms donnent à imaginer un personnage en relation.

On remarque aussi des noms communs, parmi lesquels des titres qui indiquent une profession ou une fonction sociale : «roi», «prêtre», «prophète», «boulanger», «ministre»... Ces titres ne disent pas une identité isolée, monadique, du personnage ; ils disent plutôt une identité relationnelle, sociale : un «roi» n'est pas roi sans sujets ; un «prêtre» a un rôle religieux reconnu par ses contemporains ; un prophète (נָבִי) est connu pour «prophétiser» (נבא *niphal*) – avec plus ou moins de succès – auprès du peuple[78]... On peut comparer l'effet de ces titres sur le lecteur à ce qui se passe si un acteur de théâtre porte un uniforme : c'est une tenue vestimentaire purement conventionnelle mais qui identifie le personnage comme membre d'un groupe institué tel que les militaires, les postiers, les avocats, les contrôleurs de la SNCF, etc. La signification de l'emploi de ces titres ne pourra donc pas être discernée sans prendre en compte les relations du personnage concerné avec les autres personnages.

On observe aussi des renseignements sur l'ascendance d'un personnage :

(41,1) «Yishmaël... de la lignée royale» יִשְׁמָעֵאל... מִזֶּרַע הַמְּלוּכָה

(41,10) «les filles du roi» אֶת־בְּנוֹת הַמֶּלֶךְ

Or il apparaît que la narration utilise parfois des dénominations multiples pour représenter certains personnages, alors que leurs qualités particulières ne changent pas, pas plus que la connaissance qu'en ont le lecteur ou les autres personnages. Auparavant, pour bien étudier ce phénomène de la dénomination de quelques personnages de Jr, il est utile de considérer d'autres livres. Pour la

---

77 Quel que soit le rapport du chapitre 52 au reste du livre, rappelons qu'il rapporte une déportation de 4600 personnes (52,30). Carroll signale la fragilité de cette information : «The source of this register is not known and the accuracy of its information cannot be vouched for.» ; Carroll, *Jeremiah*, p. 869.

78 Carroll note ainsi à propos de Jr 20,2 – premier passage où la narration qualifie Jérémie de «prophète» et son action de «prophétiser» – que cette dénomination intervient dans le récit d'un conflit avec d'autres individus ; cf. Carroll, *Jeremiah*, p. 392.

littérature biblique, Adele Berlin a étudié les noms donnés à Tamar en Gn 38 par différents personnages[79]. Elle fait référence à l'étude de Boris Uspensky sur les personnages de la littérature russe. Cette littérature emploie en effet une multiplicité de noms pour un même personnage : prénom, nom de famille, patronyme, surnom, surnom donné dans l'enfance. Or il arrive que la narration elle-même emploie différentes dénominations, pour représenter indirectement le point de vue d'un personnage sur un autre. Uspensky cite ainsi un passage de *Guerre et paix* dans lequel la narration elle-même nomme un personnage d'abord «Bezuhov» puis «Pierre»[80]. Il commente ainsi (en appelant «auteur» ce que cette recherche désigne plutôt comme «narration») :

> «It seems clear that several points of view are used in each text – that is, the author designates the same character from several different positions. Specifically, he may be using the points of view of various characters in the work, each of whom stands in a different relationship to the character who is being named.»[81]

Ce qui est remarquable, c'est que la narration elle-même (et l'un des personnages dans des discours représentés) emploie successivement différentes dénominations du même personnage, non pour informer le lecteur de l'identité de ce personnage, mais pour lui faire percevoir indirectement le point de vue des autres personnages sur celui-ci. L'exemple est d'autant plus important que, pour un roman de cette époque, on ne peut invoquer l'argument diachronique pour rendre compte du phénomène.

Le chapitre 36 de Jr va alors offrir un bon ensemble d'exemples pour montrer comment le récit peut jouer avec toute une variété de dénominations pour un même personnage. Ainsi, le prophète y est habituellement représenté par son nom «Jérémie», mais ne reçoit le titre de «prophète» que deux fois, aux versets 8 et 26. Son fidèle secrétaire est habituellement nommé «Baruch», mais le titre

---

79 Cf. A. Berlin, *Poetics and Interpretation of Biblical Narrative* (Winona Lake [1]1983 [2]1994) p. 59.
80 Uspensky cite ici la fin du chap. VII de la 3ᵉ partie du livre II, en traduction anglaise : «At the conclusion of the sitting, the Grand Master spoke with ill-will and irony to Bezuhov of his hasty temper ; and observed that it was not love of virtue alone, but a passion for strife, that had guided him in the discussion. Pierre made him no reply.». La traduction française de la Pléiade ne rend pas le texte de la même manière, plaçant un pronom personnel à la place du nom du héros, mais produit un effet identique au début de la scène : «Dès l'été 1809, Pierre fut de retour à Pétersbourg. Renseignés par leurs correspondants à l'étranger, nos francs-maçons savaient que Bézoukhov avait réussi à gagner la confiance de plusieurs hauts dignitaires.», cf. L. Tolstoï, *La Guerre et la Paix* (Pléiade ; Paris 1952) (trad. H. Mongault) pp. 561 et 563.
81 B. Uspensky, *A Poetics of Composition*. The Structure of the Artistic Text and Typology of a Compositional Form (Berkeley 1974) p. 26 (trad. de *Poetika komposizii*, Moscou 1970).

de «scribe» apparaît deux fois (vv. 26 et 32) et le nom de son père quatre fois
(«fils de Nériya», vv. 4, 8, 14, 32). Les choses sont encore plus variées pour le roi :
parfois représenté par son nom «Yoyaqim» suivi de son titre complet «roi de
Juda» (vv. 28-32), dans certains cas avec en plus le nom de son père (vv. 1 et 9), il
est souvent représenté par son titre court, sans nom propre : «le roi» (très
fréquent entre les vv. 12 et 25). Ce bref repérage laisse pressentir l'importance des
jeux de dénomination dans Jr, à l'effet desquels sur le lecteur on se propose
maintenant de réfléchir.

3.3.2.1 La dénomination de Jérémie au chapitre 36

Jérémie est présent tout au long du chapitre, soit comme l'un des personnages
agissant (au début et à la fin du chapitre, il dicte ses oracles à Baruch, cf. vv. 4 et
32), soit qu'on parle de lui en son absence (les ministres interrogent Baruch à son
sujet aux vv. 17-18, le roi veut le faire arrêter au v. 26). Ce n'est qu'aux versets 8 et
26 qu'il reçoit le titre de prophète. Pour analyser l'effet produit sur le lecteur, il
est d'abord possible de remarquer que, dans l'ensemble du TM de Jr[82], le titre de
prophète est attribué, dans la narration comme par les personnages, indépendamment de la question de l'authenticité de l'envoi par Yhwh. Il s'agit plutôt
de l'indication d'une activité reconnue dans la société représentée par le texte[83].
L'abondance des oracles contre les prophètes le montre nettement : s'il leur est
reproché de prophétiser au nom de Baal ou au nom du «mensonge» (שקר), ce
titre ne leur est pas retiré. Cela apparaît aussi dans la manière dont le titre est
attribué à Jérémie : il est déclaré «prophète pour les nations» (1,5) avant de
recevoir la parole de Yhwh dans sa bouche (1,9) : l'expression désigne une
relation horizontale, aux autres vers lesquels il est envoyé, plutôt que verticale, à
la divinité qui authentifie sa mission. On peut aussi noter que la narration
n'attribue elle-même le titre à Jérémie pour la première fois qu'en 20,2, dans un
contexte où Jérémie prononce des oracles publiquement ; elle ne l'avait pas fait
auparavant, lorsque Jérémie recevait des oracles mais que leur proclamation
publique n'était pas rapportée par le récit. D'ailleurs, elle attribue aussi à
Hananya le titre de prophète (cf. 28,1 TM), dans un épisode où l'intrigue repose
sur un conflit à propos de l'authenticité de l'envoi par Yhwh.

---

82 La LXX, elle, qualifie Hananya de ψευδοπροφήτης.
83 Cette réflexion est proche de celle développée précédemment à propos de la signification
dans le monde social du texte des noms des pères des personnages.

Cette interprétation s'écarte donc de celle que donne Di Pede de ce titre dans son analyse de l'épisode de la libération par Eved-Mélek[84] (38,1-13). Il ne suffit pas en effet que les adversaires de Jérémie l'appellent «cet homme» (38,4), et que le serviteur koushite entraîne le roi à appeler Jérémie «prophète» (cf. 38,9-10), pour conclure qu'il y ait là un enjeu quant à la reconnaissance de son identité comme prophète[85]. Déjà, le roi semble se décider sur un argument uniquement humanitaire : la crainte de la mort d'un de ses sujets. Mais on doit aussi comparer cet épisode à celui du chapitre 26 : des personnages désignés comme «prophètes» dans la narration s'y opposent à Jérémie (v. 8) ; ce sont ces ennemis qui reconnaissent qu'il «prophétise» (v. 9). Quant à ceux qui prendront sa défense, ils n'emploient pas le terme de «prophète» pour porter leur jugement favorable, mais déclarent qu'il parle «au nom de Yhwh notre Dieu» (v. 16). Or il est remarquable qu'ils l'appellent «cet homme», de la même manière que les ennemis de Jérémie en 38,4. Il est donc plus probable de voir dans cette appellation un langage juridique, là précisément où les locuteurs évoquent une sentence (משפט, cf. 26,16), comme dans les nombreux articles législatifs bibliques désignant leur sujet par le terme איש, «homme»[86]. La rencontre d'Eved-Mélek et du roi, elle, prend place de manière solennelle : le roi siège (ישב) à la «porte», lieu où la justice est habituellement rendue[87] ; le serviteur koushite emploie un ton cérémonieux en s'adressant à «mon seigneur le roi». La précision de leur discours, en l'absence de la personne dont ils parlent, requiert qu'ils le qualifient par son titre, signifiant son rôle social : «Jérémie le prophète». Le roi ne fait alors rien d'autre que de reprendre l'expression de son interlocuteur[88].

---

84 Cf. E. Di Pede, «Jérusalem, ʿEbed-melek et Baruch. Enquête narrative sur le déplacement chronologique de Jr 45», *RB* 111/1 (2004) pp. 61–77, p. 68 n. 15.

85 Di Pede s'appuie sur la dénomination du prophète par les différentes instances narratives pour écrire que : «[...] le peuple et ses représentants n'ont pas reconnu ou voulu reconnaître en Jérémie le prophète de Yhwh. Le seul qui l'ait reconnu en tant que tel [...] c'est ʿEbed-Melek [...]», *ibid.*, p. 68.

86 Le sujet de la loi est représenté par l'expression האיש אשר, «l'homme qui», en Dt 17,12 ; 18,19 ; 19,17 ; 20,5.6 ; 22,25 ; 24,11 ; 25,9 ; 27,15. On peut aussi évoquer la célèbre formulation des articles du Code d'Hammourabi, commençant par *šumma awīlum*, «si un homme».

87 Bovati indique ainsi que dans les textes poétiques, la porte sous-entend habituellement la cour de justice, et donne parmi les exemples Jr 26,10 et 38,7. Cf. P. Bovati, *Ristabilire la giustizia.* Procedure, vocabolario, orientamenti (AnBib 110 ; Roma 1986) pp. 208–209.

88 On parviendrait peut-être à une conclusion différente si l'on ne se situait pas strictement dans une exégèse synchronique du TM. Dans la version de la LXX de cet épisode (LXX 45,1-13), Jérémie n'est jamais désigné par le titre προφήτης ; dans l'hypothèse que le TM est un texte plus tardif que la LXX, le titre de נביא, «prophète», se manifesterait comme un ajout.

Venons-en à l'analyse de la dénomination de Jérémie dans le chapitre 36. L'emploi du titre de prophète n'apporte aucune information nouvelle au lecteur quant au fait que Jérémie soit prophète – le lecteur sait depuis le premier chapitre que Jérémie possède cette caractéristique – et ne correspond pas aux moments de réception de la parole divine. L'analyse sera plus facile en commençant par la seconde apparition du titre :

(v. 26) וַיְצַוֶּה הַמֶּלֶךְ אֶת־יְרַחְמְאֵל ... לָקַחַת אֶת־בָּרוּךְ הַסֹּפֵר וְאֵת יִרְמְיָהוּ הַנָּבִיא

« Le roi donna l'ordre à Yerahméel [...] d'arrêter le scribe Baruch et le prophète Jérémie. »

On se trouve ici dans une situation qui évoque un discours indirect[89] : le récit représente le roi donnant un ordre oral à deux personnages, mais le contenu de cet ordre n'est pas représenté sous la forme exacte de l'énoncé du roi. Il n'est pas possible de reconstituer ce discours de manière univoque. Le lecteur peut imaginer que le roi ait dit « arrêtez les auteurs de ce rouleau », ce que la narration aurait explicité en les nommant ; ou bien qu'il ait dit « arrêtez Baruch et Jérémie », et la narration aurait complété avec les titres « scribe » et « prophète ». Il pourrait enfin avoir dit « arrêtez Baruch le scribe et Jérémie le prophète », la narration l'ayant transcrit mot-à-mot. Or on doit prendre en compte le fait que le lecteur sait déjà que Jérémie est prophète et que Baruch est scribe : on ne peut donc pas discerner d'intérêt narratif à ajouter à cet endroit ces titres à la parole prononcée par le roi. Il en serait tout autrement si le lecteur, contrairement au roi, ne connaissait pas encore ces deux personnages : le roi aurait pu dire « attrapez Jérémie et Baruch », ce que la narration aurait eu besoin d'expliciter pour pallier l'ignorance du lecteur. Dans le cas présent, il est assez raisonnable de supposer qu'en rapportant dans un discours indirect les titres des deux condamnés la narration veuille rendre compte des mots employés par le roi. Ce serait cohérent avec un contexte d'arrestation judiciaire : on ne lance pas un mandat d'arrêt contre quelqu'un en ne donnant que son prénom ; il est nécessaire de l'identifier de manière univoque. Les titres de « prophète » et de « scribe », qui désignent des fonctions sociales connues du monde social du texte, permettent précisément cela : ils ne viennent pas affirmer une profession ou une vocation particulière, mais ont un rôle diacritique, en permettant d'identifier des personnes dans la foule d'une société.

Ce résultat peut alors éclairer l'autre occurrence du titre « prophète » :

---

89 Miller-Naudé, pour présenter le cas particulier de discours indirect construit avec un infinitif précédé de לְ, utilise justement un exemple avec le verbe צוה (en 2 S 17,14). Cf. C.L. Miller-Naudé, « Direct and Indirect Speech : Biblical Hebrew », *EHLL*.

(v. 8) «Et Baruch fils de Nériya agit conformément à ce que lui avait commandé Jérémie le prophète de lire (לִקְרֹא) dans le livre les paroles de Yhwh à la maison de Yhwh.»

On n'est pas exactement dans une situation de discours indirect : certes, ce verset indique un acte de parole de la part de Baruch, mais il est impossible de le reconstituer, même de manière approximative. Il n'est pas raisonnable, toutefois, d'imaginer que les seules paroles prononcées par Baruch aient été celles qu'il lisait sur le rouleau. On peut imaginer qu'il a commencé par annoncer au nom de qui il parlait, avant de procéder à la lecture. Si l'on comprend le titre de «prophète» comme ayant une signification sociale dans le monde du texte, cette mention pourrait donc évoquer le discours introductif de Baruch : il aurait commencé par dire «ainsi m'a commandé Jérémie le prophète», puis aurait lu le rouleau. Alors que le lecteur sait depuis le début que Jérémie est prophète, l'emploi du titre n'a donc pas pour le lecteur d'effet d'identification de sa profession ou de sa vocation, mais signifie son insertion dans la société représentée par le texte, au moment où d'autres parlent de lui.

3.3.2.2 La dénomination de Baruch au chapitre 36

Lorsqu'il arrive au chapitre 36, le lecteur a déjà vu Baruch tenir une fonction officielle liée à un «rouleau», סֵפֶר (sefer), mais n'a jamais vu ni la narration ni un discours lui attribuer le titre de «scribe», סֹפֵר (sofer). L'attribution du titre ne lui apprendra rien de neuf sur la fonction de ce personnage. Dans ce chapitre, Baruch est habituellement représenté par son nom, parfois associé au nom de son père Nériya, et quelquefois à son titre de scribe (vv. 26 et 32). L'emploi du titre au verset 26 peut s'interpréter de la même manière que celui de prophète pour Jérémie : la narration évoque sous forme de discours indirect les paroles prononcées par le roi. Le retour de ce titre au verset 32 ne peut pas se comprendre de la même manière : Jérémie et Baruch sont seuls ; le prophète utilise les services du scribe pour mettre par écrit les oracles sur un nouveau rouleau. L'histoire est donc très proche de celle du verset 4, qui omettait le titre de «scribe» en nommant Baruch. L'utilisation du titre peut alors s'interpréter en y voyant un effet narratif d'association entre les deux épisodes où Baruch est appelé «scribe» : l'ordre d'arrestation lancé par le roi et l'écriture du deuxième rouleau. L'association de ces deux actions montrerait ironiquement comment la volonté du roi se voit contredite : alors qu'il veut anéantir la prophétie et ceux qui la mettent par écrit, elle jaillit de nouveau.

L'emploi du nom du père, avec la formule «Baruch fils de Nériya», se rencontre quatre fois[90]. Le premier emploi, au verset 4, peut se comprendre comme un signe de précision alors que Baruch est mentionné pour la première fois dans le chapitre ; est ainsi rappelée une information déjà donnée en 32,12. L'emploi du verset 8 pourrait suivre la même logique, si l'on considère que commence ici un nouvel épisode, celui de la proclamation publique du rouleau. Toutefois, le verset 14 résiste à cette ligne d'interprétation : le début du verset mentionne «Baruch», et la suite «Baruch fils de Nériya», ce qui n'est pas cohérent avec la simple intention d'aider le lecteur à bien identifier le personnage ou à marquer le début d'un épisode. Enfin, au dernier verset du chapitre, on retrouve encore le nom du père : Jérémie remet le rouleau à «Baruch fils de Nériya le scribe». À partir de ces observations, on peut aboutir à une interprétation basée sur l'effet de représentation sociale des phénomènes de dénomination. En effet, les quatre occurrences du nom du père surviennent précisément lorsque Baruch exécute des tâches constitutives de sa profession reconnue de scribe : lorsqu'il écrit les oracles (vv. 4 et 32), lorsqu'il les proclame (v. 8), lorsqu'il apporte le rouleau aux ministres (v. 14), cette dernière action étant liée à la mission scribale de conservation des rouleaux, évoquée dans l'épisode de l'achat du champ[91] (32,14). On peut alors proposer que la mention dans la narration du nom du père de Baruch corresponde aux moments où il accomplit sa profession de scribe. Une analogie est possible avec les colophons de certains rouleaux : de même que le lecteur lit dans la narration «Baruch fils de Nériya», on peut imaginer qu'à la fin des rouleaux dont parle le récit il soit ajouté un message du genre «écrit par moi, Baruch, fils de Nériya».

3.3.2.3 La dénomination de Yoyaqim au chapitre 36

Le roi Yoyaqim est nommé de diverses manières, et on peut là encore en recevoir le sens si l'on cherche leur effet sur le lecteur, pour représenter la position et l'action du personnage dans sa société, indépendamment de la valeur purement individuelle de la caractéristique. La formule la plus longue, tout d'abord, «Yoyaqim fils de Josias roi de Juda», n'est employée que dans les formules de datation des versets 1 et 9. On y perçoit donc, en plus de l'information chronologique donnée au lecteur, un style historiographique cherchant à donner une

---

[90] Aux vv. 4, 8, 14 et 32. Les traducteurs de la TOB ont ajouté l'expression «fils de Nériya» au v. 13, sans appui dans le TM.
[91] «Prend ces documents [...] pour qu'ils se conservent longtemps.».

datation la plus objective possible[92]. On peut se croire en train de lire les annales d'un roi de Juda. Au contraire, lorsque Yoyaqim agit dans le récit, c'est son titre court qui est employé, sans son nom : « le roi » (nombreuses occurrences entre les vv. 12 et 27). Une troisième situation, enfin, se trouve dans l'oracle final où Yhwh le punit pour avoir détruit le rouleau : c'est le nom suivi du titre court qui est employé : « Yoyaqim roi de Juda ». L'usage dans la narration du titre sans le nom est particulièrement intéressant et distingue ce personnage des autres : alors que le lecteur sait que le roi s'appelle Yoyaqim, pourquoi taire ce nom ? L'originalité de cette situation est encore manifestée par la comparaison avec les chapitres 37–38, où la narration mentionne très fréquemment « le roi Sédécias ».

On peut remarquer les conditions dans lesquelles se produisent les premières occurrences de la dénomination par le titre bref, « le roi » : mention de « la maison du roi » (v. 12) dans laquelle sont réunis les ministres ; engagement à communiquer au roi les paroles de Baruch (v. 16). Or « roi », comme signifiant, ne fait pas que qualifier un individu de manière isolée : c'est un titre qui désigne une position sociale de supériorité, de gouvernement, de domination. C'est bien ainsi que ce signifiant fonctionne dans le récit : on parle du « roi » quand sont présentées les actions de ses subordonnés. Le rapport entre le souverain et ses ministres n'est pas un rapport d'égalité, mais de domination engendrant la crainte. On voit ainsi les ministres (v. 19) demander à Baruch ainsi qu'à Jérémie de se cacher, anticipant sans doute une réaction négative – ce qui se révélera exact avec l'ordre de les arrêter donné par le roi au verset 26. On voit aussi trois ministres, dont la narration donne les noms, tenter de retenir le roi de brûler tout le rouleau, mais sans y parvenir (v. 25) : le roi se manifeste ici comme un souverain intraitable. On peut penser ici analogiquement aux relations dans le monde du travail d'aujourd'hui : les relations d'un subordonné à son supérieur hiérarchique ne sont pas les mêmes s'il l'appelle « Monsieur le Directeur » ou s'il emploie son prénom. L'emploi du titre de « roi » sans ajout du nom « Yoyaqim » crée donc chez le lecteur l'image d'un personnage dominateur, avec qui une relation d'égalité confiante est impossible. Ce silence sur le nom du roi rend manifeste le retournement de situation dans les oracles de la fin du chapitre (vv. 28-30) : Yhwh emploie le nom « Yoyaqim », au moment où il lui annonce un

---

92 Cette recherche a fait le choix de considérer l'effet du texte de Jr sur son lecteur implicite, défini à partir de ce livre uniquement ; cela permet de se tenir en deçà de la question de l'histoire deutéronomiste (on a évoqué ce dossier en mentionnant les travaux de Hyatt et Römer, cf. 1.1.4 et 1.1.12). On signale toutefois que, pour un lecteur de l'ensemble de l'AT, la mention de Josias crée un contraste entre ces deux rois, l'un qui écoute le rouleau, et l'autre qui le déchire (cf. 2 R 22). Mais pour ce lecteur se pose la question de savoir pourquoi Jr, qui se dit contemporain aussi de Josias (cf. notamment Jr 1,2 et 25,3), ne mentionne pas la découverte du rouleau dans le Temple.

sort peu enviable. On peut certainement y voir un retournement du rapport de domination. De plus, la mention du prénom du roi intervient lorsqu'un autre roi est possible, soit temporellement, soit géographiquement : les annales d'un royaume couvrent le règne de plusieurs rois, d'où la nécessité de préciser duquel on parle ; une divinité qui règne sur l'univers, plutôt que sur un seul royaume, affirme aussi que ce roi n'est qu'un roi parmi d'autres.

3.3.2.4 Conclusion

Cette analyse des phénomènes de dénomination dans le chapitre 36 montre que ce procédé littéraire n'est pas au service d'une simple identification du personnage par le lecteur, encore moins de la représentation de transformations dans l'identité de ce personnage (telles que devenir ou pas prophète, être reconnu ou pas comme scribe, etc.). Il s'agit plutôt de toute une gamme d'effets narratifs : association d'épisodes, évocation indirecte du contenu d'un discours, enfin et surtout représentation des personnages par les liens qui les insèrent dans un tissu de relations sociales. La leçon tirée de ce chapitre n'est pas nécessairement généralisable à l'ensemble de Jr : ce livre présente, on le sait, une grande diversité dans ses modes narratifs. Mais elle invite au moins à prendre en compte la capacité de la narration à transmettre un message par le vocabulaire qu'elle emploie, indépendamment des actions objectives qu'elle représente.

3.3.3 Manque d'intérêt pour les biographies

Les caractéristiques que l'on vient de signaler assurent une certaine efficacité à l'effet-personnage dans Jr : le lecteur obtient souvent une illusion crédible de se trouver face à des personnes réelles. Cela doit-il conduire le lecteur à développer un intérêt de type «biographique», c'est-à-dire à chercher à saisir les tenants et aboutissants de la vie des personnages présentés, rechercher les causes anciennes de leurs actions, en découvrir les conséquences dans la durée ? La considération de Jr comme récit global (cf. 2.4.4) ne le demande-t-elle pas ? Ce genre d'intérêt aurait une certaine légitimité dans Jr, puisque les oracles ne cessent de rappeler une causalité à l'œuvre dans l'enchaînement des événements : on pourrait en effet s'attendre à observer, dans leur biographie, une mise en récit de la théologie des oracles[93]. Un tel intérêt se manifeste dans certains

---

[93] On remarque d'ailleurs dans Jr que si les oracles affirment très souvent des causes reli-

livres bibliques ; c'est le cas dans la biographie de Josias qui donne de la place à l'oracle de la prophétesse Houlda (2 R 22–23 et 2 Ch 34–35). Or on va constater que Jr ne cherche pas vraiment à cultiver cet intérêt biographique, notamment par la restriction du récit à certains types d'actions, au manque d'intérêt pour certaines étapes de la vie, au silence sur les motivations intimes des personnages ; quelques comparaisons avec d'autres livres bibliques offriront un contraste utile.

La première limitation se trouve dans les actions décrites, qui sont limitées à quelques dimensions de la vie. Relevons ainsi quelques thèmes qui manquent dans Jr alors qu'ils auraient pu y trouver leur place. Ce livre intéressé par la victoire de Nabuchodonosor ne raconte pas un seul épisode militaire, si ce n'est la fuite nocturne des élites au chapitre 39 ; on trouve pourtant de nombreux récits militaires ailleurs dans la bible hébraïque. Des oracles mentionnent une sécheresse dans tout le pays (chap. 14), mais la narration ne quitte Jérusalem et ses abords qu'après la chute de la ville (à partir du chap. 40). Les personnages ne pratiquent jamais l'agriculture ou la cuisine, thèmes pourtant évoqués par l'oracle de la vocation (Jr 1). Si quelques décès sont racontés (pour Hananya en 28,17 et Guedalias en 41,2), cela reste rare, en contraste avec des oracles annonçant de manière très visuelle une abondance à venir de cadavres (par ex. 9,21 ; 14,16 ; 33,5). De même, la narration ne raconte jamais de naissance[94] ; les intrigues amoureuses, de la séduction à l'adultère, sont aussi absentes, bien qu'elles constituent un thème fréquent dans les oracles poétiques pour figurer métaphoriquement l'alliance et l'idolâtrie (par ex. 2,2 ; 3,1-10).

Par comparaison, d'autres livres bibliques développent un intérêt biographique davantage que Jr. Les Livres des Rois présentent les rois de Juda d'une manière différente de celle de Jr : 2 R 23–25 présente les règnes de Yoyaqim, Yoyakîn et Sédécias dans l'ordre chronologique ; pour chaque roi, on y apprend des informations telles que son âge d'accession au trône, la durée de son règne, le nom de sa mère, et un jugement global (par ex. : «il fit ce qui est mal aux yeux de Yhwh ») ; sont ensuite rapportés quelques événements marquants de son règne, et enfin les circonstances de la transition au roi suivant. Rien de cela dans Jr : l'ordre global d'exposition n'est pas l'ordre chronologique ; aucun âge n'est

---

gieuses aux événements et aux actions de Yhwh, la narration ne présente quasiment jamais Yhwh comme sujet de verbes autres que ceux de parole.

94 C'est sous la forme d'un discours représenté de Yhwh, pas d'une narration, qu'est évoquée la naissance du prophète en 1,5. Ce discours questionne, symétriquement, le silence du livre sur la fin de la vie de Jérémie. Rappelons aussi que, si on identifie le locuteur des «confessions» au personnage de Jérémie, la naissance du prophète est évoquée par ces discours en 15,10 et 20,14-18.

mentionné[95], pas davantage que le nom des mères des rois ; la déportation de Yoyakîn n'est qu'évoquée, sans entrer dans les détails (cf. 24,1 et 37,1). Si Jr fait intervenir des personnages royaux, ce n'est donc pas à la manière d'une chronique historique qui voudrait retenir les événements marquants du règne de chaque monarque.

On peut aussi comparer la manière de présenter le prophète Jérémie avec celle du personnage Samuel en 1 S 1–12, qui a le double titre de «voyant» et de «prophète» (cf. 1 S 9,9). On y rapporte d'abord les circonstances de sa naissance, en racontant la vie du clan familial, la stérilité de sa mère, l'annonce d'une naissance miraculeuse ; puis vient un récit de vocation adressé à Samuel encore petit enfant. Les chapitres suivants rapportent différents épisodes de la vie du prophète, puis on passe à la vieillesse et à la transmission de sa charge : «Devenu vieux, Samuel donna ses fils pour juges à Israël» (1 S 8,1). Sa mort est même mentionnée. Quel contraste avec le prophète Jérémie ! Certes, on le voit objecter à sa vocation qu'il n'est qu'un נער, «jeune homme», mais ce terme – d'ailleurs immédiatement contredit par la réponse de Yhwh – possède une dimension symbolique[96] aussi importante que la connotation d'âge. Bovati, soulignant combien le prophète est toujours en situation d'infériorité devant la divinité, écrit ainsi : «le prophète – comme Jérémie – déclare toujours être un *naʿar*, un ‹serviteur› soumis à la voix de son Seigneur»[97]. Quasiment rien, donc, sur la jeunesse du prophète ; rien sur sa mort dont le lieu comme les circonstances restent inconnus. Le temps ne semble pas avoir prise sur lui : dans l'enchevêtrement des chapitres entre les règnes de Yoyaqim et Sédécias, il se présente toujours identique à lui-même. Cette manière de présenter la vie du prophète est aussi très différente du genre gréco-romain des βίοι analysé par Burridge[98].

---

95 On discutera au paragraphe suivant du sens de l'expression נער en 1,6.

96 Dans le même sens, Carroll note que «Such an objection is stereotypical and forms part of the pattern of commissioning narratives to be found in [other books].» ; Carroll, *Jeremiah*, p. 98.

97 P. Bovati, «‹Je ne sais pas parler› (Jr 1,6). Réflexions sur la vocation prophétique», *Ouvrir les Écritures*. Mélanges offerts à Paul Beauchamp (éd. P. Bovati – R. Meynet) (LeDiv 162 ; Paris 1995) pp. 31–52, p. 41.

98 Burridge les a analysés sur une période allant du Ve siècle av. J.-C. jusqu'au IIIe ap. J.-C., en y découvrant six parties typiques : depuis l'*Évagoras* d'Isocrate jusqu'à la *Vie d'Apollonios de Tyane* de Philostrate, ces biographies comportent : (a) ancêtres, (b) naissance, (c) enfance et formation, (d) grandes actions, (e) vertus, (f) mort et conséquences ; on les retrouve dans les évangiles synoptiques et même à l'arrière-plan de Jn. Jr n'entre pas dans ce genre littéraire. Cf. R.A. Burridge, *What are the Gospels ?* A Comparison with Graeco-Roman Biography (MSSNTS 70 ; Cambridge 1992) pp. 146 et 178. Je remercie J.-N. Aletti pour cette référence.

La restriction de l'intérêt biographique est encore plus frappante pour les personnages secondaires : dans certaines scènes où l'on pourrait s'attendre à ce qu'ils réagissent aux actions des personnages principaux, il n'est raconté aucune réaction. Ils sont réduits à un rôle de figurant. Ainsi, lors de l'affrontement entre Hananya et Jérémie (chap. 28), le récit ne rapporte aucune réaction des prêtres ni du peuple. Au chapitre 36, si tout le peuple écoute Baruch lire les oracles (vv. 10), les seules réactions rapportées sont celles de quelques autorités (vv. 11-26). Quant aux ministres du chapitre 38, on ne les voit pas réagir à la libération organisée par Eved-Mélek (vv. 7-13), qui s'oppose pourtant frontalement à leur action précédente (vv. 4-6).

Notons aussi que, malgré la présentation fine d'une expérience intérieure dans les passages traditionnellement appelés «confessions»[99], le reste du récit ne laisse pas deviner les motivations des autres personnages, qui sont présentés de manière extérieure. C'est particulièrement clair dans les chapitres 40 – 43. Si le fait que Guedalias soit fils d'Ahiqam, ancien protecteur de Jérémie, peut faire partie des raisons de Nabuchodonosor pour lui confier le prophète puis le peuple, rien n'est dit des motivations qui l'empêcheront de croire au complot de Yishmaël (40,13-16). Le lecteur, en absence de connaissance de la psychologie de Guedalias, ne peut pas anticiper ce refus. De même, alors que Yishmaël et Yohanân sont présentés conjointement en 40,8, rien n'explique les raisons de leurs choix différents, d'autant plus que ces personnages n'étaient jamais apparus précédemment, pas plus que leurs pères Netanyahou et Qaréah : on ne sait pas pourquoi l'un choisit d'abattre Guedalias alors que l'autre tentera de le défendre. L'influence de l'Ammonite Baalis est présentée comme la cause des actions de Yishmaël, mais rien ne montre pourquoi elle s'exerce sur lui plutôt que sur Yohanân.

3.3.4 Récurrence de certains personnages

Le lecteur s'appuie sur la dénomination des personnages pour reconnaître leur présence ou leur absence dans le récit. Un grand nombre d'entre eux n'apparaissent que dans une seule séquence, et ne sont jamais plus évoqués par la suite ; ils sont pourtant suffisamment construits pour que le lecteur soit intéressé à leur devenir. Ainsi, le lecteur peut se demander ce que devient Pashehour fils

---

99 Ce terme provient d'une analogie avec l'œuvre célèbre d'Augustin, ce qui en révèle le caractère anachronique. Il y aurait d'ailleurs à clarifier les liens trop souvent tirés de manière non critique entre ces discours et Jérémie en tant que personnage de la narration : comment comprendre que ces épanchements ne soient pas davantage explicitement associés au prophète ?

d'Immer, renommé « Épouvante-partout », après le chapitre 20 (cf. 20,3), ou bien comment réagiront les ambassadeurs étrangers (27,1-11) aux barres de joug remises par Jérémie. Y a-t-il eu des réactions au discours de Jérémie sur l'affranchissement des esclaves (34,8-22) ? Que deviendront les Rékabites (chap. 35) lors de la victoire de Nabuchodonosor ? Tous ces personnages apparaissent lorsque le récit a besoin d'eux, et semblent ensuite être oubliés lorsque l'intérêt du récit se porte ailleurs.

Il ne s'agit pas là, pourtant, d'une caractéristique constante du récit. Certains personnages apparaissent une première fois dans une séquence, et reviennent plus loin. En dehors de quelques personnages humains récurrents tels que Jérémie ou Sédécias, il y en a aussi d'autres dont la première apparition dans le récit ne semble pas appeler de retour, pas davantage que pour ceux qui en sont privés. On peut ainsi mentionner Baruch, qui apparaît dans quatre séquences (32,12-14 ; chap. 36 ; 43,6 ; chap. 45) et Eved-Mélek, qui n'apparaît qu'une fois (38,7-13) mais est mentionné de nouveau dans un oracle situé plus loin (39,15-18). Ce n'est pas pour autant qu'ils soient présents continûment : il est frappant que Baruch n'intervienne pas en faveur du prophète prisonnier de la citerne (38,1-13), alors que leur solidarité avait été soudée par la tentative d'arrestation de Yoyaqim (cf. 36,26). Il est aussi surprenant que certains personnages, lorsqu'ils reviennent dans le récit, n'expriment aucun souvenir des événements racontés lors de leur apparition précédente ; on peut ainsi s'interroger sur les deux ambassades que Sédécias envoie à Jérémie (21,1-10 et 37,1-10) : aucun de ces deux récits brefs ne fait explicitement référence à l'autre[100].

Cela pose la question de l'interprétation des blancs du récit, d'une manière d'autant plus aiguë que tous ces personnages, dans les séquences où ils apparaissent, créent l'illusion de personnes réelles avec une bonne efficacité : doit-on s'interroger sur ce que Baruch devient entre les moments où il est visible dans le récit, ou bien cette question est-elle une fausse piste ? Faut-il accepter que ce personnage, pourtant important, disparaisse par moments, de même que l'on a accepté la disparition de tous ceux qui n'apparaissent que dans une seule séquence ? On peut aussi se poser la question du sens de la disparition du personnage principal qu'est Jérémie dans les chapitres 40 – 41. Toutes ces questions recevront des tentatives de réponse en leur temps ; il ne s'agissait ici que de signaler cette manière très spécifique à Jr d'organiser la récurrence de certains personnages.

---

100 On y reviendra dans le chapitre consacré à Sédécias, cf. 7.2.2 et 7.9.3.

3.3.5 Subordination des personnages à la prophétie

Après avoir remarqué ce qui, dans le récit, limite l'efficacité de l'effet-personnage, on peut proposer un début d'explication : une première observation de l'apparition et de la disparition des personnages au long du texte montre qu'ils sont toujours liés à la prophétie et aux oracles prononcés par Jérémie – à l'exception apparente, sur laquelle on reviendra plus loin[101], des chapitres 40 – 41. Dans cette partie seront présentés successivement les prophètes, les rois, et les destinataires d'oracles de salut.

Le premier cas est bien sûr celui du prophète Jérémie lui-même : le récit ne prend naissance qu'au moment où ce personnage reçoit sa mission prophétique. Si on le voit longuement traiter une affaire d'héritage (32,6-14), cette péripétie est intégrée dans une structure plus large à laquelle elle sert d'exemple : de la remise en cause des oracles par Sédécias (32,1-5) à un grand oracle sur la destruction de Jérusalem puis le retour des dispersés (32,15-44).

Quelques autres personnages reçoivent du récit la qualification de prophète, que ce soit au moyen du verbe נבא ou du substantif נָבִיא[102] : Michée, Ouriyahou, Hananya, Shèlèmyahou. On va constater que, pour chacun d'eux, le récit ne s'intéresse qu'à ce qui se rapporte à la prophétie jérémienne. Michée et Ouriyahou sont ainsi mentionnés au chapitre 26 (vv. 17-24), mais uniquement à titre d'exemple, pour éclairer les enjeux du conflit entre Jérémie et les autorités de Jérusalem. Lorsque les anciens du pays prennent la parole pour rappeler l'exemple de Michée, en effet, ils ne retiennent de ses oracles qu'un seul verset, et de sa vie que la réaction d'Ezékias : cela n'intervient pas pour mettre en place la biographie d'un autre prophète que Jérémie, mais pour montrer la possibilité d'une réaction positive aux oracles de ce dernier. Dans le même chapitre est mentionné le cas d'Ouriyahou ; aucun de ses oracles n'est rapporté, mais la narration retient seulement qu'ils étaient «comme toutes les paroles de Jérémie» (26,20). Le récit de sa mort et de ses funérailles apporte certes un peu de chair au portrait de ce personnage secondaire, mais l'ensemble est subordonné au récit du destin de Jérémie : on y apprend ce qu'il aurait pu endurer sans la protection d'Ahiqam.

Le prophète Hananya, tel qu'il apparaît au chapitre 28, semble être davantage consistant. Ses actions manifestent une certaine autonomie : l'intrigue du chapitre est nouée par son discours dans le Temple (vv. 1-4). Il reçoit aussi un

---

[101] On montrera la présence implicite des oracles dans ces deux chapitres lorsqu'on traitera de Guedalias (*infra*, chap. 6).

[102] On rappelle que, dans Jr, seule la LXX distingue entre προφήτης et ψευδοπροφήτης, alors que le TM s'en tient à la catégorie générale de נביא.

oracle personnel (vv. 12-16) : même s'il s'agit d'une condamnation à mort, cela montre une forte individualité. Toutefois, le lecteur n'aborde pas ce chapitre sans être passé d'abord par celui qui le précède immédiatement : les oracles prononcés par Jérémie au chapitre 27. Particulièrement aux versets 16-22, Jérémie y dénonce au nom de Yhwh les prophètes qui annoncent un retour prochain de Babylone. Si l'on compare le discours tenu par Hananya avec cet oracle, il apparaît construit en opposition : ce que dit Hananya, c'est simplement le contraire de ce que Jérémie avait proclamé.

Discours de Hananya (chap. 28)	Parole de Yhwh adressée à Jérémie (chap. 27)
«je brise le joug du roi de Babylone» (v. 2)	«Placez votre cou sous le joug du roi de Babylone» (v. 12)
«Dans deux ans, je ferai revenir tous les ustensiles de la maison de Yhwh» (v. 3)	«N'écoutez pas les paroles des prophètes qui vous prophétisent que les ustensiles de la maison de Yhwh vont être rapportés rapidement.» (v. 16)
«Je ramènerai Yekonya et tous les déportés» (v. 4)	Annonce d'une déportation des ustensiles qui étaient restés lorsque Nabuchodonosor avait déporté «Yekonya ainsi que tous les nobles de Juda et de Jérusalem» (v. 20)

Constatant cela, on peut affirmer que le personnage Hananya n'est pas construit d'une manière vraiment individualisante ; il est plutôt un exemple typique du faux prophète, dont Jérémie avait donné le portrait générique au chapitre 27. L'organisation de l'épisode reprend d'ailleurs, en miroir, les éléments du chapitre précédent :

27,1-15	A		Les barres de joug
27,16-22		B	Les faux prophètes, le retour de Babylone
28,1-9		B'	Hananya annonce le retour de Babylone
28,10-17	A'		Hananya brise le joug de bois, oracle du joug de fer

Lorsqu'il lit le chapitre 28, le lecteur qui se souvient de ce qui précède reconnaît sans hésiter la fausseté de ce qui est proclamé. Un lecteur concret, ayant oublié le chapitre 27, pourrait passer par un moment d'hésitation[103] ; mais un peu de

---

103 J'ai proposé une interprétation de cette possible hésitation du lecteur concret en termes de pédagogie de la bienveillance dans E. Chauty, «Vrais prophètes et faux prophètes. Quand nos certitudes vacillent», *Christus* 249. Vouloir la bienveillance (Janvier 2016) pp. 55–61.

réflexion lui montrera qu'il avait tous les éléments en main pour juger[104]. Il en serait tout autrement si, d'une manière ou d'une autre, le récit rapportait une biographie plus ample de Hananya, avec par exemple des oracles prononcés indépendamment de la prophétie jérémienne. Retenons que Hananya est, lui aussi, un personnage dont la mise en récit est entièrement subordonnée à la logique des oracles de Jérémie, ce qui n'interdit pas quelques traits personnalisants : son nom, le nom de son père, sa ville d'origine (28,1).

Un dernier prophète est mentionné très brièvement : Shemaya le Néhlamite (29,31-32) ; en dehors de son nom et de son origine géographique, il ne présente pas de traits individuels. Il ne s'agit que d'une figure entièrement opposée à celle de Jérémie ; sa prédication est résumée par l'expression «faire que le peuple fasse confiance au mensonge»[105], reprenant une phraséologie fréquente dans les oracles. S'il a «prêché la révolte contre Yhwh », cela ne dit rien de spécifique quant à ses actions : le même reproche était adressé à Hananya (28,16).

Après ce parcours des quatre prophètes secondaires de Jr, on peut en venir aux personnages royaux. Leur apparition dans le récit est elle aussi subordonnée à la problématique de la prophétie. Seuls deux rois de Juda sont représentés en personne dans la narration, Sédécias et Yoyaqim, même si d'autres rois sont mentionnés dans les oracles ou comme repère chronologique. L'omission de Yoyakîn, qui règne brièvement entre eux deux (cf. 2 R 24,8-17), doit être notée. Le récit de leurs rencontres avec Jérémie occupe les chapitres 21 à 39, mais pas de manière chronologique : de manière indicative, on peut noter que les chapitres 25 – 26 et 35 – 36 sont datés du règne de Yoyaqim, les autres de celui de Sédécias. Si cet entrelacement de règnes est déroutant, on peut tout de suite préciser que les deux séquences consacrées à Yoyaqim ne sont pas construites comme des analepses venant interrompre un grand récit chronologiquement cohérent du règne de Sédécias : les séquences consacrées à Sédécias ne peuvent pas se rabouter aisément, comme en témoigne la mention en 32,1 de la dixième année de son règne alors qu'on sera en 39,1 à la neuvième année, ou encore le som-

---

104 Osuji a une position légèrement différente : «reading the narrative, one notices the narrator's subtle way of hiding his prejudices against any of the opposing parties to allow the text itself provide the reader clues to discern the truth or the authentic prophet» ; il s'appuie notamment sur Lys qui avait remarqué l'équilibre des désignations de Jérémie et Hananya comme prophète. On regrettera toutefois que, si Osuji mène une analyse extrêmement détaillée de chacun des chapitres concernés, il n'ait pas signalé la symétrie structurelle qui apparaît au niveau global entre les chapitres 27 et 28. Cf. Osuji, *Where is the Truth ?*, pp. 215 et 217 ; Cf. D. Lys, «Jérémie 28 et le problème du faux prophète ou la circulation du sens dans le diagnostic prophétique», *RHPhR* 59 (1979) pp. 453 – 482, p. 462.
105 La TOB traduit joliment «bercer d'illusions».

maire proleptique de règne en 37,1-2 ; de plus, pour qu'on puisse parler d'analepse, il faudrait que l'une des lignes temporelles ait la priorité sur les autres, et que les écarts par rapport à cette ligne lui soient subordonnés[106] ; il ne semble pas que ce soit le cas ici.

C'est donc par trois fois que commence une séquence narrative consacrée à Sédécias : au début des chapitres 21, 27[107] et 37[108]. La première et la troisième s'ouvrent de manière identique : le roi envoie une ambassade à Jérémie, soit pour lui demander de «consulter Yhwh» (דרש) (chap. 21), soit pour une intercession (פלל *hitpael*) au chapitre 37. Quant au chapitre 27, la séquence narrative y commence par une initiative divine : Yhwh s'adresse à Jérémie pour lui transmettre un oracle sur la soumission de tous les rois, dont Sédécias, au roi de Babylone. Dans ces trois cas, c'est donc une relation entre Jérémie et Sédécias qui ouvre le récit d'une séquence datée de ce roi[109]. Le bref résumé du règne de ce dernier, en 37,1-2, n'y échappe pas : la seule action mentionnée est celle de ne pas écouter les paroles de Yhwh transmises par Jérémie.

Aux chapitres 25 et 35 commencent deux séquences datées du règne de Yoyaqim. Dans les deux cas, c'est à Yhwh que revient l'initiative par l'adresse d'une parole à Jérémie, soit pour un oracle annonçant la venue de Nabuchodonosor puis un retour dans soixante-dix ans, soit pour l'oracle aux Rékabites. Jamais le livre ne racontera la fin de Yoyaqim. Le règne de Sédécias se termine par la déportation du roi à Babylone ; son récit n'est pas indépendant des oracles puisqu'il en est l'accomplissement.

Entre ces bornes, les actions rapportées des rois sont toujours liées à la prophétie. Il est pourtant plausible, du point de vue de l'histoire (en tant qu'opposée au récit), que les champs d'action de ces rois aient été beaucoup plus vastes ; les récits d'autres livres bibliques en montrent la possibilité, et le lecteur qui a vu Jérémie rencontrer ministres et rois pourrait alors supposer que ces personnages se retrouvent, en l'absence de Jérémie et sans motivation liée à la

---

106 Genette définit la catégorie d'analepse comme écart par rapport à un récit premier, cf. n. 86 p. 111.

107 On discutera dans l'analyse de l'oracle du joug (cf. 7.5.2) le problème de la non concordance dans le TM entre le nom du roi en 27,1 et 27,3. On s'en tient provisoirement à la correction habituelle des traductions, qui situe cet oracle au temps de Sédécias plutôt que de Yoyaqim. La LXX ne rend pas ce verset introductif et commence directement son chapitre 34 par le discours représenté.

108 Le début du chapitre 32 marque aussi une forme de commencement narratif, qui tranche après les deux chapitres précédents d'oracles poétiques. Mais aucune datation ne situait ces oracles à un autre moment que le règne de Sédécias.

109 De même, au début du chapitre 32, qui revient à la narration après les oracles poétiques, c'est un discours de Sédécias à Jérémie qui ouvre la séquence.

prophétie, pour traiter d'affaires politiques ; cependant le récit jérémien n'en dit mot. Mais il apparaît clairement que l'intérêt de Jr ne porte que sur la prophétie, et sur les rois dans la mesure où ils sont liés à cette prophétie : parce qu'ils la demandent ou qu'ils la refusent, ou qu'elle parle d'eux, ou que le sort qu'elle leur avait annoncé s'accomplit. Ce n'est pas pour autant que ces deux rois seraient traités sans individualité, comme simple incarnation d'un type de roi de Juda condamné par Yhwh : on perçoit même une certaine opposition entre Sédécias et Yoyaqim : alors que les ministres de Yoyaqim protègent Jérémie des intentions meurtrières de ce roi (36,19), c'est Sédécias qui protègera le prophète de ses ministres (38,24-27).

Deux personnages, enfin, reçoivent un oracle de salut personnel : Baruch et Eved-Mélek. On a déjà signalé que ce fait est exceptionnel (cf. n. 70 p. 147). C'est une caractéristique très forte d'individualité : pour Yhwh, ils sont uniques et méritent un sort différent de celui des autres. Pourtant, le récit ne s'intéresse pas à eux à la manière d'une biographie : Eved-Mélek surgit en 38,7 tel un *deus ex machina*, juste quand Jérémie a besoin de lui pour échapper à la mort, sans qu'il n'ait été présenté auparavant. Baruch est là quand Jérémie a besoin de lui pour conserver un acte notarié (32,12) ou prendre un oracle en dictée puis le proclamer (chap. 36), mais jamais le récit ne présentera le reste de sa vie ni son travail de scribe pour d'autres personnes. Une phrase de l'oracle du chapitre 45 renforce cette impression : si Yhwh affirme que Baruch «recherche de grandes choses» (45,5), jamais une narration n'en représente les actions ou les désirs. Ces deux personnages sont donc traités comme les prophètes et les rois : le récit les emploie au service d'un projet d'abord centré sur les oracles de Jérémie.

Retenons donc que Jr présente un rapport de dépendance mutuelle entre récit et oracles : si la forme générale est celle d'un grand récit enchâssant des oracles (cf. 2.4.4), ce récit ne met en scène des personnages qu'au service des prophéties de Jérémie.

3.3.6 Effet des personnages sur les attentes du lecteur

On peut maintenant en venir à une interprétation globale de l'effet produit sur le lecteur de Jr par la manière dont le récit construit et emploie ses personnages ; cette interprétation sera ensuite illustrée par l'exemple de l'étude du premier personnage (autre que Yhwh et Jérémie) à apparaître dans le récit : Pashehour fils d'Immer.

Cet effet sur le lecteur peut se résumer en trois caractéristiques : délimitation, association, construction d'une énigme. L'effet de délimitation, tout d'abord, fonctionne tant comme facteur d'unité interne à une séquence que comme facteur de délimitation externe, et se conjugue à tous les autres éléménts textuels de délimitation. Du point de vue interne, la présence d'un même personnage dans une suite de versets donne l'impression au lecteur que ces versets appartiennent à une même unité, que donc c'est ensemble qu'ils font sens et doivent être interprétés. Du point de vue externe, la disparition de personnages et l'apparition de nouveaux personnages, lorsqu'on passe d'un groupe de versets au groupe de versets suivants, produit une impression de séparation : ce qui suit est séparé de ce qui précède.

L'effet d'association se manifeste en suggérant des liens entre une narration et un oracle : la présence du même nom propre dans la narration et dans l'oracle associe les événements racontés aux oracles de Jérémie. Cela invite le lecteur à chercher le sens qui naît d'une telle association, en commençant par comparer ce qui se manifeste dans le récit avec ce qui en est dit dans l'oracle. Cet effet peut aussi fonctionner, bien que de manière plus lâche, lorsqu'un oracle est adressé à un personnage sans en reprendre le nom, comme par exemple l'oracle du chapitre 42 (vv. 9-22) qui ne nomme pas Yohanân, ou lorsqu'un oracle traite d'une catégorie de personnages comme les « rois de Juda » (cf. 21,11s).

On peut alors comprendre une particularité de Jr qui construit une énigme à destination du lecteur : d'une part, le récit met en scène des personnages d'une manière qui crée très efficacement l'illusion de personne, au moins pour un temps ; cela engendre chez le lecteur un attachement fort à ces personnages et un intérêt pour leur biographie ; mais d'autre part, il les fait souvent disparaître sans avoir répondu aux attentes ainsi créées ; ainsi s'effondre de manière frustrante l'illusion de personne si bien créée précédemment. C'est particulièrement le cas lorsque quelqu'un est destinataire d'un oracle : alors que le contexte théologique affirme qu'une causalité est à l'œuvre, et que le lecteur s'est attaché à ce personnage, de nombreuses questions sont laissées en suspens. Le lecteur passe donc par un attachement puis un détachement vis-à-vis de certains personnages. Si, comme dans d'autres littératures, les personnages de Jr étaient construits de manière moins efficace, ou si la théologie des oracles n'affirmait pas une telle logique de rétribution, cet effet d'énigme ne se manifesterait pas. De même, un tel questionnement ne serait pas légitime si l'on n'avait pas montré la subordination des oracles à la narration, par le phénomène syntaxique d'enchâssement, et la possibilité de considérer Jr comme récit global.

Le livre de Jérémie place donc le lecteur face à une énigme, et l'invite à en chercher le sens : pourquoi tel personnage reçoit-il tel oracle ? pourquoi l'oracle dit-il cela de lui ? qu'est-ce qui, dans ce qui a été raconté de sa biographie, justifie cet oracle ? comment l'oracle s'accomplira-t-il ? Le lecteur, habituellement, ne trouvera pas de réponse à ces questions dans l'histoire racontée ; c'est ce fait précis, et très spécifique à Jr, qui l'invite à chercher des réponses non dans l'histoire racontée mais sous l'angle de la mise en récit. On rappelle, à ce sujet, la distinction précédemment évoquée entre les personnages de certains romans, qui veulent donner l'illusion qu'ils continuent à vivre même lorsque la narration ne rapporte pas leurs péripéties, et les personnages d'autres genres littéraires, qui ne se manifestent jamais seulement comme imitations de personnes réelles mais toujours aussi comme objets du discours narratif. Dans Jr, le phénomène d'attachement aux personnages, suivi du détachement, crée des attentes chez le lecteur, ancrées dans un intérêt biographique et une théologie, mais qui ne se résoudront dans aucun de ces champs, bien plutôt dans une observation fine de la mise en récit, donc par une attention portée sur l'ordre du langage[110].

Ce qu'on affirme ici peut paraître trop abstrait ou encore peu fondé ; l'exemple de Pashehour fils d'Immer, dans la partie suivante, permettra d'en montrer sur pièces la validité et l'intérêt. Mais on peut à ce point rappeler le parcours théorique qui a permis d'aboutir à une telle proposition. La distinction formelle entre narration et discours, tant du point de vue général d'une théorie du récit que du point de vue spécialisé de la syntaxe hébraïque, associée aux théories poétiques de la narration, a permis de montrer comment le récit peut produire, dans l'imagination du lecteur, la représentation d'actions sans qu'il ne se manifeste un narrateur qui assumerait d'être l'origine de cette représentation. En ce sens, il n'y a pas systématiquement de « voix » narrative à laquelle le lecteur pourrait demander des comptes de ce qui apparaît et disparaît au fur et à mesure de la lecture, ni en laquelle il pourrait affirmer l'origine d'une intentionnalité. Les diverses théories des personnages ont permis de montrer comment les récits créent chez le lecteur l'illusion de se trouver face à des personnes réelles ; mais cette illusion, tout en étant assez efficace, est limitée ; bien plus, il est de nombreux types de littératures dans lesquels cette limitation est manifeste : le lecteur prend conscience de ce que cet effet-personnage n'est qu'un artifice dont il ne doit pas rester dupe, et cette prise de conscience est constitutive d'un accès authentique au sens du texte. La confrontation de ce parcours théorique avec le livre de Jérémie a montré que l'effet-personnage y fonctionne par un phénomène d'apparition de personnages assez réalistes suivie de leur disparition, générant chez le lecteur une alternance entre attachement et détachement ; combinée à la théologie des oracles, selon laquelle l'action divine et les péripéties de l'histoire peuvent recevoir une explication étiologique, cela conduit le lecteur à chercher la causalité à l'œuvre entre ce qui est dit d'eux, dans les oracles, et ce qui en est montré, dans la narration. L'absence de réponse

---

110 On avait remarqué plus haut l'insistance de Jr sur l'ordre du langage dès les jeux de mots de l'épisode de la vocation, cf. 2.4.3.

au niveau du monde du texte est précisément ce qui invite à chercher une explication à un autre niveau, celui de la mise en récit.

3.4 Une première étude : Pashehour fils d'Immer

3.4.1 Retour sur le parcours du lecteur implicite

On pourrait considérer Pashehour fils d'Immer comme un personnage de peu d'importance, vu la maigre place qu'il occupe dans le récit : quelques lignes de narration (20,1-3a), suivies d'un bref oracle (20,3b-6). Il est toutefois situé à un moment crucial et participe à l'inauguration d'une nouvelle forme de narration, dont la bonne compréhension est essentielle pour l'intelligence des chapitres qui suivront. En effet, jusqu'au début du chapitre 19, Jr n'est composé que de deux formes littéraires : d'une part des oracles, qu'ils soient poétiques ou en prose, et d'autre part des narrations d'un type très spécifique puisque seuls deux personnages y sont présents : le prophète et Yhwh. En 19,14 surviennent de grandes nouveautés : pour la première fois, une narration à la troisième personne présente des actions de Jérémie ; c'est aussi la première fois que l'on voit le prophète agir et tenir un discours au nom de Yhwh sans que cela lui ait été précédemment commandé – plus précisément, sans que le récit ait précédemment rapporté l'ordre donné par Yhwh au prophète. La fin du chapitre 19, avec la proclamation de Jérémie dans le Temple, inaugure donc un nouveau type de narration. Au chapitre 20, ensuite, on assiste à la réaction de Pashehour fils d'Immer à ce discours ; il est le premier personnage individuel autre que Yhwh et Jérémie à être mis en scène ; ce qui s'y joue a donc un caractère inaugural.

Le lecteur a précédemment lu une série d'oracles, qui affirment notamment que les décisions de Yhwh sont motivées par des actions humaines. Les expressions causales לכן («c'est pourquoi») et כי («puisque») ont abondé ; la théologie de la rétribution a été affirmée, notamment en 17,10, et elle a été illustrée par un oracle conditionnel à la fin de Jr 17, sous la forme «si... alors... mais si non... alors...». Dans les narrations à deux personnages (Yhwh et Jérémie), le lecteur a vu un certain nombre d'objets symboliques, mais toujours à travers les yeux du prophète à qui il était parfois demandé «que vois-tu ?» : l'amandier et le chaudron (1,11-19), le pagne (13,1-11), le potier (18,1-12). Au chapitre 19, la même structure enchaînant la description d'un objet symbolique est revenue, mais cette fois-ci l'objet (la gargoulette) n'est plus destiné à Jérémie mais aux autres personnages.

Lorsque le lecteur arrive au chapitre 19, il découvre pour la première fois une narration dans laquelle interviennent des personnages autres que Yhwh et

Jérémie. Il se les représente sans passer par la médiation de l'écoute d'une voix (celle du prophète ou de la divinité), mais directement sous la forme d'une narration. Il se retrouve donc à vivre par lui-même (par le mode de la représentation narrative) ce que, dans les chapitres précédents, il a vécu par l'intermédiaire de la voix d'autrui (par le mode de la représentation de discours). Il est donc légitime de supposer qu'il s'attend à voir mise en œuvre, d'une manière nouvelle, la logique de rétribution précédemment construite par les oracles et les narrations. Il ne peut éviter de projeter, sur cette représentation nouvelle d'un personnage, la logique précédente des objets symboliques : ce qui est représenté du personnage devrait être un symbole ensuite repris par l'oracle. Mais, comme cela va être détaillé à propos de Pashehour, le lecteur ne trouvera pas dans la fable de quoi justifier l'oracle[111] ; c'est cela qui le conduira à chercher dans les spécificités de la mise en récit de quoi comprendre ce qui se passe.

3.4.2 Introduction et effet de délimitation

La présence du nom de Pashehour produit un effet de délimitation et d'unité. Ce nom n'était en effet jamais apparu avant 20,1, et il ne reviendra jamais après le verset 6[112] ; ces six versets sont donc l'espace dans lequel il prend chair et vit. À l'intérieur du passage, son nom est souvent répété : dans la narration, aux versets 1, 2 et 3 ; au début (v. 3b) et à la fin (v. 6) de l'oracle. À partir du verset 7, le texte repasse en style poétique, pour un oracle où quelqu'un se plaint contre Yhwh, s'exprimant à la première personne : il y a là un changement très marqué, qui confirme la délimitation[113].

On doit noter que, même si la narration ne fait que deux versets et demi, elle prend soin de donner suffisamment d'informations à propos de Pashehour pour que ce personnage prenne chair aux yeux du lecteur. Il connaît en effet son nom, le nom de son père, et le titre de sa fonction dans l'organisation du Temple. De plus, le fait que l'oracle s'attache à son nom, pour lui en donner un nouveau,

---

111 C'est ce que cette recherche qualifiera fréquemment par la suite de « frustration des intérêts biographiques du lecteur ».

112 On peut aussi considérer que le nom Pashehour sert de mot-crochet pour raccorder le chapitre 21, ouvert par Pashehour fils de Malkiya, au chapitre 20 (cf. 20,1 et 21,1).

113 Brueggemann délimite de la même manière, en notant que commence en 20,1 « a different form of rhetoric from the preceding chapter » ; cf. Brueggemann, *Exile and Homecoming*, p. 178. Carroll propose une délimitation qui commence en 19,14, mais note que « 20.1-6 need not have originally stood here, so that 19.14-15 may give a misleading context for understanding it » ; Carroll, *Jeremiah*, p. 393.

renforce l'effet d'individualisation : Yhwh montre qu'il le connaît personnellement et lui annonce un sort particulier.

3.4.3 L'oracle et l'effet d'association

L'oracle présente une structure concentrique :

> vv. 3b-4a contre Pashehour et ses amis
>
> vv. 4b-5 contre les hommes de Juda et la ville
>
> v. 6 contre Pashehour et ses amis

Le sort du grand groupe que constituent les Judéens et Jérusalem est donc inséré
dans l'oracle destiné au petit groupe de Pashehour et de ses amis. Cette structure
n'est toutefois pas vraiment symétrique : il y a une progression, puisque ce n'est
que dans le dernier terme (v. 6) qu'est annoncée la déportation à Babylone de
Pashehour et ses amis.

Par la répétition du nom de Pashehour, l'oracle se trouve associé à la narration ; même en l'absence des expressions causales typiques des discours ar-
gumentatifs ou juridiques (comme לכן, «c'est pourquoi»), la succession temporelle est le mode spécifique du récit pour manifester des relations causales ; le
lecteur perçoit donc que l'oracle vient en conséquence des actions décrites dans
la narration aux versets 1-3.

3.4.4 L'effet d'énigme

À ce stade de la lecture, le lecteur est mis face à un ensemble délimité ; l'oracle
se présente en conséquence des actions de Pashehour, mais cette association est
grandement énigmatique. De nombreuses questions se posent en effet, sans que
les versets 1 à 6 y offrent directement de réponse. Ainsi, l'oracle comporte des
éléments sur les personnages sans référent dans la narration précédente : qui
sont les «amis» de Pashehour et «ceux qui demeurent» chez lui ? Quand a-t-il
«prophétisé» alors qu'il est présenté comme prêtre, catégorie habituellement
distincte de celle de prophète ? De plus, on comprend bien qu'une punition soit
annoncée à Pashehour, qui s'en est pris au prophète ; pourtant, cette punition
semble démesurée : suffit-il d'avoir mis le prophète au pilori une journée pour
encourir la déportation à Babylone jusqu'à la mort ? D'ailleurs, comment comprendre le fait que Pashehour retire Jérémie du pilori ? Est-ce parce que Jérémie a

accompli la peine prescrite, ou bien parce que Pashehour se repent de son opposition au prophète ? L'oracle, qui le condamne comme coupable, n'invite pas à lire cet acte comme signe de repentir. Par contraste, mentionnons deux autres épisodes : on verra plus loin des ministres jeter Jérémie par deux fois dans une citerne, ce qui risque certainement d'entraîner sa mort (comme le dénoncent Jérémie en 37,20 et Eved-Mélek en 38,9) ; pourtant, aucun des coupables ne sera condamné par un tel oracle personnel.

On peut encore s'interroger sur la présence du sort de la ville dans l'oracle ; c'est la première fois qu'il est mentionné dans un oracle destiné à un personnage nommé. Si l'on comprend l'utilité de cette mention d'un point de vue argumentatif, puisqu'elle permet d'apporter l'information selon laquelle la punition de Pashehour inclura la déportation à Babylone, il serait gênant d'affirmer que c'est l'acte de Pashehour qui déclenche l'oracle contre la ville : ne serait-il pas injuste que toute la ville subisse une telle punition pour l'acte d'un seul de ses habitants, aussi important soit-il ? Un dernier aspect énigmatique se trouve au niveau de la cohérence du personnage : alors que l'arrestation du prophète avait été déclenchée par l'action de Pashehour, on pourrait s'attendre à le voir réagir au discours de Jérémie. Accepte-t-il ce discours sans broncher ? Décide-t-il de se venger ? La présentation du personnage avait créé des attentes chez le lecteur, que l'absence de tout récit de ses réactions vient frustrer.

3.4.5 Le lecteur à la recherche de la causalité

Une lecture de l'épisode pris isolément met donc le lecteur face à une énigme : la délimitation et l'association lui indiquent que ce passage a du sens, et pourtant ce sens n'est pas à trouver dans une biographie du personnage de Pashehour, qui demeure très largement inaccessible au lecteur. Il serait possible de conclure que cet épisode est absurde ou hermétique, qu'il suggère l'existence d'un sens tout en refusant de le dévoiler. Mais il est possible de proposer que, même si le monde du texte n'offre pas de piste pour répondre à l'énigme, la mise en récit, elle, s'offre à une analyse féconde. Plus précisément, on voudrait prendre en compte l'effet de récurrences lexicales, qui jouent avec la mémoire du lecteur, appelé à se souvenir de ce qu'il a lu avant d'arriver au chapitre 20. C'est avant tout la fécondité de cette méthode qui la justifiera ; à l'issue de l'analyse des personnages, le chapitre 8 fera le point sur ce qui est ainsi exigé du lecteur, permettant ainsi de valider l'hypothèse. Dès à présent, trois indices peuvent de manière préalable orienter vers cette piste de recherche. Le premier, que l'on détaillera par la suite, est le nouveau nom donné à Pashehour : מָגוֹר מִסָּבִיב, « Épouvante-partout », est tout sauf un nom courant ; on l'avait déjà lu dans un oracle précédent, en 6,25, comme surnom donné à l'épée de l'ennemi. Le deuxième indice n'a de valeur qu'heuristique pour l'interprétation de Jr, mais peut affiner notre sensibilité de lecture : dans l'exégèse rabbinique, les règles de la גזירה שוה, *gezerah shavah*, s'appuient notamment sur des répétitions lexicales pour rapprocher des passages séparés en vue d'une interprétation juridique[114]. Même s'il s'agit d'une technique dont la codification précise date de l'époque rabbinique, on peut en découvrir une pratique plus ancienne[115], notamment chez Paul[116] et à Qumrân. Si donc des répétitions lexicales ont servi, dans une tradition exégétique, à interpréter le texte biblique, ne pourrait-on pas repérer, au sein de Jr, un effet créé par de telles récurrences ? Un troisième indice provient de l'expérience précédente du lecteur : une grande partie de ce qu'il a lu dans les chapitres antérieurs n'était pas en prose mais en poésie. Or la forme poétique ne consiste pas en une simple désignation de ce qui est signifié : elle attire toujours aussi l'attention sur elle-même. Le choix des mots concourt à la réussite de son expression, et le lecteur de poésie savoure autant ce qui est représenté que le moyen employé. Lorsqu'il aborde ces parties de Jr en prose, il est possible que le lecteur garde vive la sensibilité aux mots que la poésie des oracles a précédemment fait croître en lui.

Une observation exégétique patiente du texte permet de repérer dans ce passage trois jeux d'échos lexicaux, que l'on propose d'appeler «résonances» à partir du moment où ces échos font système entre eux[117]. La première résonance, évoquée plus haut, associe le nouveau nom de Pashehour et l'expression «épée de l'ennemi» ; elle rappelle à la mémoire du lecteur le verset 6,25 :

---

114 Selon Lieberman, «in the official hermeneutic rules the term גזירה שוה was applied not to analogy of content but to identity of words (i.e. verbal congruities in the text), a manner of comparison which sometimes appears to be without logical basis.», S. Lieberman, *Hellenism in Jewish Palestine*. Studies in the Literary Transmission Beliefs and Manners of Palestine in the I Century B.C.E. – IV Century C.E. (New York 1962) p. 61.
115 Cf. M. Fishbane, *Biblical Interpretation in Ancient Israel* (Oxford 1985) p. 157 n. 36.
116 Cf. M. Rastoin, *Tarse et Jérusalem*. La double culture de l'Apôtre Paul en Galates 3,6 – 4,7 (AnBib 152 ; Rome 2003) pp. 93 – 167, et particulièrement p. 111 – 125.
117 Les termes d' «écho» et «résonance» sont empruntés à la physique acoustique. N'importe quel son, lancé vers un obstacle, en revient sous la forme d'un écho. La résonance est un phénomène plus complexe : un objet acoustique entre en «résonance» si on lui envoie une série d'impulsions dont la fréquence est accordée à sa fréquence propre. Ce langage nous approche ainsi du monde de la musique, d'une manière cohérente avec une lecture de Jr qui soit attentive au «son» que produit son langage. Le chapitre 8 reviendra sur l'effet de telles reprises de vocabulaire sur la mémoire du lecteur.

6,25	20,3-4
« l'épée de l'ennemi » חֶרֶב לְאֹיֵב	« ils tomberont sous l'épée de leurs ennemis et tu en seras témoin » (v. 4) בְּחֶרֶב אֹיְבֵיהֶם
« c'est partout l'épouvante » מָגוֹר מִסָּבִיב	« Yhwh ne t'appelle plus Pashehour mais Épouvante-partout » (v. 3) מָגוֹר מִסָּבִיב

Il est vrai que les contextes des deux passages réunis par cette résonance sont différents : alors que 6,25 appartient à un oracle soulignant la cruauté de la destruction accomplie par le peuple qui vient du nord (6,22), l'oracle à Pashehour traite de la déportation à Babylone. L'insistance sur le nouveau nom de Pashehour et la récurrence lexicale sont pourtant indéniables. Il est aussi remarquable que l'oracle de 6,25 est le seul passage précédent où l'on trouve l'expression « épée de l'ennemi »[118]. Cela vient éclairer une partie de l'énigme précédemment signalée : si 6,25 décrivait une crainte venant d'une force extérieure, le nouveau nom de Pashehour vient déplacer cette crainte. C'est un membre du peuple, et précisément quelqu'un ayant une responsabilité religieuse, qui reçoit ce nom terrifiant. Autrement dit, l'ennemi n'est pas d'abord à identifier avec un peuple étranger, mais avec des comportements internes à Jérusalem. La mise en lumière de cette résonance entre deux passages éclaire ainsi une partie de l'énigme construite par le personnage de Pashehour : lu isolément, ce passage n'aide pas à comprendre comment l'action de Pashehour peut avoir un lien de causalité avec la déportation à Babylone. Mais le vocabulaire employé, considéré dans l'ensemble du texte déjà lu, lorsqu'il rappelle au lecteur un oracle précédent, pointe une cause de la catastrophe dans le comportement religieux interne à Jérusalem.

Une deuxième résonance fait revenir à la mémoire du lecteur le début de l'oracle du chapitre 7, dont trois vocables sont ici repris :

---

118 On trouve certes deux autres occurrences du terme חרב, « épée », associé aux ennemis, en 15,9 et 19,7, mais l'expression est dissemblable : il s'agit d'être frappé par l'épée « devant » (לפני) les ennemis. En 6,25 et 20,4, il s'agit de « l'épée des ennemis », soit avec la particule possessive ל en 6,25, soit avec un état construit en 20,4.

7,1-4	20,1-6
«Tiens-toi à la porte» (v. 2) בְּשַׁעַר	«la porte supérieure de Benjamin» (v. 2) בְּשַׁעַר בִּנְיָמִן הָעֶלְיוֹן
«de la Maison de Yhwh» (v. 2) בֵּית יהוה	«de la Maison de Yhwh » (v. 2) בְּבֵית יהוה
«ne vous fiez pas aux paroles de mensonge» (v. 4) אֶל־דִּבְרֵי הַשָּׁקֶר	«tu leur as prophétisé le mensonge» (v. 6) נִבֵּאתָ לָהֶם בַּשָּׁקֶר

Au chapitre 7, Jérémie recevait l'ordre de se tenir à la porte de la Maison de Yhwh pour y dénoncer de nombreuses fautes du peuple, notamment de se fier au mensonge – ce reproche du שקר («mensonge») étant très marquant dans la prédication jérémienne[119] ; au chapitre 20, la narration montre Jérémie mis au pilori justement à une porte de la Maison de Yhwh, et dénonçant Pashehour qui prophétisait le mensonge. L'association des deux passages est précise : 7,2 est le seul passage précédent où se trouve mentionné une שער בית יהוה, «porte de la maison de Yhwh ». Cette association permet d'éclairer la présentation de Pashehour au chapitre 20, où l'on apprend qu'il exerce une grande responsabilité sur le Temple. En effet, l'oracle du chapitre 7 montrait un Temple profondément perverti, lieu de toutes les injustices. Lorsque le lecteur apprend que Pashehour est recteur de la «Maison du Seigneur», il est donc invité à associer cette charge avec le fait que, depuis longtemps, elle est mal remplie : une connotation défavorable s'impose ici. Cette mission de maintien de l'ordre, avec l'éventuelle punition du pilori ou du carcan, est d'ailleurs attestée pour Cefanya en 29,26. L'injuste punition de Jérémie n'est donc pas le seul fait reproché à Pashehour dans l'exercice de ses fonctions : il a été gravement défaillant dans ses fonctions, et la punition de Jérémie est le couronnement de toute une série. Il y a même une inversion ironique, puisque Pashehour, au lieu d'accomplir sa mission, punit celui qui la lui rappelle. Et le lecteur avait connaissance de cet état de fait depuis le chapitre 7 : le temps écoulé pour le lecteur à traverser ces chapitres lui donne l'impression que ces problèmes durent depuis longtemps. On comprend mieux alors la gravité de la condamnation de Pashehour par l'oracle, ainsi que la mention de ses proches, qui devaient être complices depuis longtemps.

On peut enfin identifier une troisième résonance verbale, en remarquant la construction du verbe נכה *hiphil* (frapper) avec Jérémie comme objet. Deux observations y conduisent. D'une part, la narration de 20,1-3a est extrêmement

---

119 La dénonciation de שקר, «mensonge», est le thème central de la thèse de J. Ferry, *Illusions et salut dans la prédication prophétique de Jérémie* (BZAW 269 ; Berlin – New York 1999).

sobre ; on peut imaginer des faits qui aient comporté un dialogue entre Pashehour et Jérémie, avec l'énonciation d'une accusation ; on peut aussi imaginer
que Pashehour a eu besoin de l'aide de quelques gardes pour se saisir de Jérémie
et l'attacher au pilori. Dans cette logique de sobriété narrative, il aurait été
possible de s'abstenir de la phrase « et Pashehour frappa (וַיַּכֶּה) Jérémie » (20,2),
en rapportant seulement « ayant entendu cela, Pashehour fit attacher Jérémie au
pilori. » D'autre part, il n'y a dans Jr qu'une seule autre occurrence du verbe נכה
(« frapper ») avec Jérémie comme objet, en 18,18. On remarque alors de nombreux
échos entre les deux passages :

18,18	20,1-6
« Allons et frappons-le par la langue »	« Et Pashehour frappa Jérémie le pro-
לְכוּ וְנַכֵּהוּ בַלָּשׁוֹן	phète et il le mit au pilori »
	וַיַּכֶּה פַשְׁחוּר אֶת יִרְמְיָהוּ
« Ne disparaîtra pas l'enseignement de	« Pashehour fils d'Immer le prêtre » (v. 1)
chez le prêtre, le conseil de chez le sage,	« tu as prophétisé le mensonge » (v. 6)
la parole de chez le prophète »	

En effet, une fois remarqué l'écho entre les deux passages créé par le verbe נכה
avec Jérémie comme objet, d'autres échos se révèlent. Le plus évident est le lien
entre le projet de frapper « par la langue » et la peine du pilori. En quoi, en effet,
consiste le châtiment d'un jour au pilori ? Cette peine procure bien sûr un
inconfort physique, mais elle est loin d'être mortelle ; il s'agit avant tout d'une
mesure d'infamie, visant à désigner aux yeux de tous une personne comme
coupable. La précision de l'emplacement du pilori le confirme : il est situé dans
un lieu public visible, « la porte supérieure de Benjamin » (20,2). Or attenter à la
réputation du prophète, c'est ce que projetaient les ennemis cités en 18,18 : ils ne
voulaient pas le frapper physiquement, mais « par la langue », donc au moyen
d'une parole ; on imagine des calomnies et diffamations. Il apparaît donc une
proximité entre ces deux actions. La mention de la prophétie mensongère de
Pashehour (20,6), très énigmatique lorsque l'oracle n'est lu qu'avec la narration
immédiatement précédente, s'éclaire alors. Les ennemis, en 18,18, associaient
dans leur discours trois catégories de personnes, le prêtre, le sage, le prophète,
dont ils assuraient de la future disponibilité malgré l'attaque contre Jérémie. Cela
permet de proposer une compréhension plus large du conflit entre Pashehour et
Jérémie : il ne s'agit pas seulement, comme le suggèrent les titres donnés aux
personnages en 20,1-2, du conflit entre un prêtre et un prophète ; on doit au
contraire deviner à l'arrière-plan un conflit plus large entre Jérémie et un groupe
comportant des prêtres, des prophètes et des sages. Cette remarque rend un peu

moins énigmatique la fin de l'oracle, où Jérémie reproche à Pashehour d'avoir « prophétisé » (20,6) : en lisant que Jérémie s'adresse à Pashehour, le lecteur peut se représenter ce groupe hostile de prêtres, sages et prophètes dont il est un représentant. De plus, cette mention d'un groupe de prophètes opposés à Jérémie en 18,18 rappelle le conflit, souvent évoqué dans Jr, entre les prophètes envoyés par Yhwh et ceux qui ne le sont pas. En accusant Pashehour de « prophétiser le mensonge », Jérémie pourrait retourner l'accusation implicite qui motivait la punition du pilori, et identifier Pashehour comme appartenant à un groupe comprenant des faux-prophètes, non envoyés par Yhwh.

Peut-être pourrait-on identifier d'autres échos entre ce passage et tout ce qui précède ; une mémoire parfaite du texte hébreu le permettrait probablement. En tout cas, les trois résonances textuelles identifiées apparaissent comme un résultat assez solide pour montrer que le lecteur, confronté à une énigme par la succession d'un attachement et d'un détachement au personnage de Pashehour, dispose dans son souvenir de la lettre du texte d'éléments de réponse aux questions qu'il a été invité à se poser.

3.4.6 Conclusion

Le récit de la condamnation de Pashehour, délimité par l'emploi du nom du personnage, est énigmatique s'il est lu isolément : la virulence de l'oracle paraît, sinon arbitraire, pour le moins démesurée si l'on tient compte de la théologie de la rétribution, affirmée par ailleurs dans Jr. La narration n'en représente pas davantage : elle s'abstient de raconter d'autres faits et gestes qui pourraient fournir un dossier d'accusation. Le lecteur est donc confronté à une énigme, qui ne reçoit pas de réponse dans le monde du texte, peuplé de personnages à la biographie partiellement constituée, mais dans l'ordre du langage. C'est cela qui invite à chercher ailleurs, et à découvrir dans la mise en récit des récurrences de vocabulaires. De manière très précise, certaines expressions se retrouvent de manière unique dans des passages lus précédemment. Ces résonances stimulent la mémoire du lecteur, et font revenir à sa conscience le souvenir de ce qu'il a déjà lu, lui permettant ainsi de compléter ce qui paraissait lacunaire. L'oracle peut alors être compris comme procédant d'une certaine justice : derrière le conflit d'un jour entre Pashehour et Jérémie, c'est toute une opposition plus profonde qui revit, telle que les oracles précédents l'ont déjà fait connaître au lecteur. Ainsi, c'est davantage dans l'ordre du langage que dans celui du monde du texte ou de la biographie des personnages que le lecteur peut découvrir une causalité à l'œuvre. L'oracle qui ouvre Jr, créant par le langage une association entre un amandier et le fait de veiller, annonçait dès le début du livre ce mode d'interprétation.

Pourquoi ne pas dire les choses plus explicitement ? Pourquoi Jr s'abstient-il de raconter davantage les mauvaises actions de Pashehour ? Pourquoi l'oracle n'a-t-il pas la forme classique des oracles de condamnations structurés par לָכֵן, «c'est pourquoi» ? Cette question demeurera vive dans la suite de ce travail, où l'on s'intéressera à d'autres personnages sur lesquels le récit s'étend davantage. Mais on peut dès à présent suggérer que cette stratégie vise à s'assurer de la coopération interprétative du lecteur. Cela permet de lui délivrer l'intégralité du message du livre tout en conjurant l'échec d'une proclamation trop explicite du message divin à ses destinataires. Alors que Pashehour avait entendu les oracles de Jérémie contre le Temple sans en tenir compte, il ne faudrait pas que le lecteur, lui, passe à côté du message du livre.

Partie 2 **Étude de quelques personnages**

Après cette étude préliminaire de Pashehour fils d'Immer, la réflexion va être approfondie par l'investigation des liens entre oracles et narration pour quatre autres personnages : Eved-Mélek, Baruch, Guedalias et Sédécias. Un tel choix ne peut échapper totalement au reproche d'être arbitraire ; on ne se propose pas de le justifier parfaitement, mais, en situant ces quatre personnages parmi tous ceux de Jr, de montrer au moins qu'on constitue ainsi un échantillon significatif de l'ensemble du livre.

Les noms de personnages abondent dans Jr, mais des phénomènes d'homonymie compliquent toute prétention à un dénombrement exact. Ainsi, il ne fait pas de doute que «Sédécias fils de Maaséya», accusé de prophétiser faussement (29,21), est distinct du roi Sédécias fils de Josias ; on peut d'ailleurs raisonnablement supposer que toutes les occurrences du nom «Sédécias» sans autre précision désignent le roi plutôt que le faux prophète. En revanche, peut-on identifier le «Maaséya», père du prêtre Cefanya (notamment 21,1), avec le «Maaséyahou fils de Shalloum», éponyme d'une salle du Temple en 35,4 ? La confiance accordée par le roi à Cefanya, un des deux ambassadeurs envoyés vers Jérémie en 21,1, ainsi que sa fonction de prêtre, seraient cohérente avec une ascendance sacerdotale ; mais ces indices sont insuffisants pour prouver l'identité des personnages. On pourrait ainsi ajouter d'autres exemples d'indiscernabilité pour cause d'homonymie.

Dans la foule des personnages de Jr, on peut relever ceux qui sont à la fois présents dans la narration et mentionnés nommément dans un oracle dont ils sont destinataires. On en trouve huit : Baruch (première apparition en 32,12), Eved-Mélek (première apparition en 38,7), Hananya (chap. 28), Jérémie, Nabuchodonosor (mentionné en 21,2 ; actions au chap. 39), Pashehour fils d'Immer (20,1-6), le roi Sédécias (à partir du chap. 21), Yoyaqim (chap. 36). En assouplissant les critère de sélection, on trouve encore sept autres personnages présents un peu moins clairement dans la narration et destinataires plus ou moins directs des oracles : Guedalias (chap. 40 – 41), qui ne reçoit pas d'oracle, mais que le lecteur est appelé à juger en se souvenant des oracles précédents, comme on le verra plus loin (cf. 6.4) ; Nebouzaradân, qui ne reçoit pas d'oracle mais prononce lui-même un discours à l'étiologie proche de celle des oracles (40,2-5) ; Yaazanya (35,3), chef du clan des Rékabites, qui fait partie du collectif bénéficiaire d'un oracle ; Yekonya, qui n'est pas directement représenté dans la narration, mais dont l'événement passé de la déportation à Babylone est plusieurs fois rappelé (24,1 ; 27,20 ; 28,4 ; 29,2) ; Yiriya, qui n'est pas mentionné dans les oracles mais reçoit de Jérémie le reproche de שֶׁקֶר, «mensonge» (37,13-14), ailleurs employé pour dénoncer les faux-prophètes (notamment en 23,25-32) ; Yohanân et Azarya, qui demandent un oracle puis le contestent (42,1s).

Dans cette série de quinze personnages, certains semblent moins mériter que d'autres une étude précise. C'est le cas des deux babyloniens : si Nabuchodonosor est déclaré par Yhwh être «mon serviteur» (25,9 ; 27,6 ; 43,10), ce n'est pas d'abord pour lui-même, comme s'il y avait là une récompense pour ses actions ou son comportement, mais à titre d'instrument divin pour le châtiment et la restauration d'Israël. De même, l'étrange discours ressemblant à un oracle tenu par Nebouzaradân appellerait davantage une recherche sur l'intrigue des chapitres où il est situé plutôt que sur la cohérence de ce personnage[1]. Hananya et Yoyaqim reçoivent des oracles de condamnation (respectivement en 28,12-16 et 36,30-31), mais la narration de leurs actions manifeste une opposition à Yhwh si nette qu'on ne perçoit pas là d'énigme appelant à une longue recherche. Le chapitre 28 consacré à Hananya, d'ailleurs, présente de nombreuses symétries avec le chapitre précédent, ce qui conduit à reconnaître en Hananya une simple illustration du type du faux prophète précédemment décrit (comme on l'a vu plus haut cf. 3.3.5). De même, Yaazanya est présenté d'abord comme contre-exemple de Juda (35,3s) ; de plus, ses actions positives sont rapportées uniquement par des discours et non par une narration. Quant à Yiriya, il occupe une place si brève qu'il ne semble pas nécessaire d'aller plus loin que ce qu'on vient d'en dire. On n'étudiera pas non plus Yohanân et Azarya : ils ne sont pas nommés dans l'oracle et n'en sont pas destinataires personnellement ; ils font plutôt partie du collectif qui le reçoit (cf. 42,1–43,7). Quant à Jérémie, l'intérêt du personnage est certain, mais l'abondance de la matière fait craindre de ne pas pouvoir assurer un niveau de précision satisfaisant, au risque d'en rester à des généralités un peu vagues ; il paraît préférable d'assurer d'abord une étude précise de personnages moins étendus, et de renvoyer à une éventuelle recherche ultérieure cette figure fascinante.

En plus de Pashehour fils d'Immer étudié dans le chapitre précédent, on retient donc pour cette recherche Baruch, Eved-Mélek, le roi Sédécias, et Guedalias. On procèdera par ordre de complexité croissante : d'abord Eved-Mélek, qui n'apparaît que dans un passage narratif et ne reçoit qu'un oracle (chap. 4) ; puis Baruch, qui reçoit un oracle après être apparu dans trois récits (chap. 5) ; on disposera alors de catégories suffisamment éprouvées pour aborder Guedalias, dont une première lecture pourrait faire croire qu'il n'est pas concerné par la prophétie (chap. 6). On terminera par Sédécias, personnage assez étendu qui reçoit de nombreux oracles (chap. 7). Un bref chapitre (chap. 8) reviendra alors sur les compétences attendues du lecteur de Jr.

---

1 Carroll perçoit lui aussi ce que la fable comporte ici d'incongru lorsqu'il écrit que «In the present state of the text MT presents an absurd picture of the preacher going into exile and being made the recipient of a sermon preached to him by the pagan military commander Nebuzaradan.» ; Carroll, *Jeremiah*, p. 699.

4 Eved-Mélek

4.1 Délimitation

La présence dans le récit du nom du personnage d'Eved-Mélek, עֶבֶד־מֶלֶךְ, «serviteur du roi»[1], offre un critère naturel de délimitation. Il apparaît en effet six fois dans Jr : 38,7.8.10.11.12 ; 39,16. Ces occurrences appartiennent à deux passages. Le premier se situe dans l'ensemble des chapitres 37–38, qui se découpent en une série de petites unités, aux caractéristiques syntaxiques et narratives communes. D'un point de vue narratif, chaque unité commence par l'action d'un personnage qui déclenche des événements, et se termine par une pause[2] : le personnage déclencheur est toujours un autre que Jérémie, et c'est toujours le repos ou l'immobilité du prophète qui est mentionné à la fin. D'un point de vue syntaxique, ces unités commencent par une construction au *wayyiqtol* ; la mention du repos de Jérémie se trouve dans la deuxième partie du verset, après l'*atnah* (avec une exception pour la dernière petite unité). On présente sur le tableau suivant la structure ainsi obtenue, à partir du verset 37,3, les deux premiers versets du chapitre constituant un sommaire proleptique (tableau page suivante).

---

1 On pourrait voir, dans cette référence au «roi», une allusion non à un souverain humain mais à Yhwh, dont le thème de la «royauté» est développé dans de nombreux livres bibliques. On rappelle ici le refus de Gédéon d'être roi au profit de Yhwh (Jg 8,23). Le thème est présent dans Jr, notamment en 8,19 et 10,7.10, mais assez discrètement, et sans développer la concurrence entre roi humain et roi divin. On ne voit pas, dans les parties où apparaît Eved-Mélek, d'appui textuel suffisant pour développer cette piste. Pour l'étude du thème, voir R. Schnackenburg, *Règne et royaume de Dieu. Essai de théologie biblique* (Études théologiques 2 ; Paris 1964) (trad. de *Gottes Herrschaft und Reich*, Freiburg 1959) et M. Buber, *La monarchie de Dieu* (Les Dix Paroles ; Paris 2013) (trad. de *Königtum Gottes*, Heidelberg 1932).
2 Je reprends le vocabulaire de «déclenchement» et de «pause» à J.-L. Ska, «*Nos pères nous ont raconté*». Introduction à l'analyse des récits de l'Ancien Testament (CÉv 155 ; Paris 2011) (trad. de «*Our Fathers Have Told Us*», Roma 1990) pp. 27 et 35.

https://doi.org/10.1515/9783110657845-007

Délimitation	Déclenchement	Pause
37,3-16	וַיִּשְׁלַח הַמֶּלֶךְ צִדְקִיָּהוּ Le roi Sédécias envoya	וַיֵּשֶׁב־שָׁם יִרְמְיָהוּ יָמִים רַבִּים : Jérémie demeura là de nombreux jours.
37,17-21	וַיִּשְׁלַח הַמֶּלֶךְ צִדְקִיָּהוּ Le roi Sédécias envoya	וַיֵּשֶׁב יִרְמְיָהוּ בַּחֲצַר הַמַּטָּרָה : Jérémie demeura dans la cour de garde.
38,1-6	וַיִּשְׁמַע שְׁפַטְיָה Shefatya entendit	וַיִּטְבַּע יִרְמְיָהוּ בַּטִּיט : Jérémie s'enfonça dans la vase.
38,7-13	וַיִּשְׁמַע עֶבֶד־מֶלֶךְ Eved-Mélek entendit	וַיֵּשֶׁב יִרְמְיָהוּ בַּחֲצַר הַמַּטָּרָה : Jérémie demeura dans la cour de garde.
38,14-28a	וַיִּשְׁלַח הַמֶּלֶךְ צִדְקִיָּהוּ Le roi Sédécias envoya	וַיֵּשֶׁב יִרְמְיָהוּ בַּחֲצַר הַמַּטָּרָה Jérémie demeura dans la cour de garde.

Une précision s'impose pour la troisième unité, qui se conclut par la mention de l'enfoncement de Jérémie dans la boue. Il ne semble pas que cette boue constitue pour le prophète un péril mortel, comme s'il s'enfonçait dans des sables mouvants ; on imagine plutôt un dépôt sédimentaire au fond de la citerne. On remarque d'ailleurs qu'Eved-Mélek, lorsqu'il plaide la cause de Jérémie (38,9), explique que le prophète risque de mourir car il n'a pas de quoi manger ; l'impossibilité de se déplacer constitue un risque mortel à plus long terme qu'un risque d'engloutissement immédiat sous la boue. Cela justifie de considérer le verset 6 comme une situation de repos par rapport à l'intrigue.

Cette délimitation en petites unités a été proposée par de nombreux commentateurs[3], qui s'appuyaient de manière formelle sur la répétition du verbe ישב («demeurer»). Le chapitre 39 ne répète pas cette structure d'une manière rigoureuse ; l'introduction par les solennelles formules de datation (aux vv. 1 et 2) s'en écarte, mais on peut remarquer, à la fin du verset 14, une pause qui rappelle celles des deux chapitres précédents : «et il [Jérémie] demeura (ישב) au milieu du peuple».

C'est dans la quatrième de ces scènes qu'apparaît Eved-Mélek pour la première fois. Il est de nouveau présent dans un oracle du chapitre 39, qui peut se délimiter par la répétition des formules d'introduction : elles indiquent à la fois le début d'un oracle et la fin de celui qui précède.

---

3 Lundbom note ainsi : «These sentences and the segments they delimit have been recognized by Kremers [...], Wanke [...] and Abrego [...]. [...] The key observation is that every closing line but one predicates ‹Jeremiah› by the verbe *yšb*, ‹dwell›. [...] I agree with Wanke that 38:6 is a closing line.», J.R. Lundbom, *Jeremiah 37–52*. A New Translation with Introduction and Commentary (AncB 21 C ; New York – London – Toronto – Sydney – Auckland 2004) pp. 51–52.

(39,15) וְאֶל־יִרְמְיָהוּ הָיָה דְבַר־יהוה...

«Vers Jérémie il y avait eu une parole de Yhwh...»

(40,1) הַדָּבָר אֲשֶׁר־הָיָה אֶל־יִרְמְיָהוּ מֵאֵת יהוה...

«La parole qu'il y avait eu vers Jérémie de Yhwh...»

Le personnage d'Eved-Mélek, que le lecteur reconnaît d'abord par son nom, est donc présent dans deux passages nettement délimités : 38,7-13 et 39,15-18.

4.2 Critique textuelle et vocabulaire

Les éditeurs de la *BHS* mentionnent de nombreuses difficultés textuelles, mais la plupart d'entre elles sont sans conséquences pour la compréhension de ce qui est raconté ; on suivra donc le *qéré* en faisant confiance aux analyses de Barthélemy dans *CTAT*[4]. Un cas mérite toutefois d'être discuté : que penser de la vocalisation de וַיָּמָת en 38,9 ? Les éditeurs de la *BHS*, s'étonnant de cette forme verbale signifiant «et il est mort», se demandent s'il ne faudrait pas revocaliser en וְיָמָת, «pour qu'il meure» ; la plupart des commentaires et traductions suivent cette correction, sauf à interpréter la forme comme une sorte de futur antérieur.

Cette proposition de revocalisation ne s'appuie pas sur une attestation textuelle : aucun manuscrit ne présente cette forme *wəyiqtol*. Les arguments en faveur de la correction sont toutefois nombreux. Notons d'abord qu'il ne s'agirait que d'une revocalisation, le texte consonantique n'étant pas modifié. De plus, l'erreur de copiste est possible : la forme *wəyiqtol* 3ms de la racine מות, «mourir», est très rare : le TM n'en comporte que deux occurrences[5] (Jg 6,30 et 1 R 21,10) ; la forme *wayyiqtol* est en revanche abondante, avec 127 occurrences[6] (pour Adam en Gn 5,5 ; Josias en 2 Ch 35,24 ; Hananya en Jr 28,17 ; etc.). Un copiste fatigué aurait pu se laisser porter par l'habitude de la vocalisation de loin la plus fréquente. Par ailleurs, on peine à proposer une hypothèse qui fasse sens de la vocalisation du TM : comment Eved-Mélek pourrait-il affirmer que Jérémie est mort, puis lui adresser la parole comme à un vivant au verset 12 ? Rien dans le récit n'indique une quelconque surprise d'Eved-Mélek à trouver Jérémie vivant ;

---

4 Cf. *CTAT*, pp. 716–718.
5 Ces deux occurrences, placées à la suite d'un impératif, sont logiquement vocalisées comme jussif : וְיָמֹת.
6 Dont 84 occurrences pour la forme avec accent pénultième וַיָּמָת (p. ex. Jr 28,17 : וַיָּמָת חֲנַנְיָה הַנָּבִיא) et 43 pour la forme pausale avec accent final וַיָּמֹת (p. ex. en Gn 5,5.8.11.14.17.20.27.29.31, les notices des descendants d'Adam se terminent par וַיָּמֹת).

il n'a pas même un regard dans la citerne pour prendre connaissance de son état de santé. On pourrait éventuellement imaginer que le koushite Eved-Mélek parle mal l'hébreu et commette une faute de conjugaison ou de prononciation, un peu comme en Jg 12,6 où la prononciation non chuintante de la lettre שׁ du mot «shibboleth» permet de reconnaître les Éphraïmites, ou comme dans certains épisodes de Gn où des personnages prennent la parole en araméen dans une narration en hébreu[7]. Toutefois, l'autre prise de parole d'Eved-Mélek au verset 12 utilise une langue semblable à celle de la narration au verset 11, et l'intrigue ne s'appuie nullement sur une telle variation de prononciation. Ces raisons justifient de corriger la vocalisation du TM comme le proposent les éditeurs de la *BHS*, pour obtenir la forme *wayiqtol* d'un volitif indirect : «pour qu'il meure». Cette correction rejoint d'ailleurs le témoignage de la LXX qui a une construction indiquant la finalité, avec l'infinitif aoriste actif précédé de l'article au génitif : τοῦ ἀποκτεῖναι. Ce dernier argument serait à lui seul insuffisant pour justifier une correction du texte, tant les différences entre LXX et TM sont grandes dans Jr, mais il permet ici d'apporter une heureuse confirmation à l'argumentation déjà établie.

Quant au vocabulaire, il pose trois difficultés de compréhension et donc de traduction. La première concerne, au verset 11, les בְּלוֹיֵ סְחָבוֹת וּבְלוֹיֵ מְלָחִים (on recopie ici le *qéré* ; le *ketiv* préfixe un ה au deuxième mot) : la rareté de ces termes, qu'on ne rencontre qu'ici dans le TM, rend leur interprétation difficile. Les dictionnaires y voient le champ lexical de vieux chiffons ; cette lecture est conforme à l'étymologie : la racine בלה est fréquemment employée pour qualifier des vêtements usés[8]. Le contexte montre sans équivoque qu'il s'agit de protections pour que Jérémie puisse sortir indemne de la citerne. Ces objets ont beau se trouver du côté du «trésor», le vocabulaire employé à ce sujet n'a aucune connotation d'objet précieux. On peut donc suivre les traductions habituelles sans grand risque pour l'interprétation du passage : «des bouts de tissus déchirés et des bouts de tissus usés».

Le substantif חֲבָלִים (vv. 11.12.13) est toujours traduit par «cordes». Cette lecture est juste, mais on doit signaler que, hors contexte, ce mot est ambigu : il est le pluriel tant de חֵבֶל, «douleur de l'enfantement», que de חֶבֶל, «corde», substantifs qui ne se distinguent au singulier que par la vocalisation de la

---

7 «Occasionally, Hebrews and Arameans use different vocabulary to say the same thing. In all such instances, Standard Biblical Hebrew terms are placed in the mouth of Hebrews or employed by the narrator, while their much rarer, Aramaic-like, semantic equivalents are uttered by Aramean characters.», B. Bompiani, «Style Switching in the Jacob and Laban Narratives», *HebStud* 55 (2014) pp. 43–58, p. 56.

8 Cf. «בלה», KB.

première syllabe. Alors que Jr utilise habituellement חֲבָלִים dans le sens des « douleurs de l'enfantement » (en 13,21 ; 22,23 ; 49,24), un jeu de mots serait possible, dans ce contexte où le passage par le col de la citerne vide d'eau présente des similitudes avec un accouchement après la « perte des eaux », où Jérémie passe d'une mort prochaine à une survie possible comme un enfant qui vient au jour, et où le responsable de l'opération, Eved-Mélek, est présenté comme « eunuque », terme qui appartient au champ lexical de l'engendrement, bien que pour en dénoter l'incapacité. Une telle ironie – puisque c'est un eunuque qui donne la vie – entrerait bien dans l'ordre des actes symboliques que Jr affectionne pour montrer comment Yhwh agit différemment des logiques humaines.

Le substantif סָרִיס, justement, fait lui aussi difficulté : faut-il comprendre « eunuque » comme un titre prestigieux de fonctionnaire royal, ou bien comme le synonyme de « castrat », victime d'une mutilation infamante ? Le *TDOT*[9] montre que, du point de vue historique, l'ambivalence du terme est ancienne : elle remonte à l'akkadien, et fut transmise à l'hébreu lors de l'influence assyrienne en Juda et Israël. Du point de vue strictement biblique, le *TDOT* remarque que pas un verset ne permet de montrer qu'un « eunuque » ne fut pas castrat, mais inversement aussi qu'aucun texte ne mentionne la castration d'un courtisan, son impuissance ou son absence de progéniture. Il est donc préférable, à ce point de l'analyse, de retenir l'ambiguïté du terme plutôt que de choisir une signification univoque ; cette discussion sera reprise lors de la considération du sens du terme dans son contexte (cf. 4.5.1).

4.3 Effet d'association

Dans le chapitre précédent, il était apparu que le nom de Pashehour fils d'Immer permettait d'associer un épisode narratif et un oracle lui faisant suite immédiatement. Dans le cas d'Eved-Mélek, ce sont deux épisodes bien séparés qui sont associés : la libération de Jérémie, prisonnier d'une citerne, et un oracle personnel de salut. On observe ainsi un effet d'association qui enjambe une trentaine de versets dont Eved-Mélek est absent : de 38,14 à 39,15. La comparaison entre ce qui se manifeste de ce personnage dans la narration et ce que l'oracle dit de lui permet de découvrir quatre énigmes. Premièrement, le chapitre 38 avait montré Eved-Mélek agissant librement, faisant preuve d'initiative, voyant ses projets aboutir sans rencontrer d'obstacle. Il ne semblait avoir aucune

---

9 Cf. B. Kedar-Kopfstein, « סָרִיס *sārîs* », *TDOT* 10 (Grand Rapids – Cambridge 1999) pp. 344–350.

crainte alors qu'il s'opposait frontalement aux ministres mentionnés quelques versets plus haut, qui avaient jeté Jérémie dans la citerne. Comment l'oracle peut-il alors mentionner «les hommes que tu redoutes» (39,17) ? On ne trouve d'ailleurs aucun appui textuel qui pousserait à identifier ces hommes aux ministres qui avaient jeté Jérémie dans la citerne : la conclusion de l'épisode de la libération, qui ne les mentionne jamais, ne fait rien pour attirer l'attention du lecteur sur l'animosité qu'ils pourraient avoir envers Eved-Mélek.

Deuxièmement, cet oracle affirme une causalité : Yhwh offrira à Eved-Mélek le privilège d'être délivré pour la raison suivante : כִּי־בָטַחְתָּ בִּי, «car tu as eu confiance en moi». Yhwh donne l'impression de savoir clairement à quoi il fait référence, mais il n'en va pas de même pour le lecteur, qui n'a jamais vu Eved-Mélek en relation avec Yhwh. De même, que vaut l'affirmation de 39,16 selon laquelle l'oracle provient de «Yhwh, le Dieu d'Israël», pour un étranger qui n'est pas nécessairement concerné par la divinité nationale des Judéens ? L'association du récit et de l'oracle appelle-t-elle alors à interpréter la délivrance de Jérémie de la citerne comme acte de confiance en Yhwh de la part d'Eved-Mélek ? Ou bien faut-il chercher un autre référent à cette expression ?[10]

Une troisième énigme se pose si l'on veut pouvoir identifier cette «confiance» d'Eved-Mélek en Yhwh avec l'action de délivrance de Jérémie : quel est le rapport chronologique entre les deux épisodes ? La succession écrite dans l'ordre du récit donne évidemment l'impression d'une succession temporelle dans l'ordre de la fable, mais le lecteur, à ce point du livre, a déjà été si souvent confronté au manque d'ordre chronologique, qu'il peut légitimement douter. Alors que depuis le début du chapitre 39, l'ordre du récit suivait l'ordre de la fable, le verset 15 fait retourner le récit à un moment antérieur, par une formule temporelle : בִּהְיֹתוֹ עָצוּר בַּחֲצַר הַמַּטָּרָה, «lorsqu'il était enfermé dans la cour de garde». Cette indication, qui pourrait paraître très précise lorsqu'on la compare à beaucoup d'oracles non datés, est en fait assez floue. Elle ne fait pas écho à la fin de l'épisode de la libération de la citerne, où Jérémie «reste» (ישב, 38,13) simplement dans la cour de garde. Si l'on trouve exactement l'expression même de l'oracle en 33,1, on avait pourtant appris dès 32,2 avec un verbe synonyme (כלא) que Jérémie était prisonnier dans la cour de garde. Depuis ces premières indications, d'autres épisodes commençaient par une expression du même type : Jérémie est «dans la cour de garde» et «enfermé» (כָּלוּא) en 32,2, ou «confié»

---

10 On a signalé précédemment (en 3.3.2.1) la position de Di Pede, pour qui Eved-Mélek, en employant le titre de «prophète», reconnaîtrait l'authenticité de l'envoi divin de Jérémie, et par là accomplirait un acte de confiance en Yhwh ; on a expliqué pourquoi cette interprétation n'était pas satisfaisante si on élargissait l'enquête à l'ensemble des dénominations du prophète dans Jr.

(פקד *hiphil*) en 37,21 ; «enfermé» (עָצוּר) sans dire où en 36,5 ; «dans la cour de garde» sans mention de l'enfermement en 32,8.12 ; 38,13.28 ; 39,14 ; «dans une citerne dans la cour de garde» en 38,6. La formule de 39,15 situe donc l'épisode raconté dans une période de la vie de Jérémie, dont le récit s'ouvre au chapitre 32 et s'achève avec la chute de la ville au début du chapitre 39, mais sans plus de précision quant à la datation précise au cours de cette période. La formule de 39,15, au lieu de créer une précision chronologique, construit plutôt une ambiguïté : elle signale une référence temporelle, en s'abstenant de la situer par rapport à l'action d'Eved-Mélek, ce qu'aurait facilement permis une formule du genre de «après que Jérémie ait été libéré de la citerne».

Enfin, l'oracle de salut personnel, une fois associé à la narration des actions d'Eved-Mélek, crée une quatrième énigme qui porte sur la cohérence des motivations divines dans Jr : bien des passages du livre veulent affirmer un lien de causalité entre les événements et des attitudes et comportements religieux ou éthiques. On peut notamment citer ici l'oracle du début du chapitre 38 (vv. 2-3), dont le lecteur prend connaissance juste avant de lire la délivrance de la citerne : y sont opposés deux destins, la mort par l'épée, la famine, et la peste d'une part (38,2) avec d'autre part un destin favorable, «avoir sa vie comme butin» (38,3)[11]. Ces deux destins sont conditionnés par deux actions opposées représentées par des participes : הַיֹּשֵׁב, «celui qui reste», et הַיֹּצֵא, «celui qui sort». Il est alors surprenant d'apprendre dans l'oracle à Eved-Mélek qu'il aura «sa vie comme butin», sans que la narration l'ait montré «sortant» en direction des Chaldéens. On peut aussi citer le sommaire proleptique de 37,1-2, qui introduit une séquence narrative de deux chapitres à laquelle appartient le récit de la délivrance de la citerne : l'attitude générale du roi et de la population est résumée par l'expression «ne pas écouter les paroles de Yhwh proclamées par Jérémie». Cette séquence conduisant au récit de la destruction de Jérusalem, un lien de causalité est exprimé narrativement : ne pas écouter Yhwh conduit à la catastrophe. Mais ici encore, le récit des actions d'Eved-Mélek échappe à ce cadre général : il n'est pas présenté comme étant à l'écoute de Yhwh par l'intermédiaire des oracles de Jérémie. Le verbe שמע, «écouter», est certes employé à son sujet en 38,7, mais dans le sens particulier d' «apprendre une nouvelle», nouvelle qui concerne ici le destin corporel du prophète, tout juste jeté dans la citerne. Le serviteur koushite Eved-Mélek n'est donc pas présenté en parfaite symétrie des personnages de la cour : son destin doit-il alors être lu comme confirmant la théologie de la rétribution à l'œuvre dans Jr, ou bien comme y faisant exception ?

---

11 Ce que la TOB, dans la logique d'équivalence dynamique, traduit «avoir la vie sauve».

On pourrait être tenté, ayant observé ces quatre énigmes, d'en proposer une solution facile : on supposerait l'existence de beaucoup d'autres épisodes de la vie du personnage, non rapportés dans la narration, qui seraient en mesure d'expliquer et de justifier tout ce que le texte de Jr comporte d'énigmatique. Une approche historique procéderait logiquement ainsi, puisqu'elle privilégie les événements aux dépens du texte, et ne centre pas sa démarche sur l'interprétation de la forme finale du texte de Jr. Cette recherche prendra la direction opposée, et voudra chercher des réponses dans le texte de Jr, non hors de lui. C'est bien sûr la fécondité de cette option qui en montre la valeur, comme l'illustrera ce qui suit. Mais souvenons-nous aussi des débats théoriques auxquels les chapitres précédents ont été consacrés : il a été montré que Jr pouvait être considéré comme un récit global ; on a découvert que peu de littératures demandent de supposer que leurs personnages aient une vie en dehors des épisodes racontés.

4.4 Efficacité et limitation de l'effet-personnage

Par bien des procédés habituels dans Jr, le récit réalise avec Eved-Mélek un effet-personnage assez efficace. Son nom et son origine géographique lui donnent une individualité certaine : on ne peut le confondre avec personne d'autre, puisqu'il est le seul Koushite présent dans Jr[12]. Même si d'autres personnages peuvent être considérés comme étant eux aussi serviteurs du roi, ce que laisse entendre le sommaire proleptique de 37,1-2[13], Eved-Mélek est le seul à porter ce nom. Il est de plus le seul personnage nommé par antonomase, portant un nom composé d'après sa fonction plutôt qu'un nom de naissance[14]. Alors que de nombreux personnages sont introduits avec la mention du nom de leur père et parfois même du grand-père – ce qui a pour effet, même lorsque ces noms sont inconnus du lecteur, de les situer dans une ascendance judéenne – Eved-Mélek est

---

[12] On ne tient pas compte ici de Yehoudi descendant de «Koushi» (בן־כושי) en 36,14, où le nom propre semble avoir perdu son lien avec le territoire de Koush. Comparer aux «fils de Koush» en Gn 10,7 et 1 Ch 1,9.

[13] Cf. 37,2 : «lui, et ses serviteurs (ועבדיו), et le peuple de la terre».

[14] On pourrait objecter que son nom, comme beaucoup d'autres dans la bible hébraïque, a perdu tout lien de signification avec son étymologie. Mais on doit y lire un nom de fonction pour trois raisons : il est composé de deux substantifs reliés par un *maqqef*, à la différence par exemple du nom Abimélek (Gn 20,2 ; Jg 8,31) ; c'est un nom hébreu porté par un étranger (comparer avec les noms de l'état-major de Nabuchodonosor en 39,3 et 39,13) ; il correspond exactement à sa fonction d'être «dans la maison du roi» (Jr 38,7).

un étranger dont les ancêtres ne sont pas nommés. Il a d'ailleurs été supposé[15] qu'il aurait reçu ce nom parce que son nom de naissance, provenant d'une autre langue, aurait été trop difficile à prononcer pour la cour hébraophone du roi de Jérusalem. Cela contribue aussi à l'individualité du personnage, et par là à l'efficacité de l'effet. On doit aussi noter l'importance des actions menées par Eved-Mélek : seul à agir contre les ministres qui souhaitent la mort de Jérémie, il apparaît comme étant libre et courageux, disant la vérité, organisé et efficace, plein d'initiative en pensant même à utiliser des bouts de chiffon pour éviter toute blessure à Jérémie. On n'est pas en présence d'un simple figurant, comme certains personnages qui n'apparaissent dans le récit que pour transmettre un message du roi.

À toutes ces dimensions du personnage qui reposent sur des procédés fréquents dans Jr, il faut en ajouter une qui est extrêmement rare et accentue l'impression d'une personne bien individualisée : Eved-Mélek reçoit, par l'intermédiaire de Jérémie, un oracle de salut. Le procédé frappe par sa rareté[16]. On se souvient d'ailleurs qu'Ahiqam, qui protège Jérémie de la mort (cf. 26,24), ne reçoit pas d'oracle personnel, pas plus que son fils Guedalias. Mais c'est aussi le contenu de l'oracle qui frappe : il est ainsi indiqué que Yhwh connaît ce personnage, qu'il s'y intéresse, qu'il agit pour lui de manière unique. Ce privilège doit être mesuré à l'aune de l'action globale du personnage divin dans Jr : le même Yhwh, qui se présente comme celui qui fait venir le malheur sur Jérusalem par le moyen de «Nabuchodonosor mon serviteur» (25,9 ; 27,6 ; 43,10), affirme prendre en charge le destin personnel du serviteur koushite.

Pourtant, à côté de tous ces procédés qui suscitent chez le lecteur un intérêt et de l'attachement, d'autres caractéristiques du récit ont l'effet inverse et provoquent sa frustration. On veut traiter ici des manières bien peu réalistes qu'a le récit de faire apparaître et disparaître ce personnage. Son apparition en 38,7 fait de lui un véritable *deus ex machina*[17] : alors que la situation de Jérémie est

---

15 «It sounds like the kind of ad hoc name given to a slave whose original name no one could pronounce.», Holladay, *Jeremiah 2*, p. 289.

16 On a cité précédemment (cf. n. 70 p. 147) l'article de Schulte sur le sujet.

17 Procédé classique au théâtre antique, notamment dans les tragédies d'Euripide : la divinité apparaît miraculeusement pour dénouer l'intrigue ; la mise en scène utilise pour cela une machine qui fait descendre l'acteur depuis le toit. Voir par ex. L. Thévenet, «L'Héraklès de *Philoctète* : une synthèse théâtrale du *deus ex machina*», *Bulletin de l'Association Guillaume Budé* 1/2 (2008) pp. 37–65. Le procédé a été dénoncé comme signe de l'incapacité du dramaturge à trouver une issue cohérente à sa pièce. L'apparition d'Eved-Mélek, dans un contexte certes étranger au théâtre grec, évoque de plusieurs manières le procédé : non seulement il surgit de manière inattendue pour délivrer Jérémie, mais il est aussi en position verticale par rapport au prophète prisonnier, et emploie des cordes tel le machiniste du théâtre antique.

désespérée, que rien dans ce qui précède ne laisse imaginer comment pourraient s'accomplir les promesses de délivrance présentes dès le premier chapitre, ce personnage encore inconnu du lecteur surgit, agit, et réalise la libération du prophète. L'absence de nom propre véritable accroît d'ailleurs l'impression qu'il surgit de nulle part[18]. Le récit aurait pu aisément adoucir cette impression abrupte, par exemple en montrant quelques versets auparavant Eved-Mélek attaché au prophète, présent lorsqu'il prononçait ses oracles ou lorsque les ministres le condamnaient[19]. Cette frustration du lecteur redouble après le récit de la libération de la citerne : une fois Jérémie retourné dans la cour de garde (38,13), Eved-Mélek disparaît du récit aussi subitement qu'il y était apparu. La logique de l'intrigue pousse pourtant le lecteur à se demander comment les ministres, qui semblaient il y a peu si puissants, réagiront à cette action opposée à leurs desseins. Ne devraient-ils pas soit s'opposer de nouveau au prophète, soit menacer Eved-Mélek de représailles ? Le serviteur koushite est ici oublié aussi subitement qu'il était apparu.

À ce point du récit, il aurait été conforme aux habitudes de Jr que ce personnage n'apparaisse plus jamais et sombre dans l'oubli. Sa réapparition, sous la forme de destinataire d'un oracle, vient alors moins répondre aux attentes du lecteur inquiet du devenir de ce personnage que souligner le caractère artificiel avec lequel les personnages secondaires apparaissent et disparaissent dans Jr.

Ajoutons à cela le fait qu'après l'oracle personnel de salut, qui se termine en 39,18, le lecteur n'entendra plus jamais parler d'Eved-Mélek. Le récit ne rapporte même pas une scène où Jérémie s'acquitterait de sa mission, en allant transmettre l'oracle à son destinataire. Le lecteur connaît toutefois la fidélité de Jérémie à sa mission prophétique, même lorsque cela lui déplaît ou qu'il y risque sa vie (cf. 38,15) ; il n'a donc pas de raison de douter de cette transmission de l'oracle, malgré l'omission du récit sur ce point. Mais qu'en est-il de l'accomplissement de cet oracle ? Il est certain que la parole prophétique s'accomplit : non seulement Jérémie est un prophète authentique, mais l'oracle affirme l'accomplissement conjoint des menaces contre la ville et de la délivrance du serviteur koushite, par la répétition de la formule «ce jour-là» (39,16b et 17a) ; situé

---

18 Selon Brueggemann, «The narrative introduces this fourth character abruptly and without comment. [...] We are told nothing and left to draw our own conclusion. The narrator seems to have no curiosity about the question. The narrative is not embarrassed by the sudden appearance of Ebed-melech.» ; Brueggemann, *Exile and Homecoming*, p. 363.

19 Un exemple d'introduction plus subtile de personnage se trouve en Ac 7,58 – 8,1 : alors que Paul ne deviendra le personnage principal du récit qu'au chapitre 9, il apparaît discrètement lors de la lapidation d'Etienne : «Les témoins avaient posé leurs vêtements aux pieds d'un jeune homme appelé Saul. [...] Saul, lui, était de ceux qui approuvaient ce meurtre.»

juste après le récit de la destruction de la ville, l'oracle à Eved-Mélek ne laisse aucun doute quant au fait de son accomplissement. De plus, le début du chapitre ayant raconté la protection particulière dont bénéficie Jérémie de la part des Chaldéens, on peut imaginer qu'il ait eu toute latitude pour favoriser son ancien libérateur. Mais le lecteur pourrait s'interroger sur la manière de l'accomplissement de l'oracle : Eved-Mélek est-il resté à Jérusalem ? A-t-il été déporté à Babylone ? Est-il parti pour l'Égypte ?... Le silence du récit produit un effet de frustration pour le lecteur, d'autant plus que dans ces chapitres le sort d'autres personnages est amplement décrit.

Ainsi, en suscitant l'attachement du lecteur pour Eved-Mélek puis en frustrant les attentes ainsi développées, le récit n'emploie pas ce personnage pour lui-même, comme s'il s'agissait de favoriser un intérêt pour la biographie d'une personne réelle, mais au service d'un autre message, touchant à l'interprétation des oracles. La partie suivante va chercher ce message et tenter de l'exposer.

4.5 Coopération du lecteur

Comme pour l'analyse précédente de Pashehour fils d'Immer, l'argumentation va avancer en remarquant que le lecteur ne découvre pas Eved-Mélek sans se souvenir de ce qu'il a lu depuis le début du livre[20]. Alors qu'il ne peut trouver de réponses aux questions qu'il se pose dans une cohérence biographique du personnage, son attention peut se déplacer de l'histoire racontée à la manière de raconter ; de nombreuses expressions, employées tant dans la narration que par les dialogues et l'oracle, suscitent un travail de mémoire, et construisent un ensemble d'échos et de résonances[21].

4.5.1 Échos

Dans les deux passages où Eved-Mélek apparaît, on peut repérer six échos verbaux avec les oracles précédents. En 38,6, l'usage par les ennemis de Jérémie d'une citerne qui se révèle vide d'eau rappelle leur appartenance à ce peuple critiqué dans un des premiers oracles :

---

[20] On n'énonce pas ici une déduction faite à partir de l'observation des capacités mémorielles des lecteurs réels de Jr, mais une conséquence de la définition du lecteur implicite comme lecteur de Jr, ayant les capacités requises pour recevoir le sens de ce livre particulier.
[21] On a défini précédemment ces termes : l'écho est une récurrence lexicale ; la résonance un ensemble d'échos faisant système. Cf. l'étude du personnage de Pashehour en 3.4.5.

(2,13) « Ils m'abandonnent, moi, la source d'eau vive, pour se creuser des citernes, des citernes fissurées qui ne retiennent pas l'eau. »

Le nom du serviteur koushite, « Eved-Mélek », crée aussi un écho : le substantif עֶבֶד, « serviteur », associé à la nationalité étrangère et à une action favorable à Jérémie, le rapproche de Nabuchodonosor, qualifié par Yhwh de עַבְדִּי, « mon serviteur », dans trois paroles oraculaires (25,9 ; 27,6 et 43,10). Ce nom possède aussi une dimension ironique : s'appeler « serviteur du roi », c'est appartenir à la catégorie de ceux dont 37,1-2 annonçait proleptiquement qu'ils n'écoutaient pas Jérémie : « le roi Sédécias [...] n'écouta pas – ni lui, ni ses serviteurs (וַעֲבָדָיו), ni les propriétaires terriens – les paroles que Yhwh proclamait par l'intermédiaire du prophète Jérémie » ; pourtant les actions d'Eved-Mélek se situeront immédiatement en opposition à celles des ministres du roi.

En 38,7, le terme « eunuque » pose question au lecteur, et selon la réponse apportée peut signaler un écho à un passage précédent. Fait-il référence au sens de fonctionnaire royal, de castrat, ou des deux ? L'expression אִישׁ סָרִיס, plutôt que simplement סָרִיס, peut connoter la castration, comme le propose le *TDOT*[22], ainsi suivi par Parker[23]. La suite de la phrase mentionne qu'il était « dans la maison du roi » : l'expression est plus qu'une simple indication géographique et peut désigner une fonction permanente dans le palais royal. On se souvient par exemple de Gn 39,4, où le Pharaon fait de Joseph, d'après les traductions, son « majordome », alors que l'hébreu dit littéralement וַיַּפְקִדֵהוּ עַל־בֵּיתוֹ, « et il le nomma sur sa maison ». Si סריס ne désignait qu'un titre de fonctionnaire, cela ferait double emploi avec la mention de sa place au palais royal[24]. On peut donc reconnaître ici la marque de la castration[25], pratique supposée courante lorsque des étrangers entrent au service d'un roi[26]. Le Koushite se trouve par là même

---

22 Cité plus haut n. 9 p. 191.

23 Cf. T. Parker, « Ebed-melech as Exemplar », *Uprooting and Planting*. Essays on Jeremiah for Leslie Allen (éd. J. Goldingay) (LHB/OTS 459 ; New York – London 2006) pp. 253–259, p. 255.

24 Il est vrai, toutefois, que l'on peut évaluer diversement cette redondance.

25 Carroll note d'ailleurs qu'Eved-Mélek était « conceivably a eunuch » ; Carroll, *Jeremiah*, p. 682.

26 Les sources de cette information historique ne sont pas aussi assurées qu'on pourrait le souhaiter. Beaucoup d'auteurs (p. ex. F.P. Retief – J.F.G. Cilliers – S.P.J.K. Riekert, « Eunuchs in the Bible », *Acta Theologica* 26/2 (2006) pp. 247–258) s'appuient sur l'article de T.W. Juynboll, « Eunuch (Muslim) », *ERE*. V (éd. J. Hastings) (New York – Edinburgh 1912) pp. 584–585. Pourtant, cette référence ne s'appuie pas sur une documentation historique mais sur les récits de voyageurs du XIXᵉ siècle en Orient musulman, témoignant de leurs rencontres avec des eunuques dans différents pays. Si l'imagination romantique de ce siècle poussait à identifier cet Orient du XIXᵉ siècle avec celui de l'Antiquité, on ne peut pas aujourd'hui négliger les dizaines

distingué du roi dont il est dit «serviteur», roi préoccupé par la survie de sa lignée et sensible au sort de «toutes tes femmes et tes enfants» (38,23) ; sa condition fait écho avec celle de Jérémie, à qui Yhwh avait ordonné de ne pas prendre de femme et de n'avoir ni fils ni fille (16,2). La suite de l'épisode confirme d'ailleurs qu'Eved-Mélek est un familier du palais : le roi ne manifeste pas de surprise lorsqu'il s'adresse à lui, et il saura trouver «à la maison du roi, sous le trésor» (38,11) tout ce dont il a besoin pour délivrer Jérémie.

Le discours d'Eved-Mélek au roi pose un problème d'interprétation qui, à son tour, peut faire écho à un oracle précédent : le lecteur ne s'attend pas à ce que la mort possible de Jérémie dans la citerne soit causée par un problème de famine dans la ville ; c'est pourtant la raison invoquée en 38,9. Le récit avait évoqué plus haut (37,21) la possibilité que la ville se trouve à court de provisions, lorsque le roi avait alloué à Jérémie une galette de pain quotidienne, «jusqu'à ce qu'il n'y ait plus de pain dans la ville», mais sans que l'échéance paraisse déjà atteinte. Il n'avait pas été manifesté, de plus, que les intentions des ennemis de Jérémie étaient de le faire mourir de faim : lorsque le lecteur lisait que Jérémie était introduit dans la citerne (38,6a), il ne savait pas encore qu'elle était vide, et pouvait craindre une mort rapide par noyade ; la mention des cordes dans la suite des versets indiquait une précaution dont la motivation n'était pas claire, mais qui manifestait au moins une possibilité de survie laissée à Jérémie : peut-être survivrait-il quelques jours dans la citerne, jusqu'à mourir de déshydratation (si la citerne était complètement vide) ou de dénutrition (s'il y restait un peu d'eau à boire)[27]. La mention alors de l'absence d'eau (38,6b) est inattendue pour le lecteur[28], et rassurante puisqu'il est attaché à la survie du prophète, ce qui interroge la motivation de ses ennemis. L'argument apporté par Eved-Mélek au roi semble d'ailleurs peu logique : s'il n'y a plus de pain dans la ville, ce n'est pas de sortir de la citerne pour demeurer dans la cour de garde (38,13) qui permettra à Jérémie de se nourrir. Ces difficultés ne doivent pourtant pas masquer l'efficacité de cet argument, et ceci à deux échelons. À l'échelon de l'épisode de la

---

de siècles qui séparent ces témoignages des textes que nous étudions. Les coutumes ainsi décrites attestent de la possibilité d'une pratique de la castration et de l'insertion sociale des eunuques, mais sont insuffisantes pour affirmer positivement leur signification au temps de la fin de la monarchie judéenne.

27 Brueggemann propose ainsi que le risque pour Jérémie soit de mourir «through neglect» ; Brueggemann, *Exile and Homecoming*, p. 363.

28 On doit noter la différence de vocabulaire entre 38,6 («la citerne») et 37,16 («la maison de la citerne, la voûte») ; cela pourrait correspondre à la différence entre une citerne creusée verticalement à partir de la surface du sol, comme on creuse un puits, et une citerne aménagée dans une salle voûtée sous un bâtiment. Quoi qu'il en soit, cette différence empêche le lecteur de savoir si, cette fois encore, Jérémie en sortira indemne.

libération de Jérémie, l'argument produit sur le roi l'effet escompté : ce dernier donne à Eved-Mélek toutes les permissions nécessaires pour sauver Jérémie. À un échelon plus ample, incluant l'arrestation de Jérémie au début du chapitre 38, le motif de la famine crée un écho remarquable. L'oracle prononcé par Jérémie annonçait en effet la mort pour qui demeurerait dans la ville, par «l'épée, la famine, la peste» (38,2), et la survie pour qui sortirait vers les Chaldéens. La parole d'Eved-Mélek reconnaît donc en Jérémie que le temps de l'accomplissement de l'oracle est arrivé, au moins partiellement : s'il demeure, il mourra de faim, s'il sort, il vivra. Au milieu d'une cour croyant encore à la possibilité d'une victoire, Eved-Mélek devient l'un des rares personnages à reconnaître l'extrême gravité de la situation militaire.

En 38,11, les bouts de tissus déchirés et les bouts de tissus usés qu'Eved-Mélek sait trouver au palais royal font écho, de manière inversée, à un épisode du chapitre 36 : Yoyaqim et ses ministres, à l'écoute des oracles écrits sur le rouleau, «ne déchirèrent pas leurs vêtements» (36,24). Malgré l'absence de vocabulaire commun entre ces deux épisodes, leur rapprochement n'est pas indu : c'est le destin normal des vêtements déchirés que de finir en chiffons.

Un sixième et dernier écho peut être identifié dans l'oracle destiné à Eved-Mélek. La fin du verset 17 semble en effet en décalage avec ce que le lecteur sait déjà du personnage : on ne connaît pas d'hommes «devant lesquels [il] est terrifié». Au contraire, on l'a vu agir sans aucune crainte des ministres ; on peine de plus à identifier les éventuels ennemis de cet étranger : seraient-ce les Judéens, ses maîtres peut-être responsables de sa castration, ou bien les Chaldéens, ennemis des Judéens ? Manquant de référent dans la biographie connue du personnage, l'expression prend un sens plus précis au niveau de la mise en récit : le lecteur peut se souvenir qu'il l'a déjà rencontrée, sous une forme inversée, en 22,25. Il s'agissait d'un oracle annonçant la perte de Konyahou. La mémoire de ce passage est d'autant plus forte que l'adjectif יָגוֹר, «terrifié», ne se retrouve nulle part dans le TM ailleurs qu'en ces deux passages. De plus, alors que l'oracle à Konyahou précisait l'identité des hommes redoutés («Nabuchodonosor, roi de Babylone, et les Chaldéens» 22,25), cette référence est ici omise. Cette décontextualisation permet d'adapter à Eved-Mélek l'oracle ainsi repris, sans avoir à identifier ses éventuels ennemis.

Ces six échos aident à comprendre l'effet sur le lecteur construit au moyen du personnage d'Eved-Mélek. Au niveau de l'histoire racontée, l'association du passage de la libération de Jérémie ne montre du serviteur koushite que son attachement à la survie corporelle du prophète, ce qui rend énigmatique les affirmations de l'oracle qui lui est destiné. Mais les mots et images employés tant dans la narration que dans les discours créent – au niveau de la mise en forme littéraire du récit – un système d'échos qui rapprochent, pour le lecteur, le personnage d'Eved-Mélek du monde des oracles. De manière précise, alors que les oracles produisent une séparation entre ceux qui écoutent Yhwh et ceux qui le rejettent, les souvenirs remontant de la mémoire du lecteur situent Eved-Mélek dans le premier groupe : il s'oppose aux utilisateurs de la citerne fissurée ; il est «serviteur» comme Nabuchodonosor ; si l'on comprend «eunuque» au sens propre, il est sans épouse ni descendance comme le prophète ; il est au contact de vêtements déchirés au contraire de Yoyaqim ; il reconnaît le danger de la situation militaire dans le risque de famine ; à l'inverse de Konyahou il ne sera pas livré à ceux qu'il redoute. Ainsi est construite pour ce personnage une «qualification différentielle»[29].

4.5.2 Résonances

Affleurant à la mémoire du lecteur, quatre résonances peuvent encore être repérées ; en associant plusieurs échos, chacune d'elle vient déplacer l'interprétation des passages où apparaît Eved-Mélek. Les deux premières sont les plus simples à identifier, trouvant leur point de départ uniquement dans l'oracle du chapitre 39. Il y a tout d'abord une résonance entre l'oracle à Eved-Mélek et l'oracle à Hananya (28,12-16). L'introduction de 39,15 comporte une formule d'introduction d'oracle assez classique («et vers Jérémie était survenue la parole de Yhwh [...]»), comme on en rencontre tant dans Jr. Au contraire, le début de l'oracle est fort rare : «Va dire à Eved-Mélek le Koushite», avec la formule הָלוֹךְ וְאָמַרְתָּ, «va dire», qui n'était apparue précédemment qu'au début de l'oracle à Hanaya (28,13). Or on avait remarqué plus haut l'incongruité narrative de la justification clôturant l'oracle en 39,18 : כִּי־בָטַחְתָּ בִּי, «car tu m'as fait confiance». Le verbe בטח, «faire confiance», est souvent employé dans Jr par les oracles qui dénoncent la confiance illusoire des Judéens envers les idoles, illusion manifestée notamment en suivant les prophètes adversaires de Jérémie (par ex. 29,31). Or, et c'est ce qui constitue cette résonance, ce verbe était employé dans l'oracle à Hananya, pour dénoncer une fausse prophétie qui écarte le peuple de Yhwh.[30]

---

29 Selon la catégorie introduite par Hamon, cf. 3.2.2.
30 Cf. 28,15 : «Le prophète Jérémie dit au prophète Hananya : ‹Écoute bien, Hananya : Yhwh ne t'a pas envoyé et c'est toi qui fait se confier le peuple au mensonge (שׁקר).›»

Oracle à Hananya (chap. 28)	Oracle à Eved-Mélek (chap. 39)
«Va dire à Hananya» (v. 13) הָלוֹךְ וְאָמַרְתָּ	«Va dire à Eved-Mélek» (v. 16) הָלוֹךְ וְאָמַרְתָּ
«c'est toi qui fais que ce peuple se confie au mensonge» (v. 15) וְאַתָּה הִבְטַחְתָּ אֶת־הָעָם הַזֶּה עַל־שָׁקֶר	«car tu m'as fait confiance» (v. 18) כִּי־בָטַחְתָּ בִּי

En remarquant l'inversion de l'objet de la confiance entre les deux oracles, le mensonge (שׁקר) pour Hananya et Yhwh pour Eved-Mélek, on peut lire en négatif l'affirmation de l'oracle au serviteur koushite : «tu n'es pas comme ceux qui font confiance au mensonge, qui refusent Yhwh, qui persécutent Jérémie». Autrement dit, les éléments textuels invitent à lire l'expression de la confiance en 39,18 non pas en cherchant son référent dans l'histoire d'un acte qu'aurait posé Eved-Mélek, acte dont toute trace est habilement brouillée par l'ambiguïté chronologique du récit, mais à y voir un résumé du portrait d'Eved-Mélek, figure idéale et symétrique des Judéens victimes, à travers l'armée chaldéenne, de leurs propres erreurs.

Une deuxième résonance peut s'observer avec l'oracle adressé à Sédécias au chapitre 21 :

Oracle à Sédécias (chap. 21)	Oracle à Eved-Mélek (chap. 39)
«cette ville» (vv. 4, 16)	«cette ville» (v. 16)
«pour le malheur et non pour le bonheur» (v. 10)	«pour le malheur et non pour le bonheur» (v. 16)
«il aura sa vie comme butin» (v. 9) וְהָיְתָה־לּוֹ נַפְשׁוֹ לְשָׁלָל	«tu auras ta vie comme butin» (v. 18) וְהָיְתָה לְךָ נַפְשְׁךָ לְשָׁלָל

On perçoit ainsi que, à travers le personnage d'Eved-Mélek, semble se présenter une figure d'accomplissement inversé des oracles de condamnation : au moment où la dimension négative des oracles contre la ville et son roi s'accomplit, leur versant positif s'accomplit aussi pour le serviteur koushite.

On a déjà signalé que l'emploi du nom «Eved-Mélek» créait un effet d'association entre le récit de 38,7-13 et l'oracle du chapitre 39. On peut alors repérer deux résonances particulièrement significatives entre, d'une part, l'ensemble ainsi créé et, d'autre part, un oracle précédent. La première fait souvenir au lecteur de l'oracle à Pashehour fils d'Immer, dans l'épisode de la mise du prophète au pilori, et s'appuie sur l'expression «tomber par l'épée», qui n'apparaît dans Jr qu'en ces deux passages, et la mention de «trésor», au pluriel ou au singulier :

Oracle à Pashehour fils d'Immer (chap. 20)	Séquence Eved-Mélek (chap. 38–39)
«ils [les amis de Pashehour] tomberont par l'épée» (v. 4) וְנָפְלוּ בְחָרֶב	«par l'épée tu ne tomberas pas» (39,18) בַּחֶרֶב לֹא תִפֹּל
«et tous les trésors des rois de Juda, je les donnerai dans la main de leurs ennemis» (v. 5) וְאֵת כָּל־אוֹצְרוֹת מַלְכֵי יְהוּדָה אֶתֵּן בְּיַד אֹיְבֵיהֶם	«et il [Eved-Mélek] alla à la maison du roi, sous le trésor, et il en prit [...]» (38,11) וַיָּבֹא בֵית־הַמֶּלֶךְ אֶל־תַּחַת הָאוֹצָר וַיִּקַּח מִשָּׁם...

Si l'on ne remarque pas cette résonance, la mention du «trésor» en 38,11 n'est interprétable que comme un détail réaliste concourant à «l'effet de réel», donc sans signification pour l'intrigue. Mais dans cette configuration, elle est transformée : la péripétie de la recherche de bouts de tissus déchirés et usés pour protéger Jérémie, de la part d'Eved-Mélek à qui sera annoncé un oracle de salut symétrique de la destruction de Jérusalem, est donc une préfiguration discrète de l'accomplissement de l'oracle à Pashehour fils d'Immer. En allant «à la maison du roi, sous le trésor» prendre ce qu'il veut, Eved-Mélek préfigure l'accomplissement d'un oracle où les ennemis de Jérusalem prendront dans le «trésor des rois de Juda» tout ce qu'ils voudront.

La quatrième résonance est la première à se manifester dans l'ordre du texte ; mais sa complexité rendait préférable de ne pas l'analyser en premier. Dans le récit de la libération de Jérémie de la citerne (38,7-13), un mot revient si fréquemment qu'il donne l'impression d'excéder le juste nécessaire : la narration décerne par trois fois à Eved-Mélek le qualificatif de כּוּשִׁי, «koushite»[31]. N'aurait-il pas suffi de lui donner ce titre une seule fois ? Cette insistance rappelle au lecteur l'oracle de 13,23, seul autre passage de Jr où apparaît le substantif כּוּשִׁי :

> (13,23) «Un Koushite peut-il changer de peau ? une panthère de pelage ? Et vous, pouvez-vous bien agir, vous les habitués à mal agir ?»
> (גַּם־אַתֶּם תּוּכְלוּ לְהֵיטִיב לִמֻּדֵי הָרֵעַ)

Un autre terme relie cet oracle au récit de la libération de la citerne : le verbe רעע au *hiphil*, «faire le mal», est aussi employé par Eved-Mélek dans son discours au roi :

---

31 La TOB traduit «nubien».

(38,9) « Mon Seigneur le roi, ils ont mal agi (הֵרֵעוּ), ces gens-là. »

Ainsi apparaît une résonance entre ces deux textes : d'un côté, un oracle qui prend exemple sur la couleur de peau d'un Koushite, pour tirer une leçon sur l'impossible conversion de ceux qui agissent mal ; de l'autre, un récit où un Koushite s'oppose par ses actions (faire sortir Jérémie de la citerne) à des hommes dont il dit qu'ils ont mal agi. Or cette opposition et ces résonances verbales vont se maintenir dans un troisième texte, l'oracle de salut personnel à Eved-Mélek. Par la répétition de l'expression « ce jour-là », l'oracle associe une annonce négative pour la ville à une annonce positive pour Eved-Mélek. On remarque ainsi que l'annonce à propos de la ville utilise l'opposition entre les racines טוב, « bien », et רע, « mal » :

(39,16) « pour lui faire du mal et non du bien (לְרָעָה וְלֹא לְטוֹבָה) »

Les termes qui engendrent cette quatrième résonance sont repris dans le tableau suivant :

Oracle de la couleur de peau (13,23)	Récit de la libération (38,7-13)	Oracle personnel de salut (39,15-18)
La peau du Koushite est l'image de la méchanceté humaine.	Le Koushite agit pour s'opposer aux hommes mauvais.	Le Koushite aura un sort inverse de celui de la ville, le même jour.
/	« Eved-Mélek » (vv. 7, 8, 10, 11, 12)	« Eved-Mélek » (v. 16)
« Koushite »	« Koushite » (vv. 7, 10, 11, 12)	« Koushite » (v. 16)
« faire le mal » רעע hiphil infinitif construit	« ils ont mal agi » רעע hiphil qatal (v. 9)	« pour le mal » רָעָה substantif (v. 16)
« faire le bien » יטב hiphil infinitif construit	/	« pour le bien » טוֹבָה substantif (v. 16)

Le personnage d'Eved-Mélek, par le récit de la libération de la citerne puis par son oracle de salut personnel, apporte donc une forme d'accomplissement à l'oracle de 13,23. Certes, le récit s'abstiendra de dire en toutes lettres qu'Eved-Mélek a « bien agi », ce qui demanderait le verbe יטב, l'adjectif טוב ou le substantif טובה ; le lecteur peut cependant se sentir poussé, par les résonances de vocabulaire entre ces trois passages, à combler ce blanc, et à conclure, à partir de l'action d'Eved-Mélek permettant au prophète de poursuivre sa mission et du jugement positif de Yhwh sur lui, qu'il a «bien agi». Ce faisant, il s'opère une transformation du sens de l'oracle de 13,23 : alors qu'il mettait en parallèle le Koushite, qui ne peut changer de couleur de peau, avec les méchants, qui ne peuvent se mettre à faire le bien, le récit a construit non un parallèle mais une symétrie entre ce Koushite et les Judéens qui commettent le mal. Précisons : le récit ne met pas en scène un personnage qui se convertirait et écouterait la parole de Yhwh, passant de la condition de méchant à celle de bon ; en effet, il s'agit de raconter la condamnation de Jérusalem et sa destruction par les armées chaldéennes, et de l'expliquer par le refus d'écouter les oracles prononcés par Jérémie. Il aurait donc été maladroit d'introduire un personnage dont les actions représentées fassent exception à cette situation générale. Le récit ne présente donc pas Eved-Mélek comme un auditeur des oracles. En revanche, dans cette situation où la ville va être détruite, l'organisation verbale du récit utilise ce personnage pour montrer, mais sans le dire, ce que l'oracle de 13,23 se désespérait de voir : que puisse «faire le bien» celui dont la couleur de peau est métaphoriquement signe de l'impossibilité du changement.

4.6 Conclusion

Après avoir déployé l'interprétation de l'effet produit par le personnage d'Eved-Mélek, on peut, en conclusion, réfléchir à l'emplacement dans le récit de son oracle de salut. Si le récit avait voulu fournir au lecteur une petite biographie du serviteur koushite, il aurait été bien plus efficace de regrouper dans une même séquence tous les passages le concernant : la délivrance de Jérémie de la citerne, puis l'oracle personnel du salut, dans cet ordre ou dans l'ordre inverse, selon un ordre chronologique qui demeure inconnaissable dans la forme actuelle du texte. Mais on a bien montré comment le récit limite l'efficacité de l'effet-personnage : il ne l'emploie pas pour lui-même mais au service d'autre chose. D'un point de vue biographique, l'oracle de salut personnel suscite davantage de questions qu'il n'en résout. En revanche, compris dans la ligne de l'interprétation théologique de la chute de Jérusalem, il est parfaitement à sa place. Le sobre récit de la victoire militaire des Chaldéens pourrait en effet donner au lecteur, dans un premier temps, l'impression d'une catastrophe à laquelle rien ni personne ne peut échapper : une fois la brèche ouverte (39,2), les fuyards sont rattrapés (v. 5), les fils de Sédécias et tous les nobles sont égorgés (v. 6) ; les constructions sont détruites : palais royal, maisons du peuple, murailles de la ville (v. 8). Au verset 10, la mention du sort des plus pauvres est ambiguë : est-ce par libéralité que Nabuchodonosor ne les déporte pas et leur donne[32] des vergers et des champs, ou bien pour ne pas s'encombrer à Babylone de ce bas peuple qui sera plus utile en restant sur place au service de l'agriculture du pays conquis ?

Le récit de la protection de Jérémie (39,11-14), en traitant d'un personnage important à Jérusalem, apporte une correction à l'image de la catastrophe ; cette correction n'a toutefois pas valeur de règle générale, car depuis le début du livre le prophète dispose d'un statut unique et d'une protection divine exceptionnelle. L'oracle à Eved-Mélek apporte alors une deuxième correction : la catastrophe était sélective, y compris pour les proches du roi. Elle n'était pas non plus inévitable : le serviteur koushite a pu prendre des mesures à temps pour « agir bien » et mériter d'avoir « sa vie comme butin ». La manière par laquelle le récit affirme cela est claire, mais aussi discrète[33]. Alors que la chute de Jérusalem et l'Exil sont un événement d'une extrême gravité pour la pensée biblique, il ne convenait pas de raconter longuement le sort d'un personnage y échappant miraculeusement[34]. Rien n'est mis en récit, on l'a signalé, du destin particulier d'Eved-Mélek, pas même le lieu où il poursuit sa vie. Seule est rapportée la promesse d'une délivrance divine, construite d'une manière qui invite à croire en sa réalisation.

---

32 Le récit emploie le verbe נתן, littéralement « donner ». Faut-il y lire spécifiquement un acte de donation, un transfert de propriété ? Le sens du verbe est très large : en 37,15, les ennemis de Jérémie le « donnent » dans la citerne ; en 37,17, Jérémie annonce à Sédécias qu'il sera « donné » à Nabuchodonosor. En 39,10, le sens n'indique donc pas forcément un cadeau de Nabuchodonosor ; peut-être faut-il simplement comprendre que Nabuchodonosor les chargea de cultiver champs et vergers.

33 Comme il n'entre pas dans ce genre d'arguments, Carroll propose qu'Eved-Mélek est sauvé sans conditions ; cf. Carroll, *Jeremiah*, p. 697.

34 Un peu dans le même sens, Carroll propose que « All these stories contribute to toning down the story of Jerusalem's destruction by focusing on those who survive it. » ; Carroll, *Jeremiah*, p. 748.

5 Baruch

5.1 Délimitation

5.1.1 Préalable sur le livre de Baruch

On se limitera dans cette étude au personnage de Baruch tel qu'il apparaît dans Jr, sans aborder le livre éponyme. Ce choix, d'abord guidé par l'absence de Ba du TM, peut se justifier par des raisons tant diachroniques que synchroniques. L'exégèse historico-critique, d'une part, a clairement montré la dimension de pseudonymie de Ba et proposé des datations possibles[1], toutes beaucoup plus tardives que celles de Jr, ce qui justifie de lire Jr indépendamment de Ba. D'ailleurs, le processus éditorial ayant conduit du texte court de Jr, dont dérive la LXX, au texte long attesté par le TM, produit une séparation entre la figure de Baruch dans Jr et le livre de Ba. La LXX place en effet l'oracle à Baruch quasiment à la fin du livre (en 51,31-35, suivi d'un chapitre 52 comparable à celui du TM), une page avant le livre de Ba, ce qui incite à lire ce dernier en continuité avec cet oracle. Mais le TM, en plaçant l'oracle à Baruch au chapitre 45 de Jr, produit une rupture qui se manifesterait même si l'on disposait, dans le TM, d'un livre de Baruch situé juste après Jr.

L'analyse synchronique, d'autre part, peut atteindre le phénomène pseudépigraphique sans quitter ses perspectives propres[2]. C'est en effet une référence paradoxale au personnage de Baruch de Jr qui se manifeste dans Ba : certains aspects du personnage invitent à l'identification alors que d'autres s'y opposent. Ainsi, les noms de personnes et les datations de Ba 1,1-3 se rattachent à Jr ; en revanche, l'absence de mention du nom de Jérémie est frappante, alors que dans Jr Baruch n'était jamais une figure indépendante du prophète. D'un point de vue synchronique, Ba passe donc avec son lecteur un contrat de lecture

---

1 Bogaert a ainsi montré que ce n'est qu'après 70 ap. J.-C. que « Baruch », de nom de secrétaire lié à Jr, est devenu un nom d'auteur. Cf. P.-M. Bogaert, « Le personnage de Baruch et l'histoire du livre de Jérémie. Aux origines du Livre deutérocanonique de Baruch », *StEv VII*. Papers presented to the Fifth International Congress on Biblical Studies held at Oxford 1973 (éd. E.A. Livingstone) (TU 126 ; Berlin 1982) pp. 73–81, p. 81.
2 Le travail du groupe « Narratosèvres » sur le thème du « pacte pseudépigraphique » en 2014–2015, ainsi que le symposium du RRENAB sur le même thème à Sète en 2015, m'ont fait découvrir cette perspective. Cf. *« Au nom d'un autre »*. Pseudépigraphie, fiction et narratologie. Actes du Symposium du RRENAB, Sète 12–14 juin 2015. *ETR* 91/4 (2016).

https://doi.org/10.1515/9783110657845-008

qui est de l'ordre d'un jeu : « Faisons comme si ce livre était écrit par Baruch ! ». Il demande d'y croire tout en avouant qu'il s'agit d'une fiction[3].

5.1.2 Baruch dans Jr

Le personnage de Baruch apparaît dans quatre passages de Jr. Le lecteur fait sa connaissance au chapitre 32, lorsque Jérémie achète le champ de son oncle et remet le contrat de vente à Baruch (32,10-15). Puis il le retrouve dans l'épisode du rouleau (chap. 36) : Baruch écrit sous la dictée de Jérémie, lit le rouleau puis le fait parvenir au roi Yoyaqim qui le déchire et le brûle, à la suite de quoi le prophète lui dicte de nouveau les oracles. Après la chute de Jérusalem et l'oracle condamnant le départ vers l'Égypte, Baruch réapparaît par une brève mention dans l'épisode de 43,1-7[4]. Il est enfin le bénéficiaire d'un oracle de salut personnel, rapporté au chapitre 45, juste avant le début de plusieurs chapitres d'oracles poétiques.

Sa profession de סֹפֵר, « scribe » ou « secrétaire » selon les traductions, appelle à remarquer qu'il est présent dans tous les épisodes où est mentionné un rouleau (מְגִלָּה) ou quand prend place une dictée (« écrire de la bouche de... », כתב מִפִּי־). Des épisodes où il est question d'écriture peuvent toutefois prendre place en son absence, puisque Jérémie envoie sans mention de son aide une lettre aux premiers déportés (chap. 29), ou encore un livre à Babylone (chap. 51), par l'intermédiaire de Seraya. Ce dernier personnage est lui aussi fils de Nériya, donc frère ou demi-frère de Baruch.

Les passages mentionnant Baruch présentent une caractéristique chronologique assez rare dans Jr : ils sont tous datés précisément par rapport aux années de règne de Yoyaqim ou Sédécias ; ils ne sont pourtant pas disposés dans le récit en suivant cet ordre. Pour pouvoir repérer précisément ces épisodes en

---

3 Dans un volume consacré à la pseudépigraphie pensée comme « pacte », P. Renaud-Grosbras pose, à propos des pseudépigraphes pauliniens, une affirmation proche : « Peut-être que dire ‹ je suis l'auteur ›, ce n'est pas une vérité, c'est une métaphore. Lorsque l'auteur d'une épître pseudépigraphique affirme être quelqu'un qu'il n'est pas, il ne clame pas qu'il l'est vraiment : il agit comme s'il l'était, il fait ‹ comme si ›. Il en tire des conséquences qui ne sont pas des conséquences logiques relevant d'un ordre de la vérité historique, mais des conséquences qui touchent au *sens* et donc à *l'action* probable que cette affirmation peut avoir. », P. Renaud-Grosbras, « La pseudépigraphie, entre vérité et radicalisme ? », *Le pacte pseudépigraphique. ETR* 88/4 (2013) pp. 559–568, p. 564.

4 Une intéressante reconstruction historico-politique à partir de cet épisode est proposée par W. Brueggemann, « The ‹ Baruch Connection › : Reflections on Jer 43:1-7 », *JBL* 113/3 (1994) pp. 405–420.

restant dans la perspective synchronique, on doit noter que le bref règne de Yoyakîn/Konyahou, qui succède à son père Yoyaqim et précède son oncle Sédécias, n'est pas raconté dans Jr[5]. Cela étant posé, revenons à Baruch. L'épisode de l'achat du champ, pour lequel il conserve l'acte notarié, est daté de «la dixième année de Sédécias» (32,1). La dictée du rouleau d'oracles se situe dans «la quatrième année de Yoyaqim» (36,1) et sa proclamation publique «la cinquième année de Yoyaqim» (36,9). L'oracle destiné au groupe prenant la route de l'Égypte (chap. 42) est situé chronologiquement après la chute de Jérusalem qui marque la fin du règne de Sédécias en sa «onzième année» (39,2). L'oracle de salut personnel, enfin, est daté de «la quatrième année de Yoyaqim» (45,1), et précisément situé en concomitance avec la dictée du rouleau (בְּכָתְבוֹ, «pendant qu'il écrivait» 45,1). Pour se repérer dans cette chronologie, on peut représenter les différents passages en les plaçant sur un schéma à deux dimensions : en abscisse le temps raconté, construit par les indications chronologiques du texte ; en ordonnée le temps racontant, construit par l'enchaînement des chapitres du récit. Pour rester dans la logique interne au livre sans y projeter d'information historique extérieure, on préfère ne pas mentionner les années du calendrier des historiens modernes[6] telles que «587 av. J.-C.», etc. (cf. fig. 6).

Ce schéma aide à comprendre la question de la chronologie telle qu'elle se pose pour le lecteur. En effet, il est remarquable que, contrairement à d'autres séquences du livre pour lesquelles on peine à établir une chronologie certaine, les épisodes liés à Baruch sont datés avec précision et permettent au lecteur de se rendre compte de la distorsion chronologique du récit. Il faudra réfléchir à l'effet ainsi produit.

On peut dès à présent noter que ces différents épisodes ne sont pas mis en récit de la même manière. En effet, le récit de l'achat du champ (à partir de 32,6) est une grande narration en «je», racontée par Jérémie. Cela donne au récit la couleur de souvenirs personnels centrés avant tout sur son expérience subjective, racontés selon son point de vue. En revanche, dans les épisodes des chapitres 36, 43 et 45, le prophète est mis en récit à la troisième personne. Cette manière de faire permet de raconter des événements dont Jérémie est absent : la mission de Baruch pour lire les oracles au Temple et chez le roi (36,8-20), mais

---

5 La seule allusion à ce règne se trouve en 37,1 qui évoque l'intronisation de Sédécias ; le chapitre 52 raconte la grâce dont il bénéficie de la part d'Ewil-Mérodak à Babylone.

6 Pour un état des lieux de la recherche sur la datation des événements rapportés par la Bible, et notamment pour la comparaison des systèmes de datation de Thiele et Albright, on peut consulter G. Galil, *The Chronology of the Kings of Israel and Judah* (Studies in the History and Culture of the Ancient Near East 9 ; Leiden – New York – Köln 1996), notamment p. 121 pour les événements contemporains de Jr.

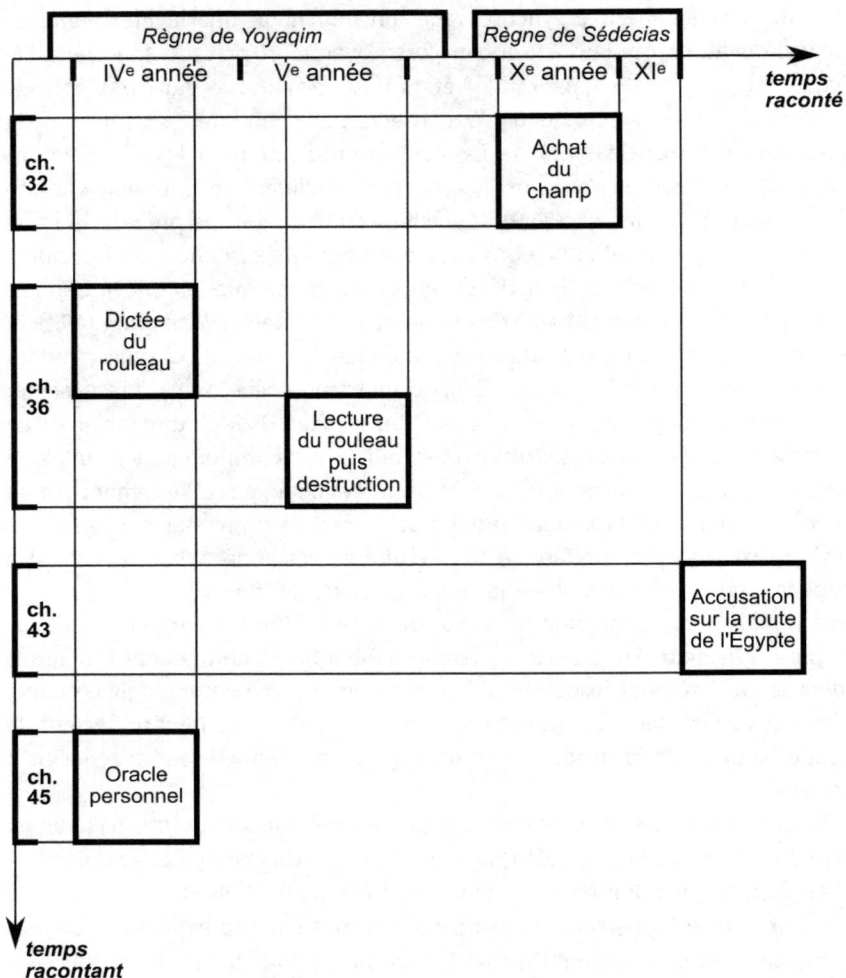

Fig. 6 : Temps racontant et temps raconté dans les épisodes où apparaît Baruch.

c'est aussi d'une certaine manière le cas pour la mention de Baruch en 43,6, puisqu'elle fait suite à un oracle qui intervient après presque deux chapitres dans lesquels Jérémie semble absent (40,7–41,18). On aura à y revenir, mais ces premières observations suggèrent déjà que Baruch, le scribe qui écrit les oracles du prophète, assure un rôle de transmission au moment où disparaît Jérémie.

Par rapport aux personnages étudiés précédemment (Pashehour et Eved-Mélek), la dispersion dans le livre des passages où apparaît Baruch complique la tâche d'analyse. Dans le cas de Pashehour, l'oracle faisait immédiatement suite à la narration des actions du personnage ; pour Eved-Mélek, l'écart était limité, ce qui rendait aisé de ne pas perdre de vue les épisodes intermédiaires lorsqu'on associait l'oracle avec la narration des actions. Mais dans le cas de Baruch, les cinq passages à étudier sont dispersés sur une étendue de 14 chapitres. De plus, le choix de la perspective synchronique et d'une prise en compte des effets sur le lecteur semble interdire de négliger ce qui se passe au long de ces chapitres : on fait d'ailleurs fréquemment référence à l'argument de la mémoire du lecteur, laquelle lui permet de se souvenir de tout ce qui précède. Serait-il alors néces-saire de commencer par étudier l'ensemble de ces chapitres et d'en proposer une interprétation, avant d'étudier un personnage particulier tel que Baruch ? Mais cet argument peut se retourner : comment produire une interprétation globale du récit sans commencer par en analyser les éléments constitutifs ?

Dans le cas particulier de Baruch, l'ordre précédemment signalé dans lequel sont organisés les épisodes fournit une heureuse solution. En effet, c'est en dernier, après les séquences narratives présentant les actions du personnage, qu'est rapporté l'oracle. On trouvera donc un point de référence dans l'oracle du chapitre 45, dont il faudra chercher à démêler les rapports avec le récit dans tout ce qui précède : les passages narratifs consacrés à Baruch, les oracles poétiques, et tout ce qui pourra se révéler utile pour comprendre l'oracle.

On peut préciser ici comment cette recherche se situe par rapport à celle d'Elena Di Pede, dans un article publié en 2004[7]. La démarche d'analyse syn-chronique, à la recherche du sens d'un texte comportant des discontinuités, est bien évidemment commune. Ainsi, bien des conclusions de cet article ont toute leur place ici, lorsqu'elles proviennent de l'analyse de l'organisation chronolo-gique des passages consacrés à Baruch et du sens qu'ils prennent dans l'en-semble de Jr : l'emplacement de l'oracle au chapitre 45 est interprété comme «la manière dont le personnage de Baruch est progressivement caractérisé dans le récit»[8] ; cet oracle de salut placé après le récit de l'accomplissement des oracles de destruction appelle en effet à reconnaître que «si Baruch reste en vie, c'est des paroles de restauration dont il est aussi témoin qu'il va pouvoir se faire l'écho»[9].

Mais l'angle de l'enquête présente un léger écart. Di Pede s'intéresse en effet aux passages où apparaît Baruch de manière à éclairer l'intrigue d'un grand ensemble dont la chronologie est perturbée au point de paraître parfois dé-chronologisée. Il est cohérent avec cette perspective que ne soient pas pris en

---

7 E. Di Pede, «Jérusalem, ʿEbed-melek et Baruch. Enquête narrative sur le déplacement chro-nologique de Jr 45», *RB* 111/1 (2004) pp. 61–77. On a déjà discuté cet article en 3.3.2.1.
8 *Ibid.*, p. 75.
9 *Ibid.*, p. 76.

compte deux décalages qui alimentent, dans notre recherche, la réflexion sur le sens que prend l'oracle à Baruch dans son insertion narrative : le décalage entre ce que l'oracle et la narration construisent chacun du personnage ; le décalage théorique entre personnages du récit et personnes du monde réel. Cette différence de perspective justifie de s'écarter d'une affirmation telle que «ce n'est que bien plus tard que le lecteur découvre que cette attitude n'a pas été sans mal pour Baruch»[10] : cette recherche voudrait réfléchir sur le fait que la narration ne met pas en scène cette affirmation de l'oracle, ce qui invite à ne pas la projeter sur une biographie imaginaire du personnage (ce qui ne revient pas à douter de la fiabilité de cet oracle) ; de même, affirmer que «l'oracle de vie sauve adressé à Baruch s'adresse donc à un homme qui, pour la Parole, a renoncé à l'accomplissement de ses désirs»[11], s'appuie sur une conception du personnage littéraire imitant une personne réelle, sans prise en compte de possibles décalages autres que celui de son caractère fictionnel. L'emploi du mot «homme» rend cela manifeste.

5.2 Remarques préliminaires sur le texte

Cette partie va rassembler quelques remarques sur l'établissement du sens du texte, préalables à l'analyse narrative. On n'entrera toutefois pas dans la discussion, à nature plutôt historique, sur les différentes copies (rouleau scellé et rouleau ouvert) du contrat en 32,11[12].

En 32,14, on remarque un ordre donné par Jérémie à Baruch, représenté en discours direct par un infinitif absolu : לָקוֹחַ («pour prendre»). Joüon-Muraoka (§123u) remarque que ce n'est pas anormal ; cela a même toute sa place dans le cadre d'un oracle d'origine divine :

> «The infinitive absolute is used [...] as equivalent of the imperative. [...] The infinitive absolute is especially found in commands given by God or a military commander.»

Pour analyser l'épisode de l'accusation de Jérémie après l'oracle demandé par Yohanân, on aura à discuter du verset 43,2. Or sa syntaxe pose problème : le

---

10 *Ibid.*, p. 75.
11 *Id.*
12 Du point de vue archéologique, *CTAT* explique les expressions de 32,11 en les rapprochant des documents doubles découverts dans les grottes de Murabbaat, comportant une partie libre et une partie scellée.

participe אֹמְרִים, «parlant», situé juste après l'*atnah*, et non précédé de l'article défini qui le situerait en apposition de הָאֲנָשִׁים הַזֵּדִים, «les hommes insolents», n'a pas sa place dans la structure syntaxique du verset ; il n'est pas possible de l'analyser comme marqueur de passage au style direct, fonction habituellement dévolue à לֵאמֹר. De nombreux commentateurs[13], parmi lesquels les éditeurs de la *BHS*, proposent de corriger en הַמֹּרִים, participe de מרה, «être récalcitrant, rebelle». Les traditions textuelles de la LXX ont d'ailleurs des hésitations sur ce point[14]. Une fois constatée cette difficulté indubitable sur אמרים, les commentateurs poursuivent habituellement la critique textuelle du verset en mettant en cause l'adjectif הַזֵּדִים, «les insolents», qui n'a pas de parallèle dans la LXX. Dans la perspective d'une étude purement synchronique de Jr, et en prenant en compte l'ampleur des différences entre TM et LXX pour Jr, il n'est pas nécessaire de remettre en cause cet adjectif. En revanche, on doit en remarquer un effet unique sur le lecteur : c'est le seul verset de Jr dans lequel la narration porte elle-même un jugement sur un personnage. Même si cela n'amène pas à remettre en cause le fait que le lecteur perçoit ce jugement comme étant fiable, cela interroge le support de ce point de vue : c'est en s'appuyant précisément sur l'absence de point de vue autre que ceux des personnages que la théorie poétique de la narration conclut habituellement à l'absence d'un narrateur[15]. L'interprétation doit s'imposer une grande prudence devant une telle fragilité textuelle.

Dans le bref récit de l'oracle à Baruch au chapitre 45 se trouve un problème de continuité pour l'identification du locuteur. En effet, le récit commence par une introduction narrative qui construit une situation d'énonciation entre Jérémie et Baruch : le prophète adresse la parole au scribe. On doit remarquer que la formule employée, הַדָּבָר אֲשֶׁר דִּבֶּר, «la parole que prononça», ne survient habituellement que pour des paroles dont Yhwh est l'origine[16]. Le verset 1 construit donc une situation d'énonciation où Jérémie transmet à Baruch un oracle reçu de Yhwh. Le verset 2 continue sur cette ligne en attestant l'origine du discours en «Yhwh dieu d'Israël». Quant au verset 3, il se présente comme

---

13 Holladay indique reprendre cette correction à Giesebrecht, Cornill, Rudolph et Bright. Cf. Holladay, *Jeremiah 2*, p. 275. Noter toutefois que Barthélemy dans *CTAT* ne rapporte pas d'attestation de cette difficulté dans la tradition manuscrite.

14 Elles sont rapportées dans la LXX de Ziegler mais pas dans celle de Rahlfs.

15 En ré-analysant certaines phrases habituellement interprétées comme exprimant le point de vue du narrateur, Banfield y montre la pensée représentée d'un personnage, ce qui lui permet de nier l'existence de la «voix du narrateur». Voir par exemple Banfield, *Phrases sans parole*, p. 284, et la présentation de cette auteure en 2.2.1.

16 Les autres occurrences sont : 10,1 ; 19,2 ; 25,13 ; 30,2.4 ; 36,2 ; 44,16 ; 46,13 ; 50,1. Dans tous ces passages, cette parole provient de Yhwh, même dans le cas-limite de 44,16 où la formule est prononcée par ceux qui refusent d'écouter «les paroles que tu nous dis au nom de Yhwh ».

citation par l'oracle d'un discours précédemment tenu par Baruch. On s'atten-
drait alors au verset suivant à une formule introduisant une conséquence présente de l'action passée (comme וְעַתָּה, «et maintenant», ou לָכֵן, «c'est pourquoi»), mais une disjonction se produit au début du verset 4. En effet,
l'expression כה תאמר אליו, «ainsi tu lui parleras», comporte des références à trois
personnes : un locuteur, un destinataire représenté par «tu», et un troisième
personnage à qui le «tu» reçoit l'ordre de parler ; ce troisième personnage est
représenté par la troisième personne du pronom suffixe de l'expression אליו («à
lui»).

Il n'est pas possible d'identifier ces trois personnages en continuité avec la
situation d'énonciation du verset 2 : si celui qui parle était Jérémie et si l'auditeur
était Baruch, qui serait le troisième ? Cette disjonction conduit le lecteur à
reconnaître que la situation d'énonciation a changé ; spontanément, il interprète
ce changement de la manière la plus économique possible, en imaginant une
situation d'énonciation nouvelle mais impliquant les mêmes personnages que
précédemment. Il conclut ainsi qu'il s'agit d'un ordre donné par Yhwh à Jérémie
de parler à Baruch. La suite du verset 4 est alors une suite du message à
transmettre à Baruch. Mais au début du verset 5, la forme *waw-X-yiqtol* marque
une rupture syntaxique et narrative ; le pronom אַתָּה, «toi», signifie-t-il un retour
à la situation du début du verset 4, donc un retour à un discours destiné à
Jérémie lui-même ? Rien, dans le texte du verset, ne permet d'identifier explicitement ce «tu» destinataire de la parole.

C'est plutôt l'introduction du verset 1 qui invite à l'identifier avec Baruch : ce
verset d'ouverture avait créé l'attente d'une parole destinée à Baruch ; or jusqu'à
présent il n'y avait pas eu grand-chose pour ce personnage. L'oracle à Baruch est
donc composé de deux parties, chacune se trouvant dans une situation
d'énonciation différente : les versets 2 et 3 sont introduits dans la narration
comme discours de Jérémie à Baruch, alors que les versets 4b et 5 sont rapportés
comme discours de Yhwh à Jérémie. Il est bien sûr sous-entendu, puisque Jérémie est un prophète authentique et fidèle, que l'ensemble de l'oracle provient
de Yhwh et que Jérémie le transmet intégralement à Baruch. Ce procédé, s'il peut
surprendre, n'est pas un cas isolé dans Jr. C'était déjà le cas en 21,3-10, où la
première partie de l'oracle (vv. 3-7) est rapportée dans le cadre narratif d'un
discours de Jérémie aux ambassadeurs de Sédécias, alors que la fin (vv. 8-10) est
présentée comme discours de Yhwh à Jérémie, introduit par la formule «quant à
ce peuple, tu lui diras», avec le même *yiqtol* de sens impératif תאמר, «tu diras»[17]. On avait aussi une situation du même genre, mais dans un ordre inversé,

---

17 On y reviendra dans le chapitre consacré à Sédécias, cf. 7.2.4.

au chapitre 28 : l'oracle final destiné à Hananya, qui s'étend du verset 13 au verset 16, est rapporté en deux parties. La première est présentée comme discours de Yhwh à Jérémie (vv. 13-14), la deuxième comme discours de Jérémie à Hananya (vv. 15-16). Pour le chapitre 45, on peut donc lire l'ensemble des versets 2 à 5 comme oracle de Yhwh destiné à Baruch par l'intermédiaire de Jérémie, tout en écartant provisoirement une analyse narrative ultérieure (sur laquelle on reviendra en temps voulu) de la question du sens de ce changement de situation d'énonciation.

Enfin, la syntaxe de la fin du verset 4 pose problème. Le discours divin y commence par deux répétitions comprenant une subordonnée tenant lieu d'objet direct, introduite par le pronom relatif אֲשֶׁר, suivie de la principale. La structure paraît ainsi complète, et n'offre pas de connexion syntaxique avec les ultimes mots du verset : וְאֶת־כָּל־הָאָרֶץ הִיא, «et c'est toute la terre». De nombreux commentateurs ont choisi d'omettre ces quatre mots (Bright, Holladay, etc.), en s'appuyant sur leur absence dans la LXX ; pourtant, l'importance des différences entre TM et LXX (cf. 1.4) interdit d'employer de manière trop automatique la LXX pour la critique textuelle du TM de Jr ; Barthélemy ne discute d'ailleurs pas ce verset dans *CTAT*. D'autres traduisent en adaptant : Carroll voit dans וְאֶת une apposition visant à dire d'une autre manière l'objet direct précédent et traduit «that is, the whole land»[18], mais cette solution semble négliger le pronom הִיא. Les traductions françaises voient ici un complément de lieu pour l'action précédemment décrite : «et cela par (TOB) / pour (BJ) toute la terre», mais ne tiennent pas compte du marqueur d'objet direct אֶת. On trouve chez McKane[19] un relevé des autres reconstitutions proposées. On retiendra surtout l'obscurité de l'expression telle qu'elle se donne à lire au lecteur du texte en sa forme finale.

5.3 Effet d'association

Le scribe partenaire du prophète est le seul personnage à porter le nom «Baruch» dans Jr, ce qui crée pour le lecteur un effet d'association entre les quatre épisodes précédemment délimités. L'oracle, s'il est chronologiquement situé dans le premier épisode rapporté de la vie de Baruch, dans la quatrième année du règne de Yoyaqim, est placé dans le récit tout à la fin, au chapitre 45 : cela donne l'impression qu'il vient exprimer la conséquence de ce qui a été raconté

---

18 Carroll, *Jeremiah*, p. 744.
19 W. McKane, *A Critical and Exegetical Commentary on Jeremiah*, II. Commentary on Jeremiah XXVI–LII (ICC ; Edinburgh 1996) p. 1096.

précédemment, et invite le lecteur à chercher, dans la narration, les causes de cet oracle favorable. Pourtant, l'association de l'oracle au reste du récit demeure énigmatique, tant pour ce qu'il dit de Baruch que pour la justification de la promesse divine. Le récit n'a en effet jamais montré Baruch en train de se lamenter ou de souffrir : à quoi fait alors référence la parole du verset 3, dont on suppose la vérité puisque c'est Yhwh qui parle ? De même, quel référent trouver aux « grandes choses » (גְדֹלוֹת) poursuivies, selon le verset 5a, par Baruch ? Faut-il les relier à ce que le récit a préalablement montré de Baruch, ou bien à des aspects de sa vie ignorés par le livre ? De plus, remarquons que la promesse divine de lui accorder « sa vie comme butin » (v. 5b) est présentée sans condition. Ce n'est pas trop surprenant pour Baruch dont les actions sont toujours associées à celles de Jérémie ; mais faut-il voir ici une récompense pour une action particulière, ou bien pour son comportement général, ou encore une exception par rapport aux conditions habituellement imposées aux autres Judéens ?

5.4 Efficacité et limitation de l'effet-personnage

Le récit construit le personnage de Baruch de manière à produire sur le lecteur un effet-personnage assez efficace. On a déjà mentionné l'effet de l'usage de son nom, associé à celui de son père Nériya, créant un lien généalogique avec son frère Seraya (cf. 3.3.1) ; on a aussi réfléchi à l'effet de ses différentes dénominations dans le chapitre 36 (cf. 3.3.2.2). Ses actions contribuent à cette construction, particulièrement celles rapportées au chapitre 36 : alors que bien des personnages ne sortent jamais des limites d'un rôle de figurant, Baruch devient le personnage principal de l'épisode alors que Jérémie est en retrait (cf. 36,5). C'est lui qui se rend au Temple, proclame les oracles, en rend compte aux ministres et leur apporte le rouleau. On doit remarquer, que, tout en obéissant très fidèlement aux ordres reçus, il tient aussi des discours originaux lorsque les circonstances le requièrent, expliquant ainsi aux ministres comment il a écrit le rouleau (cf. 36,18), d'une manière qui n'est pas privée d'ironie.

Cette impression de se trouver face à une individualité bien constituée est accentuée par le fait de recevoir un oracle personnel de salut. Comme on l'a dit à propos d'Eved-Mélek, cet oracle montre que Yhwh considère Baruch comme un individu au destin unique.

Malgré cela, le lecteur qui s'attache à Baruch se retrouve frustré devant tout ce qui limite l'efficacité de l'effet-personnage. Sa différence de fonction dans les chapitres 32 et 36 le laisse déjà pressentir. Avant de détailler ce point, il est nécessaire de préciser brièvement ce qui fait la cohérence de chacun de ces deux chapitres. Dans le récit de l'achat du champ (chap. 32), on doit remarquer que l'écriture de l'acte d'achat et sa conservation ne sont pas d'abord ordonnés à la logique de la fable, mais à l'économie du récit[20]. Au niveau du récit, l'acte d'achat du champ entre dans la construction de l'oracle qui termine le chapitre : ce document écrit joue le rôle d'objet symbolique, signe de la promesse divine. En revanche, au niveau de la fable, il ne jouera plus aucun rôle : jamais on ne verra de lecture de cet acte, soit pour savoir qui est le propriétaire du champ, soit pour savoir quel est le champ acheté par Jérémie, etc. De même, l'oracle n'a pas de destinataires représentés dans le monde du texte : l'annonce au verset 26 de la survenue de la parole de Yhwh pour Jérémie se place hors de la scène de la cour de garde, et aucune transmission de l'oracle n'est rapportée. L'essentiel de ce chapitre consiste donc en la construction d'un oracle de rénovation. Le chapitre 36, quant à lui, tourne entièrement autour d'un rouleau, dont on suit la naissance, la vie, la mort, et la renaissance[21]. Cet objet fonctionne dans le récit de manière symbolique : si son contenu général, lié à la condamnation divine de Juda et d'Israël, a de l'importance, le détail des formulations qu'il contient ne joue aucun rôle. Il est d'ailleurs symptomatique que la seule parole de Baruch à son sujet porte sur la matérialité de l'objet (« avec de l'encre » v. 18) plutôt que sur son contenu ; cette réponse, vraie mais décalée par rapport aux attentes de ses interrogateurs, est nettement ironique. La cohérence du passage porte sur le rouleau, davantage que sur la transmission d'oracles particuliers à des destinataires : on doit ainsi remarquer que le récit se clôt par la réécriture, indépendamment de toute transmission à des destinataires. Jamais on ne verra revenir ce rouleau dans le récit, ce qui montre bien que l'économie symbolique du récit prime ici sur la logique de la fable.

On peut alors remarquer comment Baruch prend place dans ces deux épisodes. Au chapitre 32, Jérémie fait en effet appel à lui pour conserver « longtemps » (יָמִים רַבִּים v. 14) le contrat de vente qui a déjà été écrit et scellé ; ce rôle est comparable à celui d'un notaire ou d'un archiviste, appelé à conserver ce qu'un autre a écrit, alors que le prophète a rédigé lui-même l'acte de vente en deux exemplaires. À ce point du récit, le lecteur ne sait pas que Baruch est un scribe : ce dernier n'a reçu ce titre ni dans la narration ni au travers de ses actes. Les choses sont légèrement différentes au chapitre 36 : Baruch y est celui qui écrit le rouleau des oracles sous la dictée (מִפִּי־ « de la bouche de... ») de Jérémie ; on peut penser ici à une situation culturelle où les scribes ont une maîtrise privilégiée de l'écriture. Contrairement à l'épisode précédent, Baruch ne semble pas tenir ici un rôle d'archiviste : il n'a pas gardé de copie du rouleau des oracles, ce qui

---

20 L'opposition dialectique entre « fable » et « récit » a été précisée plus haut, cf. 2.3.5.
21 Ce que souligne la répétition du commandement divin en 36,2.28 : « Procure-toi un rouleau ».

oblige Jérémie à le dicter à nouveau. La différence de fonction de Baruch entre ces deux épisodes est certes ténue, mais elle donne déjà l'impression que ce personnage n'apparaît pas dans le récit en fonction de la logique de la fable, qui l'appellerait pour ses compétences propres – telles que conserver ou écrire – mais plutôt en fonction de l'économie du récit et de son intrigue : participer à la construction d'objets symboliques dans des récits où la parole de Jérémie est transmise loin de sa situation d'énonciation initiale, que ce soit dans un avenir lointain et indéterminé, pour l'acte d'achat du champ, ou bien là où le prophète est «retenu»[22] d'aller de manière inexpliquée.

Après le chapitre 36, la disparition de Baruch vient aussi frustrer les attentes biographiques du lecteur attaché à ce personnage. Alors qu'il était le plus fidèle allié du prophète, partageant une même cachette mystérieuse pour se protéger du courroux de Yoyaqim, il est totalement absent des chapitres 37–42 ; on aurait pu imaginer qu'il intervienne pour tenter de faire libérer Jérémie. Certes, ces chapitres racontent des événements datés d'un autre règne, mais la proximité dans l'ordre du récit rend flagrante cette absence. Il réapparaîtra d'ailleurs après ces chapitres, dans un épisode postérieur à la chute de Jérusalem, comme s'il n'avait jamais quitté Jérémie. Cette réapparition subite rend manifestes les blancs du récit à propos de Baruch : où était-il donc avant qu'Azarya ne le rappelle au souvenir du lecteur, puis que la narration ne mentionne son appartenance au groupe conduit par Yohanân (cf. 43,6) ? Par quel concours de circonstances s'est-il retrouvé à Kimham alors que le récit l'avait laissé à Jérusalem ? Comment a-t-il échappé à la déportation à Babylone, alors qu'on ne peut l'identifier à l'un de ces «pauvres qui ne possédaient rien» que Nebouzaradân laissa en Juda (cf. 39,10) ?

L'accusation portée par Azarya et Yohanân contre Jérémie vient aussi remettre en cause l'efficacité de l'effet-personnage. Selon eux, Baruch manipule Jérémie au profit des Chaldéens (cf. 43,3). Le lecteur ne croit certes pas un instant que cette accusation soit vraie : tant ce qu'il sait de Baruch que ce qu'il a vu de Jérémie, prophète authentique et libre, le retiennent d'y croire, d'autant plus qu'il a été prévenu par la narration que ces hommes sont זֵדִים, «insolents»[23]. Mais cela ne doit pas conduire à qualifier trop vite leur accusation de mensonge grossier : pour qui ne bénéficie pas des informations privilégiées du lecteur, elle a une part de crédibilité. On rappelle en effet que Yohanân disait vrai, en 40,14, à

---

22 En 36,5, le *qal* participe passif עָצוּר signifie-t-il un emprisonnement (cf. 33,1), une impureté rituelle, un bannissement du Temple par son responsable (cf. chap. 20), ou encore une autre cause d'empêchement ? Le récit ne permet pas de choisir parmi ces hypothèses.
23 Les difficultés syntaxiques de l'expression, qui ne retirent rien au fait que le lecteur apprend que ces personnages ne sont pas fiables, ont été signalées plus haut (cf. p. 213).

propos du projet d'assassinat porté par Yishmaël, et de ses liens avec Baalis. Il avait sauvé le peuple en le rattrapant sur la route de la déportation chez les Ammonites. Et sa demande d'intercession, qui pouvait paraître sincère, était acceptée par Jérémie. Il lui manque certainement de croire à l'oracle prononcé par Jérémie, mais cela ne fait pas de lui un personnage dont toutes les pensées seraient faussées. Il est au contraire possible de proposer que, du point de vue de Yishmaël, l'interprétation de l'oracle de Jérémie comme manipulation par Baruch est raisonnable. Mais pour cela, il est nécessaire de supposer des informations sur la vie de Baruch dont le lecteur est entièrement privé : Quelles sont ses activités en dehors des services scribaux rendus à Jérémie ? Quelles relations a-t-il entretenues dans les différents partis pro et anti-babyloniens ? Ces questions sont sans réponse. Mais on doit retenir que le point de vue du lecteur sur Baruch diffère grandement de celui de ces personnages. Ici encore se manifeste la limitation de l'effet-personnage.

Enfin, la manière d'insérer dans le récit l'oracle du chapitre 45 va contre une interprétation réaliste de ce qui y est dit de Baruch. On a déjà signalé la disjonction de l'énonciation : commençant par un discours représenté de Jérémie à Baruch, l'épisode se termine sous la forme d'un discours de Yhwh à Jérémie. En s'éloignant d'un récit visant à la *mimesis* du discours de Jérémie à Baruch, cette disjonction déplace l'attention du lecteur vers l'origine de l'oracle plutôt que vers son destinataire. L'absence de référent, dans la narration, aux aspects biographiques énoncés dans l'oracle[24] accentue cette difficulté : le discours représenté de Baruch décrit une situation négative en train de s'aggraver, ce que soulignent les verbes יסף, « ajouter », יגע, « s'épuiser », et la mention de l'échec à trouver le repos, sous-entendant une recherche déjà engagée mais demeurant infructueuse. Enfin, l'emplacement de l'oracle est à remarquer : daté du moment où Jérémie dictait le rouleau, il n'aurait pourtant pas le même sens si le récit suivait l'ordre chronologique. Un certain nombre de formules n'auraient en effet pas d'écho avec des oracles précédents ; c'est le cas de la formule « avoir sa vie

---

24 On ne suivra pas la position de Scalise, pour qui « the implication of the dates in Jer 36 and 45 is that Baruch's lament responds to the contents of the scroll, not to any threat from the king. [...] Baruch not only writes the scroll, he is its first reader, the first to hear this collection of God's words through the prophet Jeremiah. » Pour que cette proposition soit valide, il serait nécessaire que la narration elle-même présente Baruch se lamentant, ou pour le moins réfléchir à l'absence de cette lamentation de Baruch ailleurs que dans l'oracle. Cf. P.J. Scalise, « Baruch as First Reader : Baruch's Lament in the Structure of the Book of Jeremiah », *Uprooting and Planting.* Essays on Jeremiah for Leslie Allen (éd. J. Goldingay) (New York – London 2007) pp. 291–307, pp. 298 et 299.

comme butin», qui, lue au chapitre 45, fait écho avec les oracles des chapitres 21 et 38 ; mais ces oracles, datés du règne de Sédécias, sont chronologiquement postérieurs à l'oracle à Baruch. Ajoutons encore que, comme on le précisera plus loin, les oracles de la «vie comme butin» aux chapitres 21 et 38 étaient associés à la condition de passer aux Chaldéens ; si cette condition pourrait avoir du sens au moment chronologique où Baruch reçoit l'oracle (dans la quatrième année de Yoyaqim), elle n'en a plus pour le lecteur parvenu au chapitre 45, qui sait que les Chaldéens ont fini par détruire Jérusalem. Tout cela montre très nettement que l'emplacement de l'oracle à ce point du récit[25] en favorise une interprétation qui se distancie d'un effet-personnage efficace : les référents de l'oracle ne sont pas à chercher dans une biographie reconstituée du personnage de Baruch, mais dans ce que le lecteur a déjà lu, donc au niveau du récit plutôt que de la fable.

5.5 Coopération du lecteur

Comme pour les personnages Pashehour fils d'Immer et Eved-Mélek, les référents de l'oracle vont être recherchés non dans la biographie de Baruch – dont l'effet-personnage s'est révélé limité – mais dans la mémoire du lecteur. En prêtant attention au vocabulaire employé, on va découvrir une série d'oracles qui peuvent revenir à la mémoire du lecteur lorsqu'il lit l'oracle à Baruch. Comme précédemment, ces souvenirs vont être catégorisés en «échos» et «résonances».

5.5.1 Échos

Avant d'en venir aux échos créés par l'oracle, on peut remarquer un phénomène du même genre dans un épisode narratif. Au chapitre 36, où le roi brûle le rouleau des oracles, on remarque en effet une certaine insistance de vocabulaire. Le verbe שׂרף, «brûler», est répété cinq fois (vv. 25, 27, 28, 29, 32) ; le feu, אֵשׁ, est mentionné trois fois (deux fois au v. 23, une au v. 32). Ces répétitions peuvent rappeler au lecteur quelques oracles où Yhwh employait l'expression שׂרף בָּאֵשׁ, «brûler par le feu». Ainsi, les oracles dénonçaient en 7,31 et 19,5 les sacrifices d'enfants, «brûlés par le feu» au tumulus de Tafeth dans le ravin de Ben-

---

25 Les effets de l'emplacement de cet oracle ne se limitent pas à la construction des personnages, à laquelle cette recherche se restreint ; ils touchent aussi au sens global de la chronologie et à l'intrigue. Sur ce point, cf. Di Pede, «Jérusalem, 'Ebed-melek et Baruch».

Hinnôm. Dans d'autres oracles, Yhwh annonçait que Jérusalem serait «brûlée par le feu», que ce soit en rapportant cette action personnellement au roi de Babylone, ou plus généralement aux Chaldéens[26]. Le souvenir de ces oracles est significatif pour l'interprétation du chapitre 36, alors que le récit ne dit rien de ce que deviendra le nouveau rouleau, réécrit après que le premier ait été brûlé par le roi : cette répétition d'images et de vocabulaire suggère une signification symbolique de la réécriture du rouleau[27]. Ainsi, ce qui a été détruit par le feu, à cause du refus d'écouter du roi, Yhwh le fait apparaître de nouveau. Le récit de cette réécriture laisse ainsi espérer au lecteur la fin du scandale des sacrifices d'enfants. De plus, lorsqu'il lira en 39,8 que les Chaldéens «brûlèrent par le feu» le palais et les maisons de Jérusalem, le lecteur pourra garder espoir : cette destruction pourrait, comme précédemment celle du rouleau, ne pas être irrémédiable.

Venons-en à l'oracle du chapitre 45, qui va occuper la suite de l'analyse. On y trouve une série d'échos qui rappellent au lecteur des oracles concernant d'autres personnages, individuels ou collectifs. Ainsi, l'expression אֹֽוי־נָא לִי, «malheur à moi» (v. 3), n'a été rencontrée précédemment qu'en 4,31. C'était un personnage féminin, la «fille de Sion», qui s'écriait ainsi dans un contexte de combat. L'«affliction» (יָגוֹן) que Yhwh «ajoute» (v. 3) était déjà apparue en 8,18, dans un verset difficile où l'on peine à identifier l'énonciateur, qui pourrait être Jérémie tout autant que Yhwh. Le terme se trouve aussi en 20,18, dans un passage où le locuteur maudit sa naissance ; ce passage est souvent lu comme signifiant une lamentation du prophète sur lui-même[28], mais on doit remarquer que cette identification ne s'appuie pas sur des éléments narratifs explicites. Quant à la «douleur» (מַכְאֹב v. 3), sa seule occurrence précédente est en 30,15, appliquée à un groupe personnifié : après l'évocation de Jacob et Israël (v. 10), et avant celle de Sion (v. 17), le contexte du verset 15 est celui d'une femme aux multiples amants (v. 14), métaphore habituelle de l'idolâtrie du peuple ayant abandonné Yhwh. La description faite par l'oracle de Baruch en 45,3, si elle

---

26 21,10 ; 32,29 ; 34,2.22.

27 Brueggemann note à sa manière une signification symbolique de la réécriture du rouleau : «What happens in this narrative is that the scroll of Jeremiah takes on independent authority [...] and comes to have a life of its own. This emergence of an authorized scroll [...] is pivotal in the formation of an authorized canon.» ; Brueggemann, *Exile and Homecoming*, p. 345.

28 C'est notamment la position récemment défendue par Barbiero, en combinant argumentation diachronique (il serait peu probable que des disciples inventent de telles confessions) et synchronique (effet de la répétition du «je» déjà entendu dans le récit de vocation). Cf. G. Barbiero, *«Tu mi hai sedotto, Signore». Le confessioni di Geremia alla luce della sua vocazione profetica* (AnBib Studia 2 ; Roma 2013).

n'évoque pas d'éléments biographiques de ce scribe que le lecteur connaîtrait par le reste du livre, reprend donc un langage déjà utilisé par des oracles décrivant la détresse de Jérusalem, de son peuple, voire éventuellement du prophète Jérémie.

L'affirmation du verset 5, selon laquelle Baruch «poursuit de grandes choses» (תְּבַקֶּשׁ־לְךָ גְדֹלוֹת), n'évoque pas de fait connu par le lecteur, tant pour Baruch que pour un autre personnage, même si les circonstances générales connues dans Jr permettent d'imaginer une reconstitution probable : en acceptant de servir le prophète contesté qu'est Jérémie, il aurait mis en péril sa réputation et sa carrière. En revanche, la structure d'affirmation suivie d'une interdiction, ici mise en œuvre avec תְּבַקֶּשׁ־לְךָ... אַל־תְּבַקֵּשׁ («tu cherches pour toi... cesse de chercher !»), peut évoquer le récit de la vocation du prophète au premier chapitre, qui se voyait contredire par Yhwh d'une manière syntaxiquement similaire :

(1,6-7) וָאֹמַר... כִּי־נַעַר אָנֹכִי : וַיֹּאמֶר יהוה אֵלַי אַל־תֹּאמַר נַעַר אָנֹכִי

> «Et je dis : ‹[...] je ne suis qu'un gamin !›. Et Yhwh me dit : ‹Ne dis pas : je ne suis qu'un gamin !›».

La structure syntaxique est proche, de même que la signification : un personnage se voit contredire par Yhwh à propos d'une affirmation de caractère existentiel. Cela contribue à associer davantage Jérémie et Baruch.

Un autre élément évoque la vocation de Jérémie[29] : la série des verbes «bâtir, démolir, planter, arracher», si elle apparaît dans d'autres circonstances[30], était apparue pour la première fois comme résumé de la mission prophétique[31] en 1,10. L'emploi pour Baruch de cette phraséologie ne fait pas de lui un autre prophète, mais elle associe la figure divine qui se révèle à lui avec ce qui en était

---

[29] Taylor compare toutes les occurrences de ces verbes pour réfléchir au sens de l'emplacement de Jr 45, dans une perspective de «reader's response». Cf. M.A. Taylor, «Jeremiah 45 : The Problem of Placement», *JSOT* 37 (1987) pp. 79–98. L'article présente aussi, dans son introduction, les trois grands types d'interprétation diachronique de cet emplacement.

[30] On retrouve cette série de termes, plus ou moins complète et affectée de variation dans les formes verbales et avec d'éventuelles négations, dans l'oracle du potier (18,7-9), l'oracle des figues (24,6), la lettre aux exilés (29,5), l'oracle des jours à venir (31,28), l'oracle aux Rékabites (35,7), et dans l'oracle sur la route de l'Égypte (42,10).

[31] Remarquer qu'en 1,10, l'emploi de verbes à l'infinitif rend indéterminée l'identité du sujet qui agira, Yhwh ou Jérémie : on peut comprendre «je te donne autorité... afin que j'arrache...» ou bien «je te donne autorité... pour que tu arraches...».

révélé à Jérémie lors de sa vocation[32]. Notons que les quatre mêmes verbes étaient aussi employés dans l'oracle du chapitre 42, destiné au groupe tenté de partir en Égypte.

L'affirmation finale, « tu auras ta vie comme butin en tout lieu où tu iras », rappelle encore la vocation de Jérémie. Le sens général affirme en effet, comme au chapitre 1, une protection divine en tout lieu, donc indépendamment des épreuves possibles. Les mots employés renforcent cet écho : l'association de כל (« tout ») + אשר (pronom relatif) + תלך (« tu iras ») ne s'était trouvée précédemment qu'en 1,7.

5.5.2 Résonance

On vient de remarquer comment l'expression de 45,5, « je te donnerai ta vie comme butin », crée un écho ; or, en prenant en compte d'autres expressions, on peut observer une résonance. Cette formule est en effet apparue précédemment trois fois, et les contextes permettent d'observer un jeu d'associations. En 21,9, dans le premier oracle destiné à Sédécias, un choix était proposé au peuple : rester dans la ville, ou sortir pour « passer » (נפל על) aux Chaldéens ; deux destins opposés étaient associés à cette alternative : mourir par l'épée, la famine et la peste, ou bien vivre et avoir sa vie comme butin. Suivait alors un oracle contre la ville, destinée à être brûlée par le roi de Babylone (21,10). Cet oracle revient à la mémoire du lecteur, d'autant plus, comme on l'a souligné plus haut, que Baruch a joué un rôle pour faire renaître le rouleau « brûlé par le feu ». Un oracle mot à mot identique était aussi prononcé en 38,2, et déclenchait l'arrestation de Jérémie par les ministres ; en revanche, la suite de l'oracle n'annonçait pas l'incendie de sa ville mais sa capture (לכד) par les troupes babyloniennes. La troisième occurrence de l'expression, enfin, se trouvait dans l'oracle à Eved-Mélek (39,18). Contrairement à ce serviteur koushite dont la délivrance promise était justifiée par une action positive (« car tu m'as fait confiance »), l'oracle à Baruch est inconditionnel. Certes, il est indubitable que l'engagement du scribe en faveur de Jérémie justifie que Yhwh le considère favorablement. Mais il reste notable que cet oracle favorable soit formulé précisément avec les termes d'un oracle qui, précédemment, était énoncé sous forme conditionnelle.

---

32 Muilenburg souligne justement que « it is highly revealing that the last words to which we are to listen echo the words of Jeremiah's call (1.10, cf. 31.28). », J. Muilenburg, « Baruch the scribe », *A Prophet to the Nations*. Essays in Jeremiah Studies (éd. L.G. Perdue – B.W. Kowacs) (Winona Lake 1984) pp. 229–245, p. 244.

Au point du récit où le lecteur prend connaissance de cet oracle, il a déjà lu l'épisode du chapitre 43, bien qu'il lui soit chronologiquement postérieur. Baruch y était accusé de manipuler Jérémie au profit des Chaldéens. Cette affirmation était énoncée par des personnages que la narration, d'une manière exceptionnelle, qualifiait d'«insolents» (זֵדִים, 43,2) ; or cet adjectif ne signifie pas d'abord une qualification morale, mais religieuse : si l'on suit les usages habituels du terme dans le TM, il désigne ceux qui s'opposent à Yhwh [33]. Prononcée par des locuteurs non fiables, on doit remarquer qu'elle fait écho avec les conditions de l'oracle de vie sauve que l'on vient de rappeler : mention des Chaldéens, d'un déplacement dans leur direction, vocabulaire de la mort qui s'oppose à la vie. Avec l'accusation du chapitre 43 et l'oracle du chapitre 45, sont donc présentés au lecteur deux jugements opposés sur Baruch, l'un par des locuteurs non fiables, faisant écho aux conditions de l'oracle de 21,9 et 38,2, l'autre par le locuteur fiable par excellence, reprenant sans condition les conséquences de cet oracle. Cela constitue une résonance particulièrement riche, que l'on reprend dans le tableau ci-dessous :

	Oracle 21,9 = 38,2	Discours des ennemis 43,3	Oracle personnel 45,5
Locuteur	Yhwh, absolument fiable	hommes «insolents», non fiables, opposés à Yhwh	Yhwh, absolument fiable
Condition	«Celui qui sortira vers les Chaldéens»	«Baruch […] pour nous livrer aux Chaldéens, pour qu'ils nous mettent à mort, pour qu'ils nous déportent à Babylone»	(aucune mention de condition remplie par Baruch)
Conséquence	«vivra et aura sa vie comme butin»	(aucune mention de bénéfice pour Baruch)	«tu auras ta vie comme butin»

La résonance ainsi constituée permet au lecteur de recevoir de deux manières complémentaires le jugement du récit sur Baruch. Sous forme négative, par la qualification d'«insolents» attribuée à ses locuteurs, il est nié un rapport de Baruch aux Chaldéens qui évoque les conditions de l'oracle ; sous forme posi-

---

33 KB, prenant en compte certaines corrections, en compte 17 occurrences. Trois d'entre elles (Ps 119,69.78 ; Jr 43,2) sont associées au terme שֶׁקֶר, «mensonge», dont on sait l'importance dans Jr. Les 6 occurrences du Ps 119 sont typiques : les «orgueilleux» sont ceux qui s'opposent au psalmiste fidèle à la Loi.

tive, Yhwh affirme l'accomplissement de l'oracle précédent pour Baruch mais sans en énoncer de nouveau les conditions. Là encore, le salut de Baruch n'appelle pas à une recherche de référent dans la biographie de ce personnage, qui produit une impression limitée de personne. Le lecteur peut alors accéder au sens produit par la mise en récit. En effet, on l'a signalé plus haut, Baruch est présenté comme celui qui assure la transmission de la parole de Jérémie, là où il ne peut se rendre – que ce soit dans certains lieux ou vers les temps à venir. Mais en même temps, il est présenté comme celui en qui s'accomplit un oracle conditionnel, après qu'il a perdu sa validité première, sans avoir à en reprendre les conditions. Cette manière de faire est très significative : il faut en comprendre que les oracles qui sont rapportés dans Jr, dont Baruch est une figure de transmission, ne sont pas à considérer comme périmés du fait que leurs conditions d'application sont dépassées – que ce soit par le décalage temporel ou géographique. Bien qu'il ne soit pas précisé comment, il est signifié que ces oracles peuvent trouver un accomplissement au-delà de leur formulation initiale.

5.6 Conclusion

Le personnage de Baruch illustre donc une figure particulière de l'accomplissement des oracles, et il importe de remarquer que c'est l'ordre particulier du récit, avec sa réorganisation de la chronologie, qui construit ce message, et non la cohérence d'une perspective biographique. On peut résumer ce message en disant que Baruch est une figure de l'accomplissement des oracles à un moment ultérieur et en d'autres lieux que ceux auxquels ils faisaient référence ; cela tant par son activité professionnelle que par son destin personnel. Par son métier, il assure la conservation et la transmission des oracles ; ils pourront être lus en un autre temps et un autre lieu que ceux de leur première énonciation. L'organisation du récit le souligne : l'oracle à Baruch, placé au chapitre 45, arrive à la fin de la partie narrative la plus longue de Jr, juste avant la série des oracles poétiques aux Nations. Il assume donc un rôle conclusif par rapport à tous les événements racontés précédemment. Il est placé là où l'on pourrait plutôt s'attendre à lire un récit de la fin de Jérémie : le lecteur, qui a suivi le prophète depuis son récit de vocation et à travers toutes les péripéties de ses arrestations successives, est en droit de se demander comment il finira ses jours. Vivra-t-il paisiblement parmi les survivants en Égypte ? Souffrira-t-il encore de l'hostilité du peuple et de ses chefs ? Sera-t-il mis à mort ? Retournera-t-il à Jérusalem ? Partira-t-il pour Babylone ? À ces questions, le récit, une fois encore peu intéressé aux biographies pour elles-mêmes, ne répond pas, mais présente l'oracle à

Baruch. Cela produit un effet de substitution : à la figure du prophète parlant succède celle du scribe écrivant[34]. En frustrant les attentes du lecteur pour le destin du prophète, le récit apporte un élément de réflexion important : le sort du prophète, c'est de survivre à travers le travail de ce témoin qu'est le scribe[35], pour que la parole prophétique puisse continuer à être entendue et donc continuer à agir.

Mais à travers le personnage de Baruch ne s'accomplit pas qu'une transmission des oracles : on doit aussi souligner leur réalisation. Baruch lui-même, recevant un destin de salut, est une figure d'accomplissement. Même si la datation de l'oracle produit une analepse, son emplacement laisse deviner sa réalisation effective après la chute de Jérusalem. De plus, les oracles en question avaient été prononcés du temps de l'attaque par les Chaldéens, et avaient comme condition de sortir de la ville pour se rendre à ces attaquants. On sait que cette offre n'a pas été saisie à temps et que la ville a été détruite. Après la chute de Jérusalem, on aurait pu penser que ces oracles n'avaient plus cours : il était trop tard pour espérer avoir «sa vie comme butin» en rejoignant à temps les Chaldéens. Pour le lecteur, les oracles ne seraient rapportés dans le livre qu'au titre d'un témoignage sur des faits du passé, sans conséquence possible pour une autre époque. Pourtant, le chapitre 45 montre Baruch bénéficiaire de ces oracles, alors que c'est seulement un point de vue non fiable, énoncé par des opposants à Yhwh, qui l'associe aux Chaldéens. Ainsi, même si la narration montre Jérusalem refusant l'issue positive offerte par de nombreux oracles, et même si elle montre l'accomplissement de leur versant négatif, la manière d'insérer les oracles dans un cadre narratif leur offre une seconde possibilité d'accomplissement : ce qui a été «brûlé par le feu» revient de la destruction sous la figure du rouleau réécrit ; même là où le prophète n'est pas, spatialement ou temporellement, le versant positif de ces oracles peut s'accomplir, d'une manière qui ne requiert pas – quoi qu'en disent les «insolents» – de forcer l'accomplissement des conditions qui y étaient initialement associées.

---

34 Di Pede note ainsi que «le silence de l'homme-prophète n'est pas forcément celui de sa parole. [...] Si le témoin de ses paroles subsiste ainsi, le prophète peut disparaître.» Di Pede, «Jérusalem, ʿEbed-melek et Baruch», p. 76.
35 Beauchamp s'approche de cette conclusion en écrivant dans un article de vulgarisation : «Le livre devient comme un substitut du prophète : le scribe secrétaire de Jérémie entre en scène, il s'appelle Baruch et, rédacteur des parties narratives du livre (écrites en prose), le secrétaire Baruch a été parfois exposé aux dangers qu'il raconte.» On doit tout de même préciser que Baruch n'est jamais construit par le récit comme rédacteur des parties narratives, mais uniquement d'oracles, donc de substituts du discours. Cf. P. Beauchamp, «Jérémie et Moïse», *Croire aujourd'hui* 46 (mars 1998) pp. 30–31, p. 31.

6 Guedalias

6.1 Délimitation, unité, structure

Guedalias[1] est un personnage qui n'apparaît qu'après le récit de la chute de
Jérusalem. Il est d'abord mentionné dans la narration comme le protecteur à qui
Nebouzaradân confie Jérémie (39,14). Le discours de ce chef babylonien informe
ensuite le lecteur de la responsabilité de Guedalias sur les villes de Juda (40,5).
Entre 40,6 et 40,12, on voit le reste du peuple demeurant en Juda procéder sous
son autorité à une récolte surabondante. Puis survient un complot qui aboutit à
son assassinat au début du chapitre 41. Cet événement est mentionné plusieurs
fois par la suite, jusqu'à la fin du chapitre. Sa responsabilité sur le reste du
peuple est mentionnée une dernière fois en 43,6, dans l'épisode du départ vers
l'Égypte.

Pourquoi s'intéresser dans cette recherche au personnage de Guedalias alors
qu'il n'est jamais directement concerné par les oracles ? Il n'en demande pas, il
n'en est pas témoin, il n'en parle pas, et les oracles ne le mentionnent pas. Cette
situation s'insère dans un ensemble plus large : comparés au reste de Jr, les
chapitres 40 – 42 ont ceci de particulier de ne comporter aucun oracle et même, à
partir de 40,7, de ne jamais montrer le prophète Jérémie. Le contraste avec le
reste du livre est flagrant ; s'intéresser alors à l'un des personnages centraux de
l'épisode pourrait apporter un éclairage sur cette caractéristique. Il faut ajouter
que c'est la perspective synchronique qui rend cette question manifeste : le
lecteur, habitué depuis de nombreux chapitres à lire des oracles et à s'intéresser
à des récits dont Jérémie est un des personnages principaux, ne peut manquer de
remarquer ces absences et de s'interroger sur leur sens. Dans les études de
Pashehour fils d'Immer, d'Eved-Mélek et de Baruch, il est apparu que, grâce à sa
mémoire, le lecteur pouvait construire des liens interprétatifs entre les oracles
précédents et la manière dont la narration mettait en scène ces personnages ; ces
mécanismes pourraient fonctionner de manière significative pour Guedalias,
même en l'absence d'oracle qui lui soit nominativement destiné. De plus, la
comparaison entre la longueur du passage consacré à Guedalias et la brièveté du
récit de la chute de Jérusalem, avec la répétition de la même explication causale
en 40,3 et 43,7 («parce que vous n'avez pas écouté sa voix [de Yhwh]» ; «parce
qu'ils n'ont pas écouté la voix de Yhwh »), pourrait laisser penser qu'une même

---

[1] La TOB transcrit ainsi le nom de ce personnage, en s'appuyant sur l'hébreu qui présente les
deux formes גְּדַלְיָהוּ et גְּדַלְיָה; la BJ transcrit «Godolias », suivant la LXX (Γοδολιας), et la Vulgate
(*Godolias*).

https://doi.org/10.1515/9783110657845-009

logique est à l'œuvre et que quelque chose de similaire se joue dans ces deux sections[2].

La mention de Guedalias en 39,14 n'appelle pas une longue étude : ce personnage y est seulement mentionné comme objet indirect du verbe נתן, «donner», mais n'est pas à cet endroit sujet d'une action[3]. Quelques mots seront dits de cet épisode dans le point 6.3, surtout pour le comparer avec le deuxième récit dans lequel Nebouzaradân confie Jérémie à Guedalias au début du chapitre 40.

Pour ce qui est des autres apparitions de Guedalias dans le récit, il est nécessaire de proposer une délimitation et une structure de ce passage, dont les logiques narratives sont plus serrées que celles du reste du livre. Même si les commentateurs ne s'accordent pas sur la division de ces chapitres, on peut reconnaître l'ensemble 40,1–43,7 comme une unité cohérente pour l'analyse narrative[4]. Après les chapitres 37–39 consacrés à la chute de Jérusalem devant l'armée de Nabuchodonosor, et avant les oracles situés à Daphné (43,8–44,30), on a en effet ici une longue séquence dont l'unité est construite par plusieurs facteurs. Temporellement, le récit suit une certaine linéarité chronologique, sans recourir à des analepses ou des prolepses flagrantes ; les événements racontés se déroulent entre la prise de pouvoir de Nabuchodonosor et l'installation des réfugiés en Égypte. Géographiquement, on se trouve hors de Jérusalem, tout en restant en Juda et Benjamin, ce que soulignent les nombreux toponymes : Rama, Miçpa, Gabaon, Bethléem. On doit toutefois préciser que la confrontation de cette géographie du livre avec les résultats de la recherche archéologique soulève des incohérences[5] qui indiquent la fonction avant tout fictionnelle de ces

---

2 Albertz note en ce sens que «while 2 Kgs 25:13-17 focuses on the sack of the destroyed temple, Jer 39:8 – unlike 2 Kgs 29:9 – hardly mentions its destruction. Instead, Jer 39:10 singles out a social measure carried out by the Babylonians : on the day Jerusalem was destroyed, Nebuzaradan gave vineyards and fields to the poor people left behind, who had nothing.», R. Albertz, *Israel in Exile*. The History and Literature of the Sixth Century B.C.E. (Studies in Biblical Literature 3 ; Atlanta 2003) (trad. par D. Green de *Die Exilszeit*, Stuttgart 2001) p. 5.

3 On pourrait toutefois considérer que Guedalias est le sujet implicite de l'infinitif construit לְהוֹצִאֵהוּ, «pour le faire sortir»; mais il est plus cohérent de supposer ici que le sujet est le même que celui des verbes conjugués de la phrase : les Chaldéens font sortir Jérémie de la citerne et le confient à Guedalias.

4 Di Pede, qui s'intéresse à l'ensemble 32–45, voit après la «charnière» constituée par l'oracle à Eved-Mélek, le début d'une deuxième partie en 40,1, qui s'étend jusqu'à la fin du chap. 44. Abrego, dans sa «structure de surface» des chap. 37–45, voit une unité narrative des chap. 40–43 «concluyendo con 43,8-13». Cf. Di Pede, *Au-delà du refus*, p. 189 ; Abrego, *Jeremías y el Final del Reino*, p. 62.

5 Le Miçpa biblique est identifiable avec Tell-en-Nasbe et le Gabaon biblique avec El-Jib, ce qui situe Gabaon au sud-ouest de Miçpa. Yishmaël quittant Miçpa devrait partir en direction de l'est ou du nord-est pour traverser le Jourdain et rejoindre les Fils d'Ammon (41,10). Comment

toponymes : ils sont là pour créer dans l'imagination du lecteur une géographie à la consonance judéenne, davantage que pour représenter un espace réel. Quant aux personnages, ils font partie du groupe qui n'a pas été déporté à Babylone. La répétition des expressions rappelant la mission de Guedalias (40,5.7.11 ; 41,10.18 ; 43,6) renforce l'unité du passage : mention du nom « Guedalias » avec le nom de son père « Ahiqam », de sa mission habituellement exprimée par פקד [6] *hiphil*, « nommer sur », (ou נוח *hiphil* en 43,6), rappel de l'autorité ayant conféré cette mission, que ce soit le roi de Babylone ou son lieutenant Nebouzaradân.

Du point de vue de l'intrigue, enfin, se manifeste une certaine cohérence. Le discours initial de Nebouzaradân crée du suspense : en lisant qu'il est offert à Jérémie d'aller où il lui plaira (40,5), le lecteur se demande quel lieu sera choisi. Une première réponse arrive très vite : Jérémie s'installe à Miçpa (v. 6). Mais l'enchaînement des péripéties de l'épisode conduira à une deuxième réponse : il est rapporté en 43,6-7 que Jérémie accompagne le groupe qui se rend en Égypte à Daphné pour rester « au milieu du peuple » ; cette phrase reprend un certain nombre d'éléments de la proposition initiale de Nebouzaradân : mention du nom de cet officier babylonien, de la mission de Guedalias avec le verbe פקד (« nommer sur »), mention du refus d'écouter la voix de Yhwh (en 40,3 comme en 43,7). Ces répétitions produisent un effet d'inclusion qui signale que le questionnement sur le lieu de Jérémie est résolu. La suite le confirme : on ne mentionnera plus de déplacements du prophète. Entre les deux bornes que constituent donc le discours de Nebouzaradân et le départ pour Daphné, le récit avance en construisant des phases de curiosité et de suspense[7] remarquables. Est d'abord décrite une situation paisible : le peuple et ses chefs se rassemblent

---

Yohanân aurait-il alors pu le retrouver à Gabaon ? Si l'on plaque la géographie du texte sur les identifications archéologiques, il semblerait que Yishmaël ait pris la direction exactement opposée à celle qui conduit chez les fils d'Ammon. L'absence de mention du Jourdain interroge aussi le réalisme géographique de l'épisode : Yishmaël se devra de le traverser pour rejoindre les fils d'Ammon, et cette mention de la rivière aurait été intéressante symboliquement. Pour l'identification de la géographie, cf. E. Peels, « The Assassination of Gedaliah (Jer. 40:7 – 41:18) », *Exile and Suffering* (éd. B. Becking – D. Human) (OTS 50 ; Leiden – Boston 2009) pp. 83 – 103.

6 Cet emploi de la racine פקד rappelle des titres administratifs fréquents dans le Proche Orient Ancien : *paqdu* en néobabylonien, *pekìdîn* en égyptien. Cf. F. Bianchi, « Godolia contro Ismaele. La lotta per il potere politico in Giudea all'inizio della dominazione neobabilonese (Ger 40 – 41 e 2 Re 25,22-26) », *RivBib* 53/3 (2005) pp. 257–275, p. 266. Toutefois, on peine à comprendre précisément le rôle de Guedalias dans le pays : « The uncertainty and diversity of opinions are due to the fact that the sources do not mention either any terms denoting the status of Judah or titles designating the office of Gedaliah. » J. Weinberg, « Gedaliah, the Son of Ahikam in Mizpah : His Status and Role, Supporters and Opponents », *ZAW* 119/3 (2007) pp. 356–368, p. 358.

7 Baroni relève trois « fonctions thymiques » créant la « tension narrative » : la curiosité, le suspense, et la surprise. Cf. Baroni, *op. cit.*, notamment p. 254.

autour de Guedalias à Miçpa, et font une récolte surabondante (40,7-12). Mais cette tranquillité est immédiatement remise en cause par un enchaînement serré de perturbations. En 40,13-16, la discussion de Guedalias et Yohanân crée pour le lecteur une double tension : d'une part la curiosité de savoir si Yohanân dit vrai ou si Guedalias a raison de ne pas l'écouter ; d'autre part le suspense de savoir ce qui se passera par la suite. Se déclenche alors au chapitre 41 une succession de catastrophes : l'assassinat de Guedalias et des Chaldéens qui l'accompagnent (vv. 1-4), l'assassinat de pèlerins à l'exception de ceux qui offrent des provisions (vv. 4-9), la déportation du peuple (v. 10) puis sa reprise par Yohanân (vv. 11-15). À ce point du récit, l'enchaînement d'actions déclenché par le discours de Yohanân à Guedalias (40,14) se termine : il serait possible de revenir à Miçpa sans qu'aucune menace connue ne soit à craindre à court terme. Mais l'intrigue est relancée par la décision de partir en direction de l'Égypte, créant d'abord de la curiosité : ce n'est que deux versets plus loin qu'on en apprend la motivation par la peur des Chaldéens. Au chapitre 42, enfin, la grande discussion préalable à l'oracle crée du suspense : que dira Yhwh ? Yohanân et ses confrères l'écoute-ront-il comme ils l'ont promis si fermement ? Le début du chapitre 43 dénoue cette tension : la parole de Yhwh est refusée et tous prennent la direction de l'Égypte.

Avec les chapitres dans lesquels Guedalias apparaît, on est donc en présence d'un tissu narratif finement construit, au moyen d'un ensemble de tensions narratives et de micro-intrigues. Il semble même que ce soit, de tout Jr, le passage dans lequel ces phénomènes soient les plus développés – rappelons que les chapitres 37–38 étaient plutôt structurés comme une série de petits épisodes ayant chacun son moment de nouement puis de dénouement, alors que les liens entre chaque épisode étaient plutôt lâches[8].

6.2 Les ambiguïtés du passage

Dans les études de personnages précédentes, l'analyse en venait à ce point à présenter un «effet d'association» construit par la reprise dans un oracle du nom du personnage. Cette manière de faire n'est pas possible pour Guedalias, qui, on l'a remarqué, ne reçoit pas d'oracle. Mais on peut remarquer une série d'ambiguïtés, d'autant plus flagrantes que, comme cela a été montré ci-dessus,

---

8 Cf. le tableau des épisodes en 4.1.

le passage est construit avec une grande rigueur narrative. Ces ambiguïtés se signalent au lecteur et jouent avec sa capacité d'interprétation.

La première ambiguïté se trouve dans l'annonce d'une parole de Yhwh en 40,1, qui ne sera pas clairement explicitée par la suite. La formule produit certes l'effet de marquer le commencement d'une nouvelle séquence[9], d'une manière habituelle avec le reste du livre. Pourtant, on peine à identifier cette parole de manière certaine. Déjà, la suite du verset complique les choses d'un point de vue syntaxique. Après la mention de la survenue de cette parole, est indiquée une précision temporelle : «après que Nebouzaradân l'ait renvoyé» (אֹתוֹ שַׁלַּח אַחַר נְבוּזַרְאֲדָן) ; mais où se termine donc cette subordonnée temporelle ? Doit-on comprendre que cette parole est survenue au moment où Jérémie a rejoint Guedalias à Miçpa (cf. v. 6) ? Ou bien doit-on l'identifier au discours de Nebouzaradân ? L'annonce du verset 1 crée donc pour le lecteur l'attente d'une parole de Yhwh, qui ne sera close avec certitude que par l'oracle du chapitre 42.

Ce discours de Nebouzaradân crée lui aussi de l'ambiguïté. La dimension théologique de son contenu est certes parfaitement cohérente avec les autres oracles de Jr[10]. Mais la situation d'énonciation est inattendue, tant pour celui qui prononce le discours que pour celui qui l'écoute. Jamais, jusqu'à présent, on n'a vu d'autre personnage que Jérémie tenir ce genre de discours – à l'exception de Hananya, vite contredit (28,2-4). De plus, même si les oracles affirment que les babyloniens sont au service de Yhwh (cf. par ex. 25,9 ; 27,6 ; 43,10), cela n'avait pas encore été exposé dans la narration au point de mettre en scène une parole de Yhwh prononcée par un officier de Nabuchodonosor[11], qu'on imagine disciple de Mardouk[12] plutôt que de la divinité judéenne. L'auditeur du discours surprend aussi : alors que Jérémie est, depuis le début du livre, celui qui tente sans succès de faire entendre ce genre de discours à ses compatriotes, c'est à son tour

---

9 La rupture syntaxique introduite par הדבר, «la parole», le montre au niveau local. Par rapport au plan d'ensemble, Abrego propose que «el sintagma ‹Palabra que recibió Jeremías...› establece dos grandes divisiones en 40,1 y 44,1.» Abrego, *Jeremías y el Final del Reino*, p. 62.
10 Ce discours n'aurait pas détonné s'il avait été prononcé par Jérémie lui-même, quitte à lui ajouter l'une ou l'autre formule telle que «oracle de Yhwh» ou «ainsi parle Yhwh ».
11 Hill y voit avec raison un effet d'ironie : « One example is the representation of Nebuzaradan as speaking like a Dtr prophet. Here 40.1-6 provides another example of how non-Jewish people are represented positively in the book of Jeremiah, so that an ironic contrast is thereby set up between the obtuses Judahites who reject the prophetic message, and the supposedly ignorant foreigner who fully understands it.» J. Hill, «Jeremiah 40.1-6 : An Appreciation», *Seeing Signals, Reading Signs*. The Art of Exegesis. Studies in Honour of Anthony F. Campbell, SJ, for his 70th Birthday (éd. M.A. O'Brien – H.W. Wallace) (JSOT.S 415 ; London – New York 2004) pp. 130–141, p. 139.
12 Mardouk est la divinité babylonienne, cf. l'oracle contre Babylone en 50,2.

d'écouter un contenu théologique sans nouveauté pour lui. Faut-il y voir une disqualification de Jérémie en tant que prophète par Nebouzaradân ? Quoi qu'il en soit, il n'est pas indifférent que ce discours qui remet en cause la place de Jérémie soit situé juste avant deux chapitres dans lesquels Yhwh sera muet et le prophète invisible.

Une autre ambiguïté concerne l'absence de Yhwh et de Jérémie entre 40,7 et la fin du chapitre 41. On a signalé en 3.3.5 que l'ensemble de Jr est organisé autour de la survenue des oracles par l'intermédiaire de Jérémie, au point que la narration s'écarte d'une logique plus chronologique ou biographique. Comment se fait-il alors que sur plusieurs chapitres la narration suive l'action de différents personnages, Guedalias, puis Yishmaël et enfin Yohanân, indépendamment des oracles ? Alors que des explications diachroniques ont été avancées[13], on veut ici proposer une explication synchronique, en regroupant les différentes possibilités selon qu'elles se rapportent soit à la fable, soit au récit. On va se contenter pour l'instant de relever quelques possibilités, sans d'abord chercher à les évaluer. Du côté de la fable, donc, la cause pourrait se trouver en Yhwh qui ne souhaiterait pas prendre la parole. Ce silence se comprendrait dans la logique globale du livre : puisque tous les oracles annonçant la catastrophe n'ont pas été écoutés, pourquoi parler encore maintenant qu'ils sont accomplis ? Ou bien Yhwh pourrait chercher à s'exprimer mais sans y parvenir, parce qu'aucun prophète ne l'écouterait (cette hypothèse obligerait à interpréter une surdité inattendue de Jérémie). La cause pourrait aussi provenir du prophète. Il pourrait se trouver dans l'incapacité de transmettre les oracles, parce que personne ne l'écouterait. On n'ira pas toutefois jusqu'à retenir la proposition de Davidson, pour qui Jérémie ferait le choix du silence pour résister à une situation de marginalisation[14]. L'autre ligne d'interprétation, en perspective synchronique, consiste à interroger l'économie du récit : les oracles pourraient n'être pas plus rares que d'habitude à ce moment de la fable, mais le récit porterait de manière exceptionnelle son intérêt sur ce qui se passe entre deux oracles.

---

13 C'est par exemple le cas de Peels pour qui «the text appears to present itself as a chronicle of certain events, without any theological interest.» En effet, cette position n'est tenable que si l'on sépare cette partie de son contexte, la considérant comme un matériau isolé, avant son insertion dans la forme finale du texte ; mais dans l'ensemble de Jr, la question de l'absence des oracles ne peut pas être évitée. Cf. Peels, «The Assassination of Gedaliah», p. 97.

14 Davidson plaque sur Jr 40,1-6 l'expérience des afro-américains étudiée par Hooks. Son interprétation repose sur l'hypothèse fragile que 40,5a est un commentaire de la narration, ainsi que sur une psychologisation peu critique du personnage de Jérémie. Cf. S.V. Davidson, «Chosen Marginality as Resistance in Jeremiah 40:1-6», *Jeremiah Dis(Placed). New Directions in Writing/ Reading Jeremiah* (éd. A.R.P. Diamond – L. Stulman) (LHB/OTS 529 ; New York – London 2011) pp. 150 – 161.

L'absence d'oracles va de pair avec la disparition du prophète, lui qui est pourtant un des personnages principaux du livre. Après avoir été mentionné en 40,6, Jérémie semble disparaître jusqu'à la demande de Yohanân au début du chapitre 42. Si on interprète cette absence au niveau de la fable, doit-on comprendre que Jérémie reste discrètement, comme il l'était en 40,6, au milieu du peuple, l'accompagnant lorsque Yishmaël l'emmène captif en direction des Ammonites (41,10-15) et lorsqu'ensuite Yohanân les délivre au plan d'eau de Gabaon ? Ou bien est-il resté à Miçpa sans qu'il n'y ait rien à en raconter, sans être déporté par Yishmaël, jusqu'à ce qu'on vienne le consulter ? Faut-il voir ici un silence éloquent, qui signifierait le refus des autres personnages de s'intéresser à Jérémie ? Mais cette absence peut aussi être interprétée au niveau de l'économie du récit : ici seraient poursuivis d'autres intérêts que ceux qui touchent au prophète[15]. Quoi qu'il en soit, l'absence de Jérémie pose d'autant plus question que, lorsque Guedalias était présenté en lien avec Nebouzaradân (39,13-14 et 40,5-6), sa mission de protection du prophète était davantage développée que sa responsabilité pour le reste du peuple.

Une autre ambiguïté narrative, qui touche directement à Guedalias, concerne la récolte qu'il ordonne : alors qu'il demande de récolter «le vin, les fruits et l'huile» (40,10), la narration ne rapporte ensuite qu'une récolte «du vin et des fruits» (40,12), sans mentionner l'huile. La récole est dite «surabondante», הַרְבֵּה מְאֹד : cela suffit-il à signifier la réussite de ce que demandait Guedalias, «le vin et les fruits» constituant une *pars pro toto*, ou bien l'absence de l'huile est-elle signifiante ? On observe d'ailleurs sur ce point une hésitation des traditions manuscrites de la LXX[16]. De plus, ce récit de récolte ne mentionne aucune cérémonie religieuse. Pourtant, la prescription de l'offrande des prémices, souvent répétée dans le Pentateuque[17], fait partie du monde culturel de Jr, comme l'atteste cet oracle du début du livre :

---

15 C'est la position de Di Pede pour qui «le narrateur [...] a signalé [...] que Jérémie était auprès de Godolias (v. 6), et, ce qui l'intéresse maintenant, ce sont les réactions des membres du peuple suite à la nomination chaldéenne.» Elle interprète plus loin l'absence de Jérémie dans le récit comme signe que «le prophète a effectivement été ‹éliminé›, effacé dans l'esprit du peuple». Elle suppose que, tout au long de l'épisode consacré à Guedalias, Jérémie est présent au milieu du peuple sans que ce responsable ou le narrateur y fassent allusion. Cf. Di Pede, *Au-delà du refus*, pp. 313 et 322.

16 Ziegler retient la leçon courte «οἶνον καὶ ὀπώραν πολλὴν σφόδρα» mais rapporte en note que d'autres manuscrits ajoutent «καὶ ἔλαιον» par comparaison avec le v. 10. Rahlfs retient la leçon longue.

17 Un rituel en est indiqué en Dt 26, mais on en trouve d'autres prescriptions en Ex, Lv, Nb, Dt, ainsi que des allusions dans Ez, Ml, Ne... Cf. «Prémices», *DEB*.

(2,3) «Israël était une part sainte pour Yhwh, les prémices de sa récolte ; quiconque en mangeait devait l'expier, le malheur venait vers lui, oracle de Yhwh.»

De l'ambiguïté se manifeste encore lorsqu'on s'interroge sur le jugement global que le récit invite le lecteur à porter sur Guedalias. Sous l'angle du rapport à Jérémie, le récit montre des liens familiaux qui remontent jusqu'à son grand-père Shafân[18] et le mettent du côté des alliés du prophète. Si on ne le voit pas prendre particulièrement soin de Jérémie, il ne le maltraite pas non plus, contrairement aux ministres de Sédécias et au roi Yoyaqim dans les chapitres précédents ; lorsque le prophète reviendra au premier plan, il n'aura pas l'air d'avoir souffert. Se souvenant que Jérémie a fait le choix de demeurer «au milieu du peuple» (cf. 37,4.12 ; 39,14 ; 40,6), on peut considérer qu'il bénéficie à ce titre des soins de Guedalias envers l'ensemble du peuple.

Sous l'angle de son rapport aux Chaldéens et de la menace d'assassinat, son refus d'accepter le projet de Yohanân d'éliminer Yishmaël «préventivement» pourrait sur le moment passer pour une marque de sagesse : il refuserait d'écouter une rumeur sans preuve. Pourtant, la construction du récit, rapportant immédiatement ensuite les événements conduisant à sa mort, produit un effet d'ironie. Le rapprochement dans l'ordre du récit, plaçant l'assassinat juste après les dénégations de Guedalias, souligne la naïveté de ce dernier et son erreur de jugement. La formule de datation au début du chapitre 41 indique justement que du temps s'est écoulé, qui aurait permis à Guedalias de prendre des mesures pour se prémunir contre cette menace. Enfin, la mention en 41,3 de l'assassinat des Chaldéens qui entouraient Guedalias à Miçpa vient démentir l'assurance proclamée en 40,9 d'une protection à attendre de leur part.

L'interprétation que le récit invite à donner à sa mort est, elle aussi, marquée par l'ambiguïté. En effet, trois interprétations différentes sont possibles. Soit Guedalias est un personnage globalement bon, dont l'assassinat est une nouvelle persécution d'un juste[19] ou une malchance sans signification théologique[20].

---

18 Cf. l'arbre généalogique présenté en 3.3.1. On rappelle toutefois que Jr n'évoque jamais l'épisode de la découverte du rouleau dans le Temple – et le rôle éminent qu'y joue Shafân – rapporté en 2 R 22.

19 Comme certains personnages de Jr (le prophète lui-même, Ouriyahou), mais aussi comme ce locuteur non identifié dans les oracles qu'on appelle classiquement «confessions» ; l'assassinat de Guedalias par Yishmaël serait alors un exemple de ces «démarches des coupables [qui] réussissent» (12,1).

20 On pourrait comparer cette hypothèse avec le récit de la mort de Josias en 2 R 23 : la narration est organisée pour minimiser l'importance de son assassinat par le Pharaon Néko, au profit d'un portrait de roi idéal, parfaitement fidèle à la loi de Moïse.

Ou bien c'est un personnage au caractère variable, qui commence par agir bien en faveur des réfugiés puis change, encourant la mort par son refus d'écouter Yohanân. Une dernière hypothèse est de voir en Guedalias un personnage marqué par un défaut dès son entrée en scène, derrière des apparences trompeuses de fidélité à Jérémie, finalement démasqué au moment de son assassinat. Ce questionnement est légitime dans le contexte global de Jr : puisque de nombreux oracles ont appelé le lecteur à lire la victoire de Nabuchodonosor comme accomplissement des oracles divins, ne peut-on faire de même ici ?

Décider entre ces différentes hypothèses nécessite de peser avec justesse les silences du récit, ce qui est une opération délicate. Certains d'entre eux peuvent être éloquents : dans certaines conditions, ne pas parler de quelque chose, c'est le nier, et l'on se doit d'interpréter ce qui pourrait s'assimiler à un refoulement. Mais dans d'autre cas, le silence n'est dû qu'à un manque d'intérêt du récit, qui poursuit d'autres logiques ; on doit alors s'abstenir de forcer le texte dans des directions qui ne sont pas les siennes. La démarche de l'exégèse ne peut suivre la manière dont Flavius Josèphe a glosé cet épisode dans les *Antiquités juives*[21] : elle est davantage une manière créative d'habiter les blancs du récit et d'en révéler les potentialités, qu'une étude du récit pour lui-même et de son interaction avec le lecteur[22].

Les ambiguïtés narratives et difficultés d'interprétation ainsi signalées appellent un travail d'interprétation de la part du lecteur. En effet, le vocabulaire employé stimule sa mémoire, et le souvenir d'oracles situés dans les oracles précédents peut surgir. Le lecteur, entraîné à l'identification de liens entre les oracles et les personnages recevant nommément des oracles, peut faire de même pour Guedalias. Mais il est nécessaire, préalablement à cette réflexion, de considérer l'effet-personnage.

---

21 Parfois Flavius suit le texte mot-à-mot, parfois il glose pour ne pas laisser subsister d'incertitude. Par différence, cela montre les ambiguïtés et potentialités du texte biblique : «Godolias disait [...] qu'il valait mieux être tué par lui plutôt que de détruire un homme qui s'était réfugié auprès de lui. [...] Godolias les reçut avec un splendide banquet et des présents et, dans sa cordialité envers Yishmaël et ses compagnons, fut conduit à l'ivresse. Le voyant dans cet état, [...] Yishmaël se dressa avec ses amis et égorgea Godolias.», Flavius Josèphe, *Les antiquités juives*. V. Livres X et XI (tr. É. Nodet) (Paris 2010) §§168–169.

22 Begg en propose cette analyse : «Josephus elaborates the figure of Gedaliah as well. In the historian's presentation, Judah's governor appears as a kind of Aristotelian tragic hero, a figure endowed with much that is admirable, but at the same time possessing a disastrous flaw.», C. Begg, «The Gedaliah Episode and its Sequels in Josephus», *JSPE* 12 (1994) pp. 21–46, p. 39.

6.3 Efficacité et limitation de l'effet-personnage

Avec Guedalias, le récit déploie un effet-personnage efficace : de nombreux éléments narratifs produisent l'impression d'imiter une personne réelle. C'est d'abord son nom, situé dans la grande généalogie de Shafân (cf. 3.3.1), qui assure cet effet. La mission particulière qu'il reçoit montre qu'il est connu par Nebouzaradân, subordonné direct de Nabuchodonosor, lui-même qualifié trois fois de « serviteur » de Yhwh. Il est d'ailleurs le seul personnage de Jr à recevoir une responsabilité politique exprimée avec la racine פקד, « confier/nommer ». La reprise de cette mission jusqu'au milieu du chapitre 43 contribue aussi à faire exister Guedalias. Davantage encore, l'effet-personnage est ici construit par l'intérêt que le récit porte à ses initiatives et décisions. Il est ainsi le responsable de la récolte surabondante (40,10.12) ; la fin du chapitre 40 et le début du chapitre 41 sont consacrés à des péripéties dans lesquelles ses décisions jouent un rôle déterminant. Ainsi, il refuse de croire Yohanân (40,14) et accueille Yishmaël à sa table (41,1), ce qui conduira à son assassinat et à la déportation du peuple.

Malgré cela, des éléments textuels limitent l'effet-personnage et signifient au lecteur qu'il se trouve face à un effet littéraire qui se distingue d'une personne réelle. Cela se voit très clairement si l'on compare 39,11-14 avec 40,1-6. On se trouve en présence de deux récits dans chacun desquels Nebouzaradân libère Jérémie puis le confie à Guedalias. Or, comme on va le voir, ces deux récits ne peuvent pas être considérés comme représentant la même fable[23] ni deux moments successifs d'une fable unifiée. À la fin du chapitre 39, Nebouzaradân et d'autres officiels babyloniens « envoient chercher » (וַיִּשְׁלְחוּ וַיִּקְחוּ) Jérémie dans la cour de garde, à Jérusalem, où il était détenu et le confient à Guedalias, ce qui permet à Jérémie de rester « au milieu du peuple » (v. 14). Au chapitre 40, Jérémie est libéré de « menottes » (v. 4) dont il était « prisonnier » (v. 1), à Rama, au milieu des prisonniers déportés vers Babylone. Nebouzaradân le libère et lui offre d'aller où il le souhaite ; Jérémie choisit d'aller à Miçpa auprès de Guedalias. Il est clair que Rama n'est pas Jérusalem, que les menottes ne sont pas la cour de garde, et que la détention à Jérusalem n'est pas équivalente à l'appartenance à

---

23 Après s'être demandée s'il y a eu deux libérations du prophète ou une seule racontée deux fois, Di Pede conclut plutôt que « le narrateur revient avec insistance sur l'événement, et donne des détails supplémentaires. » Cf. Di Pede, *Au-delà du refus*, pp. 134, 190 et 263. On voudrait ici garder la question sans pour autant choisir un terme de l'alternative. J'ai présenté cette réflexion dans E. Chauty, « Jérémie rejoint Guedalias : deux récits, combien de *fabulae* ? », *SJOT* 31/2 (2017) pp. 202–212. On a déjà cité une remarque de Genette sur la question de la reconstitution chronologique, cf. *supra* p. 111 n. 86.

un groupe de déportés. Difficile, donc, de voir ici deux récits d'une même fable[24]. Ce genre de difficulté conduirait certains à affirmer la nécessité d'une analyse diachronique préalable à l'analyse narrative. On aurait en effet ici deux récits qui se seraient développés de manière indépendante et finalement contradictoire, à partir d'un noyau narratif initial : Nebouzaradân libère Jérémie, lequel s'en va auprès de Guedalias, au milieu du peuple.

Une première solution synchronique serait de tenter, à la manière de la «critique policière» de Pierre Bayard (cf. 3.2.1), une reconstitution d'événements intermédiaires, qui auraient conduit Jérémie de sa situation libre à Jérusalem jusqu'à être menotté à Rama. Quittant Jérusalem soit librement, soit sous contrainte, Jérémie aurait été arrêté et menotté. Mais quel personnage pourrait se rendre responsable d'une telle action ? Dans une perspective diachronique, cela ne pose aucun problème : on s'intéresse aux événements du monde réel dont le récit est la trace. On peut donc ajouter des éléments provenant du monde réel, même s'ils sont étrangers au monde du récit. Mais en perspective narrative, on doit imaginer un tel personnage dans le monde fictionnel construit par le récit. Or comment imaginer un soldat chaldéen ayant l'initiative malencontreuse de capturer Jérémie, alors que le récit présente la victoire de Nabuchodonosor comme totale, ne laissant aucune place à des initiatives non coordonnées des forces chaldéennes ? On ne voit pas non plus d'officiel judéen encore en liberté et capable d'arrêter Jérémie. Enfin, une méprise sur l'identité du prophète, conduisant à son arrestation par erreur, n'a pas sa place dans Jr. En effet, jamais on ne voit dans ce livre de récit organisé autour de la reconnaissance d'un personnage : ils s'identifient les uns les autres sans difficulté, alors que d'autres livres bibliques développent des intrigues comportant des problèmes d'identification[25].

Mais on a mentionné l'existence fréquente, dans de nombreux types d'œuvres qui s'analysent sans difficulté de manière synchronique, d'un effet de distanciation. La présence de cet effet conduit à remettre en cause l'hypothèse implicite de lecture selon laquelle tous les événements et les personnages représentés par le récit devraient s'inscrire dans une temporalité linéaire, similaire à celle du monde réel dans lequel vit le lecteur. Une telle possibilité est réfléchie par des théoriciens du récit bien connus dans le monde des études bibliques. Ainsi, Paul Ricœur propose que le «temps de la fiction» n'est pas nécessairement le «temps chronologique», et qu'il peut fonctionner suivant des manières

---

24 De ces deux récits, Carroll note d'ailleurs que «The stories cannot be harmonized» ; Carroll, *Jeremiah*, p. 693.

25 Par ex. Tamar, qui se déguise en prostituée pour avoir un enfant de son beau-père Juda (Gn 38,13-26).

«infiniment plus subtiles que celles rapportées à la succession rectilinéaire»[26]. De son côté, Franck Kermode reconnaît, notamment dans les romans de Robbe-Grillet, des narrativités qui s'éloignent de la pratique habituelle de la «temporalité feinte» et qui construisent des «versions rivales des mêmes faits [...] sans réconciliation finale»[27]. Cette perspective ouvre une solution proprement synchronique à la présence de deux récits incompatibles de la libération de Jérémie par Nebouzaradân : ce qui se manifeste ici, c'est un effet de distanciation, qui rappelle au lecteur que l'univers du récit ne fonctionne pas suivant les mêmes lois que le monde réel. Cette conclusion rejaillit nécessairement sur Guedalias : alors que le récit rapporte deux fables contradictoires dans lesquelles ce personnage reçoit une responsabilité sur Jérémie, il est manifesté au lecteur qu'il n'est pas face à une personne réelle. Pour reprendre une expression de Bertolt Brecht, cet effet déjoue l'inclination du lecteur «à une totale adhésion sentimentale, l'empêchant d'emboîter le pas machinalement aux personnages»[28].

Le lecteur se trouve donc en présence d'un contraste saisissant : d'une part les chapitres consacrés à Guedalias présentent une grande précision dans la construction narrative, d'autre part le récit comprend de nombreuses ambiguïtés renforcées par la limitation de l'effet-personnage. C'est cela qui, comme on va le voir, appelle sa collaboration interprétative, pour qu'il cherche des réponses aux questions posées par le récit non dans le monde de la fable – qui se refuse à répondre –, mais dans l'économie du récit.

6.4 Coopération du lecteur

6.4.1 Échos positifs

Les actions se déroulant autour du personnage de Guedalias sont rapportées avec un vocabulaire qui fait écho dans la mémoire du lecteur. On doit d'abord remarquer une série d'échos construisant un jugement favorable de ce personnage. Ainsi, Guedalias demande d'accepter la situation politique née de la victoire de Nabuchodonosor ; il n'a pas le rêve de fuir vers l'Égypte. Tout cela se

---

26 P. Ricœur, *Temps et récit*. II. La configuration dans le récit de fiction (Paris 1984) p. 51.
27 «And so we have a novel in which the reader will find none of the gratification to be had from sham temporality, sham causality, falsely certain description, clear story. [...] Rival versions of the same set of facts can co-exist without final reconciliation.», F. Kermode, *The Sense of an Ending*. Studies in the Theory of Fiction (New York 1967) p. 19.
28 Cité par P. Abraham, introduction à B. Brecht, *La Mère* (Adaptation de Pierre Abraham). *Théâtre complet* III (Paris 1955) p. 143 (pièce créée à Berlin en 1932). Cf. l'extrait cité en 2.4.2.

situe dans la ligne défendue par les oracles prononcés par Jérémie. La récolte qu'il commande est d'ailleurs dite «surabondante», ce qui peut signifier un début d'accomplissement des oracles de rétablissement :

(31,5) «De nouveau [...] ceux qui auront planté feront la récolte.»

Le retour des Judéens «de tous les lieux où ils avaient été dispersés» (40,12), avec le verbe נדח au *niphal*, sonne aussi comme accomplissement d'un thème souvent présent dans les oracles[29] ; on peut voir ici un début de rétablissement après la dispersion causée par la chute de Jérusalem.

Enfin, le discours tenu en 40,9-10 fait écho à l'oracle du joug, qui avait été contesté par le faux-prophète Hananya : le verbe עבד à l'impératif («servez ! soyez soumis !») n'avait été employé précédemment qu'en 27,12.17 :

Oracle du joug (chap. 27)	Discours de Guedalias (chap. 40)
«Placez votre cou sous le joug du roi de Babylone, servez-le (וְעִבְדוּ), lui et son peuple, et vivez !» (v. 12) «Servez (עִבְדוּ) le roi de Babylone et vivez !» (v. 17)	«Ne craignez pas de servir (אַל־תִּירְאוּ מֵעֲבוֹד) les Chaldéens ! [...] Servez (וְעִבְדוּ) le roi de Babylone !« (v. 9)

L'attitude commandée par Guedalias est d'ailleurs en accord avec les oracles qui faisaient de Nabuchodonosor le serviteur de Yhwh.

6.4.2 Échos et résonances négatifs

À la mémoire du lecteur n'émergent pas que ces échos favorables à Guedalias. D'autres, en effet, produisent un résultat inverse. Cela apparaît le plus clairement dans le dialogue de Guedalias avec Yohanân. Il y emploie en effet un mot fortement connoté :

(40,16) שֶׁקֶר אַתָּה דֹבֵר אֶל־יִשְׁמָעֵאל

«C'est mensongèrement que tu parles de Yishmaël.»

---

29 Cf. notamment, avec un vocabulaire identique («tous les *lieux* où je vous ai dispersés»), 29,14. Mais il y a aussi de nombreux oracles avec un vocabulaire proche : tous les *pays* où je vous ai dispersés (par ex. 23,3 ; 32,37).

Le terme שֶׁקֶר, «mensonge», n'est en effet pas un mot habituellement employé dans la conversation quotidienne. Joëlle Ferry remarquait ainsi que «les objets qualifiés de *sheqer* dans le livre de Jérémie sont limités et déterminés»[30] ; intervenant toujours en contexte religieux, ce mot comporte une connotation blasphématoire en plus de celle de mensonge. Jusqu'ici, il n'était employé que par Jérémie, que ce soit en son nom propre[31] ou bien au service de la parole de Yhwh. Dans la situation nouvelle qui fait suite à la chute de Jérusalem, comment comprendre son emploi par Guedalias ? Ce dernier se trouverait-il ainsi associé à la mission prophétique de Jérémie, dénonçant les projets meurtriers de Yohanân ? Ou bien, au contraire, se rangerait-il au rang des faux-prophètes, s'appropriant indûment un mot réservé à ceux qui ont été envoyés par Yhwh ? Le critère énoncé par Jérémie dans son conflit avec Hananya (cf. 28,8-9) ne joue pas en faveur de Guedalias : en refusant de croire à l'annonce d'un malheur, il se rapproche de ces faux-prophètes qui annoncent le bonheur, et qu'il ne faut pas croire tant que leur oracle ne s'est pas réalisé. Le récit de l'assassinat de Guedalias, juste après ce dialogue, lève le doute : ce n'est pas comme prophète authentique qu'il a employé le terme connoté שֶׁקֶר, mais à la manière d'un faux prophète. D'ailleurs, la formule de datation de 41,1 ajoute un écho discret allant dans le même sens : Guedalias meurt «au septième mois», une autre année que Hananya mais à la même date (cf. 28,17), alors qu'aucun autre événement rapporté dans Jr n'est daté du septième mois.

Le langage employé dans le récit de cet assassinat produit une résonance avec un oracle précédent, qui renforce la ligne d'un jugement négatif porté sur Guedalias. L'épisode de 41,1-3 surprend tant par sa brutalité que par l'absence de motivation explicite : même s'il était vrai que Yishmaël agissait en service commandé par Baalis, quel profit ce roi ammonite, qui n'est pas connu du lecteur, attendrait-il du meurtre[32] ? Le langage du récit rappelle au lecteur un

---

30 Ferry, *Illusions et salut dans la prédication prophétique de Jérémie*, p. 2.

31 Le seul passage où Jérémie emploie ce mot hors d'un contexte explicitement prophétique est lors de son arrestation par Yiriya en 37,14 ; on peut montrer que dans cet épisode affleurent de nombreuses réminiscences du conflit avec les faux-prophètes, notamment par l'ascendance de Yiriya, petit-fils de Hananya. Je me permets de renvoyer à Chauty, «Réduit au silence dans une citerne... (Jr 37,1-16)».

32 Deux auteurs l'expliquent par une reconstitution historique, certes plausible mais s'appuyant assez peu sur le texte, donc insatisfaisante dans le cadre de cette étude. Hobson a proposé de voir un motif commun entre le meurtre de Guedalias et celui des 70 pèlerins, voyant en Yishmaël un défenseur de la légitimité davidique. Il s'appuie sur une reconstruction historique dont le seul indice textuel reste mince : la mention en 41,1 de l'ascendance royale de Yishmaël. R. Hobson, «Jeremiah 41 and the Ammonite Alliance», *The Journal of Hebrew Scriptures* 10/7 (2010) pp. 2–15. Becking va dans le même sens : «it can be assumed that the

oracle du chapitre 5, qui construit ainsi une résonance. On doit relever le moment particulier du meurtre : «ils prenaient ensemble leur repas (וַיֹּאכְלוּ שָׁם לֶחֶם) à Miçpa», ainsi que le moyen employé pour l'assassinat : «ils frappèrent par l'épée (וַיַּכּוּ ... בַּחֶרֶב)». Or l'expression אכל לֶחֶם, traduite ici «prendre un repas» plutôt que littéralement «manger du pain», est très rare : on ne la retrouve précédemment qu'en 5,17, et elle ne reviendra qu'en 52,33. Une fois repérée cette correspondance, d'autres échos avec le même oracle se manifestent. Ainsi, 5,17 associe le fait de «manger ta moisson, ton pain» avec la victoire militaire de ceux qui viennent «avec l'épée». La fin de l'oracle présente une interrogation sur la cause de cette situation, et propose une réponse : «comme vous m'avez abandonné pour servir les dieux de l'étranger dans votre pays, de même vous servirez des étrangers dans un pays qui n'est pas le vôtre» (5,19). Or «servir les étrangers», c'est exactement ce que Guedalias avait invité les Judéens à faire en 40,9, avec l'emploi de la même racine עבד, «servir». Avant d'en venir à l'interprétation de cette résonance, on résume dans le tableau suivant les éléments textuels qui la construisent (tableau page suivante) :

royal party in Ammon cooperated with the anti-Babylonian royal party in Judah and that they were trying to bring the David dynasty back to the throne in Jerusalem.», B. Becking, «Baalis, the King of the Ammonites. An Epigraphical Note on Jeremiah 40:14», *JSSt* 38/1 (1993) pp. 15–24, p. 15.

L'oracle du chap. 5	Guedalias	
	Discours du chap. 40	L'assassinat (chap. 41)
«il mange ta moisson, ton pain…» וְאָכַל קְצִירְךָ וְלַחְמֶךָ (v.17a)		«et ils mangèrent là le pain ensemble à Miçpa» וַיֹּאכְלוּ שָׁם לֶחֶם … (v. 1)
«il abat tes villes fortes […] par l'épée» יְרֹשֵׁשׁ עָרֵי מִבְצָרֶיךָ … בֶּחָרֶב: (v. 17f)		«et ils frappèrent Guedalias […] par l'épée» וַיַּכּוּ אֶת־גְּדַלְיָהוּ … בֶּחָרֶב (v. 2)
«et quand vous direz : pour quel motif […] ?» (v. 19a)		(absence d'explication)
«comme vous m'avez abandonné… vous servirez des étrangers» כַּאֲשֶׁר עֲזַבְתֶּם אוֹתִי … כֵּן תַּעַבְדוּ זָרִים (v. 19)	«ne craignez pas de servir les Chaldéens […] servez le roi de Babylone !» אַל־תִּירְאוּ מֵעֲבוֹד הַכַּשְׂדִּים… וְעִבְדוּ אֶת־מֶלֶךְ בָּבֶל (v. 9)	

Ces échos textuels justifient que le lecteur s'appuie sur l'oracle du chapitre 5 pour interpréter le récit de l'assassinat de Guedalias. La situation n'est certes pas identique entre les deux passages, mais une analogie solide se dégage : dans l'oracle du chapitre 5, un même sujet sert des étrangers, est victime de l'épée, voit son pain mangé par ses ennemis. C'est ce qui arrive à Guedalias. Il n'y a certes pas correspondance parfaite terme à terme : dans l'oracle, ce sont les étrangers qui attaquent, alors que pour Guedalias, ce sont des Judéens. Ceci est d'autant plus notable que le verset introductif (41,1) signale l'ascendance royale de Yishmaël. Mais ce fait entre bien dans le cadre général de Jr : alors que le lecteur connaît, depuis le début du livre, le rôle tenu par Babylone dans la catastrophe infligée à Jérusalem, il découvre peu à peu, grâce aux récits et aux oracles, que les vrais responsables – les autorités judéennes pointées dès le chapitre inaugural (cf. 1,16) – sont coupables envers Yhwh. Ce retournement est typique de l'ironie de situation. Sans forcer la résonance ainsi établie entre l'oracle du chapitre 5 et la mise en récit de Guedalias, une question se pose en lisant le verset 19 de l'oracle : de même que l'oracle introduit la question de savoir «pour quel motif» (5,19a) cette catastrophe arrive, de même le lecteur des chapitres 40 – 41 se demande pourquoi une telle mort survient pour Guedalias. Cela conduit à poser une hypothèse : Guedalias n'aurait-il pas, lui aussi, abandonné Yhwh ? C'est ce que l'on va développer dans le point suivant.

6.4.3 La faute en creux de Guedalias

Pour réaliser alors une synthèse du personnage, il est possible de remarquer que beaucoup de ses traits vont dans le sens d'une demi-mesure : si, par bien des aspects, il ne fait rien de mal, il ne s'engage pourtant qu'à moitié dans la ligne défendue par les oracles jérémiens. Il apparaît ainsi une faute en creux pour Guedalias, comme un péché par omission[33].

On peut commencer par remarquer que les discours de Guedalias emploient sans référence divine des expressions habituellement associées à Yhwh. C'est d'abord le cas de l'introduction narrative à son discours du chapitre 40 :

(40,9) וַיִּשָּׁבַע לָהֶם גְּדַלְיָהוּ בֶּן־אֲחִיקָם

« Guedalias fils d'Ahiqam leur fit serment »

Les autres emplois de שבע au *niphal*, « faire serment », sont toujours associés à une divinité : soit un homme jure par Yhwh avec la formule חַי־יהוה, « par la vie de Yhwh » (4,2 ; 5,2 ; 12,16 ; 38,16) ; soit Yhwh est celui qui prête serment (11,5 ; 22,5 ; 32,22 ; 44,26 ; 49,13 ; 51,14) ; soit on jure par des figures négatives réprouvées par le prophète : les non-dieux (5,7), Baal (12,16) ou le mensonge שֶׁקֶר (7,9). Il est donc notable, dans ce contexte, que Guedalias prête serment sans mention de divinité, ni la bonne divinité qu'est Yhwh ni les divinités adverses dénoncées par les oracles.

Au verset 9, Guedalias promet que וְיִיטַב לָכֶם, « tout ira bien pour vous », à la condition d'être soumis au roi de Babylone. Or les trois autres emplois de יטב (« aller bien ») au *qal* sont tous associés à la condition d'écouter la voix de Yhwh :

(7,23) « Je ne leur ai demandé que ceci : ‹ Écoutez ma voix [...] pour que ça aille bien pour vous לְמַעַן יִיטַב לָכֶם.› »

---

33 On s'écarte donc de l'interprétation de Ben Zvi pour qui « Gedaliah – like Jeremiah – is characterized as a godly personage associated and aligned with the deity. », E. Ben Zvi, « The Voice and Role of a Counterfactual Memory in the Construction of Exile and Return : Considering Jeremiah 40:7-12 », *The Concept of Exile in Ancient Israel and its Historical Contexts* (éd. E. Ben Zvi – C. Levin) (BZAW 404 ; Berlin – New York 2010) pp. 169 – 188, p. 181.

(38,20) «Jérémie dit [à Sédécias] : ‹[...] écoute la voix de Yhwh [...] et ça ira bien pour toi [...]› » וְיִיטַב לָךְ

(42,6) «ça ira bien pour nous יִיטַב־לָנוּ car nous écouterons la voix de Yhwh notre Dieu.»

Le roi de Babylone, à qui Guedalias demande de se soumettre pour que «ça aille bien», est certes un personnage par l'intermédiaire duquel agit Yhwh ; on doit toutefois remarquer cette reprise de l'expression יטב ל («aller bien pour») par Guedalias sans mention de Yhwh. Le peuple est invité ainsi à substituer totalement le roi de Babylone à Yhwh, en oubliant qu'il n'en est qu'une médiation temporaire : si Yhwh agit à travers Nabuchodonosor pour frapper Jérusalem, il annonce aussi le retour d'Exil après soixante-dix ans (cf. 29,10).

Au verset 10, Guedalias emploie l'expression עָמַד לִפְנֵי־, «se tenir debout devant», en rapport avec les Chaldéens. Si le verbe עָמַד, employé seul, a d'abord le sens corporel de «se tenir debout», cette façon de le construire indique une attitude face à un personnage puissant, homme ou dieu[34]. L'attitude comprend une part de respect, mais se distingue de l'humble prosternation : celui qui se tient debout peut adresser la parole à celui qui est devant lui. Le dictionnaire KB traduit ainsi : «to stand respectfully before, as a representative before the king», ou bien «to stand as a representative before Yahweh». Le verbe peut, au participe, désigner non pas une action mais un état ; KB traduit alors «to be in the service of Yahweh». Dans Jr, l'expression prend une valeur particulière : employée neuf fois[35], elle désigne presque toujours le rapport à Yhwh, soit qu'il s'agisse d'un rapport à la limite de l'insolence (7,10), soit du rapport de celui qui intercède[36] (Moïse et Samuel 15,1 ; le locuteur en «je» 15,19 ; Jérémie 18,20 ; les Rékabites 35,19), soit du rapport d'un peuple écrasé par Yhwh vigoureux comme un lion (Édom en 49,19 et 50,44). Le chapitre 52 utilise l'expression pour désigner le rapport de proximité et de service qu'entretient Nebouzaradân vis-à-vis de Nabuchodonosor (52,12). À l'exception de ce dernier emploi, l'expression עָמַד לפני est donc toujours employée dans un sens théologique. Si elle n'est pas l'unique expression servant à désigner l'intercession – pensons par exemple à התפלל בעד («intercéder en faveur de») en 7,16 ; 42,2.4.20 – elle est pourtant

---

34 Ainsi devant Yhwh : Abraham (Gn 18,22), la communauté dans le désert (Lv 9,5), la femme soupçonnée d'infidélité (Nb 5,16) ; devant un homme : Joseph devant Pharaon (Gn 41,46) puis ses frères devant lui (Gn 43,15), cinq filles devant des autorités (Nb 27,2), l'homicide involontaire lors de son procès (Jos 20,9)...

35 7,10 ; 15,1 ; 15,19 ; 18,20 ; 35,19 ; 40,10 ; 49,19 ; 50,44 ; 52,12.

36 Balentine conclut que «The expression emerges as a potentially relevant term for prophetic prayer.», S.E. Balentine, «The Prophet as Intercessor : A Reassessment», *JBL* 103/2 (1984) pp. 161–173, p. 166.

typique du rapport à la puissance suprême dont on redoute les méfaits et dont on attend les bienfaits. On comprend bien sûr ici que Guedalias servira d'intermédiaire entre les Judéens et le pouvoir babylonien, mais cette position est exprimée en reprenant un vocabulaire qui évoque très fortement le rôle d'un intercesseur agréé par Yhwh.

L'oubli de Yhwh est donc manifeste dans le discours de Guedalias, et on peut y voir une anticipation de ce que Jérémie annoncera en 44,26 : «mon nom ne sera plus jamais prononcé par la bouche d'aucun homme de Juda»[37].

Cet effacement de Yhwh dans le discours de Guedalias va de pair avec une reprise des oracles de Jérémie limitée à leur versant positif. Guedalias appelle ainsi à servir, mais sans mentionner d'alternative négative pour celui qui s'y refuserait. Au contraire, lorsque Jérémie demande de «servir» (עבד) les Chaldéens (27,12), une condamnation possible était mentionnée : l'ordre est à suivre sous peine de mourir par «l'épée, la famine et la peste» (27,13). De même, la récolte de Guedalias rappelle la lettre aux déportés de Babylone, mais sans reprendre l'annonce de la fin de Babylone après soixante-dix ans :

Lettre aux déportés (chap. 29)	Récolte de Guedalias (chap. 40)
«plantez des jardins et mangez-en les fruits (פְּרִי)» (v. 5)	«récoltez le vin, les fruits (קָיִץ) et l'huile» (v. 10)
«construisez des maisons et habitez-les (וְשֵׁבוּ)» (v. 5)	«restez (וּשְׁבוּ) dans les villes que vous occupez» (v. 10)
«soyez prolifiques (racine רבה)» (v. 6)	une récolte surabondante (הַרְבֵּה מְאֹד) (v. 12)
«quand soixante-dix ans seront écoulés pour Babylone...» (v. 10)	(pas de mention d'une limite à l'occupation chaldéenne)

---

37 Alonso Schökel voit dans cet oubli du nom de Yhwh le symbole de l'inversion de la libération d'Egypte : «La tragedia concluye con el olvido del nombre del Señor, con cuya revelación comenzó la liberación de Egipto. [...] Con el olvido del nombre de *Yhwh*, toda la historia parece haber vuelto a su punto cero, a un caos original en el sitio de arranque ; y la vorágine se ha tragado al profeta Jeremías, el anti-Moisés.», L. Alonso Schökel, «Jeremías como anti-Moisés», *De la Tôrah au Messie*. Études d'exégèse et d'herméneutique bibliques offertes à Henri Cazelles pour ses 25 années d'enseignement à l'Institut Catholique de Paris (éd. M. Carrez – J. Doré – P. Grelot) (Paris 1981) pp. 245–254, p. 249.

6.5 Conclusion

Le récit ne montrera jamais Guedalias commettant une action qui, en soi, serait répréhensible. Les traits qui le caractérisent peuvent sembler positifs, mais on a compris qu'il n'est que partiellement aligné avec les oracles de Jérémie. Ce qui lui manque, c'est de reprendre entièrement la ligne théologique du prophète, avec l'aspect conditionnel que donne leur versant négatif : l'annonce d'une alternative terrible pour celui qui désobéit, l'annonce d'un futur renversement de la situation politique avec la chute de Babylone. Or ces manques, révélés par la mémoire des oracles grâce à la coopération du lecteur, sont cohérents avec ceux construits par le texte même de la narration. Le premier manque est l'absence de la récolte d'huile ; le deuxième est l'inaction de Guedalias après son dialogue avec Yohanân. La formule de datation de 40,1 souligne, en effet, que du temps a passé entre ce dialogue et le déjeuner mortel à Miçpa ; pourtant, en ne rapportant aucune action dans cet intervalle, le récit donne l'impression d'un Guedalias inactif. Autrement dit, et cela est cohérent avec ce que le souvenir des oracles a mis en relief, Guedalias est incapable de tenir compte de la dimension négative des menaces. Il avait pourtant du temps pour mettre en œuvre une stratégie défensive autre que celle, refusée, de Yohanân. Sa fin tragique est donc parfaitement cohérente avec cette incapacité à envisager l'aspect négatif de la réalité. Alors qu'il a commencé par tenir un discours (40,9-10) qui faisait écho au discours de Jérémie refusé par Hananya (cf. 27,12.17), ce trait de caractère justifie le retournement de 40,13–41,3 : il meurt à la même date que le faux prophète Hananya, ayant employé à tort le mot du prophète, שֶׁקֶר, alors même que sa position tombe sous la règle de discernement énoncée par Jérémie face à Hananya : en refusant de croire aux menaces révélées par Yohanân, Guedalias est comme ces faux prophètes de « paix » (cf. 28,9) dont il ne faut croire la parole qu'une fois qu'elle se réalise.

L'absence de mention explicite de Yhwh et de Jérémie dans ces chapitres n'apparaît donc pas au lecteur comme insignifiante, mais comme une étape supplémentaire dans l'abandon de Yhwh. Ayant appris à identifier le récit de la destruction de Jérusalem par Nabuchodonosor avec une action divine, ce que les oracles avaient proclamé sans que la narration l'assume par elle-même, le lecteur est devenu capable de reconnaître, dans la narration de l'assassinat de Guedalias par Yishmaël, l'accomplissement d'oracles précédents annonçant l'avenir de la part de Yhwh, sans que la narration ait eu besoin pour cela de montrer Yhwh ou Jérémie explicitement. La subtilité et l'exigence de cette manière de faire, loin de diminuer la force du message théologique, en favorise la transmission : le lecteur qui a participé activement à l'opération d'interprétation risque moins de demeurer indifférent.

7 Sédécias

7.1 Introduction

7.1.1 Repérage et délimitation

On trouve de nombreux personnages royaux dans Jr, qu'ils soient signifiés par un nom propre («Sédécias», «Nabuchodonosor», etc.) ou par un titre («le roi», «le roi de Juda», «le roi de Babylone», etc.). Ce chapitre veut s'intéresser spécifiquement au personnage de Sédécias ; il faut donc sélectionner les passages où un oracle est associé au nom «Sédécias», que cette association soit réalisée par la narration, par l'oracle, ou par ces deux instances successivement. Ainsi, en 21,4-10, la narration (v. 1) puis l'oracle (v. 7) identifient le roi comme étant «Sédécias» ; au chapitre 24, le discours initial de Jérémie (vv. 1-3), dont on a montré plus haut qu'il n'avait pas la forme d'une narration (cf. 2.3.4.2), mentionne la déportation de Yekonya sans nommer son successeur, mais l'oracle nomme ensuite le roi Sédécias (v. 8) ; en 37,7-10, l'oracle ne mentionne que le titre «roi de Juda», mais la narration a préalablement identifié le roi comme étant «Sédécias».

Avant de produire la liste des oracles destinés à Sédécias, on doit considérer deux cas ambigus. Le premier est celui de l'oracle au «roi de Juda» qui commence en 22,1, introduit par un ordre de Yhwh au prophète de descendre au palais royal. Le chapitre précédent comporte une narration et un oracle qui mentionnent chacun Sédécias (cf. 21,1.7), ce qui pourrait conduire à considérer que cet oracle est destiné à ce roi particulier. On relève pourtant des arguments en sens contraire. Ainsi, le chapitre 22 se poursuit par la mention de Shalloum (v. 11), de Yoyaqim (v. 18), puis de Konyahou (v. 24). Dans ce contexte, le contenu à caractère de justice sociale de l'oracle semble indiquer qu'il est davantage destiné à tout roi de Juda, plutôt que spécifiquement à Sédécias. D'ailleurs, avant l'appel de Yhwh au prophète à descendre chez le roi en 22,1, la fin du chapitre 21 rapportait aussi un oracle destiné à tout roi de Juda (vv. 11-14) ; sa forme poétique contribuait aussi à l'impression de rupture par rapport à la séquence précédente, qui était en prose[1]. Alors que Jr habitue son lecteur à des ruptures narratives fréquentes, et que cette recherche se limite aux oracles destinés aux personnages représentés dans la narration, on peut s'abstenir d'étudier ce qui commence au début du chapitre 22.

---

1 On reviendra sur cette délimitation lors de l'étude de l'oracle du chap. 21, cf. 7.2.1.

https://doi.org/10.1515/9783110657845-010

Le deuxième cas ambigu est celui de l'oracle du joug au chapitre 27 : l'introduction narrative (v. 1) le date du début du règne de «Yoyaqim», mais le contenu de l'oracle fait référence à «Sédécias roi de Juda» (v. 3). On choisit de retenir cet oracle, mais on aura à justifier ce choix (cf. 7.5) et à rendre compte des raisons qui poussent de nombreuses traductions à corriger, au premier verset, «Yoyaqim» en «Sédécias».

Seront donc analysées neuf séquences dans lesquelles un oracle est associé au personnage de Sédécias : l'entrée en scène du roi et le premier récit d'ambassade vers Jérémie (21,1-10) ; l'oracle des figues (chap. 24) ; l'oracle de l'achat du champ précédé du récit de l'emprisonnement du prophète et de l'oracle rapporté par Sédécias (chap. 32) ; l'oracle à Sédécias encadré par l'attaque de Lakish et Azéqa (34,1-7) ; immédiatement après cela, l'oracle faisant suite à l'affranchissement temporaire des esclaves (34,8-22) ; la cohésion narrative spécifique qui se déploie à partir du chapitre 37 fait que seront étudiés dans un seul sous-chapitre les oracles à Sédécias qui précèdent le récit de la chute de Jérusalem (37–39) ; enfin l'oracle transmis par Seraya lorsqu'il accompagne Sédécias à Babylone (51,59-63). L'analyse s'achèvera par la lecture du chapitre 52, qui reprend le règne de Sédécias et l'Exil sans jamais mentionner ni Jérémie ni la parole de Yhwh : ces absences pourraient se révéler significatives si on les replace dans l'ensemble de Jr. À ces neuf séquences narratives, on doit ajouter un petit oracle (23,5-6) qui annonce que Yhwh fera surgir un roi «juste», ce qui pourrait constituer un jeu de mots avec le nom de Sédécias (littéralement, «Yhwh est ma justice»), et contribuer ainsi à la caractérisation de ce personnage. Pour respecter un plan qui suit l'ordre des chapitres du livre, l'analyse de cet oracle du chapitre 23 sera placée entre l'entrée en scène du roi (chap. 21) et l'oracle des figues (chap. 24).

7.1.2 Problématique d'ensemble

Le repérage que l'on vient d'effectuer entraîne une difficulté pour la réflexion : comment organiser l'analyse de textes d'une telle ampleur ? Lors de l'étude des autres personnages secondaires, les textes considérés étaient assez restreints, qui pouvaient être embrassés d'un seul regard. Ce n'est pas le cas pour Sédécias. On remarque aussi que les apparitions de ce personnage royal dans le récit définissent comme des îlots narratifs : dans la plupart des cas, ses apparitions successives ne se trouvent pas dans une narration continue, mais dans des fragments narratifs discontinus, interrompus par des perturbations chronologiques, des retours au règne de Yoyaqim (chap. 25–26 et 35–36) et de longs oracles poétiques – la continuité des chapitres 37–39 faisant exception.

Les études de personnages précédentes ont montré l'intérêt de travailler sur des textes assez brefs : cela permet de porter l'attention sur des détails signifiants dans l'organisation narrative, dans l'association entre oracle et narration, dans la récurrence du vocabulaire. Pour préserver la possibilité d'un tel travail, ce qui concerne Sédécias sera donc étudié en s'attachant d'abord à chacune de ses apparitions dans le récit, en les considérant de manière isolée : d'abord une étude de Sédécias au chapitre 21, puis au chapitre 24, etc.

Cela permettra d'abord de voir si les effets qui se manifestent pour ce personnage important sont les mêmes que ceux observés précédemment pour les autres personnages secondaires. Y verra-t-on encore un effet-personnage qui parfois manifeste ses limitations au lecteur ? Est-ce que des jeux d'échos et de résonances joueront avec la mémoire du lecteur ? Au fur et à mesure de l'étude de ces séquences successives, on pourra voir s'il se dégage une image cohérente de Sédécias, ou bien si au contraire il se révèle, comme les personnages secondaires déjà étudiés, «distancié» : l'abondance des éléments qui se rapportent à ce roi vont-ils dans la direction d'une illusion de personne très efficace, ou bien au contraire dans la direction de la manifestation au lecteur qu'il s'agit d'une représentation à ne pas confondre avec son signifié ?

7.2 Sédécias entre en scène (chap. 21)

7.2.1 Délimitation

Le personnage de Sédécias apparaît pour la première fois au début du chapitre 21. Sans s'intéresser, à ce point, à son accession au trône ou aux étapes successives de son règne, le récit s'ouvre dans un contexte de prophétie et d'attaque militaire : le verset 1 mentionne la survenue d'une parole de Yhwh vers Jérémie, à laquelle est subordonnée l'entrée en scène de Sédécias ; le discours confié par le roi aux ambassadeurs qu'il envoie vers Jérémie mentionne une bataille menée par Nabuchodonosor (v. 2). À partir du verset 4 commence le compte-rendu de l'oracle. Comme souvent dans Jr, on est en présence d'un oracle introduit narrativement, mais sans clôture formelle : on a l'impression qu'il se poursuit longtemps, oubliant peu à peu le contexte qui l'avait suscité. Jusqu'où alors lire l'oracle pour l'analyse à mener ? Il ne serait bien sûr pas raisonnable de pousser jusqu'au décalage chronologique produit par la mention de la déportation de Yekonya en 24,1. Il paraît préférable de repérer un ensemble d'éléments qui, par des effets de délimitation interne et externe, justifient de considérer les versets 1-10 comme unité.

Au préalable, on peut observer la manière dont les articulations du texte construisent un éloignement progressif de la situation d'énonciation initiale, mais sans marquer de rupture nette. Ainsi, la situation d'énonciation change au verset 8, passant d'un discours de Jérémie aux ambassadeurs à un discours de Yhwh au prophète, ce que soulignent les formules introductives :

(21,3a) « Jérémie leur dit : ‹ Vous parlerez ainsi à Sédécias : […] ›. »
(21,8a) « Quant à ce peuple, tu lui diras : ‹ […] ›. »

Pourtant, des répétitions de vocabulaire (qui seront détaillées plus bas) assurent une continuité. Au verset 11 apparaît une autre transition : la forme poétique remplace la prose ; le roi n'est plus désigné par son nom mais par son titre ; surtout, le contenu de l'oracle énonce des conditions qui permettraient d'échapper à la catastrophe, qui semblait pourtant décidée dès le verset 7[2]. Mais on remarque aussi des éléments de continuité : au verset 7 était déjà introduite la désignation du roi par son titre ; le thème de la « justice », צדקה, fait écho au nom du roi, צדקיהו, « Sédécias » (on reviendra sur ce point dans l'analyse de l'oracle du roi juste, cf. 7.3). Au début du chapitre 22, la forme du texte revient à la prose, et l'on retrouve un ordre divin au prophète : « Descends à la maison du roi ». Mais le thème de la justice assure une continuité avec ce qui précède. En même temps, l'absence de mention spécifique du nom du roi ou de référence à des événements particuliers prépare la lecture d'oracles destinés à d'autres rois de Juda : Shalloum (22,11), Yoyaqim (22,18), Konyahou (22,24).

Toute délimitation aura donc un caractère artificiel ; on peut toutefois se laisser guider par le projet spécifique de cette recherche. Puisque cette recherche veut étudier les liens qui se manifestent entre la narration et l'oracle, on doit prendre en compte le texte de l'oracle jusqu'à ce qu'il ait perdu tout lien avec le contexte narratif initial (vv. 1-2). Il est bien sûr nécessaire d'aller au moins jusqu'au verset 7, puisque les versets 3 à 7 sont formellement présentés comme discours de Jérémie en réponse aux ambassadeurs. De plus, au niveau de l'intrigue, ces versets viennent répondre aux attentes suscitées par l'introduction narrative des versets 1-2 : le lecteur y apprend ce qu'il en sera de la bataille évoquée par le roi et du sort de ce dernier.

---

2 Brueggemann note d'ailleurs à propos de ce qui commence au verset 11 « It is probable that this is a free-standing prophetic oracle, with no particular reference to [what comes before] […] » ; Brueggemann, *Exile and Homecoming*, p. 191.

On choisit pourtant d'intégrer les versets 8 à 10 dans la section étudiée[3], malgré la rupture créée par le changement de situation d'énonciation. Cette situation n'est en effet pas unique dans Jr : elle se retrouve dans l'oracle à Hananya (comparer 28,12 à 28,15) et l'oracle à Baruch (comparer 45,1 à 45,4, cf. 5.2). On a signalé aussi (cf. 2.3.4.1) d'autres glissements de situation d'énonciation qui peuvent survenir dans un récit. Dans Jr, les ruptures de ce genre peuvent être lues comme des transformations au sein d'une même unité. On doit aussi noter des répétitions qui construisent un effet de cohérence interne pour les versets 3 à 10. Ainsi, le nom du roi «Sédécias» est mentionné aux versets 1, 3 et 7. Le titre de «roi de Babylone», sans précision de son nom, apparaît dans la demande de Sédécias (v. 2) et dans l'oracle aux versets 4, 7 et 10. L'assaut des Chaldéens revient deux fois (vv. 4 et 9). Enfin, le lieu du combat est plusieurs fois désigné par l'expression «cette ville» (vv. 4, 7 et 10). Ces éléments disparaîtront ensuite. À ces arguments préalables à l'analyse, pourra être ajoutée une confirmation a posteriori : comme on le verra dans la suite de l'analyse, un jeu d'échos et de résonances avec des oracles précédents s'appuie précisément sur les versets 3 à 10.

7.2.2 Remarques textuelles préliminaires

En quoi consiste exactement la demande que Sédécias transmet à Jérémie au verset 2 ? Cette difficulté se manifeste lorsqu'on veut traduire דְּרׇשׁ־נָא בַעֲדֵנוּ אֶת־יהוה. Deux directions sont en effet possibles et influent sur l'interprétation du passage[4]. D'une part, la racine דרשׁ est habituellement traduite par «consulter». Il s'agirait alors d'une demande de connaissance sur l'avenir, le roi se rapportant au prophète comme à un devin ou un «voyant» (selon l'expression de 1 S 9,9). Dans ce cas, la démarche de Sédécias consisterait à chercher à connaître l'avenir pour prendre des mesures préventives appropriées. Il serait toutefois plus cohérent alors d'avoir la préposition עַל (au sens de «à notre sujet»). Mais d'autre part, la préposition בְּעַד, habituellement traduite «en faveur de…», indiquerait plutôt la volonté du roi d'influencer le cours des événements en fléchissant la volonté divine en sa faveur. Le prophète serait considéré davantage comme intercesseur, comme en Jr 14,11 où la préposition בעד est suivie du complément

3 Avec des arguments d'histoire de la rédaction, McKane en vient à la même délimitation. Cf. W. McKane, «The Construction of Jeremiah Chapter XXI», *VT* 32/1 (1982) pp. 59–73, p. 72.
4 Je remercie André Wénin de m'avoir appelé à cette précision lors du symposium du RRENAB à Sète en juin 2015.

לְטוֹבָה, « pour le bonheur ». Mais dans ce cas, il serait plus naturel d'avoir le verbe פלל au *hitpael*, « intercéder ».

Les commentateurs ont proposé des solutions variées à cette difficulté. Holladay propose de lire une demande double faite par Sédécias au prophète, l'une signifiée par בעד et l'autre par דרש – ce qui fait un peu violence au texte, puisque בעד introduit le complément de דרש :

> « The emissaries ask both for intercession (‹ on our behalf ›, v. 2) and for an oracle of reassurance resulting from that intercession (‹ inquire ›). »[5]

D'autres lisent la phrase comme une demande unique, comprise comme demande d'intercession, donc équivalente à פלל *hitpael* + בעד. On peut ainsi citer McKane, qui s'appuie sur le sens de בעד pour paraphraser :

> « ‹ Ask Yahweh to intervene and save us from the otherwise inevitable outcome of Nebuchadrezzar's siege ›, rather than ‹ Ask Yahweh to declare his will to us through your prophetic mediation in this moment of extreme danger. › »[6]

Cette difficulté ne peut être dépassée qu'en prenant conscience d'un risque d'argumentation circulaire : d'une part on interprète le passage en posant implicitement une équivalence sémantique entre דרש en hébreu et « consulter » en français (et ses équivalents dans les autres langues modernes), d'autre part on s'appuie sur des dictionnaires qui établissent le sens des mots notamment à partir de leurs emplois. Il est donc préférable, d'un point de vue méthodologique, d'aborder ce passage sans préconception trop étroite du sens de דרש pour tenir compte du contexte. D'ailleurs, l'article « דרש » du dictionnaire KB propose de nombreuses nuances sémantiques ; il repère notamment un sens n°7, attesté quarante-cinq fois, qui s'approche de l'intercession : « to make supplications to Yhwh with demands and prayers ». La suite de la demande de Sédécias, justement, éclaire son intention. Le roi emploie l'expression אוּלַי, « peut-être » ; dans tous les autres emplois de אוּלַי dans Jr, le locuteur n'exprime pas une incertitude neutre par rapport à l'avenir, mais sous-entend toujours son espoir par rapport à

---

5 Holladay, *Jeremiah 1*, p. 569.
6 McKane, *Jeremiah*. I, p. 496. Il cite dans le même sens Ehrlich : « בעדנו heisst wohl ‹ für uns ›, doch nicht im Sinne von ‹ in unserem Namen ›, sondern im Sinne von ‹ uns zur Hilfe, zum Schutze ›. », A.B. Ehrlich, *Randglossen zur hebräischen Bibel*. Textkritisches, Sprachliches und Sachliches. IV. Jesaia, Jeremia (Leipzig 1912) p. 295.

l'option exprimée[7] : il parle en agissant pour tenter d'influencer l'avenir dans son sens[8].

On observe d'ailleurs une situation symétrique au chapitre 37 (dans un passage sur lequel on reviendra, cf. 7.9.2), qui montre que les termes hébreux ne doivent pas être figés dans un sens trop univoque : le roi y adresse une demande à Jérémie avec le verbe פלל, habituellement traduit «intercéder», alors que l'oracle dit répondre à une «consultation» et présente une description de l'avenir dans laquelle Yhwh n'est pas mentionné, comme s'il s'agissait de la prédiction d'un devin :

> (37,3) «Le roi envoya dire [...] : ‹Intercède en notre faveur התפלל־נא בעדנו vers Yhwh notre Dieu !›»

> (37,7) «Alors survint la parole de Yhwh vers Jérémie [...] : ‹Voici ce que vous direz au roi de Juda qui vous envoie vers moi pour me consulter לדרשני [...]›»

On peut donc conclure qu'au chapitre 21, la demande du roi est une demande d'intercession, c'est-à-dire d'une action prophétique qui tenterait de fléchir la volonté divine en faveur des Judéens. Toutefois, on doit remarquer que cette demande n'est pas faite avec le verbe פלל. Même si la signification de ce verbe semble très proche de celle de דרש, la différence demeure manifeste pour le lecteur attentif au vocabulaire employé.

7.2.3 Effet d'association

L'oracle du chapitre 21 est inséré dans le récit d'une manière qui le présente comme réponse à la demande de Sédécias par l'intermédiaire de ses ambassadeurs Pashehour fils de Malkiya et Cefanya fils de Maaséya. De plus, l'oracle cite le nom de Sédécias, précédemment introduit dans la narration elle-même au verset 1. C'est d'abord Jérémie, en son nom propre, qui prononce ce nom à destination des ambassadeurs : «Ainsi parlerez-vous à Sédécias» (v. 3). Puis c'est Yhwh qui nomme le roi : «je livrerai Sédécias, roi de Juda» (v. 7). Tout cela associe le contenu de l'oracle au personnage de Sédécias. Or le message divin est

---

7 Ainsi, lorsque Yhwh dit à Jérémie «peut-être écouteront-ils !» (26,3 et 36,3), c'est avec l'espoir fragile qu'il pourrait en être ainsi.

8 Rossi va, pour 21,2, dans le même sens. Cf. Rossi, *L'intercessione nel tempo della fine*, p. 315. De même, Thelle affirme que «Jeremiah 21 and 37 are examples of this pattern of prophetic mediation that includes both consultation/intercession and proclamation.», R.I. Thelle, «דרש את־יהוה. The Prophetic Act of Consulting Yhwh in Jeremiah 21,2 and 37,3», *SJOT* 12/2 (1998) pp. 249–256, p. 255.

particulièrement vindicatif, davantage que ne le faisait attendre la présentation de la situation militaire par Sédécias (cf. v. 2) : il est révélé que c'est Yhwh qui mène cette guerre contre Jérusalem[9]. La mort est annoncée irrémédiablement ; Sédécias lui-même sera livré au pouvoir du roi de Babylone (v. 7). Si une alternative favorable est proposée pour le peuple (v. 8s), cette option n'est pas offerte au roi.

L'association entre l'oracle et le personnage de Sédécias ne fait aucun doute, mais la virulence de l'oracle ne peut qu'interroger le lecteur : alors que Sédécias vient d'entrer en scène et que son portrait n'est encore qu'esquissé, comment peut-on comprendre la sanction divine annoncée ?

7.2.4 Efficacité et limitation de l'effet-personnage

Comme pour les personnages précédemment étudiés, on va maintenant considérer la construction de l'effet-personnage dans cette première apparition de Sédécias. Certes, le portrait de ce roi recevra de nombreux traits complémentaires dans les chapitres suivants, par exemple avec des précisions sur les successions dynastiques (cf. 24,1 et 37,1), ou une insertion dans un cadre géographique nourri aux chapitres 37–39. Pourtant, dès le chapitre 21, plusieurs éléments font de Sédécias un personnage consistant. L'emploi du nom propre, dont c'est la première occurrence après l'incipit du livre (1,1-3), y contribue grandement. Les ambassadeurs qu'il envoie sont identifiés par leur nom et celui de leur père (v. 1), ce qui donne davantage de consistance à la scène que s'ils étaient anonymes : «Pashehour fils de Malkiya et le prêtre Cefanya fils de Maaséya» (v. 1). De plus, à travers le bref message que Sédécias leur confie à destination de Jérémie, s'exprime la responsabilité militaire du roi et son inquiétude sur l'avenir. À cela s'ajoute l'emploi des noms «Yhwh » et «Nabuchodonosor» dans ce message, qui situe Sédécias dans un contexte religieux et politique déterminé.

En trois versets, donc, l'effet-personnage est constitué. Cela fait naître chez le lecteur un intérêt biographique pour Sédécias, et invite à poser de nombreuses questions pour mieux le connaître. Mais, se révélant sans réponse, elles lui manifestent la limitation de l'effet-personnage. Ainsi, rien ne permet au lecteur de savoir si Sédécias est une incarnation typique de la catégorie des rois de Juda,

---

[9] Dans une démarche plus historico-critique, faisant des liens avec le langage de l'Exode, Brueggemann commente ainsi : «The astonishing surprise [...] is that the old rhetoric is now inverted, so that the great verbs of the tradition are now used precisely against Judah, and therefore in favor of Babylon.» ; Bruggemann, *Exile and Homecoming*, p. 190.

ou s'il s'en écarte. En effet, l'incipit de Jr (1,3) mentionne que Sédécias est « roi de Juda », ce qui conduit le lecteur à l'associer avec cette catégorie, dont les oracles situés avant le chapitre 21 n'ont pas tracé un portrait flatteur. Depuis le premier chapitre, on sait que les rois de Juda combattront Jérémie (1,18-19). L'oracle de 2,26-28 les a classés parmi les idolâtres, attendant la délivrance d'objets en bois et en pierre. Le roi, avec ses ministres, manque de courage (4,9 : littéralement, « son cœur לֵב l'abandonne »). Plus loin, Yhwh annonce que les rois seront rendus ivres et qu'ils seront fracassés (13,13-14). L'oracle du sabbat (17,19-27), s'il ne condamne pas a priori les rois de Juda, leur rappelle l'importance de ce commandement et la désobéissance des pères, sans cacher les conséquences négatives qui suivraient une transgression. Enfin, l'oracle de la gargoulette (19,1-13) annonce une destruction qui atteindra les maisons des rois de Juda.

Lorsque le lecteur en arrive à lire le récit du chapitre 21 mentionnant Sédécias, il a donc un a priori très négatif sur les rois de Juda en général. Mais tout n'est pas joué pour autant, car le récit pourrait ménager de la surprise. Sédécias pourrait-il échapper à ces défauts qui semblent congénitaux chez les rois accusés par Jérémie ? Arrivant dans le récit comme nouveau personnage, il a une sorte de « casier judiciaire vierge ». Le verra-t-on commettre des actions mauvaises qui lui vaudront une malédiction identique à celle de ses prédécesseurs ? Ou bien est-il condamné d'avance, sans qu'il n'y ait rien à espérer de lui ? Ces quelques questions suffisent à révéler tout ce que tait le récit ; on ne sait rien, notamment, des motivations de Sédécias lorsqu'il envoie son ambassade à Jérémie. De même, le récit n'a pas montré Sédécias ayant recours à des cultes idolâtriques. Faut-il supposer, porté par les oracles précédents, que Sédécias ait d'abord tenté de faire disparaître la menace de Nabuchodonosor en invoquant des idoles, puis que devant l'insuccès il ait entrepris une démarche de conversion, revenant à Yhwh ? Ou bien tente-t-il l'intercession auprès de Yhwh comme une divinité parmi d'autres, comme il aurait aussi envoyé des ambassades vers les prophètes d'autres dieux ? On doit noter que l'oracle du chapitre 21, en restant muet quant aux motivations royales, n'éclaire pas ces questions et laisse ouvertes de nombreuses pistes de questionnement et d'interprétation. Il ne dit rien du passé du roi, ne dénonce aucun péché particulier ni ne propose d'issue sous conditions pour la ville ou le roi. On comprend alors que certains exégètes libérationnistes – dont l'ancrage diachronique les éloigne de la problématique de cette recherche – aient vu ici une oppression divine arbitraire qu'il fallait dénoncer[10].

---

10 Ainsi Masenya : «Yahweh would be the first one to fight the king and his people with anger, fury and great wrath (Jer 21:5), striking all the city's inhabitants, people and animals. [...] In my view it makes sense that a deity, who is the construction of male narrators, is presented in such a

On pourrait objecter à ce point que l'oracle ne construit pas la description du sort de Sédécias comme rétribution de ses actions. Il est vrai qu'il ne recourt pas à la forme classique «action + לְכֵן + conséquence»[11]. Pourtant, une telle causalité est construite par la mise en récit. Déjà, l'enchaînement du discours de Sédécias et de l'oracle suggère, sur le mode narratif et non pas sur le mode argumentatif, une causalité : *post hoc, ergo propter hoc*. De plus, il y a gradation dans la crise entre ces deux passages. Alors que le roi décrit une attaque militaire, l'oracle révèle que l'ennemi ultime n'est pas Nabuchodonosor mais Yhwh lui-même, et que l'action divine ne sera pas de défendre Jérusalem mais de l'attaquer par ses propres armes. Le lecteur est donc légitimement invité à s'interroger sur les motivations de la condamnation divine : puisque Yhwh est un dieu juste, qu'est-ce qui motive ici son action ?

Une observation des chaînes de communication dans cet épisode montre aussi de nombreux blancs[12] qui viennent encore frustrer l'intérêt biographique pour Sédécias. Sur le schéma suivant, on représente les personnages par des rectangles et les communications par des flèches entre ces rectangles. Les flèches sont en traits pleins lorsque la communication est mise en scène par le récit, et en pointillés lorsqu'elle est sous-entendue ou incertaine.

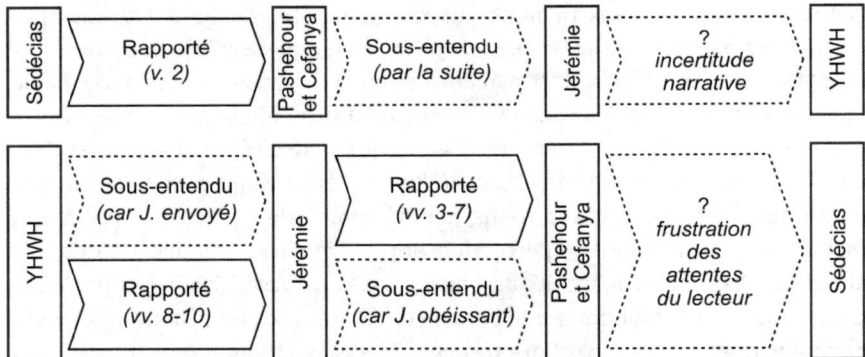

Fig. 7 : Chaînes de communication en Jr 21

---

violent language.», M. Masenya, «Invisible Exiles ? An African-South African Woman's Reconfiguration of ‹Exile› in Jeremiah 21:1-10», *OTEs* 20/3 (2007) pp. 756–771, p. 763.
11 Cf. Bovati, *Ristabilire la giustizia*, p. 73.
12 Ces blancs sont encore plus frappants si l'on repense aux détails de la consultation de la prophétesse Houlda en 2 R 22,12-20.

La première chaîne de communication comporte quatre interlocuteurs : Sédécias transmet un message à deux ambassadeurs, qui doivent le transmettre à Jérémie pour qu'il intercède auprès de Yhwh. Toutefois, seule la première étape est représentée dans la narration. La réaction de Jérémie, rapportée à partir du verset 3, fait sans peine deviner au lecteur que les ambassadeurs ont accompli leur mission ; en revanche, on ne sait pas si Jérémie a procédé ou pas à l'intercession. Le doute est légitime : comme cela sera détaillé plus bas, Yhwh a déjà interdit par trois fois à Jérémie d'intercéder (7,16 ; 11,14 ; 14,11). D'ailleurs, en faisant suivre immédiatement la demande de Sédécias par la réponse de Jérémie, l'organisation du récit donne l'impression que Yhwh a réagi non pas à l'intercession de Jérémie mais au simple fait que Sédécias ait envoyé des ambassadeurs.

On a déjà évoqué la discontinuité de la situation d'énonciation dans la deuxième chaîne de communication : un même oracle, dont l'origine remonte à Yhwh, est transmis aux ambassadeurs Pashehour et Cefanya par Jérémie ; mais le récit le rapporte en deux parties situées chacune dans une situation d'énonciation différente. La première partie est présentée comme discours de Jérémie aux ambassadeurs ; l'authenticité de l'envoi prophétique de Jérémie permet de conclure sans risque que l'oracle a bien son origine en Yhwh. La deuxième partie est présentée comme discours de Yhwh à Jérémie («quant à ce peuple, tu lui diras» 21,8a) : l'obéissance habituelle du prophète laisse supposer qu'il a aussi transmis aux ambassadeurs cette deuxième partie de l'oracle. En revanche, l'absence de récit du retour des ambassadeurs vers le roi frustre les attentes du lecteur. Alors que le premier verset du chapitre avait constitué Sédécias comme personnage préoccupé par la situation militaire, on se demande comment il réagira à l'oracle. Pourtant, la narration ne remettra pas le personnage de Sédécias en scène avant le chapitre 32[13]. Cela limite l'efficacité de l'effet-personnage. D'ailleurs, la transformation de la situation d'énonciation au verset 8 déplace l'intérêt : en passant de la représentation du discours du prophète aux ambassadeurs à celui de Yhwh à Jérémie, le récit se centre sur le fait prophétique plus que sur ses effets sur les personnages.

---

13 On peut d'ailleurs noter la solution de continuité entre la situation des personnages au chapitre 21 et au chapitre 32 : quand le lecteur retrouve Sédécias, il a emprisonné Jérémie, pour une raison qui sera ensuite explicitée d'une manière étrange ; le roi cite de plus un oracle dont les prédictions diffèrent de celui du chapitre 21 mais que le lecteur retrouvera au chapitre 34 (vv. 1-7).

7.2.5 Coopération du lecteur

Toutes les questions soulevées par le personnage de Sédécias dans l'épisode du chapitre 21 ne peuvent trouver de réponse si le lecteur en reste à cet épisode où les blancs abondent. Mais le travail d'interprétation peut le conduire à remarquer une résonance avec des oracles précédents, qui apportent une réponse à ces questions. En effet, la demande de Sédécias emploie la préposition בְּעַד, «en faveur de», qui était intervenue dans les trois interdictions à Jérémie d'intercéder en faveur du peuple :

> (7,16) «Toi, n'intercède pas en faveur de ce peuple (בעד־העם הזה), ne profère en leur faveur (בעדם) ni plainte ni supplication, n'insiste pas auprès de moi : je ne t'écoute pas.»
>
> (11,14) «Toi, n'intercède pas en faveur de ce peuple (בעד־העם הזה), ne profère en leur faveur (בעדם) ni plainte ni supplication ; je n'écouterai pas quand ils m'appelleront au temps de leur malheur.»
>
> (14,11) «N'intercède pas en faveur de ce peuple (בעד־העם הזה), pour son bonheur.»

Rien n'indique que le personnage de Sédécias ait été informé de cette interdiction, mais sa répétition la rend inoubliable pour le lecteur, qui comprend que Yhwh a formellement interdit au prophète ce que le roi lui demande. Cela éclaire le blanc sur l'action de Jérémie : lui qui, depuis le début du livre, obéit fidèlement aux paroles de Yhwh, comment supposer qu'il ait ici transgressé l'interdiction d'intercéder ? La comparaison avec d'autres passages ultérieurs est d'ailleurs éclairante. En 37,3, on raconte de nouveau que Sédécias demande à Jérémie d'intercéder, et de nouveau le récit rapporte la survenue d'une parole de Yhwh sans dire que Jérémie ait accepté. En revanche, en 42,4, Jérémie accepte explicitement d'intercéder à la demande de Yohanân et ses compagnons : «Entendu ! Je vais intercéder auprès du Seigneur» – justement dans une situation où l'interdiction ancienne ne s'applique plus. En effet, les oracles qui, depuis le début du livre, annonçaient la destruction de Jérusalem en punition pour ses péchés, sont désormais accomplis (à partir du chap. 39), et l'on se trouve dans une situation totalement nouvelle.

Ce n'est pas seulement l'écho provoqué par l'emploi de la préposition בעד («en faveur de») qui ramène le lecteur à l'interdiction d'intercéder. L'oracle reçu par Jérémie emploie en effet des expressions qui, jusque-là, n'avaient été employées que dans les oracles sur l'intercession. On est donc en présence d'une résonance richement construite, que l'on détaille dans le tableau suivant.

21,1-10 narration contenant un oracle	7,16-20 oracle en prose	11,9-14 oracle en prose	14,10-16 oracle en prose

21,1-10 narration contenant un oracle

¹ La parole qui survint vers Jérémie de la part de Yhwh quand le roi Sédécias envoya vers lui Pashehour fils de Malkiya et Cefanya fils de Maaséya le prêtre disant :

² **Consulte donc en notre faveur** בַעֲדֵנוּ **Yhwh**, car Nabuchodonosor roi de Babylone nous fait la guerre ; peut-être Yhwh nous fera-t-il comme toutes ses merveilles pour qu'il s'éloigne de nous ? [...]

⁵ Et je vous ferai la guerre moi-même, à main étendue et à bras puissant, **avec colère, fureur, et grande irritation.**

בְאַף וּבְחֵמָה וּבְקֶצֶף גָּדוֹל

⁶ Et je frapperai les habitants de cette ville, **l'homme et la bête,**

אֶת־הָאָדָם וְאֶת־הַבְּהֵמָה

c'est d'une grande peste qu'ils mourront.

⁷ Après cela, oracle de Yhwh !, je donnerai Sédécias roi de Juda, ses serviteurs, le peuple, ceux qui restent dans cette ville après **la peste, l'épée et la famine,**

הַנִּשְׁאָרִים בָּעִיר הַזֹּאת מִן־הַדֶּבֶר

dans la main de Nabuchodonosor roi de Babylone[...]

⁹ Celui qui restera dans cette ville mourra **par l'épée, par la famine et par la peste** [...]

7,16-20 oracle en prose

¹⁶ **Toi, n'intercède pas pour ce peuple,**

וְאַתָּה אַל־תִּתְפַּלֵּל בְּעַד־הָעָם הַזֶּה

ne profère en leur faveur ni plainte ni supplication, n'insiste pas auprès de moi : je ne t'écoute pas.

¹⁷ Ne vois-tu pas ce qu'ils font dans les villes de Juda et dans les rues de Jérusalem :

¹⁸ les enfants ramassent des fagots, les pères allument le feu et les femmes pétrissent la pâte pour faire des gâteaux à la Reine du ciel. Vous répandez des libations à d'autres dieux, et ainsi vous m'offensez.

¹⁹ Est-ce bien moi qu'ils offensent ? – oracle de Yhwh. N'est-ce pas plutôt eux-mêmes ? Et ils devraient en rougir.

²⁰ Eh bien, ainsi parle mon Seigneur Yhwh : **ma colère, ma fureur**

אַפִּי וַחֲמָתִי

se déverse sur ce lieu, **sur les hommes et les bêtes,**

עַל־הָאָדָם וְעַל־הַבְּהֵמָה

sur les arbres de la campagne et les fruits de la terre, c'est un feu qui ne s'éteint pas.

11,9-14 oracle en prose

⁹ Yhwh me dit : Il s'est trouvé un complot parmi les hommes de Juda et les habitants de Jérusalem.

¹⁰ Ils ont retournés aux péchés de leurs ancêtres qui refusèrent d'écouter mes paroles ; à leur tour, ils courent après d'autres dieux pour leur rendre un culte. Les gens d'Israël et les gens de Juda ont rompu l'alliance que j'avais conclue avec leurs pères.

¹¹ Eh bien ! – ainsi parle Yhwh – je vais faire venir sur eux un malheur dont ils ne pourront se tirer. Ils m'appelleront à l'aide, mais je ne les écouterai pas.

¹² Les villes de Juda et les habitants de Jérusalem iront implorer l'aide des dieux auxquels ils ont brûlé des offrandes, mais ils ne pourront les sauver au temps de leur malheur.

¹³ « Tes dieux sont devenus aussi nombreux que tes villes, ô Juda, et les autels que vous avez érigés à la Honte – autels pour brûler des offrandes à Baal – sont aussi nombreux que tes ruelles, Jérusalem !

¹⁴ **Toi, n'intercède pas pour ce peuple**

וְאַתָּה אַל־תִּתְפַּלֵּל בְּעַד־הָעָם הַזֶּה,

ne profère en leur faveur ni plainte ni supplication ; je n'écouterai pas quand ils m'appelleront au temps de leur malheur.

14,10-16 oracle en prose

¹⁰ Ainsi parle Yhwh à ce peuple : Oui, ils aiment vagabonder, ils ne contrôlent pas leurs démarches. Parce qu'il ne plaisent pas à Yhwh, maintenant il rappelle leur perversion, il punit leurs fautes.

¹¹ Yhwh me dit : **N'intercède pas en faveur de ce peuple,** ne souhaite pas son bonheur !

¹² S'ils jeûnent, je n'écoute pas leur plainte. S'ils me présentent holocaustes et offrandes, cela ne me plaît pas. **C'est par l'épée, la famine et la peste que je vais les exterminer.**

כִּי בַּחֶרֶב וּבָרָעָב וּבַדֶּבֶר

¹³ Je dis : Ah ! Mon seigneur Yhwh, mais les prophètes leur disent : Vous ne verrez pas l'épée, et la famine ne vous surprendra pas ; je vous donnerai en ce lieu une prospérité assurée.

¹⁴ Yhwh me répondit : C'est faux ce que les prophètes prophétisent en mon nom ; je ne les ai pas envoyés, je ne leur ai rien demandé, je ne leur ai pas parlé. Fausses visions, vaticinations, mirages, trouvailles fantaisistes, tel est leur message prophétique !

¹⁵ C'est pourquoi, ainsi parle Yhwh : [...]

Il est particulièrement remarquable que les expressions reprises des oracles d'interdiction de l'intercession n'aient été rencontrées nulle part ailleurs précédemment. Cette résonance crée une cohérence certaine entre la sévérité de l'oracle à Sédécias et la demande qu'il avait confiée à ses ambassadeurs : «Consulte Yhwh en notre faveur !». À elle seule insuffisante pour mériter une condamnation aussi sévère, cette demande est un élément qui confirme que Sédécias, comme les rois de Juda auparavant connus de manière générale, agit d'une manière qui déplaît à Yhwh. Il est important de noter comment cette causalité est construite : le récit ne met pas en scène un oracle sous forme de débat judiciaire, dans lequel un juge exposerait, tant pour les personnages que pour le lecteur, les attendus d'un jugement. La causalité, ici, n'est construite qu'à destination du lecteur, par jeu de mots entre les paroles du roi et celles de l'oracle, sans d'ailleurs que l'on nous montre le roi recevant cette réponse par le biais des ambassadeurs. Le récit ne s'attache donc pas ici à un message qui porterait sur un personnage – on a montré les limitations de l'effet-personnage – mais à expliquer au lecteur les causes de l'action divine.

Revenons brièvement sur le verbe דרשׁ («consulter») employé par Sédécias, dont on a signalé les parentés sémantiques avec פלל («intercéder»). La validité de la démonstration que l'on vient de présenter serait davantage patente si Sédécias avait employé le verbe spécifique de l'intercession, פלל, qui était précisément employé dans les trois oracles d'interdiction : «n'intercède pas !» אל־תתפלל (7,16 ; 11,14 ; 14,11). Cela n'enlève rien, pourtant, aux autres échos lexicaux identifiés. Peut-être faut-il comprendre ici que le récit, lorsqu'il en appelle à la collaboration du lecteur, lui demande un vrai travail qui engage sa liberté, plutôt qu'un simple repérage mécanique trop facile.

7.3 L'oracle du roi juste (chap. 23)

7.3.1 Repérage

Jusqu'à présent, cette recherche n'a pas prêté attention à la signification des noms des personnages. Or les dictionnaires indiquent des propositions d'étymologie pour tous les noms propres rencontrés dans la Bible hébraïque ; l'immense majorité des noms judéens est constituée d'une racine verbale et d'un suffixe ou préfixe théophore[14]. Pourtant, la narration et les oracles ne semblent

---

14 On peut noter l'exception constituée par «Pashehour», dont l'étymologie d'après KB n'est pas hébraïque mais égyptienne, signifiant «fils d'Horus».

habituellement pas tenir compte de ces possibilités de sens, comme si l'origine de ces noms avaient été oubliée. Un phénomène analogue se produit dans la culture d'aujourd'hui, lorsque des prénoms sont donnés à des enfants par des parents qui ignorent tout de leur origine : apparition dans une œuvre littéraire célèbre (Hector, Emma, Solal), nom de famille d'un saint (Xavier, Chantal).

L'oracle du roi juste, en 23,5-6, pourrait évoquer les noms de deux rois connus dans Jr, Sédécias et Yoyaqim, tant par son langage que par son insistance sur un nom appelé à être donné. Cette recherche, sensible aux répétitions verbales, ne peut éviter d'aborder cette question. Cet oracle est traduit littéralement ci-dessous, en mentionnant les termes hébreux qui évoquent ces deux noms propres.

(23,5) Voici venir des jours, oracle de Yhwh,
où je susciterai וַהֲקִמֹתִי pour David
un rejeton juste צַדִּיק ;
un roi régnera et prospèrera
et fera jugement et justice וּצְדָקָה
dans le pays.

(23,6) En ses jours, Juda sera sauvée,
et Israël habitera dans la confiance,
et voici son nom dont on l'appellera :
Yhwh, c'est lui notre justice יהוה צִדְקֵנוּ.

On peut percevoir ici l'étymologie de Yoyaqim et Sédécias. D'après KB, le nom Yoyaqim (יְהוֹיָקִים) est constitué d'un préfixe théophore suivi du *hiphil* du verbe קוּם, signifiant « Yhwh a fait surgir / a sauvé / a défendu au tribunal ». Or au verset 5, on trouve le verbe קוּם au *hiphil*, immédiatement précédé par le nom divin dans l'expression « oracle de Yhwh ». Quant au nom Sédécias (צִדְקִיָּהוּ), il est constitué de la racine צדק avec le suffixe de la première personne du singulier, suivie d'un suffixe théophore : « Yhwh est ma justice ». Or l'oracle présente trois occurrences de cette racine : Yhwh suscitera un rejeton *juste* ; le roi fera *justice* ; son nom sera : Yhwh, c'est lui notre *justice*.

Cette dernière occurrence survient toutefois dans un contexte syntaxique problématique : quel est l'antécédent du suffixe masculin de שְׁמוֹ, « son nom » ? Le rappel de la référence au roi au début du verset 6 (« en ses jours ») peut faire lire l'ensemble du verset comme se rapportant au roi ; mais ce n'est pour autant pas l'unique référent possible. Ce ne peut pas être « Juda », sujet d'un verbe conjugué à la troisième personne du singulier féminin (תִּוָּשֵׁע, « elle sera sauvée ») ; en revanche, « Israël » est sujet d'un verbe conjugué au masculin (יִשְׁכֹּן, « il habitera »). On doit remarquer le parallèle avec l'oracle de 33,15-16, qui présente quasiment le même texte :

(33,15) En ces jours-là, en ce temps-là,
je ferai germer pour David
un germe de justice,
et il fera jugement et justice
dans le pays

(33,16) En ces jours-là, Juda sera sauvée,
et Jérusalem habitera dans la confiance,
et voici comment on l'appellera (‏וְזֶה אֲשֶׁר־יִקְרָא־לָהּ‎) :
Yhwh, c'est lui notre justice.

Dans ce dernier cas, il n'y a pas d'ambiguïté : «Jérusalem» est sujet d'un verbe au féminin (‏תִּשְׁכּוֹן‎, «elle habitera») ; le pronom associé au verbe «appeler» est aussi au féminin (‏לָהּ‎, «elle» comme complément de «appeler»). Le nom «Yhwh, c'est lui notre justice» n'est pas attribué au descendant de David, mais à la ville qui se trouve désormais dans la confiance.

On doit signaler une dernière difficulté : si plusieurs livres bibliques se plaisent à renommer des personnages ou des villes en associant l'étymologie du nouveau nom à un trait marquant du personnage[15], cela n'arrive jamais dans Jr. Plusieurs personnes ou lieux géographiques y reçoivent un nouveau nom, mais il s'agit toujours d'un nom commun, dont la narration ne donne pas d'explication étymologique : Jérusalem est appelée «Trône de Yhwh » (3,17) ; Yhwh «mon Père» (3,19) ; le Tafeth «ravin de la tuerie» (19,6) ; enfin Pashehour fils d'Immer «Épouvante-partout» (20,3). Cela rend plus risquée l'interprétation de l'étymologie des noms des personnages de Jr

7.3.2 Interprétation

Si l'on pouvait sans ambiguïté identifier avec le roi celui dont 23,6 affirme qu'il sera appelé «Yhwh, c'est lui notre justice», l'association avec Sédécias serait

---

15 Ainsi Ève (‏חַוָּה‎) est la mère de tous les vivants (‏כָּל־חָי‎) (Gn 3,20) ; elle a acquis (‏קָנִיתִי‎) son fils Caïn (‏קַיִן‎) (Gn 4,1) ; la ville de Babel (‏בָּבֶל‎) est le lieu où Yhwh a confondu (‏בלל‎) les langues (Gn 11,9), etc. L'étymologie est parfois artificielle : Moïse (‏מֹשֶׁה‎) a peu de raisons de porter un nom qui soit le participe actif de ‏משה‎, «tirer» (des eaux) en Ex 2,10, alors que le participe passif lui conviendrait mieux ; les dictionnaires proposent des origines égyptiennes à son nom. On trouve ailleurs des changements de noms qui ne s'expliquent pas par l'étymologie mais comme signe d'allégeance à celui qui donne le nouveau nom. Ainsi en 2 R 23,34, le Pharaon Néko change le préfixe théophore du nom du roi de Juda : Elyaqim («El a fait surgir») devient Yoyaqim («Yhwh a fait surgir»).

évidente[16]. Elle serait aussi profondément ironique : ce n'est pas Yhwh qui a directement nommé Sédécias, mais Nabuchodonosor (cf. 37,1) ; le règne de ce roi judéen n'a pas été un temps de paix mais au contraire de dévastation. Le roi se retrouverait ainsi nommé par antiphrase ; pour le lecteur qui a déjà lu l'oracle de condamnation du chapitre 21, cet oracle du roi juste viendrait confirmer le retournement qui est à l'œuvre dans Jr : c'est, ironie du sort, par la main des ennemis de Juda que s'accomplit la volonté divine.

La difficulté syntaxique de 23,6 interdit toutefois d'affirmer cela avec trop d'assurance[17]. Le sens exact de l'oracle reste insaisissable ; mais il s'insère discrètement dans un ensemble qui présente Sédécias dès son entrée en scène comme un mauvais roi, condamné à ce titre par Yhwh.

7.4 Les figues (chap. 24)

7.4.1 Délimitation

Les dix versets du chapitre 24 constituent une unité dont la délimitation ne fait pas difficulté. Au verset 1 commence quelque chose de nouveau : une vision de deux corbeilles de figues puis un dialogue entre Yhwh et le prophète. Le discours divin, à partir du verset 4, vient commenter la vision initiale et en expliquer le sens : les versets 5 à 7 développent l'alternative positive en analogie avec les bonnes figues ; les versets 8 à 10 poursuivent sur l'alternative négative en analogie avec les mauvaises figues. Après le verset 10, la formule d'ouverture de 25,1, qui combine une datation et l'annonce d'une parole de Yhwh, assure une délimitation externe ; syntaxiquement, cette formule marque une rupture avec ce qui précède : ...הדבר אשר היה («la parole qui survint [...]»). Elle marque aussi un changement d'instance narrative : alors que le chapitre 24 est un discours de Jérémie non enchâssé dans une narration (comme on l'a montré en 3.3.3.3), le chapitre 25 s'ouvre par une narration à la troisième personne.

---

16 C'est la position de Carroll pour qui plusieurs indices «suggest that this oracle refers to Zedekiah». Mais, selon la perspective diachronique, il voit là un oracle datant de l'accession de Sédécias au trône, et ne cherche pas à l'interpréter dans le contexte global de Jr où le jugement sur Sédécias (depuis son entrée en scène au chap. 21, avec un premier oracle de condamnation) est toujours, d'une manière ou d'une autre, négatif. Cf. Carroll, *Jeremiah*, p. 446.
17 Au sujet du lien entre cet oracle et le nom de Sédécis, Brueggemann n'ose pas affirmer davantage que «it is perhaps intentional and ironic» ; cf. Brueggemann, *Exile and Homecoming*, p. 207.

7.4.2 Remarques textuelles préliminaires

Deux mots du texte requièrent quelques explications. Au verset 1 sont mentionnées deux corbeilles de figues ; la forme verbale qui leur est associée, מוּעָדִים, pose question aux commentateurs. Elle s'analyse spontanément comme participe *hophal* de יעד, mais cette lecture s'écarte du sens habituel de la racine verbale[18]. Deux interprétations ont été proposées. Il pourrait y avoir eu métathèse du מ et du ע, avec un texte original présentant la racine עמד («se tenir debout»), soit au participe *qal* עוֹמְדִים soit au participe *hophal* מָעֳמָדִים ; il pourrait y avoir eu métathèse du ד et du ע, à partir d'un texte original ayant la racine ידע au participe *hophal*, employée ici non dans le sens de «connaître» mais dans le sens attesté par la racine parallèle en arabe «mettre, placer, déposer»[19]. Quoi qu'il en soit, le contexte permet de comprendre le sens : les corbeilles se trouvent posées, d'une manière ou d'une autre, devant le Temple. Il a souvent été remarqué que cela évoque un rituel d'offrande des prémices ; toutefois, le texte ne mentionne aucune prière et ne semble pas vouloir attirer l'attention dans cette direction.

D'autre part, l'une des corbeilles contient des figues dont il est dit qu'elles sont immangeables, sans que la raison en soit précisée. Il est légitime de se demander en quoi des figues peuvent être immangeables : s'agirait-il simplement d'un arbre qui produit de moins bons fruits qu'un autre ? ou bien d'une variété moins bonne que l'autre, qualifiée d'immangeable par amplification ? ou encore de figues cueillies il y a longtemps et qui se seraient ensuite avariées[20], comme le comprend la BJ («gâtées») ? Le parallèle avec 29,17, qui emploie un hapax à la traduction incertaine[21], n'apporte pas d'éclairage. Certains commentateurs recourent à la botanique pour y voir plus clair, mais d'une manière peu approfondie[22]. Holladay[23] cite la *Flore* de Post[24], où il apprend que le figuier

---

18 KB à l'article «יעד» donne les sens suivants : «to designate» au *qal* ; *niphal* : «to arrive, meet at ; to gather together against ; to make an appointment ; to reveal oneself» ; *hiphil* : «to make an appointment, to summon» ; *hophal* : «ordered».

19 Voir la note des éditeurs de la *BHS* à ce sujet, les articles des dictionnaires BDB et KB, ainsi que D.W. Thomas, «A Note on מוּעָדִים in Jeremiah 24,1», *JThS* 3/1 (1952) p. 55.

20 Ce qui ne se voit pas nécessairement sans ouvrir les fruits.

21 En 29,17, les figues immangeables sont d'abord qualifiées par l'adjectif שֹׁעָרִים, étrangement masculin. BDB propose une traduction de cet adjectif uniquement par le contexte ; KB cite König, qui traduit d'après l'arabe «devenu noir» la signification métaphorique «avarié», mais il reconnaît que sa proposition de traduction, opposée à celle de Gesenius, s'appuie avant tout sur le contexte qui indique que ces figues sont «immangeables». Cf. E. König, *Hebräisches und aramäisches Wörterbuch zum Alten Testament* (Leipzig 1936).

22 Quant aux commentaires de Carroll, Fischer, et au *World Biblical Commentary*, ils s'abstiennent de toute référence botanique.

donne des fruits au printemps et à la fin de l'été ; Lundbom[25] tire la même information d'une documentation plus élargie, comprenant en plus de Post le dictionnaire de Hastings[26] et un paragraphe de Pline l'Ancien[27]. Mais aucun de ces commentateurs n'évoque le mode de reproduction si particulier du figuier, pourtant connu des agriculteurs[28], des manuels d'agronomie[29], et même de Pline l'Ancien, deux paragraphes plus bas[30] que celui cité par Lundbom.

La figue n'est en effet pas un fruit, mais une excroissance dont l'intérieur contient des fleurs, mâles ou femelles, qui deviennent des fruits après fécondation. Lorsqu'on mange une figue mûre, fraîche ou séchée, on découvre de nombreuses petites graines : chacune correspond à un petit fruit, lequel provient d'une petite fleur fécondée. Mais les fleurs mâles et femelles contenues à l'intérieur d'une figue ne parviennent pas à maturité en même temps, ce qui les empêche de se féconder mutuellement. Se trouvant enfermées à l'intérieur de la figue, elles sont inaccessibles au butinage fécondant des abeilles. La fécondation fait donc intervenir deux arbres[31] dont les fleurs parviennent à maturité de manière décalée, et un insecte, le blastophage. Chaque espèce de figuier est associée à une espèce de blastophage nécessaire à sa fécondation ; cet insecte ne peut se reproduire qu'à l'intérieur d'une figue, et encore pas de toute figue : uniquement d'un type de figuier, appelé caprifiguier, dont les fruits sont immangeables mais dont les fleurs parviendront à maturité au moment convenable pour féconder les autres figuiers aux figues comestibles. La culture du figuier requiert donc de planter dans un verger un ou plusieurs caprifiguiers, dans les fruits desquels se reproduiront les blastophages ; en quittant les figues du caprifiguier, les blastophages se chargent du pollen de ses fleurs, puis pénètrent

---

23 Cf. Holladay, *Jeremiah 1*, p. 657.

24 G.E. Post, *Flora of Syria, Palestine and Sinai*. II (Beirut 1932–1933) p. 515.

25 Cf. Lundbom, *Jeremiah 21–36*. A New Translation with Introduction and Commentary (AncB 21 B ; New York – London – Toronto – Sydney – Auckland 2004) p. 230.

26 Cf. J. Hastings, « Figs », *Dictionary of the Bible* (Edinburgh 1899). L'auteur explique hélas sans aller plus loin que « Self-sown fig trees are usually barren, and are known to the natives as wild or ‹male› fig trees. The fruiting of the fig is very interesting and peculiar. »

27 Cf. Pline l'Ancien, *Histoire naturelle*. Livre XV (coll. des universités de France ; Paris 1960) (deuxième moitié du premier siècle ap. J.-C.) §19.

28 Je remercie Michele Corona, ancien élève de l'Institut Biblique Pontifical dont le beau-père cultive des figuiers en Sardaigne, de m'avoir confirmé cette information.

29 Voir par exemple Cirad, *Mémento de l'Agronome* (Versailles 2009) p. 1005. Je remercie Sébastien Carcelle, ancien élève de l'INA-PG, pour notre discussion à ce sujet.

30 Pline l'Ancien, *op. cit.*, XV, §21.

31 Certains qualifient ces deux arbres de « mâle » et « femelle », mais cette description est imprécise, car chaque arbre produit des fleurs des deux sexes.

dans les figues des figuiers et en fécondent les fleurs, qui pourront devenir des fruits. Si certains détails de ce mécanisme étaient inconnus de Pline l'Ancien, qui croyait que le blastophage était produit par le caprifiguier et que son action était d'ouvrir la figue à l'action fécondante de l'air, cet auteur antique décrit cependant très précisément les règles de la culture du figuier.

Comment situer cette information botanique par rapport au lecteur implicite de Jr ? Pour ce qui est des lecteurs réels, on peut la présupposer chez le lecteur méditerranéen ancien (l'exemple de Pline l'Ancien l'atteste) comme chez le botaniste ou cultivateur moderne ; elle fait habituellement défaut aux autres lecteurs modernes, surtout s'ils vivent en ville ou dans une région trop fraîche pour qu'y poussent des figuiers. On voudrait ici proposer que le lecteur implicite de Jr dispose de cette information (elle fait partie de son « encyclopédie », selon le vocabulaire d'Umberto Eco), qui est nécessaire pour recevoir le message de cet épisode. Dans une démarche inductive plutôt que déductive, c'est la capacité de cette hypothèse à produire du sens à partir des éléments textuels qui permettra d'en confirmer la validité.

7.4.3 Effet d'association

Ni le discours initial de Jérémie (24,1-2), ni le début de son dialogue avec Yhwh, ne mentionnent Sédécias. Ce n'est qu'en arrivant à la fin de l'oracle que le lecteur découvre le nom du roi, au verset 8 ; il peut alors, de manière rétro-spective, associer à Sédécias et à ceux qui l'entourent tout ce qui était dit des mauvaises figues depuis le verset 2.

7.4.4 Efficacité et limitation de l'effet-personnage

Bien que l'épisode soit situé dans un cadre historique et géographique précis (après la première déportation à Babylone, devant le Temple), les personnages ne sont que très sommairement esquissés. De Sédécias, on ne mentionne que le nom et le titre, sans rapporter aucune de ses actions ou paroles. Il en est de même pour Yekonya. Si le verset 1 précise son ascendance, « fils de Yoyaqim », et son titre, « roi de Juda », rien n'est dit pour expliquer le changement de nom de ce roi qui était appelé « Konyahou » deux chapitres plus haut (22,24.28) et que le chapitre 52 désignera comme « Yoyakîn » (52,31.33)[32].

---

32 Dans Jr, les informations sur les successions dynastiques sont insuffisantes pour reconnaître

Se pose de plus la question du fondement de la comparaison entre Yekonya et Sédécias. D'un point de vue historique, on peut bien sûr imaginer le prophète Jérémie tenant ce discours devant un auditoire qui connaissait bien ces deux rois, et qui pouvait retrouver, dans ce qu'il sait des qualités de l'un et des défauts de l'autre, un fondement au jugement divin. Mais le lecteur, lui, n'a pas cette connaissance. Ce qu'il connaît de Sédécias est, à ce point du livre, très limité, et il ignore tout de Yekonya. Cette différence dans le traitement divin des deux rois ne peut que lui paraître arbitraire. Le contenu de l'oracle n'apporte aucune lumière sur ce point : il ne traite que du présent (le jugement de valeur de ces rois aux yeux de Yhwh) et de l'avenir (l'action divine future), mais ne rappelle rien du passé, pas même par une formule générique comme « il a fait le mal à mes yeux ».

7.4.5 Coopération du lecteur

L'association de l'oracle avec son contexte produit une énigme pour le lecteur. À ce qui vient d'être signalé à propos des personnages, on peut ajouter une question sur la fonction du Temple, désigné comme « palais de Yhwh », dans ce chapitre. L'oracle semble ne reprendre de son introduction que les caractéristiques des deux types de figues, pas le lieu de la vision. Alors que les visions de Jérémie dans le récit de vocation ne mentionnaient aucun lieu, mais uniquement un amandier et un chaudron, comment comprendre ici la mention du Temple (24,1) ? Vient-elle produire un « effet de réel », ou bien a-t-elle un sens à rechercher ?

La coopération du lecteur est requise pour la mise en relation du discours de Jérémie et de l'oracle au sein du chapitre 24, puis pour l'interprétation générale de l'énigme posée par l'ensemble du chapitre.

Le lien entre le discours introductif de Jérémie et l'oracle est construit par la répétition de la structure ...כן ...כ (« comme... de même... ») aux versets 5 et 8 et par la reprise de la description des figues, aux versets 2, 3, 5 et 8 :

> (v. 2) « Une corbeille contenait de très bonnes figues, comme les figues des primeurs, et l'autre corbeille contenait des figues très mauvaises, si mauvaises qu'on ne pouvait les manger. »

---

que les trois noms « Yekonya », « Konyahou » et « Yoyakîn » désignent le même personnage. Une information extérieure à Jr le permet : en 2 R 24, on apprend l'ordre des règnes successifs de Yoyaqim, Yoyakîn, et Mattanya/Sédécias. Même si l'existence de trois noms différents pour Yekonya est unique dans le corpus biblique, l'étymologie montre que ces variations ne sont pas purement arbitraires : « Yekonya » est composé de la racine כן (« être ferme ») au *yiqtol* suivie du suffixe théophore ; « Yoyakîn » des mêmes éléments en ordre inverse ; « Konyahou » du *qatal* de la même racine suivi du suffixe théophore.

(v. 3) «Et je dis : Des figues. Les bonnes figues sont très bonnes, et les mauvaises très mauvaises, si mauvaises qu'on ne peut les manger.»

(v. 5) «Comme ces bonnes figues...»

(v. 8) «Mais comme les mauvaises figues, si mauvaises qu'on ne peut les manger...»

Il y a pourtant du jeu entre le discours initial de Jérémie et l'oracle : tous les éléments ne se correspondent pas avec la même précision. La description initiale de l'emplacement des corbeilles, «devant le palais de Yhwh», ne sera pas reprise : est-ce parce qu'elle est sans importance ? De même, il ne sera pas dit de nouveau que les bonnes figues sont «comme les figues des primeurs», et l'adverbe מְאֹד, «très», prononcé par Jérémie tant dans le discours introductif que dans son dialogue avec Yhwh, ne sera pas repris par le personnage divin. Les deux éléments du Temple et des «primeurs» pourraient sous-entendre une offrande des prémices au Temple, et leur absence dans l'oracle pose question. Notons ensuite que le discours de Jérémie et l'oracle divergent quant aux causes de la déportation et au verbe employé pour en parler : pour Jérémie, c'est Nabuchodonosor qui a déporté (גלה), pour Yhwh dans l'oracle, c'est lui-même qui a expulsé (שלח *piel*). On retrouve là une caractéristique fréquente de Jr : la narration ne s'engage quasiment jamais à attribuer par elle-même des actions à Yhwh. Le lieu de la déportation n'est pas nommé de la même manière : «Babylone» au verset 1, «pays des Chaldéens» au verset 5. Enfin, les noms des rois de Juda ne correspondent pas : le discours introductif de Jérémie ne parle que de Yekonya, l'oracle ne parle que de Sédécias. Il y a donc un non-dit sur la manière dont s'est organisée la succession de Yekonya à Sédécias[33]. Rappelons que ce n'est qu'au chapitre 37 que le lecteur apprendra que Sédécias a été intronisé par Nabuchodonosor.

Entre la vision des deux corbeilles de figues et l'oracle parlant de deux groupes de Judéens, le lecteur est porté à deviner un terme intermédiaire qui sous-tend l'analogie. L'une des corbeilles de figues est une offrande agréable à Yhwh, l'autre est désagréable d'une manière qui pourrait tendre au blasphème. On n'offre pas à la divinité ce qui est immangeable[34]. L'image du verger où

---

33 D'une certaine manière, le verset 37,1 comblera cette ellipse en indiquant que Nabuchodonosor intronisa Sédécias pour régner à la place de «Konyahou». Mais ce n'est que grâce à une information extérieure à Jr que l'on peut identifier «Konyahou» avec «Yekonya».
34 Cette interprétation rejoint celle de Zimmerli rapportée par Carroll : «the original report of a visionary experience may have been about two baskets of figs which had been brought to the sanctuary as offerings, one of which had been acceptable and the other unacceptable (cf. Mal. 1.7-9).» ; Carroll, *Jeremiah*, p. 485.

poussent le figuier et le caprifiguier montre bien la différence entre les deux paniers de figues : celles qui sont «immangeables» n'auraient pas dû être cueillies. L'analogie éclaire la relation de Yekonya à son oncle Sédécias : le premier, tel des bonnes figues offertes au Temple, plaît à Yhwh qui l'envoie donc à Babylone, pour ensuite le faire revenir ; le second, tel les fruits immangeables du caprifiguier que l'on ne cueille pas, a été laissé sur place à Jérusalem, et sera dispersé et détruit. On comprend bien sûr qu'il ne s'agit pas pour l'oracle de porter un jugement absolument positif sur Yekonya, mais de rabaisser Sédécias par rapport à lui, alors que leurs sorts temporairement opposés – l'un déporté, l'autre roi à Jérusalem – pourraient laisser entendre que Sédécias plaît davantage à Yhwh.

Il est alors possible de suggérer que la mémoire du lecteur intervient pour éclairer l'énigme construite par l'association de l'oracle et du discours introductif de Jérémie. En effet, l'expression הֵיכַל יהוה, «palais de Yhwh», n'est pas un nom banal pour désigner le Temple de Jérusalem. N'ayant été employée précédemment qu'au chapitre 7, elle est à la base d'une résonance pour le lecteur. Une fois cette répétition identifiée, en effet, on peut observer le déploiement de tout un ensemble d'échos entre ces deux passages. Le chapitre 7 décrit deux comportements opposés. D'une part, un appel à la justice sociale et au monothéisme strict, qui seront sanctionnés positivement (vv. 5-7), d'autre part une dénonciation d'injustices associées à l'idolâtrie, qui mériteront une punition identique à celle de Silo (vv. 8-15). Or cette description des pratiques mauvaises inclut une pratique religieuse blasphématoire : répéter «palais du Seigneur» (v. 4), et venir au Temple tout en commettant ces fautes (v. 10). Il est remarquable alors que la lecture de l'oracle des figues sur l'arrière-plan du souvenir de l'oracle du chapitre 7 permet de lever les incertitudes précédemment remarquées. En effet, en associant l'alternative d'un sort positif et d'un sort négatif avec des comportements sociaux et religieux, on obtient une motivation pour les destins inversés de Yekonya et de Sédécias. De plus, le langage d'un culte indu au chapitre 7 vient justifier l'image des mauvaises figues offertes au Temple, qui n'était pas reprise complètement dans la suite de l'oracle des figues : celui qui offre au Temple ces fruits qu'il ne fallait pas cueillir est comparable à ceux qui, tout en vivant dans l'injustice et l'idolâtrie, viennent au Temple pour y dire «nous sommes sauvés !» (7,10).

Ainsi se construit une opposition articulée entre deux situations, où des conséquences sont clairement liées à une causalité, que l'on résume sur le tableau suivant :

		Opposition	
		Terme positif	**Terme négatif**
Chap. 24	**Figues**	Bonnes, des primeurs	Mauvaises, immangeables
		Figuier, arbre dont les fruits sont comestibles	Caprifiguier, arbre dont les fruits sont immangeables
		Figues à cueillir	Figues à ne pas cueillir
		Offrande agréable à Yhwh	Offrande blasphématoire
	Action de Yhwh (noter l'assonance)	אַכִּיר («akkîr», v.5) je remarque/regarde	אֲדִיחֵם («addîhem», v.9) je disperse
	Sort des Judéens	Yekonya, déporté à Babylone	Sédécias, resté sur place
		seront ramenés	seront dispersés
Chap. 7	**Manières d'agir**	agir selon le droit ne pas exploiter l'immigré, l'orphelin, la veuve ne pas répandre le sang innocent	rapt, meurtre, adultère, faux serments
	Religion	Ne pas suivre d'autres dieux	Baal, autres dieux
	Blasphème	/	Répéter «Palais de Yhwh» Venir se présenter au Temple
	Action de Yhwh	j'habiterai avec vous	je vous traiterai comme Silo

L'opposition ainsi construite vient renverser une interprétation naïve des faits : certains parmi les Judéens auraient pu croire que Yekonya avait été frappé du malheur de la déportation et que Sédécias avait eu la chance d'en être préservé. L'ensemble du chapitre 24 affirme le contraire, et cela transparaît jusque dans sa composition : alors que l'introduction par le discours de Jérémie ne mentionne que Yekonya (vv. 1-2), l'oracle en forme de dialogue avec Yhwh ne mentionne explicitement que Sédécias (vv. 3-10). Ce renversement est souligné par l'image des deux arbres : il y a bien opposition entre les fruits du caprifiguier, à ne pas cueillir, et les bonnes figues du figuier.

Comme dans les oracles analysés précédemment, la mention de Sédécias n'est pas ici au service d'une représentation nourrie de la biographie de ce personnage ; au contraire, elle est subordonnée à un travail du lecteur. Ce dernier, par l'interprétation de l'image des figues et par sa mémoire d'un oracle du chapitre 7, apprend ici à lire l'histoire politique en fonction des critères éthiques et religieux de ce qui plaît à Yhwh.

7.5 Le joug (chap. 27)

7.5.1 Délimitation

Au chapitre 27 est rapporté un long oracle développant l'image d'un joug. Après une introduction narrative, le début de l'oracle (v. 2-4) expose les circonstances : à l'occasion de la venue d'ambassadeurs étrangers à Jérusalem, Jérémie est invité à se fabriquer «des liens et des barres de joug» et à les faire parvenir aux rois d'Édom, Moab, Ammon, Tyr et Sidon par l'intermédiaire de leurs ambassadeurs. Vient alors un discours destiné à ces rois (vv. 5-11), les invitant à se soumettre à Nabuchodonosor puis à ne pas écouter leurs prophètes et autres professionnels du divin qui ne reconnaissent pas la puissance du roi de Babylone. L'oracle poursuit en traitant de Sédécias (vv. 12-15), avec un message très proche de celui adressé aux autres rois : servir le roi de Babylone, ne pas écouter les faux prophètes. Vient enfin une partie à dominante cultuelle (vv. 16-22), traitant des ustensiles du Temple déjà emportés à Babylone et de ceux qui le seront ultérieurement ; cette partie assure la transition avec le chapitre 28, entièrement situé dans le Temple.

L'unité de l'ensemble est d'abord construite par la délimitation engendrée par les formules de datation en 27,1 et 28,1 ; elle est renforcée par des circonstances (présence d'ambassadeurs à Jérusalem) qui ne seront plus mentionnées par la suite ; elle se manifeste aussi par une structure qui se répète deux fois d'une manière assez souple, avec le thème constant de la victoire prochaine de Nabuchodonosor :

		3-8	Message politique
27,3-11	**Oracle aux nations**	9-10	«N'écoutez pas»
		11	Alternative paisible
		12-13	Message politique
		13-15	Au roi : «n'écoutez pas»
27,12-22	**Oracle à Juda**	16-18	Aux prêtres et au peuple : «n'écoutez pas»
		19-22	Annonce de la deuxième déportation puis du retour

7.5.2 Remarques textuelles préliminaires

Deux points méritent d'être discutés : le nom du roi en 27,1, et le vocabulaire du joug. La narration, en effet, désigne au premier verset le roi d'un nom qui pose un problème ; on doit le traiter en fonction de la perspective synchronique choisie pour cette étude. Si l'on s'en tient au texte massorétique, la narration se situe en effet בְּרֵאשִׁית מַמְלֶכֶת יְהוֹיָקִם, «au début du règne de Yoyaqim». Pourtant, l'oracle mentionnera très vite Sédécias, au verset 3 ; ce nom sera répété au verset 12. De plus, le verset 6 mentionne Nabuchodonosor comme roi de Babylone, or le lecteur a appris deux chapitres plus haut que ce roi chaldéen a accédé au trône après le début du règne de Yoyaqim :

> (25,1) «[...] en la quatrième année de Yoyaqim, fils de Josias, roi de Juda, qui était la première année de Nabuchodonosor, roi de Babylone [...]»

À cela s'ajoute une variation orthographique : le nom de Yoyaqim se termine ici par la voyelle *hireq* brève (יְהוֹיָקִם, *yehôyaqim*), alors qu'il est écrit partout ailleurs[35] avec la voyelle longue *hireq yod* (יְהוֹיָקִים, *yehôyaqîm*)[36].

Une exégèse diachronique n'a pas de peine à résoudre cette difficulté[37] : en s'appuyant sur d'autres versions du texte, elle corrige «Yoyaqim» en «Sédécias» ; toutes les traductions suivent d'ailleurs cette correction. Mais en perspective narrative on hésite toujours à procéder à de telles corrections, qui s'écartent du principe d'une lecture synchronique. On doit donc réfléchir à l'effet d'une telle difficulté textuelle sur le lecteur de Jr. Il ne fait aucun doute qu'il remarquera l'incohérence : la mention de Sédécias au verset 3 est trop proche du verset 1 pour que cela passe inaperçu. C'est le genre de faits qu'une théorie

---

35 Barthélemy rapporte que la massore éditée signale la même orthographe défectueuse en 52,2 ; il ne modifie pas le TM considérant que la correction relève de la critique littéraire plutôt que de la critique textuelle.

36 On pourrait discuter du rapport entre graphie et phonétique : est-on ici face à deux graphies (*scriptio plena* et *scriptio defectiva*) indiquant la même prononciation, ou à la distinction graphique entre une voyelle brève et une voyelle longue ? La transcription proposée dans le texte vise uniquement à signaler la différence de graphie, pas à prendre position sur la phonétique.

37 Notons la proposition fine de Konrad Schmid : il ne faudrait pas voir dans le nom de Yoyaqim en 27,1 l'erreur d'un copiste, mais la trace d'une réinterprétation théologique. En effet, «entre 609 av. J.-C. – la première année du règne de Yoyaqîm – et 539 apr. J.-C., [...] on a exactement ‹soixante-dix ans›.». La substitution du nom de Yoyaqîm à celui de Sédécias permet de réinterpréter l'oracle des soixante-dix ans (Jr 25,11-12) en désignant comme point de départ du décompte l'accession de Yoyaqîm au trône, pour signifier qu' «après la mort du dernier roi pieux de Juda, Josias, Juda ne connaît plus d'autorité royale qualifiée positivement.». Cf. Schmid, «L'accession de Nabuchodonosor», pp. 224 – 225.

narrative sensible à l'effet de distanciation sait intégrer. Une manière d'interpréter qui, au contraire, voudrait que le lecteur soit plongé dans la fable au point de ne plus être conscient de la mise en récit aurait du mal à lire le texte sans le corriger. On peut proposer ici que le lecteur, prenant conscience de l'incohérence entre ces deux noms, sera une fois encore conduit à prendre distance par rapport à ce qui est représenté.

On doit aussi discuter du vocabulaire rare du «joug». Trois substantifs sont en effet employés par le TM, ce que ne rendent pas toujours les traductions. Au verset 2, il est demandé à Jérémie de se faire des מוֹסֵרוֹת et des מֹטוֹת. Le premier terme est rare sous cette forme[38] et ne réapparaîtra pas dans l'épisode. En revanche, la racine אסר dont il dérive sera employée pour décrire Sédécias mis aux fers (39,7) et Jérémie enchaîné (40,1). Le deuxième terme, pluriel de מוֹטָה, est habituellement traduit par «joug». Ses occurrences dans le chapitre 27 et le chapitre suivant montrent qu'il s'agit soit d'un des éléments composant le joug (peut-être la grosse pièce de bois par opposition aux attaches), soit de sa désignation matérielle en absence de signification métaphorique : c'est cela que Hananya retirera de la nuque de Jérémie (28,10) ; c'est aussi le terme qui désignera l'objet de bois qui doit être remplacé par un objet de fer (28,13). Le troisième terme semble plus abstrait : עֹל n'apparaît dans le chapitre 27 que dans l'expression composée «le joug du roi de Babylone» (27,8.11.12)[39]. Ce terme porte déjà la signification métaphorique de la soumission. Il apparaît donc que le glissement par lequel le joug devient symbole de soumission se manifeste aussi au niveau fondamental du vocabulaire.

7.5.3 Effet d'association

Alors que pour les autres oracles, cette recherche a pris l'habitude de parler d'un effet d'association entre oracle et narration, la difficulté du nom du roi au premier verset crée plutôt une dissociation, dont il a été dit qu'elle pouvait entrer dans la catégorie générale d'effet de distanciation. Cela dit, on trouve au sein du discours divin deux mentions du nom de Sédécias, qui associent un élément biographique à un élément de prescription divine. Le roi est en effet mentionné au verset 3 comme représentant politique, accueillant à Jérusalem des ambassadeurs étrangers. Du verset 12 au verset 15, il est celui à qui Yhwh demande de

---

38 D'après KB, cette forme féminine ne se retrouve hors de Jr qu'en Nah 1,13 ; Ps 2,3 et 107,14 ; Jb 39,5.

39 Le sens est aussi métaphorique en 28,14 : «c'est un עֹל joug de fer que j'impose à toutes ces nations».

placer son cou sous le joug du roi de Babylone, sous peine de dispersion et de mort.

7.5.4 Efficacité et limitation de l'effet-personnage

Les brèves mentions de Sédécias comme personnage diplomatique complètent l'effet-personnage, déjà rendu efficace par les notations introduites dans les passages qui lui étaient consacrés dans les chapitres précédents. La mention du contexte militaire de la suprématie de Nabuchodonosor renforce cet effet, puisque tous les épisodes précédemment datés de Sédécias faisaient allusion au souverain babylonien[40].

Pourtant, l'effet-personnage est rapidement limité, ce qui vient frustrer les attentes biographiques du lecteur. Ainsi, ce qui suit l'oracle ne dit rien des réactions de Sédécias, que l'on ne voit ni accepter ni refuser le joug. Au contraire, le chapitre 27 peut être lu comme formant une structure en miroir avec le chapitre 28 (cf. 3.3.5), l'épisode de l'affrontement entre Jérémie et Hananya apparaissant comme mise en scène de l'opposition entre vrai et faux prophètes autour du symbole du joug. Mais alors que de nombreux personnages assistent à cette sorte de duel prophétique (cf. 28,1), le roi en est absent ; seul Jérémie y porte un joug, sans jamais rappeler que d'autres étaient invités à en porter. Au moment même de l'oracle du chapitre 27, déjà, il y avait un certain jeu entre son contenu et son destinataire : si le verset 12 est bien adressé à un individu («quant à Sédécias»), l'oracle utilise étrangement l'impératif pluriel au verset 12b («placez votre cou», etc.) et au verset 14 («n'écoutez pas...»), alors que le destinataire est élargi au verset 13 : «toi et ton peuple». Notons aussi qu'on ne trouve jamais de narration mettant en scène une écoute des faux prophètes : le thème est fréquemment dénoncé dans les oracles, mais la narration ne le représente jamais (en-dehors du discours vite démenti de Hananya, cf. 28,1-4).

Dans cet épisode, la présence de rois étrangers comme destinataires de l'oracle vient aussi remettre en cause la fonction des personnages. Comment en effet imaginer que ces rois étrangers, habituellement considérés comme «incirconcis»[41] et donc étrangers à l'alliance, accueillent un oracle prononcé au nom de « Yhwh Sabaot, le Dieu d'Israël » (v. 4) ? L'absence de récit de leur réaction est notable : le récit s'écarte du projet de représenter vraiment un oracle transmis

---

40 Cf. 21,2 : «car Nabuchodonosor nous fait la guerre» ; 24,1 : «après que Nabuchodonosor eut déporté».
41 Ainsi, Jr 9,25 distingue les membres des nations, «incirconcis», des israélites, «incirconcis de cœur».

par Jérémie aux rois étrangers par l'intermédiaire de leurs ambassadeurs, au profit d'un message destiné avant tout au lecteur[42]. D'ailleurs, alors que le livre finira par montrer le sort final de Jérusalem et de Sédécias, rien ne sera raconté du sort des autres nations.

Ces questions se poseraient avec moins d'acuité si l'on ne connaissait, dans Jr, que des textes ressemblant à l'oracle du chapitre 27. Mais comme le lecteur a déjà commencé à associer des oracles à des éléments narratifs, et comme l'oracle survient dans un cadre narratif construit par des noms de personnages ainsi que des déterminations géographiques et historiques, il est invité à se poser ces questions.

7.5.5 Coopération du lecteur

L'analyse de cet oracle n'a pas permis de découvrir d'échos ou de résonances aussi précis que pour d'autres. On peut toutefois remarquer le motif de l'énumération des noms de nations étrangères, en 27,3, qui rappelle deux autres énumérations proches. Dans le tableau ci-dessous sont indiqués en gras les noms de nations qui se trouvent aussi en 27,3.

27,3	Oracle du joug	«au roi d'**Édom**, au roi de **Moab**, au roi des **fils d'Ammon**, au roi de **Tyr** et au roi de **Sidon**»
9,24-25	Oracle associant circoncis et incirconcis	«contre l'Égypte, contre Juda, contre **Édom**, contre les **fils d'Ammon**, contre **Moab**, contre tous les Tempes-rasées qui habitent le désert.»
25,15s	Oracle de la coupe de vin	«Jérusalem, les villes de Juda, [...] le Pharaon, [...] les rois du pays de Ouç, tous les rois du pays des Philistins : d'Ashqelôn, de Gaza, d'Eqrôn, et de ce qui reste d'Ashdod ; **Édom**, **Moab**, les **fils d'Ammon** ; tous les rois de **Tyr**, tous les rois de **Sidon**, [...] Dedân, Téma, Bouz» (etc.)

On doit noter que, dans ces trois oracles, le sort de Juda est associé à celui de tous les autres pays dont les noms sont mentionnés ; même si les listes des pays

---

42 On note d'ailleurs que le récit ne met pas en scène la transmission de cet oracle à des destinataires, et que l'oracle ne demande explicitement une transmission qu'à destination des rois des nations. Dans le même ordre d'idées, Brueggemann note à propos de l'oracle du joug «While it is formally addressed to the nations, we may imagine that this is a rhetorical way [...]» ; cf. Brueggemann, *Exile and Homecoming*, p. 245.

énumérés ne concordent pas entre ces trois passages, le fait même de l'énumération indique que Juda et Jérusalem sont privés d'un destin particulier.

Les jeux d'attente et de frustration définis par le récit tel qu'il se présente au lecteur invitent à chercher le sens du chapitre dans ce que le texte construit, plutôt que de se perdre dans une élucidation trop hypothétique de ses blancs. Il n'y a ici rien à gagner d'une recherche centrée sur la biographie de Sédécias. Au contraire, les éléments communiqués au lecteur invitent à associer le sort de Juda et de son roi Sédécias au sort des autres nations. L'adresse initiale aux ambassadeurs étrangers est avant tout rhétorique, ces personnages jouant un rôle de figurants. L'enjeu du chapitre 27 est donc de mettre sur le même plan, et pour les mêmes raisons, Juda et son roi et les autres nations. Ainsi se révèle Yhwh comme divinité universelle (« c'est moi qui ai fait la terre » 27,5), qui révoque toute particularité de Juda si ce peuple se confie aux faux prophètes et refuse la domination de Nabuchodonosor.

7.6 L'achat du champ (chap. 32)

7.6.1 Délimitation

Les éléments d'oracles et de narrations présents dans le chapitre 32 peuvent paraître décousus ; l'interprétation requiert donc d'assurer avec certitude la délimitation du passage. On a déjà discuté plus haut de la difficulté de la chronologie de ce chapitre et du glissement entre discours et narration (cf. 2.3.3.3) : on rappelle simplement que le discours de Jérémie, à partir du verset 6, semble d'abord répondre à l'interrogation du roi (« pourquoi... ? » v. 3), mais se révèle chronologiquement postérieur, puisque situé « dans la cour de garde » (v. 8), là où Sédécias l'a enfermé (cf. v. 2). Considérer le chapitre comme une unité peut aussi être contesté par le rôle en apparence mineur de Sédécias : le roi est certes présent dans les cinq premiers versets, mais n'est plus jamais mentionné par la suite.

Notons enfin la confusion produite autour des paroles de Yhwh : trois instances narratives lui attribuent des paroles, mais l'organisation du récit rend incertaines leur identification et leur authentification. C'est en effet d'abord la narration elle-même qui annonce au premier verset une parole, sans l'expliciter ; elle introduira de nouveau une telle parole au verset 26, dans une formule introductive au discours des versets 27-44. Faut-il alors identifier la parole annoncée au premier verset à ce long discours ? Plus surprenant, et unique dans Jr, on voit ensuite le roi Sédécias rapporter lui-même un oracle prétendument prononcé par le prophète (vv. 3-5). Le roi n'étant pas nécessairement une figure fiable[43], le lecteur doit-il reconnaître ici un discours de Jérémie fidèlement rapporté, ou une mystification ? Dans les chapitres suivants le lecteur découvrira des éléments d'oracle qui reprennent ce discours mot-à-mot[44] ; mais à ce point de la lecture, le contenu de ce discours représenté est encore inconnu. Enfin, le prophète Jérémie transmet un certain nombre de paroles divines. Il identifie dès le verset 6 l'annonce de la venue de Hanaméel comme d'origine divine, mais il rapporte au verset 8 qu'il ne l'a reconnue telle que lors de son accomplissement. Lorsque Jérémie donne l'ordre à Baruch de conserver le rouleau, il fait précéder son ordre de la formule «Ainsi parle Yhwh» (v. 14), qu'on pourrait d'abord juger abusive pour un contrat qui n'a encore (au moins pour Baruch) de signification que matérielle. On en comprend mieux le sens à partir du verset 15, lorsque Jérémie introduit par la même formule l'oracle qui annonce qu'on achètera de nouveau «des maisons, des champs et des vergers». Enfin, dans sa prière de supplication, Jérémie rapporte une parole de Yhwh dont la formulation diffère de celle qu'il avait précédemment rapportée : l'ordre de «peser l'argent» et de «convoquer des témoins» (cf. v. 25 et vv. 9-10) ne se trouvait pas dans l'oracle du verset 7.

Il semble toutefois possible d'observer une série de phénomènes qui construisent une certaine cohérence du chapitre. Les formules d'ouverture, d'abord, permettent un premier repérage : l'expression הדבר אשר היה..., «la parole qui survint...», typique de Jr, joue un rôle d'introduction en 32,1 ; une formule du même genre introduit la section suivante en 33,1 : ויהי דבר־יהוה אל־ירמיהו, «et survint la parole de Yhwh vers Jérémie...». On remarque ensuite, tout au long du chapitre 32, une continuité syntaxique : l'ensemble se présente comme une chaîne construite au *wayyiqtol*. La cohérence se manifeste enfin de manière géographique et thématique : Jérémie se trouve dans la cour de garde à partir du verset 2 ; à partir du verset 6 et jusqu'à la fin du chapitre court le thème de l'achat du champ ; interrompu par la grande supplication en forme d'anamnèse théologique de Jérémie (vv. 17-24), il revient dans la conclusion de ce discours (v. 25) puis dans la conclusion du discours divin (vv. 43-44).

---

43 Certes, le récit ne l'a jamais montré proférant des mensonges, et Jérémie ne l'a pas dénoncé comme menteur. Mais à ce point du récit, le lecteur connaît suffisamment les faiblesses de ce roi pour au moins hésiter à lui faire confiance.

44 «Je vais livrer cette ville au pouvoir du roi de Babylone» reviendra en 34,2 ; «Sédécias n'échappera pas» reviendra en 34,3 ; 38,18 ; 38,23 ; «Sédécias sera livré au pouvoir du roi de Babylone» sera répété en 37,17 ; «il lui parlera visage à visage et les yeux dans les yeux» reviendra en 34,3.

7.6.2 Remarques textuelles préliminaires

Au verset 3, le mot מַדּוּעַ doit être commenté car il n'a pas exactement les mêmes connotations que son équivalent français, «pourquoi ?». En effet, il ne fait pas qu'introduire une question qui appellerait une réponse de l'ordre de la connaissance. Les autres occurrences de cet interrogatif dans Jr le montrent bien : celui qui dit ainsi «pourquoi» veut interroger un état de fait qui déroge à la règle générale. C'est un mot fréquemment employé par Yhwh, qui se désole de voir son peuple agir en oubliant son histoire[45]. Le prophète emploie aussi parfois ce mot, pour se plaindre à Yhwh de ce qui lui semble scandaleux : «pourquoi la voie des méchants est-elle prospère ?»[46]. De manière particulièrement intéressante, car dans un contexte proche de celui qui nous retient ici, מַדּוּעַ est aussi employé par les ennemis de Jérémie en 26,9, lorsqu'ils lui reprochent de prophétiser au nom de Yhwh en prononçant un oracle de destruction[47]. Si Sédécias emploie ce mot en 32,3, c'est donc avec une arrière-pensée précise. Il ne vient pas s'enquérir, par simple curiosité, de l'origine des oracles ; il remet en cause la prophétie, sous-entendant qu'elle ne devrait pas être ainsi. On pourrait paraphraser : «pourquoi ? Yhwh ne peut pas envoyer un prophète pour prononcer ce genre d'oracles !». Inversement, un personnage favorable à Jérémie, comme Baruch ou Eved-Mélek, ne pourrait pas employer ce mot pour mieux comprendre l'origine d'oracles qu'il a déjà accepté d'écouter.

7.6.3 Effet d'association

Le personnage de Sédécias, tel qu'il apparaît dans la narration de ce chapitre, est associé à deux oracles. Le premier est celui qu'il rapporte lui-même aux versets 2b-4 ; l'association est effectuée par la répétition du nom propre «Sédécias». Mais on peut aussi remarquer un effet d'association avec le grand oracle des versets 27-44. Cet effet est produit avant tout par l'organisation du récit : en donnant à lire l'oracle à la fin de l'épisode, il donne au lecteur l'impression d'une conséquence de ce qui précède. De plus, le contenu même de l'oracle contribue à l'association. La répétition de «cette ville» rappelle l'oracle que

---

45 Ainsi en 2,31 «Pourquoi mon peuple dit-il : ‹Nous ne viendrons plus vers toi !›» ; 8,5 «Pourquoi ce peuple se détourne-t-il ?» ; 8,19 «Pourquoi m'ont-ils offensé avec des idoles ?» ; etc.
46 En 12,1 ; voir aussi 14,19
47 On trouve un phénomène proche en 36,29 où c'est Yhwh qui rapporte la critique de l'oracle par Yoyaqim : «Pourquoi as-tu écrit sur le rouleau [...] ?».

citait Sédécias (cf. v. 3) ; la mention de l'assaut des Chaldéens rappelle l'introduction narrative du verset 2. La mention au verset 33 du refus d'écouter et
d'apprendre la leçon peut rappeler la remise en cause de l'oracle par Sédécias
qui disait מַדּוּעַ, «pourquoi ?» (v. 3). La mention finale de l'achat de champs
(vv. 43-44), reprenant ce qui a longuement occupé la narration précédente,
contribue aussi à présenter l'oracle comme conclusion de l'épisode. Le contenu
de l'oracle insiste aussi sur la présence d'une causalité : après une description
d'actions déplaisant à Yhwh (vv. 29b-35), il énonce une conséquence introduite
par וְעַתָּה לָכֵן, «et maintenant, c'est pourquoi». D'ailleurs, on trouve parmi les
actions mauvaises citées des «offenses» commises par «les rois» (v. 32). Enfin,
un élément lexical achève l'association de cet oracle au roi Sédécias : tant dans
l'oracle que dans la supplication de Jérémie, on lit que «rien n'est trop difficile
pour Yhwh» (vv. 17 et 27), avec la racine פלא («être merveilleux/difficile») qui
n'apparaît ailleurs que dans le message envoyé par Sédécias à Jérémie au chapitre 21 : «peut-être Yhwh refera-t-il l'un de ses miracles נִפְלְאֹתָיו ?».

7.6.4 Efficacité et limitation de l'effet-personnage

Bien que le personnage de Sédécias n'apparaisse que dans la narration des
premiers versets, l'effet-personnage est construit de manière assez efficace. Son
nom associé à son titre, «Sédécias roi de Juda» (v. 3), invite le lecteur à reconnaître ce personnage déjà rencontré précédemment. On le voit de plus accomplir des actions importantes : il enferme (כלא) Jérémie dans la cour de garde
et tient un discours dans lequel il rapporte un oracle.

Pourtant, l'effet-personnage reste limité et les attentes biographiques du
lecteur sont rapidement frustrées. Les motivations du roi demeurent mystérieuses pour le lecteur : on comprend certes que l'emprisonnement du prophète
est une punition pour des oracles prononcés préalablement, mais qu'attend
donc le roi de cette mesure ? Les choses sont moins claires que dans d'autres
épisodes, comme en 38,4 où les ministres veulent tuer le prophète pour faire
taire celui qui démoralise les habitants et les soldats. Au chapitre 32, si l'intention de Sédécias était d'empêcher Jérémie de prophétiser, cette mesure est
totalement inefficace, comme le montre la suite du récit : tout en étant dans la
cour de garde, il reçoit librement sa famille, des témoins et Baruch le scribe ; il
reçoit un oracle important tant par sa longueur que par son contenu.

De plus, l'organisation du récit présente le discours de Jérémie comme réponse à la remise en cause de Sédécias. Mais on découvre rapidement que ce
discours lui est en fait chronologiquement antérieur ; on ne saura donc rien, tant
qu'on reste dans cet épisode, des réactions du roi. Dans le même ordre d'idées, si

l'oracle final est présenté comme conséquence des actions des Judéens, le lien entre les actions représentées du roi et les péchés dénoncés n'est pas immédiat : alors qu'on a seulement vu le roi contester la prédication de Jérémie et l'enfermer dans la cour de garde, l'oracle dénonce une série classique de péchés : idolâtrie, profanation du Temple, sacrifices humains (vv. 34-35). Comment la persécution du prophète entre-t-elle dans cette série ?

La comparaison avec d'autres épisodes pose aussi des questions à la cohérence du personnage : dans une ville de Jérusalem où la plupart des élites manifestent de l'hostilité envers le prophète, Sédécias se présente habituellement comme une figure modérée, intéressé à ses oracles et tentant de le protéger de ses ennemis (cf. 21,1s ; 37,3s ; 37,17-21 ; 38,14-28). Les silences de la narration ne permettent pas ici de comprendre ce qui motive une attitude si différente en 32,1-5, remettant en cause l'oracle et s'en prenant à Jérémie.

7.6.5 Coopération du lecteur

Le chapitre 32 est d'une telle richesse qu'on pourrait lui consacrer des études considérables ; on choisit ici de restreindre l'analyse à ce qui concerne le rapport entre oracles et narration, particulièrement sous l'angle des personnages Jérémie et Sédécias. Le récit, en effet, par sa manière d'associer des représentations de discours et d'actions, appelle à une coopération du lecteur pour délivrer l'intégralité du message construit autour de ces personnages. En ce qui concerne Jérémie, d'abord, on doit remarquer que plusieurs procédés associent son sort à celui de la ville. Cette association est assez souple et fluctuante : elle ne se laisse pas réduire à une analogie terme à terme, contrairement par exemple à certaines paraboles évangéliques[48]. Cette association n'est pas, au chapitre 32, une chose nouvelle : elle courait déjà à travers le livre depuis le récit de la vocation du prophète, où la protection personnelle de Jérémie était exprimée avec le vocabulaire de l'architecture militaire[49]. Ici, c'est d'abord la narration qui enchaîne deux informations comportant des éléments identiques : au verset 2, Jérusalem est dite assiégée par les troupes babyloniennes, alors que Jérémie est enfermé dans la cour de garde. La ville comme le prophète se trouvent ici immobilisés, retenus par des forces armées hostiles, empêchés de sortir. Une autre association est indiquée par l'oracle, cette fois-ci avec un décalage temporel : l'achat du champ par Jérémie annonce qu'après le retour de Babylone, «on achètera des

---

48 «Le champ, c'est le monde ; le bon grain, ce sont les sujets du Royaume», etc. (Mt 13,38).
49 «Je fais de toi un rempart de bronze», etc. (Jr 1,18).

champs dans ce pays» (v. 43) ; c'est bien sûr davantage que l'achat de champs qu'il faut comprendre : le retour à une vie normale, dans des conditions où toutes les activités humaines seront de nouveau possibles. Mais il importe aussi de remarquer que cette préfiguration par Jérémie de la situation de la ville n'est pas une analogie parfaite : si Jérémie rachète en fonction du droit de la גְּאֻלָּה (v. 7), il ne tiendra pas pour autant le rôle de «racheteur» (גאל participe) pour tout le peuple : ce rôle sera attribué en 31,11 à Yhwh lui-même. Un troisième élément unit le sort de Jérémie à celui de la ville : c'est en réaction à un oracle concernant la ville que le roi punit le prophète par l'emprisonnement dans la cour de garde.

Ainsi, une conclusion devient possible pour le lecteur, pourvu qu'il ait remarqué l'ensemble de ces signaux : si le roi, d'une part, est coupable du sort de Jérémie, comme l'affirme le verset 3, si d'autre part le sort du prophète est associé dans la narration au sort de la ville, il se dessine comme l'affirmation d'une culpabilité de Sédécias envers le sort de la ville, assiégée par les armées de Babylone. Ce message ne se donne pas sous la forme d'un oracle, discours divin rapporté noir sur blanc sur la page du livre ; mais justement, la condamnation de Jérémie par Sédécias montre la relative inefficacité de ce mode de communication explicite : le roi peut très bien avoir entendu le message, sans en tirer d'autres conséquence que de le remettre en cause par la question «pourquoi ?». Au contraire, le message de la culpabilité de Sédécias ne se donne au lecteur que moyennant sa coopération, pourvu que ce dernier associe tous les éléments dans le cadre précisément délimité du chapitre, en étant sensible aux attentes que fait naître le récit tout en s'abstenant d'y répondre explicitement.

La coopération du lecteur est aussi appelée à s'exercer pour interpréter le lien entre les condamnations du grand oracle (vv. 27-44) et la seule action répréhensible représentée dans la narration de ce chapitre, que constitue l'emprisonnement du prophète par Sédécias. Comme dans les analyses précédentes, cette recherche propose ici de faire appel à la mémoire du lecteur. De nombreuses expressions de cet oracle ont en effet déjà été employées auparavant. Si le lien avec certains passages précédents est assez lâche[50], c'est avec le chapitre 7 qu'apparaît une abondance d'expressions communes. On les présente dans le tableau suivant.

---

50 On trouve ainsi des récurrences de vocabulaire qui rappellent les chapitres 2, 5, 8, 11, 17, 18, 19, 21 et 25.

Chapitre 7	Chapitre 32
«et brûler [des offrandes] à Baal» (v. 9) וְקַטֵּר לַבַּעַל	«ils ont brûlé [des offrandes] à Baal» (v. 29) קִטְּרוּ לַבַּעַל
«et répandre des libations» (v. 18) וְהַסֵּךְ נְסָכִים	«ils ont répandu des libations» (v. 29) וְהַסִּכוּ נְסָכִים
«ce qui m'offense» (v. 18) לְמַעַן הַכְעִסֵנִי	«ce qui m'offense» (v. 29) לְמַעַן הַכְעִסֵנִי
«ce qui est mal à mes yeux» (v. 30) הָרַע בְּעֵינַי	«ce qui est mal à mes yeux» (v. 30) הָרַע בְּעֵינַי
«ma colère, ma fureur» (v. 20) אַפִּי וַחֲמָתִי	«ma colère, ma fureur» (v. 31) עַל־אַפִּי וְעַל־חֲמָתִי
«ils n'écoutent pas [...] et n'apprennent pas la leçon» (v. 28) לוֹא־שָׁמֵעוּ... וְלֹא לָקְחוּ מוּסָר	«ils n'écoutent pas pour apprendre la leçon» (v. 33) וְאֵינָם שֹׁמְעִים לָקַחַת מוּסָר
«ils déposent leurs ordures dans la Maison sur laquelle mon nom a été proclamé» (v. 30) שָׂמוּ שִׁקּוּצֵיהֶם בַּבַּיִת אֲשֶׁר־נִקְרָא־שְׁמִי עָלָיו	«ils déposent leurs ordures dans la Maison sur laquelle mon nom a été proclamé» (v. 34) וַיָּשִׂימוּ שִׁקּוּצֵיהֶם בַּבַּיִת אֲשֶׁר־נִקְרָא־שְׁמִי עָלָיו
«ce qui la rend impure» (v. 30) לְטַמְּאוֹ	«ce qui la rend impure» (v. 34) לְטַמְּאוֹ
«ils ont construit le tumulus *du Tafeth* qui est dans le ravin de Ben-Hinnom» (v. 31) וּבָנוּ בָּמוֹת הַתֹּפֶת אֲשֶׁר בְּגֵיא בֶן־הִנֹּם	«ils ont construit le tumulus *de Baal* qui est dans le ravin de Ben-Hinnom» (v. 35) וַיִּבְנוּ אֶת־בָּמוֹת הַבַּעַל אֲשֶׁר בְּגֵיא בֶן־הִנֹּם
«pour *brûler* leurs fils et leurs filles *par le feu*» (v. 31) לִשְׂרֹף אֶת־בְּנֵיהֶם וְאֶת־בְּנֹתֵיהֶם בָּאֵשׁ	«pour *faire passer* leurs fils et leurs filles *à Molek*» (v. 35) לְהַעֲבִיר אֶת־בְּנֵיהֶם וְאֶת־בְּנוֹתֵיהֶם לַמֹּלֶךְ
«ce que je n'ai pas ordonné et qui n'est pas venu à mon esprit» (v. 31) אֲשֶׁר לֹא צִוִּיתִי וְלֹא עָלְתָה עַל־לִבִּי	«ce que je n'ai pas ordonné et qui n'est pas venu à mon esprit» (v. 35) אֲשֶׁר לֹא צִוִּיתִי וְלֹא עָלְתָה עַל־לִבִּי

La grande ressemblance entre ces deux textes rend d'autant plus flagrante l'absence de reprise au chapitre 32 d'un élément du chapitre 7 : la dénonciation du mépris des prophètes.

> (7,25) «Depuis le jour où vos pères sont sortis du pays d'Égypte jusqu'à ce jour,
> je vous ai envoyé tous mes serviteurs les prophètes,
> chaque jour inlassablement.»

Ce verset du chapitre 7 introduit une dénonciation du refus d'écouter, qui est reprise au chapitre 32 (cf. v. 33). Si les liens entre les deux chapitres étaient plus lâches, cette omission du verset sur les prophètes ne serait pas particulièrement significative ; mais elle prend place ici dans un contexte précis : la reprise assez fidèle de l'oracle du chapitre 7, et la mise en récit spécifique du chapitre 32, dans lequel la seule action mauvaise représentée du roi est de s'en prendre au prophète, suivie d'un oracle qui affirme une causalité de la punition militaire, mais sans citer la persécution de Jérémie.

Pour réfléchir à l'effet d'une telle construction sur le lecteur, il est éclairant d'évaluer l'alternative que le récit n'a pas retenue : qu'en serait-il si, parmi tous les actes mauvais cités dans le grand oracle de 32,24-44, Yhwh mentionnait la persécution des prophètes ? Le lecteur associerait bien sûr cet acte particulier dénoncé dans l'oracle et l'action représentée dans la narration de l'arrestation de Jérémie. Il interpréterait alors cette arrestation comme une des fautes reprochées par Yhwh à Sédécias, dans une perspective où beaucoup d'autres actions mauvaises auraient été commises, mais sans avoir de place parmi les actions représentées. Au contraire, l'alternative choisie par le récit évite de mentionner dans l'oracle la persécution du prophète. Il n'est alors pas possible au lecteur de l'interpréter comme une des fautes du roi. On peut donc comprendre que ce qui se manifeste, c'est une équivalence symbolique entre toutes les fautes dénoncées par l'oracle et la narration de l'arrestation du prophète. En contestant la prédication de Jérémie (« pourquoi ? ») et en l'enfermant dans la cour de garde, le roi ne fait pas qu'ajouter une action mauvaise à une liste déjà grande ; au contraire, il pose un acte qui résume son opposition à Yhwh. Pour dire cela dans le langage de la théologie morale, on pourrait dire que l'arrestation du prophète révèle l' « option fondamentale » de Sédécias.

On doit alors remarquer que cette équivalence symbolique entre la narration de l'arrestation du prophète et la liste des actions mauvaises dénoncées par l'oracle est cohérente avec le concept déjà développé de « limitation de l'effet-personnage » : l'organisation du récit du chapitre 32 n'invite pas à imaginer d'autres actions mauvaises commises par Sédécias, en plus de celle, représentée dans la narration, de l'arrestation de Jérémie ; au contraire, elle parvient à signifier la causalité de la condamnation divine par son association avec ce qui est représenté, et cela seulement.

7.7 Pendant l'attaque de Lakish et Azéqa (34,1-7)

7.7.1 Délimitation

Au début du chapitre 34 se trouve un petit oracle destiné à Sédécias, enchâssé dans un cadre narratif. La délimitation ne fait pas difficulté : l'encadrement narratif fait inclusion, avec des répétitions lexicales entre le verset 1 et les versets 6-7 :

> (v. 1) Annonce d'une parole, contexte d'attaque de Jérusalem et de ses villes ;
> (vv. 2-5) Oracle à transmettre à Sédécias ;
> (vv. 6-7) Compte-rendu de la proclamation à Sédécias, rappel du contexte d'attaque.

Bien que bref, cet oracle mérite que l'on s'y intéresse. En effet, on y trouve un élément extrêmement rare : un compte-rendu précis de l'exécution par Jérémie de l'ordre reçu. Il est beaucoup plus fréquent dans Jr d'avoir une introduction narrative présentant les circonstances de l'oracle, puis l'oracle lui-même, sans que soit rapportée de conclusion sous forme narrative. Bien que cela ne soit pas significatif pour cette recherche de nature synchronique, mentionnons aussi la concordance extrêmement rare de la situation militaire telle que la décrit Jr avec le texte de l'ostracon IV de Lakish[51].

7.7.2 Effet sur le lecteur

Si l'ensemble du récit associant oracle et narrations est précisément délimité, et si l'on rapporte les effets sur le personnage de Jérémie de l'ordre donné, rien n'est dit de l'effet de l'oracle sur le personnage de Sédécias. Là encore, l'effet-personnage se révèle limité. D'ailleurs, le message de l'oracle est ambigu : le sort prédit à Sédécias est-il favorable ou défavorable ? L'ironie est en effet possible dans ce passage : prédire à Sédécias qu'on lui brûlera des parfums comme pour ses pères, avec le substantif מִשְׂרְפוֹת, «parfums», et le verbe שׂרף, «brûler»,

---

[51] La fin de l'ostracon IV mentionne les villes Lakish et Azéqa, dans une situation militaire qui correspond à celle décrite par Jr 34,7 : «And let (my lord) know that we are watching for the signals of Lachish, according to all the indications which my lord hath given, for we cannot see Azekah». L'emplacement dans lequel il a été retrouvé en permet une datation precise à l'automne de 589 ou 588 av. J.-C. Comment ne pas être ému devant ces quelques mots, parvenus jusqu'à nous à travers l'épaisseur des siècles, témoins de la rudesse des combats et de l'incertitude de l'avenir ? Cf. J.B. Pritchard (éd.), *Ancient Near Eastern Texts Relating to the Old Testament* (Princeton ²1955) p. 322.

produit un écho ironique avec le sort prédit à la ville, qui sera «brûlée par le feu», שֹׂרָף בָּאֵשׁ. De plus, la suite du récit apportera un accomplissement pour le moins inattendu à la promesse de voir Nabuchodonosor «les yeux dans les yeux» (v. 3) : au chapitre 39, après que le roi babylonien aura égorgé les fils de Sédécias «sous ses yeux» (לְעֵינָיו), il lui crèvera les yeux (39,6-7).

Dans l'encadrement narratif de l'oracle, on remarque aussi une énigmatique transformation entre le verset 1 et le verset 7, puisque la description de la situation militaire n'est pas la même :

	Ennemis	Victimes
v. 1	Nabuchodonosor roi de Babylone, et toute son armée, et tous les royaumes de la terre qui sont sous la domination de sa main, et tous les peuples	Jérusalem et toutes ses villes
v. 7	L'armée du roi de Babylone	Jérusalem, toutes les villes de Juda qui restaient, Lakish et Azéqa qui restaient en tant que villes de fortification

Entre ces deux versets, on ne constate pas à proprement parler de changement dans la situation militaire, mais plutôt une transformation de sa description. Ce changement n'est pas un simple résumé. En effet, du côté des ennemis, le nom du roi de Babylone n'est plus mentionné au verset 7, et seule son armée apparaît, sans la mention de tous les autres royaumes et peuples, sans non plus la répétition de «tous» (כל). Les victimes sont, inversement, présentées beaucoup plus longuement. Les autres villes ne sont plus dites comme appartenant à Jérusalem mais à Juda, et l'on apprend que Lakish et Azéqa résistent.

L'enchâssement de l'oracle dans le récit donne une impression de causalité, mais rien n'est dit de cette causalité au niveau de l'histoire : les réactions de Sédécias restent inconnues, la situation militaire est identique. Mais au niveau du récit, il y a bien transformation : la situation semble moins catastrophique, la puissance militaire de Babylone semble moins disproportionnée, on apprend que des villes résistent. Cette transformation dans la description ne saurait trouver sens dans une herméneutique qui négligerait la distinction entre histoire et récit. Mais en centrant l'analyse sur l'effet du texte sur le lecteur, on peut proposer une interprétation du passage. Dans le cadre d'une attaque militaire qui semble sans issue, la survenue de la parole de Yhwh produit – à destination du lecteur – une transformation des représentations. La situation reste matériellement inchangée, mais la manière dont elle est représentée est davantage équilibrée. Peut-être cette parole de Yhwh aide-t-elle à sortir d'une sorte de fascination devant la catastrophe à venir, pour la regarder plus objectivement, à sa juste mesure. Ce changement de regard serait, déjà, une étape dans un processus de retour et de salut.

7.8 L'affranchissement des esclaves (34,8-22)

7.8.1 Délimitation

Juste après l'oracle daté de l'attaque de Lakish et Azéqa se trouve un autre oracle qui mentionne Sédécias. Le thème en est l'affranchissement des esclaves, et l'ensemble se délimite aisément : 34,8-22. On trouve en effet des formules d'introduction classiques tant au début de cet épisode qu'au début de l'épisode suivant : «la parole qui survint vers Jérémie...» (34,8 et 35,1). De plus, le thème de l'affranchissement des esclaves témoigne de l'unité interne, étant présent dans la narration introductive (vv. 8-11) puis dans tout le début de l'oracle (vv. 12-20). On pourrait certes hésiter à considérer que c'est le même oracle qui se poursuit aux versets 21-22 : le thème de l'affranchissement a disparu. Toutefois, ces deux versets sont rattachés à ce qui précède tant par la mention de Sédécias, qui était présent dans la narration introductive (v. 8), que par la reprise d'expressions désignant le sort auquel Yhwh condamne ceux qui lui ont déplu : tant ceux qui ont rompu l'engagement de libérer les esclaves que Sédécias et ses ministres seront livrés בְּיַד, «au pouvoir» (litt. «dans la main»), de leurs ennemis, au pouvoir de ceux qui pourchassent leur vie (vv. 20 et 21). On peut remarquer aussi l'emploi du même terme pour ce que Yhwh va faire de l'armée du roi de Babylone et ce que les Judéens ont fait de leurs esclaves affranchis : ils «font revenir», שׁוּב hiphil (vv. 11, 16 et 22).

Cette délimitation assurée, voici les étapes successives de l'épisode :

8-11	**Récit**		Sédécias fait prendre l'engagement d'affranchir les esclaves. L'engagement est d'abord tenu puis rompu.
		13-14	Rappel de l'alliance lors de la sortie d'Égypte.
12-22	**Oracle**	15-16	Rappel des événements récents : engagement d'affranchir, puis reprise des esclaves.
		17-20	Conséquence (לָכֵן, «c'est pourquoi») : condamnation des Judéens.
		21-22	Condamnation de Sédécias et ses ministres.

7.8.2 Remarques textuelles préliminaires

On peut dès à présent remarquer l'emploi du vocabulaire de l'alliance (rendu tel quel par la BJ mais traduit «engagement» par la TOB). Au verset 8, le roi Sédécias «conclut une alliance» (כרת infinitif construit + ברית) avec (אֶת) tout le peuple. Au début de l'oracle, Yhwh rappelle l'alliance qu'il avait conclue avec les pères ; le vocabulaire employé est le même : אֶת + כרת ברית. Au verset 15, la construction est légèrement différente : l'alliance des Judéens n'est pas dite conclue «avec» un partenaire, que ce soit Sédécias ou Yhwh, mais «devant» Yhwh (לפני). La condamnation dans l'oracle utilise aussi l'expression de l'alliance conclue «devant» Yhwh (v. 18). On remarque aussi que seule la première mention de cet engagement mentionne le roi Sédécias comme partenaire, qui n'apparaît pas par la suite.

Dans ce même verset 18, on peut remarquer le jeu de mots construit par la répétition du verbe עבר. Il est d'abord employé dans le sens de «transgresser» l'alliance, puis de manière antithétique pour décrire un acte symbolisant la conclusion de cette alliance : «passer entre» les deux morceaux du veau. Il faut de plus remarquer le problème du rôle grammatical du substantif עֵגֶל, «veau» («taurillon» dans la TOB) au verset 18 : situé juste après l'*atnah*, on ne voit pas bien à quel élément syntaxique il se rattache. Les commentateurs ont souvent traduit en transformant l'article qui précède ce substantif[52] ; si l'on ne corrige pas le texte, on doit conclure à l'anacoluthe, ce qui n'aide pas à comprendre le rôle du veau dans cette alliance.

Au verset 13, on doit noter l'emphase que produit l'emploi du pronom personnel au début du discours représenté : אָנֹכִי כָּרַתִּי, «c'est moi qui avais conclu». L'affirmation du locuteur est beaucoup plus forte que si on avait un simple *wayyiqtol*, וָאֶכְרֹת, «et j'ai conclu». Cette emphase peut se comprendre comme déclaration d'identité du locuteur («moi qui vous parle, je suis celui qui avait conclu»), ou bien de manière polémique («celui qui a conclu, c'est moi et pas un autre»).

Et vous, vous êtes revenus aujourd'hui,	וַתָּשֻׁבוּ אַתֶּם
et vous avez fait ce qui est juste à mes yeux	וַתַּעֲשׂוּ אֶת־הַיָּשָׁר בְּעֵינַי
pour proclamer l'affranchissement [...]	לִקְרֹא דְרוֹר
et vous avez conclu une alliance devant moi [...]	וַתִּכְרְתוּ בְרִית לְפָנַי
et vous êtes revenus,	וַתָּשֻׁבוּ
et vous avez profané mon nom,	וַתְּחַלְּלוּ אֶת־שְׁמִי

[52] Holladay rapporte notamment deux corrections : בְּעֵגֶל, «by the calf», et כָּעֵגֶל, «like the calf». Cf. Holladay, *Jeremiah 2*, p. 242.

et vous avez fait revenir chacun son serviteur [...]	וַתָּשֻׁבוּ אִישׁ אֶת־עַבְדּוֹ
que vous aviez renvoyés libres [...]	אֲשֶׁר־שִׁלַּחְתֶּם
et vous les avez subjugués [...]	וַתִּכְבְּשׁוּ

Enfin, on note la difficulté à reconstruire la progression chronologique des versets 15-16. Alors qu'aux versets 8 et 13-14, la conclusion de l'alliance était mentionnée avant la prescription d'affranchir les esclaves, l'ordre est ici inverse. Dans le tableau ci-dessous, on représente les verbes de ces deux versets, en alignant verticalement les verbes qui se suivent dans la chaîne construite, et en décalant les verbes subordonnés.

Dans cet ensemble, l'expression «faire ce qui est juste à mes yeux» a pour complément (לְ) la proclamation de l'affranchissement des esclaves, mais le verbe כרת («conclure», pour l'alliance) est en chaîne narrative avec le verbe עשׂה, «faire». La conclusion de l'alliance est-elle présentée ici comme une action qui ferait suite à l'affranchissement des esclaves ? De plus, alors que les traductions rendent souvent le ו qui ouvre le verset 16 comme signifiant une rupture (BJ : «puis», TOB : «mais»), l'hébreu n'a pas cette précision, puisqu'il ne discrimine pas «et» de «mais» ; tous les verbes se suivent au long de la chaîne narrative, sans rupture explicite. On peut alors se demander si l'acte de «conclure l'alliance» est ici à comprendre comme «juste aux yeux de Yhwh», ou bien si un écart se manifeste déjà et si n'est pas en route ce qui conduira à «profaner son nom». Il se pourrait, en effet, que cette alliance ait un caractère sacrilège. Le texte n'interdit pas, à ce point de l'analyse, que Yhwh manifeste son appréciation de l'affranchissement («juste à mes yeux») mais pas du cadre dans lequel il a été décidé (conclure une alliance).

7.8.3 Effet d'association

L'oracle des versets 12-22 est rattaché au personnage de Sédécias de deux façons. L'enchaînement dans l'ordre du récit, d'abord, fait supposer que l'oracle est la conséquence de l'épisode qui vient d'être raconté, dans lequel le roi a eu une certaine part d'initiative. De plus, même si le rappel des faits par Yhwh (vv. 14-16), avant la conséquence introduite par לָכֵן, «c'est pourquoi», au début du v. 17) s'adresse à un «vous» sans mentionner le nom du roi, la fin des conséquences annoncées par l'oracle cite le nom de «Sédécias, roi de Juda» (v. 21).

7.8.4 Efficacité et limitation de l'effet-personnage

Comme dans beaucoup d'autres épisodes, on constate ici la présence simultanée d'un effet-personnage efficace et d'éléments qui manifestent sa limitation. Dans cet épisode placé sous le règne de Sédécias, on ne peut nier que ce personnage soit constitué de manière efficace. On voit ce roi effectuer ses fonctions de gouvernement et prendre une décision à laquelle le peuple, au moins pour un temps, obéit. Toutefois, la manière dont l'histoire est racontée suscite de nombreuses questions auxquelles le texte ne répond pas. Ainsi, rien n'est dit de la raison pour laquelle les Judéens reprennent leurs esclaves. Il a été supposé, à partir des notations militaires de la fin de l'oracle, que l'affranchissement était motivé par cette situation[53], mais le récit ne semble pas vouloir attirer l'attention sur cela. De plus, si les raisons de la condamnation des Judéens sont clairement explicitées par l'oracle, il n'en est pas ainsi pour Sédécias. Est-il condamné parce qu'il a eu tort de conclure cette alliance avec le peuple ? Ou bien parce que, bien qu'ayant conclu une bonne alliance, il n'a pas réussi à rendre ces gens fidèles à leur engagement ? Ou encore, puisque sa condamnation emploie un langage qu'on retrouve dans beaucoup d'autres oracles, serait-il condamné indépendamment de ses bonnes actions dans l'épisode, insuffisantes pour racheter des mauvaises actions connues hors de cet épisode[54] ? Cette absence de motivation explicite, alors que la condamnation des Judéens est clairement motivée, pose question.

Enfin, l'évolution des descriptions successives de l'alliance promue par Sédécias vient interroger la qualité de la représentation. En effet, dans la narration des versets 8 à 10, on prend connaissance d'une décision politique sans aspect religieux. Mais l'oracle mentionne ensuite deux fois cette alliance. Au verset 15, le lecteur apprend que cette alliance a été conclue au Temple, désigné par l'expression «la maison sur laquelle mon nom a été proclamé». Plus loin, aux versets 18-19, la troisième description informe le lecteur d'un rituel employant un veau coupé en deux ; les destinataires de la condamnation y sont précisés en mentionnant les eunuques et les prêtres, sans qu'on sache s'ils possédaient eux aussi des esclaves ou s'ils ont tenu un rôle particulier dans le rituel. Ce développement de la dimension religieuse de l'alliance au fur et à

---

53 Brueggemann suggère ainsi que Sédécias, dans une situation militaire urgente, s'empresse de mettre en pratique le commandement mosaïque de l'affranchissement des esclaves, pour échapper à la sanction divine. Cf. Brueggemann, *Exile and Homecoming*, p. 326.
54 Une situation proche se trouve en 2 R 22–23, où les actions excellentes de Josias ne parviennent ni à le faire échapper à une mort au combat, ni à faire échapper son pays à une condamnation qui semble décidée d'avance.

mesure de ses trois descriptions successives pose question quant à la première d'entre elles : elle semblait faite de manière objective dans la narration elle-même, sans manifester le point de vue d'un personnage qui serait réticent à avouer le rituel religieux pratiqué à cette occasion. Ceci est encore conforté par l'absence de formule de datation dans la première description de cette alliance : alors que les formules de datation sont fréquentes dans Jr et que l'oracle rappelle la règle de l'affranchissement « à la fin de sept ans » (34,14), Sédécias a-t-il ou non respecté ce calendrier ?

7.8.5 Effet d'énigme

On propose que l'association de la narration des versets 8-11 et de l'oracle qui s'étend jusqu'à la fin du chapitre construit à destination du lecteur une triple énigme. Les deux premières concernent la sévérité de la condamnation divine. Pour l'ensemble des Judéens qui ont repris leurs esclaves, Yhwh annonce une punition terrible : la mort de la main de leurs ennemis, l'abandon de leurs cadavres aux animaux (34,20). Certes, on comprend bien que le commandement de la libération septennale des esclaves était important, mais la punition n'est-elle pas disproportionnée ? De même, comment comprendre la sanction an-noncée à Sédécias (v. 21) ? Son incapacité à rendre ses sujets fidèles à leur engagement est certes regrettable, mais justifie-t-elle une telle punition ? Troi-sièmement, que faire de la différence dans l'expression grammaticale de l'al-liance ? Est-ce qu'une alliance conclue « devant » Yhwh (vv. 15 et 18) est presque la même chose qu'une alliance dont la conclusion (כרת) a Yhwh pour sujet grammatical, ou bien est-elle radicalement différente ?

7.8.6 Coopération du lecteur

Les énigmes ainsi construites par le texte appellent la coopération du lecteur. Il est remarquable que les expressions employées par le récit font revenir à sa mémoire des oracles passés, par un jeu d'échos et de résonances.

Un écho naît de l'expression « la maison sur laquelle mon nom a été pro-clamé » (v. 15), précédemment employée dans deux autres passages[55]. Il ne s'y traite pas du culte légitime, mais de passages où Yhwh polémique contre des actes de nature blasphématoire : au chapitre 7, l'oracle s'oppose à ceux qui

---

55 L'expression « la maison sur laquelle mon nom a été proclamé » apparaît en 7,10.11.14.30.

viennent dans le Temple alors qu'ils se comportent de manière immorale et idolâtre. En 32,34, Yhwh se plaint des «ordures» déposées dans sa maison.

Le fait que Sédécias «conclue une alliance» fait écho avec de nombreux passages, notamment avec l'oracle de la nouvelle alliance, seulement trois chapitres plus haut (31,31-34). Il est frappant alors de constater combien l'alliance de Sédécias ressemble à l'ancienne, telle qu'elle est rappelée par Yhwh au début de l'oracle, et non à la nouvelle : elle est conclue par une autorité avec le peuple, elle comporte des commandements concrets. Mais dans l'oracle de la nouvelle alliance, l'ancienne était qualifiée de «rompue» (פרר *hiphil* en 31,32) ; l'alliance à venir n'était pas une réitération de l'ancienne mais devait prendre place «au fond du cœur» (31,33), ce qui demande avant tout de connaître Yhwh – lui dont la narration a évité toute mention dans le récit introductif des versets 8-11.

L'expression «conclure l'alliance» s'associe aussi d'autres échos sous la forme d'une résonance. On peut en effet remarquer l'expression du verset 14, où Yhwh dénonce les pères qui n'ont pas «tendu l'oreille», נטה אזן. On la retrouve en différents passages ; mais elle n'est associée à la mention de l'alliance qu'au chapitre 11. Il apparaît alors de nombreuses expressions communes à ces deux passages :

Chapitre 11	Chapitre 34
«lorsque je les ai fait sortir du pays d'Égypte» (v. 4) «le jour où je les ai fait monter du pays d'Égypte» (v. 7)	«le jour où je les ai fait sortir du pays d'Égypte» (v. 13)
«vos pères» (vv. 4.5.7)	«vos pères» (vv. 13.14)
«et ils n'ont pas tendu l'oreille» (v. 8) וְלֹא־הִטּוּ אֶת־אָזְנָם	«et ils n'ont pas tendu l'oreille» (v. 14) וְלֹא הִטּוּ אֶת־אָזְנָם
«mon alliance que j'avais conclue» (v. 10) בְּרִיתִי אֲשֶׁר כָּרַתִּי	«après que le roi Sédécias eut conclu une alliance» (v. 8) אַחֲרֵי כְּרֹת הַמֶּלֶךְ צִדְקִיָּהוּ בְּרִית «c'est moi qui avais conclu une alliance» (v. 13) אָנֹכִי כָּרַתִּי בְרִית «et vous avez conclu une alliance» (v. 15) וַתִּכְרְתוּ בְרִית «l'alliance qu'ils ont conclue» (v. 18) הַבְּרִית אֲשֶׁר כָּרְתוּ

À cette liste de parallèles textuels, on peut aussi ajouter une opposition : l'oracle du chapitre 11 parle d'un pays «ruisselant de lait et de miel» (v. 5) et celui du chapitre 34 annonce la famine (v. 17). À partir de cette résonance, il devient légitime de considérer le souvenir d'un élément du chapitre 11, qui est absent du chapitre 34 : Yhwh y affirmait le sens de l'alliance conclue. Davantage que le respect d'une série de commandements, il s'agissait de créer une relation nouvelle :

(11,4) «Vous deviendrez mon peuple, et moi je deviendrai votre dieu.»

Revenant à la mémoire du lecteur grâce à la riche résonance signalée, ce verset l'aide à comprendre la virulence de la réaction divine : ce n'est pas seulement d'un mauvais traitement des anciens esclaves que les Judéens se sont rendus coupables, mais, à travers cela, d'une rupture de la relation avec Yhwh. La suite de l'oracle du chapitre 11 l'énonçait d'ailleurs : «ils ont rompu l'alliance que j'avais conclue avec leurs pères» (11,10).

Cette conclusion permet alors d'éclairer ce qu'il en est de Sédécias. On avait remarqué précédemment qu'en 34,8, c'était le roi Sédécias qui était le sujet du verbe «conclure» (כרת), à propos de l'alliance. L'oracle produisait une nouvelle description de cette scène, en montrant ce que la narration avait tu : l'alliance avait été conclue au Temple, en présence (לפני) de Yhwh. Mais si prendre un engagement éthique est une manière de nouer une relation nouvelle entre les deux contractants, on comprend que Sédécias a usurpé la place de Yhwh ; quant à la réticence de la narration à dire la dimension religieuse de cette alliance, elle produit l'impression d'un malaise, d'une tentative de dissimulation de cette usurpation. Conclure une alliance «devant» lui, ce n'est pas la même chose que le laisser être celui qui conclut l'alliance avec les autres[56]. Cette alliance n'a donné à Yhwh qu'une place de témoin, et n'a pas créé d'autre relation que celle entre Sédécias et ses sujets. Il est donc justifié que le roi soit condamné à un sort terrible : non seulement il lui est annoncé que, comme ses sujets, il sera remis au pouvoir de ses ennemis (comparer les vv. 20a et 21a), mais aussi qu'il sera remis au pouvoir de l'armée du «roi de Babylone» (v. 22b). Cela indique nettement que, soumis à un roi étranger, il perdra tous les attributs de son pouvoir royal, et par là tout ce qu'une alliance entre lui et son peuple aurait pu, pour un temps, construire.

Incompréhensible si elle était survenue directement après l'introduction narrative de 34,8-11, la condamnation du roi n'est donc énoncée par l'oracle qu'après qu'il a, par deux fois, complété la représentation initiale de l'alliance

---

56 De manière proche, Brueggemann note que «it constrasts God's covenantal faithfulness, upon which God did not renege, with Zedekiah's covenant, upon which he did renege.» ; Bruggemann, *Exile and Homecoming*, pp. 327–328.

conclue par Sédécias, en employant un vocabulaire qui entre en résonance, dans la mémoire du lecteur, avec l'oracle du chapitre 11. Cette transformation par étapes des représentations du lecteur ouvre la possibilité de l'énonciation d'une condamnation justifiée. Mais comme on l'a déjà souvent remarqué, le récit ne prend pas l'option d'une représentation de la causalité sous la forme d'un discours exposant ses motifs ; il choisit au contraire une manière de faire que le lecteur doit déchiffrer à partir des éléments précis de la mise en récit.

7.9 Derniers oracles avant la chute (chap. 37 – 39)

7.9.1 Délimitation et présentation

Les chapitres 37 à 39 doivent être étudiés d'un seul trait : la narration en est le genre dominant, et elle présente une certaine continuité depuis l'annonce de l'intronisation de Sédécias en 37,1 jusqu'à sa déportation à Babylone au chapitre 39. On n'y trouve pas de ces grands oracles qui s'éloignent peu à peu du contexte narratif qui leur servait d'introduction. C'est de plus au début du chapitre 37 qu'on revient au temps de Sédécias, après les chapitres 35 – 36 consacrés à Yoyaqim ; après le chapitre 39, le récit ne reviendra plus jamais à ce règne, si ce n'est à la fin du chapitre 51 puis dans le chapitre 52. Au cours des chapitres 37 – 39, on note une unité de lieu (la ville de Jérusalem), et un contexte militaire en permanence critique.

On peut identifier cinq oracles dans cet ensemble. En 37,7-10, Jérémie transmet un oracle aux ambassadeurs envoyés par Sédécias, qui traite des différentes armées étrangères attaquant Jérusalem. En 37,17, Jérémie informe secrètement le roi qu'il sera livré au roi de Babylone. Un oracle conditionnel destiné aux habitants de Jérusalem est rapporté en 38,2-3 ; il n'est pas introduit par une formule classique qui le relierait à Yhwh, mais par la présentation de quatre auditeurs, qui se révéleront (cf. v. 4s) être des ministres s'opposant au prophète. Enfin, dans sa conversation secrète avec Sédécias à la troisième entrée du Temple (38,14-26), Jérémie prononce deux oracles. Le premier (vv. 17-18) est un oracle conditionnel destiné au roi ; le deuxième (vv. 20-23) reprend le même thème en développant le versant négatif. Ce deuxième oracle a la particularité unique d'être décrit par Jérémie comme «la chose (דבר) que Yhwh m'a fait voir ».

Rappelons pour mémoire que lors de l'analyse du personnage d'Eved-Mélek (cf. 4.1), a été proposé un découpage des chapitres 37 – 38 en cinq petites unités ; chacune commence par l'action d'un personnage qui déclenche des événements et se termine par une pause : le personnage déclencheur est toujours un autre que Jérémie, et c'est toujours le repos ou l'immobilité du prophète qui est mentionnée à la fin.

7.9.2 Comparaison avec ce qui précède

Les analyses des oracles précédents ont abondamment employé l'argument de la mémoire du lecteur, notamment sous l'angle d'une sensibilité au vocabulaire employé, créant des jeux d'échos et de résonances. Cet argument fonctionnera d'une manière différente pour l'analyse des oracles destinés à Sédécias dans les chapitres 37 à 39. En effet, il n'apparaît pas d'échos ou de résonances de vocabulaire dans ces chapitres[57]. En revanche, considérant ce qui est raconté, il existe de nombreuses différences par rapport à ce qui précède ; cette observation contribuera grandement à l'interprétation.

On a rappelé ci-dessus la structure du texte, divisé en unités qui commencent toutes par l'action d'un personnage, déclenchant ainsi l'intrigue de ce mini-récit. Cela contraste fortement avec tous les oracles précédemment destinés à Sédécias : lorsqu'ils étaient insérés dans une narration, celle-ci s'ouvrait par une formule qui indiquait la survenue d'une parole divine[58]. La narration n'est donc pas guidée ici par la parole de Yhwh transmise au prophète, mais par l'initiative des autres personnages.

Dans la première des unités, Sédécias envoie des ambassadeurs vers Jérémie pour lui transmettre une demande d'intercession ; est ensuite rapporté un oracle qui se présente comme réponse à cette demande. Cela rappelle très fortement la scène du chapitre 21 dans laquelle Sédécias apparaissait pour la première fois. L'un des deux ambassadeurs est le même, le prêtre Cefanya (son nom prenant la forme longue « Cefanyahou » en 37,3) fils de Maaséya, alors que l'autre diffère (Pashehour fils de Malkiya en 21,1, Yehoukal fils de Shèlèmya en 37,3). On avait discuté, dans l'analyse de l'oracle du chapitre 21, de la nature ambiguë de la demande de Sédécias : s'agissait-il d'une demande de consultation ou d'intercession ? Une situation symétrique se trouve au chapitre 37 : la demande de Sédécias utilise le vocable de l'intercession (פלל *hitpael* v. 3), alors que Jérémie répond en parlant de consultation (דרש v. 7). Au chapitre 21, Sédécias mentionnait la guerre menée par Nabuchodonosor ; on ne remarque en revanche

---

[57] Ces jeux de vocabulaire sont difficiles à découvrir, mais une fois découverts, il est facile de les produire et de les utiliser pour l'argumentation. En revanche, leur absence est, en toute rigueur, indémontrable : il restera toujours le doute qu'une recherche plus approfondie puisse en mettre au jour, et remette ainsi en cause l'argumentation.

[58] Voir ainsi 21,1 ; 24,1 ; 27,1 ; 32,1 ; 34,1 ; 34,8.

chapitre 37 aucune mention par le roi de la situation militaire. Cette remarque peut d'ailleurs s'étendre à l'ensemble des chapitres 37–38 : les seules instances narratives à mentionner les armées étrangères sont la narration elle-même et les personnages Yhwh et Jérémie, alors que les autres personnages ne mentionnent que la situation interne à la ville ; les craintes qu'expriment ces Judéens ne portent que sur le risque de trahison de l'un des leurs[59] ou la démoralisation de leurs propres soldats (cf. 38,4).

Les oracles adressés à Sédécias, de même que celui prononcé pour toute la ville (38,2-3) présentent aussi des différences frappantes par rapport aux oracles précédents. Certes, un grand nombre de leurs éléments étaient déjà connus du lecteur : l'incendie de la ville (34,22), le sort du roi livré au pouvoir (ביד, litt. «dans la main») du roi de Babylone (32,4), l'impossibilité pour lui d'y échapper (32,4 ; 34,3). Pourtant, on remarque des différences majeures. C'est ainsi dans ces chapitres seulement que Sédécias reçoit des oracles conditionnels :

(38,17-18) «si tu acceptes de sortir... mais si tu ne sors pas» (אִם...וְאִם לֹא)

(38,21) «mais si tu refuses de sortir...» (וְאִם־מָאֵן אַתָּה לָצֵאת)

L'oracle destiné à la ville, d'ailleurs, même s'il n'emploie pas le vocable אם, «si», présente aussi une alternative conditionnelle, opposant «celui qui sort» à «celui qui reste» (היֹשב...ויצא 38,2). Il est aussi remarquable que les oracles des chapitres 37–38 ne traitent que d'affaires militaires, pour évoquer le sort global de la ville et de ses habitants, ou celui du roi. Ces affaires sont évoquées de manière assez concrète, sans reprendre la malédiction générale de «la peste, la famine, l'épée» fréquemment rencontrée auparavant. En revanche, on ne retrouve pas les aspects éthiques et religieux qui abondaient dans les oracles précédents : au chapitre 21, la partie de l'oracle spécifiquement dédiée à Sédécias était suivie d'un appel à rendre la justice et à respecter les droits des pauvres ; l'oracle des figues (24,1-10) s'appuyait sur un arrière-plan d'offrande au Temple ; l'oracle du joug (27,1-22) mentionnait les faux prophètes et les ustensiles du Temple ; lors de l'achat du champ, l'oracle évoquait les cultes idolâtriques (32,26-44) ; enfin, dans l'épisode de la libération des esclaves (34,12-22), on traitait des ordres divins et du culte au Temple. À cela, on peut encore ajouter l'absence de gestes symboliques réalisés volontairement par Jérémie, même si son sort personnel peut être interprété comme symbole implicite du destin de la ville.

---

59 Voir ainsi le motif d'arrestation du prophète donné par Yiriya en 37,13 et la crainte secrètement exprimée de Sédécias en 38,19.

Ces chapitres présentent aussi une particularité, en ce qu'ils développent fortement un effet de réel : de nombreuses notations géographiques sont présentes sans autre raison que de manifester la prétention du récit à représenter le réel, sans notamment créer d'échos ou de résonances avec des oracles ou des thèmes présents en d'autres passages du livre. On peut ainsi relever «la maison du scribe Yehonatân» (37,15) et les précisions sur l'aménagement de sa citerne ; la «rue des boulangers» (37,21) ; la précision de la «troisième entrée du Temple» (38,14), ou la localisation précise du «jardin du roi».

7.9.3 Chronologie

La complexité chronologique de Jr a déjà été signalée (cf. 2.4.1). Un survol rapide des chapitres 37–39 pourrait laisser croire qu'au milieu de ce livre à l'ordre énigmatique, ils constituent un petit ensemble bien ordonné, à la chronologie claire. Mais une lecture précise montre qu'il n'en est rien. Certes, le chapitre 37 s'ouvre par la mention de l'accession au trône de Sédécias ; le chapitre 39 raconte la chute de ce roi, introduite par deux formules précises de datation (vv. 1 et 2). Pourtant, entre ces deux extrémités, les contradictions chronologiques sont nombreuses. Avant de les détailler, une précision s'impose : bien que ces difficultés soient souvent ce qui alimente une analyse diachronique, on veut ici les intégrer dans l'analyse narrative. Elles se manifestent, en effet, au lecteur implicite.

On peut d'abord remarquer un hiatus dans la situation de Jérémie entre les chapitres 37 et 38. En 37,21, le prophète est «placé» (פקד *hiphil*) sur ordre du roi (וַיְצַוֶּה) dans la cour de garde. Le vocabulaire de l'emprisonnement n'est pas employé, mais le contexte n'indique pas une libération complète du prophète ; on a plutôt l'impression d'un allègement de la peine infligée par les ministres[60]. En revanche, au début du chapitre 38, les ministres entendent Jérémie s'adresser à «tout le peuple», ce qui suppose une liberté complète, sauf à faire l'hypothèse excessive que tout le peuple soit rassemblé dans la «cour de garde».

Une autre difficulté apparaît dans la dernière conversation de Sédécias et Jérémie. Le roi lui propose de tenir face aux ministres l'alibi selon lequel il aurait demandé à ne pas retourner dans la maison de Yehonatân (38,26). La narration signale que l'argument a fonctionné lorsque Jérémie l'a employé (38,27). Pourtant, à ce point du récit, il manque de plausibilité pour le lecteur : à la fin du

---

60 Carroll propose ainsi que le lieu de la cour de garde soit pratique pour distribuer à Jérémie la ration de pain qui vient de lui être attribuée ; cf. Carroll, *Jeremiah*, p. 677.

chapitre 37, il a appris que Jérémie a quitté la citerne de la maison de Yehonatân. Au début du chapitre 38, le lecteur a pris connaissance d'un autre péril mortel pour le prophète, la citerne de Malkiya, qui a éloigné la perspective d'une détention chez Yehonatân (38,6). D'ailleurs, l'alibi proposé par le roi est difficile à raccorder à la supplication du prophète en 37,21. Dans cette conversation, Jérémie avait demandé à ne pas retourner dans la maison de Yehonatân, car il craignait d'y mourir. Lorsque le roi propose au prophète de tenir cet alibi devant les ministres, en 38,26, voudrait-il faire écho à cette conversation qui, pour le lecteur, est située antérieurement ? On ne peut s'empêcher de penser que cette deuxième mention du danger de mourir dans la maison de Yehonatân fait double emploi avec la première.

On a donc l'impression que, même en l'absence de marques narratives explicites de prolepse ou d'analepse[61], les petites unités repérées dans les chapitres 37 – 38 ne sont pas rapportées par le récit dans l'ordre chronologique. La structure des deux chapitres, dont de nombreuses unités se terminent par la mention du repos de Jérémie dans la cour de garde, accentue l'impression d'une organisation plus répétitive que linéaire, comme si la temporalité y était cyclique[62]. D'ailleurs, si l'on voulait remettre les unités dans l'ordre chronologique, plusieurs d'entre elles pourraient assurer la transition vers le chapitre 39 : puisqu'en 39,14 les Babyloniens retirent Jérémie «de la cour de garde», une continuité serait possible avec 37,21, ou 38,13, ou encore 38,27, trois passages qui se terminent par la mention du repos du prophète en ce lieu.

À ces difficultés internes aux chapitres 37 – 39, s'ajoutent des contradictions qui naissent de la comparaison de cette séquence avec ce qui précède. Le lecteur avait appris préalablement, lors de l'épisode de l'achat du champ, que Jérémie avait été «enfermé» (כָּלוּא 32,2) par Sédécias dans la cour de garde ; cet enfermement était motivé par des reproches envers les oracles du prophète. Dans les chapitres 37 – 39, la situation du prophète présente une solution de continuité par rapport au chapitre 32 : aucune allusion n'est faite ni à un enfermement punitif

---

61 Lorsqu'il introduit ces deux termes dans la théorie narrative, Genette suppose que les événements auxquels s'intéresse le récit peuvent déjà être classés chronologiquement, cf. *supra* p. 111 n. 86.

62 À propos des chapitres 37 – 38, Carroll observe le même effet, même s'il exprime cette observation à travers une interprétation diachronique : «All the stories must be regarded as variations on a theme rather than as historical accounts of independant events [...]» ; «Apart from 38.17, every encounter between the king and the prophet [...] has the same result.» ; «there is only a set of motifs which is used repeatedly in different ways to construct variations on a theme rather than a historical event behind the variant accounts.» ; «The story of how Jeremiah survived [...] is told a number of times [...]» ; Carroll, *Jeremiah*, pp. 672, 673 et 677.

dans la cour de garde, ni à une libération d'un enfermement précédent. Le roi se présente comme intéressé par les oracles, protégeant le prophète alors même que sa prédication lui est défavorable. De plus, les similitudes entre les deux ambassades envoyées par Sédécias à Jérémie sont troublantes (cf. 21,1-2 et 37,3) : aucune des deux ne fait référence à l'autre alors que leur récit en est très proche, jusqu'à l'identité d'un des deux ambassadeurs, Cefanya fils de Maaséya. La ressemblance est accrue par l'emplacement de ces récits par rapport à l'ensemble du récit du règne de Sédécias. Au chapitre 21, c'est la première fois que le récit mentionne le roi Sédécias, et sa première action représentée est d'envoyer une ambassade vers le prophète. Au chapitre 37, les deux versets introductifs (vv. 1-2) évoquent l'accession au trône de Sédécias ; le lecteur est donc conduit à associer l'ambassade vers Jérémie avec le début du règne, de la même manière qu'au chapitre 21.

7.9.4 Interprétation

De même que cette recherche a déjà pris parti pour une théorie des personnages qui fasse droit à la limitation de l'effet-personnage, on peut demeurer dans une analyse synchronique sans pour autant imposer au récit de reposer sur une fable univoque, linéaire et non contradictoire. On a montré précédemment combien, tant sous l'angle d'une théorie du discours historique que sous l'angle d'une théorie du récit, les commentateurs et les œuvres ont déployé d'autres paradigmes que celui du récit à fable linéaire. L'interprétation des chapitres 37–39 va alors s'articuler en deux étapes : d'abord une proposition de lecture grâce à la catégorie de distanciation ; ensuite une réflexion sur la manière dont le livre de Jr expose les causes de la catastrophe de l'Exil.

Alors que le projet de remise en ordre par le lecteur du récit suivant une fable linéaire semble voué à l'échec, on veut d'abord proposer que la lecture des chapitres 37 à 39 produit un effet de distanciation par rapport au règne de Sédécias. Signalons dès à présent que la même ligne d'interprétation sera développée plus bas à propos du chapitre 52.

Lorsque le lecteur arrive au début du chapitre 37, il connaît déjà un certain nombre d'informations à propos de Sédécias. Ce qui est raconté à partir de 37,1 peut être compris non comme complément de ce que le lecteur sait déjà, mais comme un autre récit, incompatible avec le précédent, du règne de ce roi[63]. Cet

---

63 Brueggemann note ainsi : «The tradition of Jeremiah several times reiterates an encounter between the prophet and King Zedekiah [...]. This is yet one more report of such an encounter.».

effet est construit par l'emploi d'éléments narratifs qui se manifestent comme à la fois familiers et étranges par rapport à ce qui précède. La situation serait différente si, à partir du chapitre 37, le texte en sa forme finale ne rapportait pas l'intronisation du roi (37,1), ou si Sédécias n'envoyait pas d'ambassade vers Jérémie, ou bien si le récit de cette ambassade était davantage différent de celui du chapitre 21. Notons aussi que cet effet de distanciation est renforcé par l'importance de l'effet de réel dans ces chapitres : si le texte donnait moins l'impression au lecteur que « tout cela est réel », les décalages apparaîtraient avec moins de force.

Remarquer cet effet de distanciation permet alors d'interpréter une des caractéristiques des oracles rapportés dans les chapitres 37 – 38 : leur absence de préoccupation cultuelle ou éthique. Alors que le récit insiste sur la pression exercée par les armées étrangères, davantage que dans les chapitres précédents, Jérémie ne rapporte pas d'oracles associant les bienfaits divins à l'observance de prescriptions cultuelles ou à la pratique de la justice. Ceci interdit de penser qu'une solution, face à la venue de la catastrophe, pourrait se trouver dans une pratique cultuelle ou dans une plus grande justice interne à la capitale judéenne. Jérémie ne propose au contraire qu'une prophétie traitant des armées extérieures et de leur grande puissance.

Les deux manières de présenter Sédécias et les oracles qui lui sont destinés, dans les chapitres 21 – 34 (avec bien sûr l'exception des chapitres 25 – 26 consacrés à Yoyaqim) et 37 – 38 permettent d'articuler les causes de la catastrophe d'une manière qui n'ajoute pas les raisons politico-militaires aux raisons éthico-religieuses. En se donnant au lecteur sur le mode de l'effet de distanciation, ces raisons ne sont pas présentées comme complémentaires, mais comme deux descriptions d'une même réalité. C'est un même rapport faussé qui se manifeste chez Sédécias, tant dans son rapport à Yhwh que dans son rapport aux armées étrangères. Ainsi, l'observance des prescriptions religieuses et éthiques n'est pas présentée par Jr comme échappatoire à une analyse politique défaillante. La cause de la catastrophe de l'Exil est d'une part éthico-religieuse et d'autre part politique, ses protagonistes sont Yhwh et Nabuchodonosor, mais ces deux as-

---

L'expression employée met bien en cause la pluralité des rencontres ; cf. Brueggemann, *Exile and Homecoming*, p. 300. Carroll, en comparant les récits des chap. 21 et 37, propose que « the different stories may be variations on a formal theme [...] rather than reflections on historical events. ». Il qualifie chacun de ces deux récits de « each occurrence of the theme » ; « The theme is manipulated and transformed by different contexts ». Son interprétation est immédiatement diachronique, mais révèle bien, en deçà de l'interprétation, une observation sur l'effet du texte dans sa forme actuelle ; cf. Carroll, *Jeremiah*, p. 408.

pects ne sont pas combinés dans une représentation unifiée[64]. L'effet de distanciation qui se produit lorsque le lecteur lit en série ces différentes représentations est probablement une manière – littéraire – de penser l'articulation théologique du terrestre et du céleste. À titre d'hypothèse interprétative, on peut rappeler ici la distinction entre «catégorial» et «transcendantal» dans la théologie de Karl Rahner : les domaines religieux, éthiques et politiques ne sont ni juxtaposés ni interchangeables ; la relation verticale à Yhwh se «médiatise» à travers la justesse des comportements dans le champ des actions horizontales, vis-à-vis d'autrui. Ainsi, l'obéissance aux commandements religieux ne dispense pas d'une action véritablement politique.

7.10 À Babylone avec Seraya (chap. 51)

7.10.1 Présentation

Après le chapitre 45, Jr présente les oracles contre les nations, souvent introduits par des formules narratives classiques brèves[65] ; on n'y retrouve plus ces nombreux éléments narratifs (lieux, datations, personnages, actions…) qui abondaient depuis le chapitre 20. Après l'oracle contre Babylone, toutefois, la fin du chapitre 51 revient à une narration plus riche : les versets 59-64 racontent un petit épisode présentant plusieurs personnages, avec des indications géographiques, des dialogues ainsi qu'une formule de datation. Daté de la quatrième année de Sédécias, l'épisode rapporte une mission donnée par Jérémie à Seraya, fils de Nériya (donc frère de Baruch) : il doit lire à Babylone un livre contenant tous les oracles proclamés contre cette ville, puis le jeter lesté d'une pierre au milieu de l'Euphrate. Le dernier verset se termine par une formule de clôture d'une exceptionnelle rareté :

(51,64) עַד־הֵנָּה דִּבְרֵי יִרְמְיָהוּ׃

---

[64] On rejoint ici Brueggemann pour qui «Clearly there is a link between the theological and political verdicts. Clearly the text intends a connection between the two. [...] There are two renderings of the crisis, and either interpretation is valid and permissible. In the context of the book of Jeremiah, the two cannot be separated and likely they are understood to be synonymous. Thus Yahweh's ‹expulsion› of Judah is not a ‹supernatural› act, but happens in a perfectly understandable way which everyone can observe.» ; Brueggemann, *Exile and Homecoming*, p. 489.

[65] Comme «Ce qui survint comme parole de Yhwh vers Jérémie» (46,1) ou «La parole que parla Yhwh à Jérémie» (46,13).

« Jusqu'ici les paroles de Jérémie. »

Cette formule fait certes écho avec celle de 48,47, « jusqu'ici le jugement de Moab », mais surtout aussi inclusion avec l'ouverture du livre en 1,1 : « Paroles de Jérémie »[66]. Le chapitre 52, d'ailleurs, ne mentionnera jamais le prophète.

L'épisode est daté de la quatrième année du règne de Sédécias : d'un point de vue chronologique, on se trouve face à une analepse explicite. Pourtant, l'emplacement dans l'ordre du récit fait sens : alors qu'ont été racontées la destruction de Jérusalem et la déportation à Babylone, vient maintenant un oracle concernant l'avenir de Babylone.

7.10.2 Remarque textuelle préliminaire

En 51,59, les éditeurs de la BHS rapportent une proposition de correction basée sur la LXX : à la place de אֶת־צִדְקִיָּהוּ, « avec Sédécias », ils proposent de lire מֵאֵת, « de chez », conformément au grec παρά. Cette correction n'est pas sans conséquence pour l'interprétation du passage : Sédécias est-il resté à Jérusalem ou bien faisait-il partie du voyage vers Babylone ? Toutefois, bien des arguments justifient de ne pas corriger le texte massorétique[67]. La comparaison avec la LXX n'est en effet pas décisive : on a déjà dit (cf. 1.4) combien ces deux éditions du texte divergent et méritent de recevoir chacune une exégèse spécifique, plutôt que de tenter de les combiner pour reconstruire un texte original. D'autre part, aucun manuscrit hébreu ne soutient cette correction, qui n'est pas même mentionnée par Barthélemy.

7.10.3 Sédécias dans l'épisode

On peut remarquer que le récit rapporte l'épisode en fonction d'intérêts très spécifiques. En effet, le verset 59 laisse deviner un voyage officiel du roi de Juda vers le grand souverain babylonien ; le lecteur connaît depuis le verset 37,1 le

---

66 En dehors de ces formules solennelles qui expriment le sens de l'ensemble du livre, l'expression « paroles de Jérémie » est aussi employée deux fois dans des phrases de la narration : Ouriyahou prophétisa « comme toutes les paroles de Jérémie » (26,20) ; Baruch lut dans le rouleau « les paroles de Jérémie » (36,10).

67 Holladay rend compte de la réflexion diachronique concernant deux points : Comment expliquer que la LXX ait ici un texte plus long ? Et peut-on imaginer que Sédécias se soit rendu à Babylone en 594 ? Cf. Holladay, *Jeremiah 2*, pp. 432–433.

rapport d'allégeance qui unit ces deux personnages. D'un point de vue hiérarchique, Seraya n'est qu'un personnage secondaire de l'entourage du roi lors de ce voyage. Pourtant, la suite du récit ignore Sédécias : Jérémie donne une mission seulement à Seraya, et les paroles que ce dernier doit prononcer ne disent rien du roi.

La mention de Sédécias au début de l'épisode n'a pas comme seul effet d'indiquer les circonstances historiques de la mission de Seraya. Pour le lecteur qui connaît ce roi depuis de nombreux chapitres, et qui a déjà pris connaissance de son sort tragique lors de la chute de Jérusalem, il apparaît ici une disqualification complète du roi[68]. L'oracle annonce certes une disparition de Babylone, cette ville qui écrase Jérusalem, mais sans que cela se traduise par un retournement de situation favorable à Sédécias. Ainsi se dessine une perspective dans laquelle l'avenir du peuple – dont le lecteur sait, à ce point du récit, qu'il passe par la déportation à Babylone – exclut Sédécias, et sans doute avec lui un quelconque rôle de la fonction royale.

7.11 Sédécias sans Jérémie (chap. 52)

Après avoir analysé tous les passages dans lesquels des oracles sont associés au personnage de Sédécias, on ne peut négliger ce chapitre où le roi est très présent alors qu'aucun oracle ne survient. Il s'agit ici d'enregistrer l'effet produit sur le lecteur, alors que se sont terminées juste auparavant les «paroles de Jérémie» (51,64).

7.11.1 Points communs et différences

Le texte du chapitre 52 est très proche de celui de 2 R 24,18–25,30. Toutefois, pour le lecteur de Jr, c'est d'abord sa ressemblance avec Jr 39 qui apparaît. En effet, les événements de la chute de Jérusalem y sont rapportés d'une manière similaire : le début du siège la neuvième année au dixième mois (39,1 et 52,4) ; la brèche dans la ville la onzième année, le quatrième mois, le neuf du mois (39,2 et

---

68 En complétant très largement les brèves indications fournies par la narration, Carroll a une remarque qui s'appuie sur une lecture proche : «Hence the words uttered are written down by Jeremiah [...] transported to Babylon by a delegated official [...] who may have been travelling there with the vassal king's tribute to his suzerain lord (cf. G ; how ironic that the diplomatic bag which carried such wealth also contained the book of curses !) [...]» ; Carroll, *Jeremiah*, p. 855–856.

52,5-7a) ; la fuite de nuit par la porte entre les deux murs et le jardin du roi vers la Araba (39,4 et 52,7b-7) ; la poursuite par les troupes chaldéennes dans la plaine de Jéricho, la capture de Sédécias conduit à Rivla devant le roi de Babylone (39,5 et 52,8-9) ; le sort du roi dont les yeux sont crevés (39,6-7 et 52,10-11) ; puis le rôle de Nebouzaradân dans la déportation des habitants de la ville et du sort des pauvres qui restent en Judée pour cultiver les vergers et les champs (39,10 et 52,15-16). Non seulement les événements racontés sont les mêmes, mais de nombreuses phrases sont extrêmement proches voire identiques ; on présente à titre d'exemple le sort de Sédécias dans ces deux chapitres, les différences étant portées en italiques :

39,6-7	52,10-11
Le roi de Babylone égorgea les fils de Sédécias *à Rivla* sous ses yeux, et tous les *nobles* (חֹר) de Juda égorgea *le roi de Babylone*. Et les yeux de Sédécias il creva, et il le lia avec une double chaîne de bronze, *pour* l'emmener à Babylone.	Le roi de Babylone égorgea les fils de Sédécias sous ses yeux et *aussi* tous les *chefs* (שַׂר) de Juda il égorgea *à Rivla*. Et les yeux de Sédécias il creva, et il le lia avec une double chaîne de bronze, *et le roi de Babylone* l'emmen*a* à Babylone, *et il le mit en prison jusqu'au jour de sa mort.*

Les deux textes ne sont pas parfaitement similaires, mais à l'exception de la mention finale de l'emprisonnement jusqu'à la mort, ils transmettent des informations identiques ; on pourrait les échanger sans modifier vraiment le sens des passages concernés.

Ces nombreuses ressemblances rendent d'autant plus frappantes les différences. Les versets 1-3 diffèrent beaucoup de ce qui précède. Le verset 1, tout d'abord, apporte une information biographique qui n'était pas connue auparavant : le nom de la mère de Sédécias. Les versets 2 et 3a, en annonçant que Sédécias fit «le mal aux yeux de Yhwh» et comment Yhwh réagit, ne fait pas qu'apporter des informations encore inconnues : dans tout ce qui précède, ce genre de jugement n'était pas transmis directement dans la narration, mais par la médiation de discours représentés ou bien par la signification implicite de certains actes. Enfin, le verset 3b, rapportant une révolte de Sédécias contre le roi de Babylone, donne une explication aux actions de Nabuchodonosor très différente de ce qui précédait : le récit n'avait jamais montré d'actions de Sédécias en disant explicitement qu'elles aient déplu au souverain babylonien, et insistait davantage sur les causes éthico-religieuses de la catastrophe. Ces dernières ne sont pas niées, certes, puisque le verset 3a les mentionne, mais la narration ne les avait jusqu'ici pas associées elle-même aux causes politiques.

Les versets 12-13 rapportent les détails de la destruction du Temple, qui étaient totalement absents du chapitre 39. Puis vient un récit du sort de quelques personnages importants de la ville, une description fouillée des objets du culte emportés à Babylone, un décompte des personnes déportées, puis un bref récit de la libération de Yoyakîn après 37 ans. Au contraire, au chapitre 39, rien n'était dit du Temple[69] ni de ces personnages ; le récit détaillait en revanche longuement ce que devenaient Jérémie et les Judéens restés dans le pays sous les ordres de Guedalias. On avait d'ailleurs remarqué (cf. 4.3.5) que le récit et ses personnages étaient habituellement organisés autour de la relation entre Yhwh et Jérémie ; mais ici le prophète est absent. Le roi Yoyakîn, enfin, n'était pas connu sous ce nom avant le chapitre 52, mais sous les noms «Yekonya» et «Konyahou» ; on doit noter que ce n'est que par une information extérieure à Jr que l'on peut reconnaître que ces trois noms désignent le même personnage[70].

7.11.2 Analyse narrative

Les ressemblances et différences repérées entre les chapitres 39 et 52 peuvent alors être interprétées. Un des procédés qui peut concourir à l'effet de distanciation consiste à représenter plusieurs fois la même histoire, avec des variations telles que la reconstitution d'une histoire unique soit impossible. La question que pose le chapitre 52 à l'analyse narrative est donc de savoir si, pour le lecteur implicite, ce chapitre se présente comme un complément cohérent de ce qui a été rapporté précédemment, sous forme d'analepse, ou bien comme un récit qui, au moyen de certaines incohérences avec ce qui précède, produit un effet de distanciation.

Une fois cette alternative posée, il devient clair que, malgré les nombreuses ressemblances entre Jr 52 et les chapitres précédents, les différences interdisent de voir ici une analepse dans le récit d'une même histoire[71]. Rappelons no-

---

69 Sa destruction avait toutefois été annoncée dans l'oracle du joug au chapitre 27.

70 On a déjà discuté des trois noms de ce personnage, cf. n. 32 p. 266.

71 Dans un article où il interroge l'histoire de la rédaction en se demandant si certains livres prophétiques ont «conscience de leur particularité en tant que littérature de réécriture», Konrad Schmid fait une remarque d'ordre synchronique qui rejoint la réflexion de cette recherche : «le livre de Jérémie peut également contenir des textes relatifs à Jérémie – p. ex. Jr 52 – sans que ces textes ne donnent pour autant l'impression qu'ils proviennent du prophète du point de vue de la fiction littéraire construite par le livre.». K. Schmid, «L'auto-compréhension des livres pro-

tamment le récit de l'accession au trône (v. 1) et la différence dans la manière de parler de Yhwh (vv. 2-3). L'absence du prophète est aussi criante, de même que l'absence qui en découle de toute parole de Yhwh. Alors que précédemment cette parole offrait une alternative entre deux issues, l'une favorable et l'autre défavorable, le chapitre 52 présente plutôt une histoire qui se déroule sans liberté. On doit remarquer l'enchaînement des deux premiers versets : au verbe מלך, «régner», du premier verset, fait suite l'annonce d'une action générique mauvaise : ויעש הרע בעיני יהוה, «et il fit le mal aux yeux de Yhwh » ; cette construction suggère l'impression d'une équivalence entre les deux verbes. Tout le règne de Sédécias est ainsi résumé par le jugement négatif porté sur ses actions. Cela contraste fortement avec la subtilité et la versatilité du personnage de Sédécias dans les chapitres précédents : on l'y avait vu hésiter, agir dans une direction puis dans une autre, partager des doutes, tenter d'élaborer des stratégies.

Un autre aspect du texte qui produit l'effet de distanciation se trouve dans la description si minutieuse des ustensiles du Temple. On ne doit pas y voir qu'un complément d'information ; cela souligne l'importance – dans ce chapitre – du Temple et du culte, alors que dans les chapitres précédents, le Temple n'était jamais que le lieu de proclamation de certains oracles de Jérémie. C'était d'ailleurs fréquemment un lieu d'opposition au prophète et, à travers lui, à Yhwh. Le chapitre 52 donne l'impression d'une théologie différente, comme si l'attachement à Yhwh passait par l'attachement au Temple. On peut donc conclure que le chapitre 52 se présente comme un autre récit de la chute de Jérusalem sous Sédécias, qui offre au lecteur non un récit différent d'une même histoire, mais un récit d'une histoire légèrement différente.

7.11.3 Effet sur le lecteur

Nul doute que le lecteur, après avoir suivi sur 51 chapitres les tribulations du prophète Jérémie, n'ait fini par s'attacher à sa personne et à son message. La lecture du chapitre 52 vient alors produire un effet de contraste qui lui fait prendre conscience de l'originalité de ce qu'il vient de lire. Ce chapitre final se présente ainsi comme un récit de la chute de Jérusalem dans un monde dont le prophète serait absent et où la parole de Yhwh ne retentirait pas. Le lecteur peut

---

phétiques comme littérature de réécriture», *Écritures et réécritures*. La reprise interprétative des traditions fondatrices par la littérature biblique et extra-biblique. Cinquième colloque international du RRENAB, Universités de Genève et de Lausanne, 10 – 12 juin 2010 (éd. C. Clivaz – C. Combet-Galland – J.-D. Macchi – C. Nihan) (BEThL 248 ; Leuven – Paris – Walpole, MA 2012) pp. 123 – 136, pp. 123 et 126.

alors comprendre combien la parole transmise par Jérémie produit de la liberté pour les personnages, combien aussi elle relativise la gravité des destructions matérielles, fussent-elles à dimension religieuse quand il s'agit du Temple et de ses ustensiles. De plus, alors que les chapitres 1–51 ne disaient rien de la libération tardive de Yoyakîn, sa mention au chapitre 52 fait sentir, par contraste encore, que l'attachement à Jérémie et à ses oracles permet de bâtir une espérance qui ne repose pas, d'abord, sur la survie d'un héritier de la lignée royale.

7.12 Conclusion

Par rapport aux personnages étudiés précédemment, qui n'apparaissaient que dans peu de passages, on aurait pu penser que Sédécias apparaîtrait comme davantage constitué et plus cohérent. L'étendue des séquences narratives et la quantité des oracles qui le mentionnent ou lui sont destinés auraient pu dessiner un portrait très précis de ce roi. Mais l'analyse a montré qu'il n'en est rien, et les conclusions valides pour les personnages précédents s'imposent là encore. Non seulement l'abondance de la matière ne permet pas de sortir de la frustration des attentes biographiques du lecteur, mais l'accumulation de matériaux non coordonnés ne fait que l'accentuer. Ainsi, trois perspectives sur Sédécias se manifestent, presque similaires si on les observe de loin, mais en fait irréconciliables entre elles : du chapitre 21 au chapitre 34, un roi solidaire de son peuple dans son opposition au prophète ; en 37–39, un roi versatile, protégeant Jérémie des ministres mais ne l'écoutant pas vraiment ; au chapitre 52, un roi sans liberté ne connaissant pas le prophète.

Alors que la destruction de Jérusalem et l'Exil constituent des événements majeurs de l'histoire biblique, il aurait été passionnant de lire dans Jr un portrait de Sédécias qui l'aurait montré s'engageant peu à peu dans des mauvaises décisions, d'une manière qui aurait rendu sa psychologie compréhensible. Tel n'est pas le chemin choisi par ce livre, qui s'appuie sur les attentes du lecteur pour les déplacer. Plutôt que de l'informer sur des événements passés, aussi importants soient-ils, il s'agit de le rendre coopérateur du message et de lui permettre de s'engager dans un jugement conforme à celui des oracles. Alors qu'une transmission directe des oracles à Sédécias, comme à Yoyaqim, n'a pas eu l'effet escompté par Jérémie, le livre choisit une autre stratégie de communication pour que ses lecteurs sachent, le moment venu, prévenir une autre catastrophe du même type.

8 Retour sur le lecteur

Il convient, avant de clore cette partie consacrée à l'étude des oracles destinés aux personnages secondaires, de revenir sur les capacités du lecteur, tel que cette recherche l'a construit. Une première partie réfléchira de manière plus théorique à la mémoire requise du lecteur ; l'épisode de la lecture du rouleau au chapitre 36 offrira, dans une seconde partie, des analogies fécondes.

8.1 Réflexion théorique

Il est apparu nettement qu'en posant une capacité du lecteur à se souvenir de ce qu'il a déjà lu, grâce à une sensibilité de sa mémoire aux échos et résonances de vocabulaire, les énigmes construites par les oracles destinés aux personnages secondaires trouvaient une résolution satisfaisante. Quelques indices, qui avaient mis sur la voie de cette argumentation, avaient été signalés, notamment l'exemple de la règle rabbinique de la *gezerah shavah* (cf. 3.4.5). Mais ne fait-on pas ainsi porter une exigence déraisonnable quant aux capacités du lecteur ? D'un point de vue théorique, c'est du lecteur implicite que l'on parle : il est défini comme le lecteur voulu par le texte, ayant donc toutes les capacités requises pour recevoir le message écrit : théoriquement, rien n'empêche de concevoir un lecteur implicite doté d'une telle mémoire. Mais la question rebondit : à supposer que tel soit le lecteur implicite, est-il un tant soit peu possible qu'un lecteur réel corresponde à ce lecteur implicite ? Une telle capacité mémorielle n'est-elle pas inatteignable pour un être humain ?

Les conditions concrètes de production de cette recherche peuvent renforcer l'objection : si le lecteur de Jr doit avoir de telles qualités et en quelque sorte repérer « naturellement » ces échos lexicaux, comment expliquer qu'il ait fallu tant d'heures d'analyse, de travail sur les concordances notamment informatisées, pour les établir ? Ne faut-il pas une mémoire d'ordinateur – illimitée, transparente, instantanée – pour les déceler ? Si ces béquilles du chercheur font partie des conditions courantes – et indispensables – de la recherche d'aujourd'hui, n'oublions pas pourtant comment nos prédécesseurs travaillaient, avant l'ordinateur et la photocopieuse. On se raconte encore, dans nos universités, les souvenirs de tel chercheur décédé depuis peu, compilant ses citations et notes de bas de page quasiment de mémoire. On connaît encore, dans les facultés de théologie ou d'exégèse biblique, quelque vieil enseignant qui connaît par cœur le texte de tel ou tel livre biblique, avec une précision analytique

https://doi.org/10.1515/9783110657845-011

remarquable. On sait que la mémoire des anciens était plus agile que la nôtre ; qui oserait aujourd'hui comparer sa mémoire à celle d'Augustin, qui écrivait :

> « Et j'arrive aux grands espaces et aux vastes palais de la mémoire, où se trouvent les trésors des innombrables images apportées par la perception de toutes sortes d'objets. [...] Quand je suis dans ce palais, j'appelle les souvenirs pour que se présentent tous ceux que je désire. [...] C'est au-dedans que j'accomplis ces actes, dans la cour immense du palais de ma mémoire. Oui, là, le ciel et la terre et la mer sont à ma disposition [...] »[1]

Considérons un instant la proposition contraire : que serait une théorie de la lecture dans laquelle on ne pourrait pas supposer que le lecteur se souvienne de ce qu'il a déjà lu ? Il faudrait alors imaginer qu'il est présent au passage du livre sur lequel ses yeux se posent, qu'il se souvient de quelques pages précédentes, mais que tous les chapitres antérieurs ont déjà sombré dans un oubli irrémédiable. C'est peut-être ainsi que fonctionne une littérature pensée en vue du divertissement : elle n'a rien à dire, elle ne construit aucun message, elle n'appelle aucun changement dans la vie du lecteur ; elle joue au contraire à maintenir un état d'excitation constant, une attente sans cesse comblée et sans cesse relancée des résolutions de mini-intrigues... Mais que ressort-il de ce genre de lecture, sinon de la fatigue, et peut-être une dépendance qui, telle celle provenant d'une drogue, poussera à acheter un autre livre de ce genre ? Aucun intérêt, d'ailleurs, ne peut pousser à relire le livre : c'est la nouveauté permanente, sans cesse acquise et sans cesse oubliée, qui entraîne le lecteur. À lui s'applique parfaitement la remarque de Roland Barthes : « ceux qui négligent de relire s'obligent à lire partout la même histoire »[2]. Par elle-même, cette argumentation contraire ne conduit pas à affirmer une mémoire en quelque sorte totale de ce qui a déjà été lu ; mais elle montre qu'il est raisonnable de supposer que le lecteur, en tout point du livre, garde au moins un certain souvenir de ce qui précède. C'est maintenant de préciser le fonctionnement de ce souvenir qu'il s'agit.

Il importe de remarquer, dans tout ce que cette recherche a proposé, la différence entre mémoire et souvenir. Par « souvenir », on doit entendre un élément du passé revenu au présent de la conscience du lecteur ; quant à la « mémoire », il s'agit de cette capacité de l'esprit à revenir à son expérience passée. Il est notable que cette recherche a toujours pris soin de distinguer le présent de la lecture de son passé : en faisant référence à la mémoire du lecteur,

---

1 Augustin, *Les Confessions* (Texte de l'édition de M. Skutella. Trad. de E. Tréhorel et G. Bouisson) (BAug – Œuvres de Saint Augustin 14 ; Paris 1996) Livre X, viii.
2 R. Barthes, *S/Z* (Paris 1976) pp. 22–23.

il n'a pas été supposé que le passé était en permanence présent. Au contraire, il a été souligné que le travail de la mémoire devait être mis en branle : des éléments du texte lu suscitent un travail de mémoire, qui fait jaillir des souvenirs. Revenus au présent de la conscience, ces souvenirs du passé permettent au lecteur d'interpréter ce qu'il est en train de lire.

De plus, deux mécanismes ont été proposés comme déclenchant le travail de la mémoire. Le premier a été désigné comme « effet d'énigme » : le texte construit une énigme qui excite la curiosité du lecteur, tout en ne lui donnant pas de réponse immédiate. Cet effet met la conscience en alerte, aiguise les processus de l'esprit, notamment la capacité de se souvenir. Le deuxième se devine dans l'emploi d'un vocabulaire sonore (« échos » et « résonances ») pour désigner les récurrences lexicales qui servent de point d'appui à l'interprétation : le lecteur n'a pas à se « souvenir par cœur » de tout ce qu'il a lu – comme un logiciel de traitement de texte où il suffit de faire défiler la fenêtre vers le haut pour retrouver le « passé » – mais son travail de souvenir est activé par des répétitions presque sonores. Ce sont ces mots et ces expressions répétés qui lui font prendre conscience qu'il a « déjà vu cela quelque part » ; de même que l'auditeur d'une symphonie reconnaît un « motif » déjà entendu, ou que le lecteur de poésie retrouve, de rime en rime, des sonorités déjà connues. C'est donc une qualité proprement esthétique du texte de Jr qui entraîne ce travail de mémoire ; et il n'est pas sans importance que ce soient souvent des oracles poétiques qui aient été reconnus comme émergeant de la mémoire : cette qualité esthétique de la poésie, son attention aux sonorités, stimule les sens de l'esprit du lecteur et favorise la mémorisation des oracles comme leur capacité à revenir, plus tard, au présent de la lecture.

8.2 Analogies au chapitre 36

Il est certain que le travail que cette recherche exige du lecteur de Jr pour qu'il reçoive le sens que le texte veut lui transmettre, n'est pas explicité par le texte lui-même. Ne pourrait-on pas rêver d'un texte qui dise explicitement à son lecteur comment il veut être lu ? N'est-ce pas ainsi que *Tristram Shandy* s'adresse à son lecteur, donnant ainsi à Wolfgang Iser une image précieuse pour construire sa théorie du lecteur implicite ? Même s'il en était ainsi avec Jr, cela ne changerait rien, pourtant, au travail fondamental demandé à la recherche pour construire son lecteur implicite : les mentions explicites de ce dernier devraient toujours être analysées et interprétées. Il en va toujours ainsi de l'interprétation d'un texte. Comme l'écrit Jean Starobinski, «contrairement à l'explication de l'objet strictement scientifique, soumise au verdict de la vérification expérimentale, l'interprétation de l'objet significatif (de l'objet ‹sensé› qui s'offre à nous dans toute étude de caractère ‹humaniste›) n'aura d'autres critère que sa cohérence, sa non-contradiction, la mention de tous les faits pertinents, la rigueur de sa formalisation, si formalisation il y a. Il est bien improbable que l'interprète paraisse manquer son but, puisque son but est son point de départ retrouvé, et que les lacunes ou les contradictions n'éclatent guère au premier abord. S'ils savent faire l'article, les exégètes triomphent souvent à peu de frais. (Je ne m'excepte pas.)»[3]

Il est toutefois un passage de Jr qui, sous la forme d'une remarquable mise en abyme, présente tant une évocation du lecteur idéal qu'un anti-portrait de celui-ci : il s'agit du chapitre 36, dans lequel le prophète dicte ses oracles au scribe Baruch[4] ; celui-ci lit alors plusieurs fois le rouleau, jusqu'à ce que le roi Yoyaqim le découpe et le brûle morceau par morceau.

Joëlle Ferry a commenté ce chapitre en transposant l'argumentation historique vers une interprétation herméneutique : alors qu'on y a souvent lu un témoignage sur les conditions concrètes de production du livre de Jr, il est nécessaire d'y voir une réflexion du livre sur lui-même. Ce passage à l'argumentation herméneutique est justifié ainsi :

«Le fait que le contenu du rouleau ne soit pas mentionné, alors même que le rouleau est au cœur du récit, est significatif : l'attention est focalisée sur le livre lui-même. Il est question de sa lecture (de sa triple lecture), des réactions des auditeurs, mais rien n'est dit du contenu du rouleau. Ce n'est pas cela l'enjeu...»[5]

Or, dans ce chapitre, deux rapports des personnages à ce «livre dans le livre» peuvent être soulignés, qui rejoignent notre argument de la mémoire du lecteur. Le premier est celui d'un lieu qui, vu l'usage abondant dans Jr des actes sym-

3 J. Starobinski, *La relation critique* (Tel 314 ; Paris ²2001) p. 201.
4 Ce n'est pas que dans une perspective synchronique que cet épisode donne à penser le livre dans sa globalité. Les études diachroniques ont vu une image du processus rédactionnel dans la dictée des oracles suivie de l'ajout d'autres oracles sur le rouleau réécrit (36,4.32). Friedhelm Hartenstein note par exemple, à propos du v. 32 : «It is most convincing to understand the *qatal niphal nōsap* here as an intentionally impersonal formulation that encompasses all the further anonymous stages of growth in the book.». F. Hartenstein, «Prophets, Princes and Kings : Prophecy and Prophetic Books according to Jeremiah 36», *Jeremiah's Scriptures*. Production, Reception, Interaction, and Transformation (éd. H. Najman – K. Schmid) (JSJ.S 173 ; Leiden – Boston 2016) pp. 70–91, pp. 71–72.
5 J. Ferry, «Le livre dans le livre. Lecture de Jérémie 36», *Les recueils prophétiques de la Bible*. Origines, milieux, et contexte proche-oriental (éd. J.-D. Macchi – C. Nihan – T. Römer – J. Rückl) (MoBi 64 ; Genève 2012) pp. 283–306, p. 300.

boliques, peut être compris comme symbole d'une manière de lire : il s'agit de la
«salle du scribe Elishama», mentionnée aux versets 20 et 21. Il n'est pas indifférent, en effet, que le rouleau, avant d'être apporté au roi, soit déposé puis
repris dans cette salle ; on doit aussi noter la précision avec laquelle il est signalé
que cette salle est celle d'un scribe, d'un professionnel du livre, donc :

> (36,20-21) «Ayant déposé le rouleau dans la salle du scribe Elishama, ils entrèrent chez le
> roi, dans ses appartements privés, et ils racontèrent au roi tout ce qui s'était
> passé. Alors le roi envoya Yehoudi prendre le rouleau ; celui-ci alla le prendre
> dans la salle du scribe Elishama et en fit lecture au roi et à tous les ministres qui,
> debout, entouraient le roi.»

La «salle du scribe Elishama» fonctionne dans le récit comme la mémoire du
lecteur : le rouleau y est déposé ; puis une conversation orale a lieu à partir des
souvenirs du contenu du rouleau, entre le roi et ses ministres ; l'intérêt suscité
déclenche un acte qui fait remonter le texte, de cette salle d'archives jusqu'au
lieu de la discussion avec le roi. Ce rapport entre la salle du scribe et le lieu du
roi offre une image du lien entre la mémoire du lecteur, et sa conscience présente
dans laquelle les énigmes du texte déclenchent un travail d'interprétation qui
fera émerger des souvenirs de la lecture passée.

Quelques versets plus loin, on doit noter la manière dont ce premier rouleau
est détruit, pour y voir un anti-portrait du lecteur idéal. Ce n'est en effet pas tout
d'un coup, en une seule fois, que le roi fait détruire le rouleau :

> (36,22-24) «Le roi, lui, était assis au salon d'hiver – c'était le neuvième mois –, et le feu
> d'un brasero brûlait devant lui. Chaque fois que Yehoudi avait lu trois ou quatre
> colonnes, le roi les découpait avec un canif de scribe et les jetait au feu du
> brasero, si bien que tout le rouleau finit par disparaître dans le feu du brasero. Ils
> ne furent pas pris de panique, ils ne déchirèrent pas leurs vêtements, ni le roi ni
> aucun de ses serviteurs qui entendaient toutes ces paroles»

L'absence de réaction, développée avec des formules négatives, sous-entend en
positif la réaction attendue à la lecture de ce rouleau : être pris de panique,
déchirer ses vêtements (ce qui est un geste habituel de repentance). Or, dans ce
récit très théâtral de la destruction du rouleau, on peut voir l'image d'une lecture
sans mémoire. Le roi écoute la lecture de trois ou quatre «colonnes» (terme rare
דְּלָתוֹת), les découpe, les brûle, puis écoute la lecture de la suite. Autrement dit, la
lecture présente ne peut plus faire référence à ce qui a été lu précédemment :
tout le passé du texte est détruit.

Interprétant cette scène comme mise en abyme et comme symbole de la
lecture que l'ensemble du livre veut avoir, il est possible de lire ici le désir du
texte d'être face à un lecteur qui, au moment où il lit «trois ou quatre colonnes»,

dispose encore des pages précédentes – la matérialité du rouleau, dans le récit de Jr 36, servant de métaphore pour la mémoire du lecteur. Il faut que le lecteur, lorsqu'il lit un passage du texte, puisse se référer à ce qui précédait, s'il ne veut pas manquer la réaction que le texte veut produire en lui. Le lecteur, s'il veut recevoir le message du livre, ne doit pas ressembler à Yoyaqim découpant et brûlant le rouleau : sa coopération interprétative est requise, et elle passe, croyons-nous, par un travail de mémoire.

Partie 3 **Reprise théologique**

9 De l'exégèse à la théologie

9.1 Introduction

L'aspect proprement exégétique de cette recherche dans le livre de Jérémie étant désormais honoré, il est temps d'aborder la réflexion théologique, en s'éloignant donc des problématiques et méthodes propres à l'exégèse biblique. On pourrait s'engager dans une organisation systématique de ce que Jr présente du personnage divin Yhwh, ce qui conduirait à une sorte de «Yhwh-logie». Mais il appert que les résultats exégétiques obtenus sont à même de rejoindre un champ théologique déjà structuré : la question de la révélation en théologie fondamentale. Pour y entrer, on devra mobiliser les conceptualités habituelles aux théologiens. On reconnaîtra ainsi l'appartenance de l'exégèse au champ général de la théologie ; on cherchera aussi à lutter contre la fragmentation contemporaine des savoirs : le niveau de spécialisation requis par la recherche conduit souvent à la méconnaissance des champs académiques voisins.

Cette ambition théologique sera certes limitée par ses conditions de naissance. D'une part, le travail exégétique effectué ne prétend pas rendre compte de l'ensemble de Jr, encore moins de la Bible dans son intégralité. Seule une petite partie du message biblique sera ainsi intégrée dans la réflexion théologique, dont on espère toutefois qu'elle sera signifiante. D'autre part, le thème de la révélation a mobilisé un effort considérable de la part des théologiens. Le temps comme l'espace manquent ici pour s'en approprier l'ensemble à un niveau d'expertise suffisant. Seuls quelques pas maladroits seront possibles, incomparables avec les grandes explorations des spécialistes. On fera donc confiance à ceux qui semblent utiles pour l'objectif poursuivi, ce qui pourra parfois donner l'impression de réaliser un travail de seconde main. Précisons aussi qu'alors que Jr appartient aux Livres saints juifs et chrétiens, cette réflexion s'organisera selon le point de vue de la théologie catholique ; on aura d'ailleurs l'occasion de mener une réflexion herméneutique sur le rapport du lecteur aux églises et au canon (cf. 9.4.6.2) et sur la possibilité et le sens d'une lecture non croyante (cf. 9.4.6.3).

Malgré ces limites inévitables, l'aventure théologique semble ici possible, et souhaitable. On s'y aventurera, sans jamais perdre l'ancrage de la lecture de Jr, qui constituera comme un fil d'Ariane. Il va alors être montré qu'en pensant la relation de Dieu à l'homme la théologie de la révélation s'est toujours nourrie d'une certaine compréhension de la Bible, et particulièrement du paradigme de la parole des prophètes. Les progrès de l'exégèse et de l'herméneutique, en introduisant des distinctions dans ce qui était préalablement confondu, dé-

https://doi.org/10.1515/9783110657845-012

placent la lecture des livres prophétiques, et par là transforment la théologie de la révélation. Trois étapes pourront alors être distinguées dans l'histoire de la théologie. À titre d'esquisse, notons dès maintenant que dans une première étape, les livres prophétiques sont lus de manière non critique ; chaque verset individuel peut être pris pour argent comptant, sans qu'on s'aperçoive des incohérences qui naissent de la lecture de l'ensemble de la Bible ; aucune confrontation avec des documents non-bibliques ne prend place. Ce modèle précritique, on le verra, sous-tend les affirmations anciennes sur la foi chrétienne, tant dans l'ouverture de l'épître aux Hébreux que dans le symbole de Nicée-Constantinople ; c'est sur lui que s'appuie la pensée du rapport entre Ancien et Nouveau Testament au moyen des concepts de typologie et d'accomplissement. Il est encore présent lorsque, à l'époque de Vatican I, la révélation est pensée sur le mode d'une instruction.

Une deuxième étape théologique cherche à tenir compte du choc produit par l'exégèse historico-critique, dans sa phase désormais classique. Est alors prise en compte la distinction entre l'époque historique dont parlent les textes bibliques et l'époque de leur rédaction. La théologie s'appuie sur le modèle de révélation divine à travers l'histoire du salut. C'est dans cette ligne que Vatican II propose une synthèse qui permet de dépasser définitivement la crise moderniste[1].

Mais une troisième étape se dessine aujourd'hui, un demi-siècle après la fin du dernier concile. L'exégèse a produit des distinctions nouvelles : sur le versant diachronique, la reconstruction de l'histoire d'Israël sur laquelle s'appuyait la version classique de l'histoire de la rédaction (avec ses grandes étapes du peuple nomade, de la monarchie unifiée, etc.) ne tient plus ; les datations proposées pour les versions finales des textes sont désormais beaucoup plus tardives. Quant au versant synchronique, il est marqué par la prise en compte, et pas seulement pour les textes de fiction, de la distinction entre fable et sujet et entre monde du texte et monde du lecteur ; pour les textes dits historiques, l'herméneutique remarque aussi la différence entre le signe et le référent. Ainsi, la synthèse que présentait *Dei Verbum* n'apparaît plus comme un point d'arrivée,

---

1 La crise moderniste peut être délimitée strictement, dans le monde catholique, aux années 1883–1908 : du début du travail d'Alfred Loisy sur l'inspiration à son excommunication. Mais on peut élargir la période en la faisant commencer en 1863, avec la publication par Ernest Renan de sa *Vie de Jésus*, et l'étendre jusqu'à la publication de *Divino Afflante Spiritu* en 1943. Cf. C. Theobald, « L'entrée de l'histoire dans l'univers religieux et théologique au moment de la crise moderniste », *La crise contemporaine*. Du modernisme à la crise des herméneutiques (éd. J. Greisch – K. Neufeld – C. Theobald) (Paris 1973) ; C. Tresmontant, *La crise moderniste* (Paris 1973).

mais comme une étape provisoire, dont le mouvement doit être poursuivi pour répondre aux exigences du moment présent. C'est à ce point que sera proposée une interprétation théologique de la lecture réalisée de Jr : on suggérera que l'expérience du lecteur, construisant un sens de jugement théologique à partir de sa réflexion sur le rapport des oracles à la narration, peut être nommée comme expérience de révélation de la paternité de Dieu. La question de l'accomplissement de la révélation en Jésus-Christ sera alors abordée par deux chemins. D'une part, les questions héritées de la lecture de Jr permettront de découvrir des caractéristiques fortes des récits évangéliques. D'autre part, en proposant que l'autobiographie du lecteur peut prendre la forme narrative des évangiles, on intégrera l'expérience de la lecture de Jr dans la perspective d'ensemble de la révélation chrétienne. Alors que l'exégèse d'aujourd'hui ferme toute identification immédiate du Yhwh du récit au Dieu du monde réel, sera ainsi tracé un nouveau chemin d'accès à la révélation divine.

L'étude des deux premiers modèles (le modèle pré-critique et celui d'histoire du salut) s'écartera donc des résultats de l'analyse exégétique de Jr ; mais en même temps, elle préparera une troisième étape, ancrée dans l'exégèse narrative, et cette fois appuyée sur la tradition théologique. On verra ainsi que penser théologiquement l'expérience du lecteur comme révélation de la paternité divine n'est pas qu'un chemin original pour poser la question de la révélation, mais une manière de recevoir le mouvement de la tradition théologique, en accomplissant une étape rendue nécessaire par les progrès de l'exégèse. Il va de soi qu'on considérera les deux premiers modèles de manière rétrospective : il ne s'agit pas de critiquer la cohérence et la légitimité qu'ils pouvaient manifester à l'époque de leur élaboration, mais de porter un regard depuis l'état actuel des problématiques.

9.2 Le modèle pré-critique

9.2.1 Présentation

Avant l'entrée en scène de l'exégèse critique – ou, pour l'époque de la crise moderniste, en réaction contre cette nouveauté – les textes prophétiques ont été lus en supposant une sorte de transparence du livre, sans réfléchir à l'épaisseur de la médiation textuelle. Comme vont le montrer deux expressions anciennes de la foi chrétienne, la présence dans un livre prophétique de discours représentés adressés par le personnage de Yhwh au prophète était identifiée sans différence avec l'affirmation que, réellement, Dieu avait dit lui-même cette suite de mots au prophète. Cette manière de lire est à la racine de ce qui deviendra, dans la théologie de la révélation, le modèle d'instruction. On peut d'ailleurs dès à présent signaler que la remise en cause théologique de ce modèle au profit du modèle d'auto-communication dans l'histoire du salut n'est pas pleinement satisfaisante du point de vue exégétique, en ce que ce nouveau modèle ne rend pas bien compte de la littéralité des énoncés bibliques. Si l'irruption de l'exégèse critique rend désormais impossible cette lecture des livres prophétiques, il n'est pourtant pas inutile de se pencher sur ce moment de l'histoire de la théologie ; on y verra l'enjeu pour la théologie chrétienne de retrouver une articulation entre la lecture des livres prophétiques et le rapport à Jésus-Christ.

9.2.2 Expressions anciennes de la foi chrétienne

Le premier chapitre de l'épître aux Hébreux, avant un développement christologique solennel qui multiplie les citations des Psaumes, situe la venue du Fils dans une dynamique ouverte par la parole transmise par les prophètes :

> (He 1,1-2) Πολυμερῶς καὶ πολυτρόπως πάλαι ὁ θεὸς λαλήσας τοῖς πατράσιν ἐν τοῖς προφήταις ἐπ' ἐσχάτου τῶν ἡμερῶν τούτων ἐλάλησεν ἡμῖν ἐν υἱῷ, ὃν ἔθηκεν κληρονόμον πάντων, δι' οὗ καὶ ἐποίησεν τοὺς αἰῶνας·

> « Après avoir, à bien des reprises et de bien des manières, parlé autrefois aux pères dans les prophètes, Dieu, en la période finale où nous sommes, nous a parlé en un Fils qu'il a établi héritier de tout, par qui aussi il a créé les mondes. »

Ainsi, le paradigme de la parole prophétique est ancré au cœur de la confession de la foi en Jésus-Christ : la même expression grammaticale est employée pour dire la parole divine transmise aux pères par les prophètes et la parole transmise à «nous» par le Fils, avec la même préposition ἐν : «λαλήσας [...] ἐν τοῖς προφήταις», «ἐλάλησεν [...] ἐν υἱῷ». La seule différence entre ces deux paroles porte sur l'âge historique, ce que montrent tant les conjugaisons que l'opposition entre «autrefois» et «la période finale».

Une affirmation proche est faite par le concile de Constantinople dans sa profession de foi de 381. Le contexte est bien sûr différent : il s'agit notamment de s'opposer à l'arianisme. Mais la reprise incessante de ce Credo dans la liturgie lui donne une importance qui déborde le contexte historique de son apparition. Ainsi a pris place au sein de la confession de foi une affirmation touchant à la parole prophétique :

Πιστεύομεν εἰς ἕνα Θεὸν [...] καὶ εἰς τὸ Πνεῦμα τὸ Ἅγιον [...]
τὸ λαλῆσαν διὰ τῶν προφητῶν [...]²

«Nous croyons en un seul Dieu [...] et en l'Esprit Saint [...]
qui a parlé par les prophètes [...]»

Deux différences sont notables par rapport à He : le Credo traite du Fils sans mentionner sa parole ; quant à la parole des prophètes, il n'est plus dit qu'elle a sa source dans le Père et qu'elle est parlée «dans» (ἐν) les prophètes, mais il est affirmé qu'elle provient de l'Esprit et qu'elle est parlée «par» (διά) les prophètes. Ces différences n'empêchent pas de constater la place importante que tient l'affirmation de la parole prophétique dans les confessions de foi chrétienne ; on pressent que la fermeture de l'accès immédiat à cette parole par l'exégèse critique pose un problème fondamental à la théologie chrétienne.

9.2.3 La révélation comme instruction

Il n'est pas possible ici de retracer l'histoire de la théologie chrétienne depuis sa fondation jusqu'à l'époque moderne ; mais, de manière schématique, il est possible de suggérer que ce modèle pré-critique est encore à l'œuvre au XIXᵉ siècle, lorsque la théologie se met à parler avec abondance du thème de la révélation, conçue suivant un modèle d' «instruction»³. Pour cela, il faut d'abord retracer l'origine du concept de révélation. L'abondance de son emploi dans la théologie du XXᵉ siècle pourrait laisser penser qu'il a toujours été situé en parallèle du concept de «parole de Dieu». N'y a-t-il pas ainsi parmi les documents de Vatican II une «constitution dogmatique sur la révélation divine», habituellement désignée par ses premiers mots, *Dei Verbum*, «la parole de Dieu» ?

---

2 H. Denzinger, *Symboles et définitions de la foi catholique*. Édité par P. Hünermann pour l'édition originale et par J. Hoffmann pour l'édition française (Paris 1996) (trad. de *Enchiridion Symbolorum Definitionum et Declarationum De Rebus Fidei et Morum*, Freiburg ³⁷1991) §150, pp. 56–58.
3 C. Theobald distingue deux «types d'intelligence de la Révélation». Le «modèle d'instruction» «insiste sur les vérités révélées par Dieu et proposées par l'enseignement de l'Église à la foi des fidèles» ; le «modèle de communication» «explicite davantage le processus de transmission, tel qu'on le trouve pour la première fois chez l'apôtre Paul.» Cf. C. Theobald, *La Révélation... tout simplement* (Paris 2001) p. 222 ; voir aussi C. Theobald, *Le concile Vatican II. Quel avenir ?* (UnSa nouvelle série 6 ; Paris 2015) p. 135.

Or, dans la tradition théologique, ce n'est que tardivement que l'emploi du concept de révélation se généralise. François Nault explique ainsi que Vatican I est « le premier concile ayant abordé la question de la révélation comme telle »[4]. Voulant affirmer la possibilité d'une révélation surnaturelle, contre les tenants d'une conscience maîtresse d'elle-même, le Concile construit ce concept en puisant dans les affirmations de Trente. Reprenant ces textes, Vatican I « évince les expressions ‹Évangile› et ‹vérité salutaire› pour leur substituer le concept – nouveau – de ‹révélation surnaturelle› »[5]. Mais en associant le vocable de « révélation » avec le modèle pré-critique des énoncés divins reçus par les prophètes, Vatican I réunit deux concepts qui, dans leur origine biblique, étaient indépendants. La « parole », en effet, est un concept structurant des livres prophétiques : on rappelle ici la formule récurrente ויהי דבר יהוה אל־ירמיהו, « et la parole de Yhwh survint vers Jérémie ». Le terme de « révélation », en revanche, lorsqu'il est associé à l'idée de dévoilement du mystère divin, est typique du genre apocalyptique[6] ; on rappelle que « révélation » traduit le grec ἀποκάλυψις. Même s'il ne s'agit pas ici d'une distinction de classe d'écrits – le genre apocalyptique traversant la tripartition entre loi, prophètes et autres écrits – ces perspectives sont bien distinctes. Von Rad remarquait ainsi, à propos de l'apocalyptique vétérotestamentaire :

> « Quand on considère l'intérêt passionné que l'apocalyptique porte aux choses dernières, on serait tenté d'en chercher l'origine dans le prophétisme. Mais cela n'est pas possible. [...] L'argument décisif, c'est que sa compréhension de l'histoire est inconciliable avec celle des prophètes. [...] Dans leurs prédictions, les prophètes s'appuyaient ouvertement sur leur présent historique ; de là, ils développaient les perspectives vers le passé et vers l'avenir. L'auteur apocalyptique, au contraire, dissimule le lieu historique où il se trouve. »[7]

Avec le passage au Nouveau Testament, le genre apocalyptique se transforme, d'une manière d'ailleurs peu prise en compte par les théologies de la révélation au XIXe siècle : si l'on suit Prigent dans son étude du rapport entre le livre de

---

4 F. Nault, « Révélation sans théologie, théologie sans révélation », *Vatican II et la théologie.* Perspectives pour le XXIe siècle (éd. P. Bordeyne – L. Villemin) (Cogitatio Fidei 254 ; Paris 2006) pp. 127–149, p. 128.

5 *Ibid.*, p. 129.

6 Cf. par ex. Dn 2,19.

7 G. von Rad, *Théologie de l'Ancien Testament.* II. Théologie des traditions prophétiques d'Israël (Genève 1967) pp. 267–268 (trad. de la 4e édition allemande).

l'Apocalypse et le genre apocalyptique[8], un déplacement fondamental s'est opéré. En effet, tout le contenu d'Ap est relié au Christ, alors que la figure messianique ne tenait jamais un rôle central dans les écrits apocalyptiques précédents. On remarque alors que si la théologie de Vatican II recentre le concept de révélation sur le Christ, cette manière proprement néotestamentaire de penser l'ἀποκάλυψις est étrangère aux théologies du XIXe siècle, qui traitent de la révélation dans un rapport direct entre la divinité et le croyant, selon une perspective plus déiste que spécifiquement chrétienne.

C'est donc après une transformation conceptuelle, au long de l'histoire de la théologie, que Vatican I remploie le concept de «révélation» et qu'il le pense sur le mode de la parole prophétique, et non par une reprise directe de concepts bibliques. Ainsi, la constitution dogmatique *Dei Filius* parle de la révélation divine sur le mode d'une instruction d'énoncés :

> «C'est bien grâce à cette révélation divine que tous les hommes doivent de pouvoir, dans la condition présente du genre humain, connaître facilement, avec une ferme certitude et sans aucun mélange d'erreur, ce qui dans les choses divines n'est pas de soi inaccessible à la raison.»[9]

Si, comme on l'a dit, le terme de révélation est employé ici d'une manière éloignée de la conceptualité biblique, une affinité contextuelle se fait pourtant sentir : de même que les écrits apocalyptiques vétérotestamentaires situent la révélation de secrets longtemps cachés dans un moment de crise terminale, le prologue de *Dei Filius* évoque une ambiance pessimiste de fin des temps :

> «Les hérésies condamnées par le concile de Trente se sont divisées peu à peu en sectes multiples dont les dissentiments et les rivalités ont fini par ruiner chez beaucoup la foi au Christ.»

> «Beaucoup sont tombés dans l'abîme du panthéisme, du matérialisme et de l'athéisme. [...] Cette impiété se répand de tous côtés.»[10]

---

8 P. Prigent, «Apocalypse et apocalyptique», *RevSR* 47/2–4 (1973) pp. 280–299. NB : l'article du *DEB*, bien que rédigé par Prigent, renvoie par erreur à la revue *Recherches de science religieuse (RSR)*.
9 Constitution dogmatique *Dei Filius*. Chapitre II. La Révélation. Cf. G. Alberigo (éd.), *Les conciles œcuméniques*. II-2. Les Décrets. Trente à Vatican II (Le magistère de l'Église ; Paris 1994) p. 1639.
10 Constitution dogmatique *Dei Filius*. Introduction. Cf. Alberigo (éd.), *op. cit.*, pp. 1635 et 1637. NB : cette introduction n'est pas rapportée par Denzinger.

Mais on peut remarquer un dernier aspect du concept biblique apocalyptique qui n'est pas repris par la théologie de la révélation à Vatican I : la présence d'un livre. Il ne s'agit pas ici du livre sur lequel sont mis par écrit les oracles, en vue de leur préservation, comme Jr l'atteste plusieurs fois, mais d'un livre scellé qui attend son ouverture à la fin des temps[11]. Comme on le verra, il est possible de réintégrer la médiation du livre dans le concept de révélation.

9.2.4 Remise en cause par l'exégèse

En introduisant des distinctions et des comparaisons précédemment ignorées, la recherche exégétique déplace la compréhension ancienne de la parole prophétique, ce qui ne peut qu'avoir des conséquences en théologie. Ainsi, la recherche historico-critique remet en cause l'authenticité de très nombreuses paroles attribuées aux prophètes par les livres bibliques, en montrant que leur rédaction s'est étendue bien après la vie des prophètes en question, et qu'elle a souvent été influencée davantage par le contexte du moment de la rédaction que par la vie du prophète. Cela n'empêche certes pas la théologie de penser le fait de cette parole, mais en réduit considérablement les traces connaissables concrètement. L'exégèse biblique narrative, quant à elle, emprunte ses méthodes à l'analyse des récits de fiction. Si elle n'a aucune difficulté à reconnaître une divinité qui parle à un prophète, elle situe cette parole dans un «monde du texte», distingué par méthode du monde réel dans lequel vit le lecteur. Une lecture précise du texte de Jr montrera d'ailleurs (cf. 9.4.3) qu'il n'identifie pas immédiatement les mots de l'oracle avec la parole de Yhwh. Ainsi, l'accès immédiat à la parole prophétique, sur lequel reposait la réflexion d'He 1,1, du symbole de Constantinople, ou du modèle de révélation comme instruction, est remis en cause, tant par la voie diachronique de l'exégèse critique que par la voie synchronique.

En revenant sur le parcours de l'exégèse jérémienne qui ouvrait cette recherche (cf. 1.1 et 1.2), on remarque d'ailleurs que la perspective théologique en était majoritairement absente. Il ne s'agit pas là d'une faiblesse dans l'argumentation des exégètes, mais plutôt d'une sorte de prix à payer pour que le travail scientifique puisse se déployer, en s'écartant de ce qui ne pourrait qu'être, aujourd'hui, une glose fondamentaliste du texte. On peut schématiser un point de départ de ces recherches sous la forme de l'axiome suivant : il ne faut pas prendre pour paroles prononcées réellement par Dieu les oracles que Jr présente

---

[11] Cf. Dn 12 et Ap 5.

comme «paroles de Yhwh»[12]. Cet axiome, révélant les distances culturelle et théologique qui nous séparent de l'époque de la rédaction, rend l'analyse possible.

Chaque auteur a ses mots pour penser et dire cet écart. Duhm, ainsi, se posant la question de savoir «in welcher Weise das Wort Jahwes zu Jeremia kam», répond que «der moderne Leser wird dabei an einen inneren Vorgang denken». Il précise que «dann haben aber wenigstens die jüdischen Laien eine andere Vorstellung von der Inspiration als die meisten modernen Theologen»[13] ; la constatation de ces différences le dispense alors de rejoindre les préoccupations des théologiens contemporains. Lorsque Mowinckel commente Jr en décrivant l'expérience «extatique»[14] du *nabi*, il se situe plus en ethnologue étudiant une culture étrangère à la sienne que comme croyant partageant la même conviction. Même Hyatt, qui n'hésite pas à s'engager sur la nature d'une religion authentique[15], prend soin de marquer la distance : on remarquera dans l'extrait suivant la conjugaison au passé et un possessif attribuant Dieu spécifiquement aux Hébreux :

> «The Hebrews believed that their God spoke in several different ways to men of the world ; one of the most frequent [...] was through the prophet.»[16]

Bright, qui ancre son analyse de Jr dans le prophétisme des cultures voisines[17], précise que la parole prononcée par les prophètes bibliques venait de «their God»[18] ; il analyse la formule du messager («ainsi parle Yhwh») comme revendication de la part du prophète, sans lui reconnaître de valeur objective : «as if Yawheh himself was the speaker»[19]. Carroll, voulant éviter une lecture «piétiste»[20], prévient que «we have no greater argument for Jeremiah's relevance

---

12 Ce qui n'interdit pas, en soi, d'attribuer certains de ces oracles authentiquement à un prophète nommé Jérémie, vivant à Jérusalem avant l'Exil.
13 B. Duhm, *Das Buch Jeremia* (KHC 9 ; Tübingen – Leipzig 1901) p. 4.
14 «eine ekstatische Vision», S. Mowinckel, *Zur Komposition des Buches Jeremias* (Kristiania [=Oslo] 1914) p. 3.
15 Cf. J.P. Hyatt, *Jeremiah Prophet of Courage and Hope* (New York – Nashville 1958) pp. 110 – 115.
16 *Ibid.*, p. 76.
17 Cf. J. Bright, *Jeremiah. A New Translation with Introduction and Commentary* (AncB 21 ; Garden City ¹1965 ²1981) p. XVIII.
18 *Ibid.*, p. XXIII.
19 *Ibid.*, p. XXIV.
20 «pietistic» : R.P. Carroll, *From Chaos to Covenant*. Uses of Prophecy in the Book of Jeremiah (London 1981) p. 276.

than for the fragments of Heraclitus »[21]. Quant à McKane, il pose la revendication suivante :

> « an examination of the truth claims made by Hebrew prophets in terms of ‹inspiration› and ‹revelation› is not a major preoccupation of this commentary. These [...] questions [...] are beyond the limits of a plain exegesis of the Hebrew text. »[22]

De nombreux autres exemples pourraient être ajoutés, tous justifiés par la légitime volonté de rendre possible une analyse exégétique du texte qui reconnaisse la distance qui nous en sépare. Lorsque certains de ces ouvrages se lancent dans une réflexion théologique, ils en restent habituellement à une théologie immanente à Jr, pour systématiser les convictions religieuses du prophète historique, ou des rédacteurs successifs du livre, ou encore, sous l'angle synchronique, du narrateur et du monde culturel du texte.

La rigueur de ces travaux doit être soulignée. On peut aussi deviner le courage qu'il a fallu à ces chercheurs pour construire cet écart fécond entre ce qu'ils découvraient de Jr et les convictions des communautés croyantes auxquelles, pour beaucoup, ils appartenaient. Mais reste un non-dit dans leurs travaux : en conquérant cette posture qui permet d'analyser Jr selon les points de vue de l'histoire et de la littérature, ils sont obligés de faire abstraction du statut de ce livre, qui les avait pourtant motivés à s'engager dans leur recherche. Certes, il faut analyser Jr avec les méthodologies de l'historien et du littéraire, mais cette perspective comporte un point aveugle : par construction, elle doit négliger le fait que ce livre est considéré comme essentiel ou normatif par des communautés croyantes. Si Jr n'avait pas ce statut, tous ces chercheurs y auraient-ils consacré autant d'énergie ? D'un point de vue simplement numérique – aussi faible soit la valeur de cet argument – l'abondance des études sur les livres bibliques, par rapport à d'autres littératures antiques, est signe d'un fait qui doit questionner la recherche.

9.2.5 Remise en cause d'autres articulations

La question de l'herméneutique de la parole prophétique est donc mise en mouvement par les avancées de l'exégèse, d'une manière qui touche des affirmations centrales de la foi chrétienne. On peut alors remarquer brièvement deux

---

21 *Ibid.*, p. 277.
22 W. McKane, *A Critical and Exegetical Commentary on Jeremiah.* I. Introduction and Commentary on Jeremiah I–XXV (ICC ; Edinburgh 1986) p. XCVIII.

autres articulations classiques entre prophétie et foi chrétienne, qui souffrent d'une même remise en cause critique. Ainsi apparaîtra plus nettement l'importance théologique de ce qui sera reconstruit sous l'angle du lecteur.

Classiquement, en effet, deux concepts ont été développés pour relier les livres prophétiques à la christologie : la typologie et l'accomplissement. Ces deux approches ont été engendrées par le texte même des évangiles, comme peuvent le montrer par exemple deux passages de Mt qui font référence à Jr. Ainsi, le narrateur matthéen introduit lui-même la problématique de l'accomplissement des prophéties jérémiennes dans l'épisode du massacre des nouveau-nés, en citant Jr 31,15 :

> (Mt 2,17-18) « Ainsi s'accomplit (ἐπληρώθη) ce qui avait été dit par le prophète Jérémie : une voix dans Rama s'est fait entendre [...] »

Plus loin, en rapportant l'identité de Jésus à celle de Jérémie, les disciples offrent un fondement à la réflexion typologique :

> (Mt 16,13-14) « Au dire des hommes, qui est le Fils de l'homme ? Ils dirent : Pour les uns, Jean le Baptiste ; pour d'autres, Élie ; pour d'autres encore, Jérémie ou l'un des prophètes. »

Ces éléments textuels, auxquels beaucoup d'autres[23] peuvent être ajoutés, ont fondé des lectures florissantes aux époques patristiques et médiévales. Pourtant, l'exégèse critique vient obscurcir ces voies et les rendre moins immédiates. Puisqu'on a cité Mt, on doit remarquer la troisième mention du nom de Jérémie dans cet évangile. En Mt 27,9, le narrateur commente l'épisode de l'achat du champ avec l'argent rendu par Judas en commentant :

> « Alors s'accomplit (ἐπληρώθη) ce qui avait été dit par le prophète Jérémie »

Mais il apparaît immédiatement – tant à l'exégète qu'au lecteur implicite du canon biblique, qui se souvient avec précision de sa lecture des prophètes – que la citation qui suit combine un oracle de Zacharie avec plusieurs fragments jérémiens. On doit donc distinguer entre l'accomplissement des paroles de Jé-

---

23 Le thème de l'accomplissement est bien sûr présent chez Paul, même si c'est d'une manière moins liée au texte même des Écritures. Ainsi, c'est dans la plénitude (πλήρωμα) des temps que Dieu a envoyé son Fils (Gal 4,4) ; il accomplit le précepte de la Loi (Rm 8,4) ; Eph et Col, dans leur ecclésiologie, traitent de la plénitude qui habite le Christ (Eph 1,23 et Col 1,19). On peut aussi signaler l'Épître aux Hébreux, qui utilise de nombreux vocables pour comparer l'ancienne alliance à la nouvelle, notamment τύπος en He 8,5.

rémie, tel que le revendique la narration matthéenne, et une herméneutique biblique canonique, qui ne pourra prendre pour argent comptant une telle revendication. Au niveau d'une lecture isolée de Mt, les événements racontés doivent être compris comme accomplissement des prophéties d'un certain Jérémie, qui n'est pas davantage connu par ce livre ; ce n'est pas pour autant que ce lien fonctionne aussi bien pour le lecteur des versions canoniques de Jr et Mt. Une herméneutique critique de l'accomplissement devra prendre en compte non seulement les fondements explicites donnés par les évangiles, mais aussi leur dimension contradictoire ; elle ne devra pas pour autant négliger de maintenir l'affirmation dogmatique selon laquelle la révélation est accomplie définitivement en Jésus-Christ. À titre de suggestion, on signale qu'il pourrait être intéressant de traiter ces discordances au sein du canon biblique sous l'angle narratif d'un effet de distanciation, tel qu'on l'a mis en lumière notamment à propos des deux récits de la libération de Jérémie par Nebouzaradân (cf. 6.3) et des trois perspectives sur Sédécias (cf. 7.12).

La voie de la typologie, elle aussi, est obscurcie par l'exégèse critique. Sans entrer dans les détails, on voudrait suggérer que la typologie traditionnelle repose sur un modèle de textes transparents : les récits bibliques (dans notre cas précis, les récits jérémiens et évangéliques) donneraient à connaître immédiatement tant des personnes que des événements. Ainsi pourrait se dessiner une similitude entre des figures de différentes époques, sous le regard d'un Dieu régnant au-dessus de l'histoire. Or l'exégèse critique, tant diachronique que synchronique, vient introduire de l'opacité entre les récits et ce qu'ils représentent. Sur le versant historico-critique, elle montre combien les réécritures successives rendent l'accès pour le moins difficile à des événements historiques. Sur le versant narratif, elle fait découvrir que les récits ne cherchent pas d'abord à faire connaître vraiment des personnes et des événements – même fictionnels – mais à construire des significations théologiques au moyen des personnages et actions représentés, éventuellement au moyen d'un effet de distanciation.

Il est donc clair que la théologie chrétienne ne peut plus lire les paroles prophétiques en suivant le modèle pré-critique, et que cela perturbe des édifices théologiques anciens.

9.3 Le modèle de l'histoire du salut

9.3.1 Présentation

La remise en cause du modèle précédent ne s'est pas faite sans heurts : la crise moderniste a été le lieu d'affrontements violents, avant que n'émerge une théologie intégrant les progrès de la science historique. Une nouvelle synthèse s'est établie en s'appuyant sur le concept de l'histoire du salut. Ainsi, la Bible a pu être intégrée dans la théologie de la révélation sous deux aspects. L'attention aux récits bibliques montre une familiarité avec la prise en compte de l'histoire ; l'exégèse critique, ayant produit une synthèse sous la forme historico-critique classique (dont on peut prendre pour emblème la théorie documentaire du Pentateuque), est intégrée théologiquement : l'histoire de la rédaction des textes, au lieu de venir remettre en cause les affirmations dogmatiques, est pensée comme histoire du salut et donc lieu de révélation. Le concept biblique d'alliance prend aussi une importance capitale : il permet de penser la révélation non comme instruction, mais comme révélation de Dieu par lui-même, en alliance avec le peuple qui lui répond dans la foi.

Cette nouvelle synthèse est canonisée par Vatican II, principalement par la constitution dogmatique *Dei Verbum* ; quelques années auparavant, en 1943, l'encyclique *Divino Afflante Spiritu* reconnaissait la légitimité de l'analyse des «genres littéraires», et par là autorisait l'exégèse critique. On se propose alors de présenter *Dei Verbum* successivement sous les angles diachronique et synchronique, puis d'en critiquer les limites.

9.3.2 L'histoire de *Dei Verbum*

L'histoire de *Dei Verbum* est bien connue ; on signale à titre de référence le commentaire dirigé par Dupuy[24], au lendemain du Concile, et celui de Theobald[25], quarante ans après sa clôture. On ne se propose pas ici d'apporter une contribution à l'étude de cette constitution dogmatique, mais simplement d'en relever le mouvement, tant sur l'axe diachronique que synchronique, pour glaner ce qui sera utile à la perspective poursuivie. La lecture du texte, un demi-siècle après sa promulgation, montrera vite une difficulté : on ne se trouve pas

---

24 B.D. Dupuy (éd.), *La révélation divine*. I et II (UnSa 70a et 70b ; Paris 1968).
25 C. Theobald, « L'Église sous la Parole de Dieu », *Histoire du Concile Vatican II*. V. Concile de transition (éd. G. Alberigo) (Paris – Leuven 2005) pp. 337–437.

face à un exposé systématique tel que pourrait le produire un théologien unique ; de plus, de nombreux passages paraissent aujourd'hui datés, rendus obsolètes tant par les avancées de l'exégèse biblique que de la théologie fondamentale. Plutôt qu'une lecture statique, cette recherche veut donc présenter le mouvement du texte, ce qui permettra ensuite d'élaborer une proposition de théologie de la révélation qui, si elle s'écarte de la lettre de *Dei Verbum*, reste dans son sillage. Loin d'une impossible fidélité littérale à un document qui, prenant sérieusement en compte l'historicité, ne peut que subir à son tour les assauts du temps, il demeure possible de se tenir dans une fidélité dynamique au Concile.

Le travail d'analyse historique de *Dei Verbum* est bien différent de celui que peut mener l'exégèse historico-critique sur les textes bibliques : au lieu de ne pouvoir bâtir des hypothèses que sur des informations fragmentaires, on dispose d'une exceptionnelle documentation. Sont en effet accessibles toutes les formulations successives ayant conduit au texte final promulgué le 18 novembre 1965 : schéma préparatoire sur les sources de la révélation rédigé par la commission théologique ; décision des pères conciliaires de le rejeter le 20 novembre 1962 ; minutes des débats dans *l'aula* conciliaire ou dans la «commission mixte» créée par Jean XXIII pour dénouer le conflit sur le schéma préparatoire ; versions successives du texte et *modi* proposés. Les motivations ayant conduit à préférer telle expression à telle autre peuvent ainsi être connues. Cela donne aussi une clef d'interprétation importante : même si le texte final a été produit par une discussion presque phrase à phrase visant un compromis qui respecte la minorité conciliaire, il possède une «structure organique» : la commission considérait que le respect de cette structure était le critère d'acceptation ou de refus des améliorations proposées[26].

Le travail ayant produit le texte final aide à situer l'enjeu du texte sur le rapport entre Écriture et révélation. Le schéma préparatoire s'intéressait à la question des «sources» de la révélation, et voulait exposer l'interprétation devenue classique du concile de Trente : une complémentarité quantitative de l'Écriture et de la Tradition comme deux sources de la révélation, entendue comme ensemble d'énoncés concernant la foi et les mœurs. Se posait notamment le problème des dogmes mariologiques récemment définis, caractérisés comme étant révélés par Dieu bien que sans ancrage scripturaire direct. Toutefois, les débats théologiques à l'époque précédant Vatican II ont montré que cette interprétation de Trente s'écartait de sa lettre : les rédacteurs tridentins

---

26 La *relatio generalis* qui accompagnait le schéma proposé en septembre 1965 mentionne la «*structura organica*» du texte. Cf. Theobald, *op. cit.*, p. 342.

avaient refusé d'affirmer une complémentarité «*partim-partim*» entre Écriture et Tradition, au profit d'un «*et*» moins défini[27]. Le travail conciliaire de Vatican II conduira à s'écarter de cette perspective, au profit d'une réflexion sur la révélation que Dieu fait de lui-même à travers l'histoire, avec un centre en Jésus-Christ. C'est ainsi que la Bible et les arguments tirés de la réflexion biblique ont pris une place de plus en plus grande dans le texte[28]. C'est ce processus qui fait de *Dei Verbum* un document où sont profondément articulés les concepts d'Écriture et de révélation[29].

L'évolution de la réflexion conciliaire, en partie motivée par l'apport des sciences bibliques[30], conduit à un rapport confiant envers les travaux exégétiques et la lecture biblique, alors que beaucoup d'évêques avaient au départ une conception fondamentaliste de la Bible[31]. Le texte final décrit positivement la tâche des exégètes alors que les textes préparatoires énonçaient des avertissements ; l'accès direct des fidèles au texte biblique est recommandé sans les

---

27 Trente écrit ainsi : «cette vérité et cette règle sont contenues dans les livres écrits et (*et*) dans les traditions non écrites [...]» (cf. Denzinger §1501), alors qu'une déclaration préparatoire affirmait que «l'Église nous a transmis cette révélation, en partie (*partim*) par les Écritures [...] et en partie (*partim*) par une simple transmission de main en main». La position de Gieselmann sur ce sujet a été abondamment débattue à Vatican II. Cf. Dupuy, «Historique de la Constitution», *La révélation divine*. I., pp. 61–117, p. 68. Voir aussi la présentation de B. Sesboüé, «Écritures, traditions et dogmes au concile de Trente» et «La communication de la Parole de Dieu : *Dei Verbum*», *Histoire des dogmes*. IV. La parole du salut (éd. B. Sesboüé) (Paris 1996) pp. 133–173 et pp. 511–558 (cf. p. 144 pour la déclaration préparatoire à la formule de Trente), et J. Wicks, «Vatican II on Revelation. From Behind the Scenes», *TS* 71/3 (2010) pp. 637–650.

28 Ainsi, selon Schlink, «Cette reconnaissance de la souveraineté de la Parole de Dieu dans la Bible, si éloquemment exprimée par le rite d'intronisation, a trouvé un écho dans les discussions du Concile : beaucoup de demandes exprimées par les Pères furent inspirées en effet par l'Écriture et ont permis aux arguments bibliques de prendre au long des sessions une importance croissante.», E. Schlink, «Écriture, Tradition et Magistère selon la constitution *Dei Verbum*», *La Révélation divine*. II (éd. B.D. Dupuy) (UnSa 70b ; Paris 1968) pp. 499–511, p. 499.

29 H. de Lubac, dans son commentaire du premier chapitre, voudrait que l'essentiel de *Dei Verbum* porte sur la théologie fondamentale de la révélation, et que la réflexion sur l'herméneutique biblique n'en soit qu'un fruit secondaire. Mais on ne peut négliger l'origine du débat sur la révélation : il est né justement quand la méthode historique s'est penchée sur les Écritures. Cf. H. de Lubac, «Commentaire du préambule et du chapitre I», *La Révélation divine*. I (éd. B.D. Dupuy) (UnSa 70a ; Paris 1968) pp. 157–302, pp. 280 et 283.

30 Les documents historiques montrent les interventions, parmi les experts consultés, de l'Institut Biblique Pontifical.

31 Selon K.E. Skydsgaard rapporté par Theobald, «L'Église sous la Parole de Dieu», p. 428.

réticences précédentes[32]. De plus, de nombreuses formulations initiales ont été corrigées pour échapper à une contradiction par les sciences notamment exégétiques : ainsi, un *modus* qui aurait favorisé une interprétation historiciste de l'existence d'Adam a été refusé[33] ; la mention des «premiers parents» (chap. I, §3) ne veut pas prendre position sur l'origine biologique de l'humanité[34]. Le chapitre V sur le Nouveau Testament se refuse à ranger les évangiles dans le genre littéraire historique[35], et il n'est pas affirmé que les quatre évangiles auraient Matthieu, Marc, Luc et Jean pour auteurs[36]. Aucune affirmation n'est faite sur l'historicité des évangiles de l'enfance[37].

Il apparaît ainsi clairement que *Dei Verbum* peut être lu comme la trace d'un mouvement du corps ecclésial : un processus initié par le débat sur les «sources de la révélation» a permis une ouverture aux avancées de l'exégèse biblique, conduisant à une intelligence renouvelée des Écritures. C'est ce mouvement qui permettra, comme on le verra plus loin, de rester dans le sillage de Vatican II alors qu'on s'éloignera de la lettre de ses formulations.

9.3.3 Le texte de *Dei Verbum*

L'organisation de la constitution dogmatique est significative de sa théologie. Au lieu de commencer par le problème du rapport entre Écriture et Tradition – qui avait occupé une grande part des débats – ou par une réflexion sur les écrits bibliques, le premier chapitre s'ouvre sur un schéma qui décrit une sorte de structure de la révélation, pouvant se déployer historiquement à différents moments. Est ainsi mis au centre le désir de Dieu de se révéler à toute l'humanité ; on remarque les nombreux verbes conjugués au présent[38]. Ce schéma est ensuite illustré par l'action divine à différentes étapes de l'histoire humaine : premiers

---

32 Cf. J. Feiner, «La contribution du Secrétariat pour l'unité des chrétiens à la Constitution dogmatique sur la Révélation divine», *La Révélation divine*. I (éd. B.D. Dupuy) (UnSa 70a ; Paris 1968) pp. 119–153, pp. 141 et 143.

33 Cf. Theobald, *op. cit.*, p. 363.

34 Selon la réponse de la commission en 1964, citée par de Lubac, *op. cit.*, p. 206.

35 Alors que certains le demandaient à la commission. Cf. X. Léon-Dufour, «Sur le Nouveau Testament. Commentaire du chapitre V», *La Révélation divine*. II (éd. B.D. Dupuy) (UnSa 70b ; Paris 1968) pp. 401–431, p. 420.

36 Cf. Feiner, *op. cit.*, p. 141.

37 Remarqué par Léon-Dufour, *op. cit.*, p. 429.

38 «les hommes [...] accèdent [...] et sont rendus participants» ; «le Dieu invisible [...] s'adresse aux hommes [...], il s'entretient avec eux» ; «les œuvres [...] attestent et corroborent» ; «la profonde vérité [...] resplendit», cf. Chapitre premier, §2.

parents, Abraham, Moïse (§3) ; mais avant cela était déjà mentionné le Verbe. Vient alors l'évocation de Jésus-Christ, qui «achève en l'accomplissant la révélation» (§4). Le chapitre se termine par la réponse humaine à la révélation : «l'obéissance de la foi» (§5). Ce n'est qu'à la fin de ce premier chapitre que sont reprises les doctrines de Vatican I sur la révélation des «décrets éternels de sa volonté [de Dieu]» et le rapport entre connaissance naturelle et révélation (§6). Le chapitre II s'intéresse à la transmission de la révélation ; poursuivant le recentrement de la théologie sur le Christ, il commence par évoquer les Apôtres, envoyés par le Christ. C'est sur la base de leur mission qu'est pensée la fondation tant de l'Écriture que de la Tradition. Le rapport entre Tradition et Écriture est alors décrit sur le mode de l'unité, puis est énoncé le principe d'un triptyque Tradition-Écriture-Magistère qui évite de mettre le Magistère au sommet.

Après que ce cadre soit posé vient le chapitre III, dédié à la Sainte Écriture. La doctrine du canon et de l'inspiration est réaffirmée, mais en s'écartant d'une conception instrumentale : le texte affirme que les auteurs humains ont agi «en vrais auteurs» (§11). Vient alors un paragraphe majeur pour les exégètes, qui marque la sortie définitive de la crise moderniste : en réaffirmant la doctrine de *Divino Afflante Spiritu* sur les «genres littéraires», le Concile reprend l'expression clé de la *Formsgeschichte* et reconnaît ainsi la légitimité de l'exégèse critique. Le chapitre IV traite de l'Ancien Testament, relu sous l'angle de l'histoire du salut, d'où l'importance de l'Alliance. Ces livres gardent leur place pour les chrétiens, même sous le régime de la nouvelle alliance (§15) ; le paragraphe 16 reprend la formule classique d'Augustin sur le rapport entre AT et NT : le Nouveau est caché dans l'Ancien, l'Ancien est dévoilé dans le Nouveau (§16). Le chapitre V présente le Nouveau Testament, témoignage du «dévoilement du mystère» en Jésus (§17), puis traite principalement des Évangiles, avant de dire quelques mots sur les autres écrits du NT (§20).

Le dernier chapitre traite de «la Sainte Écriture dans la vie de l'Église» ; il tire des conséquences de ce qui précède, d'une manière qui renouvelle considérablement les pratiques de l'Église catholique. Le Concile avait promulgué presque deux ans plus tôt la Constitution sur la liturgie, qui en son paragraphe 24 affirmait une importance renouvelée de la Bible dans les célébrations. *Dei Verbum* poursuit dans le même sens en parlant de deux «tables» dans la célébration eucharistique (§21). Les traductions œcuméniques sont permises (§22). Le travail des exégètes est encouragé, intégré dans le travail des théologiens (§23). Le Concile affirme ensuite la place de l'Écriture comme «âme» de la théologie[39] (§24) puis encourage tout le monde à lire la Bible : les clercs, tous les

---

39 Cette expression n'a pas été inventée par Vatican II. Déjà présente dans l'encyclique biblique

fidèles, les religieux. Si la lecture biblique reste encadrée par la pédagogie des clercs et évêques, aucune crainte d'une lecture par tous n'est exprimée (§25).

La «structure organique» du document apparaît donc dans la logique du plan d'ensemble. Mais on peut aussi la déceler dans une caractéristique de la théologie du texte : ce qui permet à *Dei Verbum* de sortir d'une pensée de la révélation comme instruction, c'est l'application à cette question théologique des schèmes de la Trinité et de l'Incarnation. Ainsi, toute la tradition théologique qui a permis de penser de la distinction en Dieu, entre les personnes divines, et l'articulation entre divinité et humanité en Jésus-Christ, est mobilisée pour sortir des apories de la crise moderniste. Ce parallèle entre la Sainte Écriture et l'Incarnation est explicité à la fin du chapitre III :

> «En effet, les paroles de Dieu, passant par les langues humaines, sont devenues semblables au langage des hommes, de même que jadis le Verbe du Père éternel, ayant pris l'infirmité de notre chair, est devenu semblable aux hommes.» (§13)

On peut encore remarquer, en bien d'autres endroits, la présence du schéma trinitaire. La première phrase du premier chapitre (§2) associe ainsi la révélation de Dieu avec le Christ et l'Esprit Saint. Au paragraphe 5, l'exigence de l'obéissance de la foi est associée aux «secours intérieurs du Saint-Esprit». Le chapitre II mentionne la mission des Apôtres en relation avec la révélation de Dieu, l'envoi par le Christ, et les suggestions et inspiration du Saint-Esprit. Au chapitre III, la mention du rôle du Saint-Esprit dans la rédaction des Écritures permet de s'écarter d'un schéma binaire où les auteurs sacrés n'auraient eu rapport qu'à Dieu seul. Au chapitre V, le «dévoilement du mystère» en Jésus-Christ est dit avoir eu lieu «dans l'Esprit Saint» (§17). Au chapitre VI sur la vie de l'Église, le paragraphe 21 qui compare la «table» de la Parole à la table eucharistique fait aussi mention du Père, du Christ, et de l'Esprit Saint. Ces quelques exemples montrent bien que la grande tradition théologique est mobilisée pour penser la révélation. Le Concile peut ainsi affirmer vraiment tant l'historicité de cette révélation que la véritable humanité des textes saints. C'est cette manière de faire qui, en profondeur, permet les ouvertures disciplinaires et pastorales du texte, en levant toute crainte devant le travail exégétique ou la

---

de Léon XIII, *Providentissimus Deus* (1893), elle circulait parmi les théologiens romains depuis son apparition dans le décret 15 de la 13ᵉ Congrégation Générale de la Compagnie de Jésus en 1687, sous la forme «Studium Sacrae Scripturae animam esse verae Theologiae». Ce décret visait la réforme de la *Ratio Studiorum*. Cf. J.M. Lera, «Sacrae Paginae studium sit veluti anima Sacrae Theologiae. Notas sobre el origen y procedencia de esta frase», *Palabra y vida*. Homenaje a José Alonso Díaz en su 70 cumpleaños (éd. A. Vargas-Machuca – G. Ruiz) (Madrid 1984) pp. 409–422.

lecture biblique par tous les fidèles. Par contraste, la position de l'autorité catholique pendant la crise moderniste manquait d'une pensée de la médiation : dans une perspective déiste, imaginer la révélation et la rédaction des Écritures comme un rapport direct entre Dieu et l'homme, sans les médiations du Fils et de l'Esprit, conduisait simultanément à refuser la légitimité des méthodes historiques et exégétiques profanes et à craindre les conséquences d'une lecture directe du texte par le peuple.

Dans ce document consacré à la révélation, on peut encore remarquer, derrière une unité de vocabulaire, deux paradigmes différents. Le paradigme majoritaire est celui de Dieu qui se révèle lui-même ; c'est là l'innovation majeure de *Dei Verbum*. Il se décline dans différentes situations. On remarque ainsi, dans l'introduction et la conclusion, qu'il est en parallèle du concept de Parole de Dieu :

> «En écoutant religieusement et en proclamant avec assurance la Parole de Dieu, le saint Concile [etc.]. C'est pourquoi [...] il entend proposer la doctrine authentique sur la Révélation divine et sur sa transmission [...]» (§1).

> «Ainsi donc, que par la lecture et l'étude des Livres saints »la Parole de Dieu accomplisse sa course et soit glorifiée« [...], et que le trésor de la Révélation confié à l'Église comble de plus en plus le cœur des hommes.» (§26).

Ce paradigme est déployé tant au présent, pour le schéma structurel du premier chapitre (§2) et la réponse dans l'obéissance de la foi (§5) que, dans une temporalité révolue, pour désigner une série close d'actes passés dont la Bible porte témoignage. Cela apparaît nettement dans le paragraphe sur l'Ancien Testament («Dieu se révéla au peuple de son choix» §14) ; on le voit aussi à propos de la révélation en Jésus-Christ, avec une légère différence entre les paragraphes 4 et 17 : la passion et la résurrection ou bien font partie des paroles et œuvres qui «achèvent en l'accomplissant» la révélation (§4) ou bien «parachèvent son œuvre» de révélation constituée par «ses gestes et ses paroles» avant la Pâque (§17). L'institution des Apôtres (§7) est située dans une réflexion sur la transmission de la révélation, distinguant ainsi le temps propre de la révélation historique de celui de la Tradition.

Mais on remarque le maintien, en plusieurs passages, d'un paradigme hérité de Vatican I, dans lequel on reconnaît la révélation comprise comme une instruction[40]. Cela permet d'assurer une continuité dogmatique, et s'explique par le souci de respecter la minorité conciliaire, pour parvenir à un texte bénéficiant d'un consensus large. Ainsi, *Dei Verbum* parle plusieurs fois d'énoncés révélés,

---

40 Cf. *supra* p. 319 n. 3.

souvent au moyen du neutre pluriel *revelata*, sans précision par un substantif. On y comprend une référence à une pluralité d'énoncés théologiques concernant la foi et la morale. C'est le cas au paragraphe 9 : «de omnibus revelata». De même, les «divinitus revelata» («les réalités divinement révélées» dans la traduction française) du paragraphe 11 sont «contenus», «présentés», «consignés» dans les livres de la Sainte Écriture. La suite du paragraphe continue d'employer un vocabulaire homogène avec l'idée d'énoncés : «quod asserunt» («toutes les assertions»). Ce paradigme se retrouve aussi lorsque le texte parle de «tout ce qu'il [le magistère] propose à croire comme étant révélé par Dieu (*tamquam divinitus revelata*)» (§10), ou dans l'emploi du langage de la «doctrine» (§2, §18). Ce paradigme n'est pas articulé avec celui de l'auto-révélation divine ; s'il n'est pas trinitaire et reste dans la pensée d'une divinité située en face-à-face avec le croyant, on rappelle qu'il est dérivé de la formulation même des livres prophétiques, lus de manière pré-critique.

9.3.4 Remise en cause

Il ne fait pas de doute que *Dei Verbum* a marqué une étape fondamentale dans le rapport de l'Église catholique à la Bible et dans les conditions de travail des exégètes. Pourtant, un demi-siècle après sa promulgation, on ne peut en rester à cette étape. Pour montrer l'enjeu d'une théologie de la révélation liée à l'herméneutique du lecteur, vont être soulignées quelques limites du texte : des catégories insuffisamment articulées, un rapport ambivalent à l'exégèse critique, enfin une pensée insatisfaisante de l'Ancien Testament. Seront enfin relevés quelques arguments de *Dei Verbum* qui se retrouvent sapés par les avancés de la recherche exégétique depuis le temps du Concile.

On a déjà remarqué l'absence d'articulation entre les deux paradigmes de révélation, celui de l'auto-révélation de Dieu et celui des énoncés divinement révélés. Une ambiguïté se trouve aussi dans le rapport entre ce qui est définitif et ce qui est encore en progrès. D'une part, il est affirmé nettement que la révélation est achevée : Jésus-Christ l'a achevée «en l'accomplissant» (§4), le mystère est «désormais dévoilé» (§17), cette révélation doit désormais demeurer «toujours en son intégrité» (§7), l'Évangile doit être «gardé intact» (§7), revient le langage du «dépôt» (§10). En cohérence avec cet aspect définitif, c'est le concept de Tradition qui permet de penser le progrès qui a lieu dans l'Église : si la révélation est achevée, l'Église n'a pas encore accès à la connaissance de Dieu tel qu'il est (§7), la divine vérité n'est pas encore complètement connue ni la perception des paroles de Dieu complètement achevée dans l'Église (§8 ; voir aussi §§12 et 23). Cela ne s'articule pas bien avec tout ce qui est dit de la révélation, avec des verbes au présent, dans le premier chapitre : ce dernier semblait pourtant poser une expérience de révélation possible à toute époque pour tout être humain.

Le rapport à l'exégèse critique présente lui aussi des ambiguïtés. Certes, le paragraphe 12 reconnaît la nécessité et l'intérêt de ce travail d'interprétation, en acceptant les progrès du travail scientifique ; on ne se trompe pas à lire ici une ouverture définitive et sans réserve de l'Église catholique au travail des exégètes. Pourtant, cette position n'informe pas ce qu'affirment d'autres paragraphes. Si la tâche des exégètes n'est que de «présenter les divines Lettres» (§23), y a-t-il vraiment une recherche à mener et des découvertes à produire ? De même, si l'histoire de l'élaboration de *Dei Verbum* montre que furent évitées nombre d'expressions traditionnelles qui s'opposaient trop frontalement aux résultats de la recherche[41], de nombreux passages restent rédigés d'une manière compatible avec une lecture pré-critique, comme si l'exégèse n'avait fait qu'interdire certaines formulations, sans informer une nouvelle structure de théologie biblique. On lit ainsi :

> «Après leur chute [de nos premiers parents], [...] il [Dieu] les releva dans l'espérance du salut (cf. Gn 3,15)» (§3).

Dans cette phrase, comme dans l'ensemble du paragraphe, rien n'indique explicitement une prise de distance par rapport à la lecture historiciste des premiers chapitres de Gn[42], que la Commission biblique pontificale défendait encore en 1909[43]. Dans ce paragraphe, comme au paragraphe 14, l'histoire d'Abraham et l'alliance conclue avec lui sont mentionnées comme si elles étaient des faits historiques. Au paragraphe 4 est présentée une narration de l'histoire de Jésus-Christ, que rien ne distingue d'une narration historique, et qui s'appuie sur des citations de Jn et notamment de son prologue ; le débat exégétique sur le ca-

---

41 On a rapporté plus haut (cf. 9.3.2) que le Concile avait rejeté les propositions de mentionner une interprétation historiciste d'Adam, de prendre position sur l'origine biologique de l'humanité, d'affirmer l'historicité des évangiles de l'enfance ou d'identifier les auteurs des quatre évangiles.

42 Sesboüé affirme que «le texte ne s'engage évidemment pas dans le problème de l'historicité des récits de la Genèse». D'un point de vue diachronique, on sait en effet que la commission a refusé des formulations qui l'affirmeraient. Mais vu l'ampleur des débats lors de la crise moderniste sur ce sujet, il aurait été souhaitable que le texte final se dégage explicitement de la possibilité d'une lecture historique. Cf. Sesboüé, *Histoire des Dogmes* IV, p. 521.

43 Cf. Pontificia Commissione Biblica, *Sul carattere storico dei primi tre capitoli della Genesi* (Roma 1909).

ractère plus théologique que biographique de cet évangile a pourtant eu une grande importance[44]. Les débats des rédacteurs ont évité certaines affirmations historicistes à propos du Nouveau Testament, mais cela n'empêche pas le texte final de sembler parfois ignorer les résultats de la recherche. Ainsi, l'assertion selon laquelle l'Église «affirme sans hésiter l'historicité» des quatre Évangiles (§19), manque des nuances qui auraient fait droit, au moins, au problème synoptique. Le passage sur les épîtres pauliniennes, situé après le paragraphe consacré aux Évangiles, affirme qu'elles «confirment ce qui touche au Christ Notre Seigneur» (§20). Cette formulation, bien que légitime pour une lecture des livres du Nouveau Testament dans l'ordre canonique, donne toutefois l'impression que la rédaction des évangiles a historiquement précédé l'écriture de Paul, ce qui n'est pas le cas.

Les affirmations à propos de la valeur de l'Ancien Testament ont le mérite de réaffirmer la doctrine classique, mais ne vont pas beaucoup plus loin qu'une déclaration de principe et peinent à dire positivement l'intérêt actuel de sa lecture. Certes, ses livres ont une «valeur impérissable» (§14) et les chrétiens doivent les «accepter avec vénération» (§14), mais leur valeur est surtout liée à la «situation humaine qui a précédé le salut instauré par le Christ» (§15). Il restera à imaginer une manière de situer l'Ancien Testament par rapport à la révélation chrétienne qui, tout en reconnaissant sa valeur passée, parvienne à expliciter sa valeur présente pour ceux qui ont déjà reçu la Bonne Nouvelle du Christ.

Mais il faudrait aussi critiquer l'emploi par *Dei Verbum* du concept théologique d'histoire du salut, qui n'est pas si apte que cela à rendre compte de l'Ancien Testament dans son ensemble. James Barr, auteur reconnu en linguistique sémitique et herméneutique biblique[45], a remis en cause ce concept dans un article[46] contemporain du Concile. Précisons qu'il n'écrit pas à propos de Vatican II, mais prend part à un débat théologique qui dépasse les frontières confessionnelles. On va voir qu'en critiquant un concept employé par toutes les théologies chrétiennes du XXe siècle, il aide à découvrir un problème dans le rapport de *Dei Verbum* à l'Ancien Testament. Barr remarque ainsi les caracté-

---

44 Rome aurait-elle oublié sa condamnation de Loisy ? Cf. A. Loisy, «Lettre à un évêque sur la critique des évangiles et spécialement sur l'Évangile de Saint Jean», *Autour d'un petit livre* (Paris ²1903) pp. 61–108.

45 L'audience de cet auteur dépasse ses champs de spécialisation. Michel de Certeau a ainsi accueilli dans sa collection «Bibliothèque de Sciences religieuses» la traduction française de son ouvrage *The Semantics of Biblical Language* (Oxford 1962). Cf. J. Barr, *Sémantique du langage biblique* (BScR ; Paris 1971).

46 J. Barr, «Revelation through History in the Old Testament and in Modern Theology», *PSB* 56/3 (1963) pp. 4–14.

ristiques suivantes du concept d'histoire du salut : il a eu son heure de gloire dans la théologie chrétienne à une époque où la méthode historique était devenue la méthode dominante, et conduisait à remettre en cause la doctrine chrétienne. Il se rapporte à l'Ancien Testament en tant que trace d'événements, auxquels la recherche historique tente d'accéder. Il produit alors un nouveau récit qui organise linéairement ces événements et les qualifie d'action de Dieu dans l'histoire.

Barr propose alors une remise en cause en quatre temps. D'abord, on n'est plus, à l'époque où il écrit (1963), dans cette manière historiciste de faire de l'histoire, pensée sur le modèle des sciences exactes du XIXe siècle. De plus, ce concept théologique oblige à se rapporter différemment à des récits bibliques qui se présentent avec le même régime d'historicité : d'un point de vue synchronique, les récits de la création, du déluge, de l'exode, de la destruction de Jérusalem par Nabuchodonosor, ont les mêmes caractéristiques historiques. Plus grave encore, cette approche conduit à favoriser certains écrits bibliques tout en négligeant ceux qui n'entrent pas dans ce genre, notamment les sapientiaux. Enfin, on néglige ainsi une affirmation majeure de l'Ancien Testament, particulièrement manifeste dans les livres prophétiques : une communication verbale directe de Dieu avec des personnes choisies. L'analyse de Barr semble pertinente pour critiquer le chapitre IV de *Dei Verbum* : le paragraphe 14 donne une forme narrative au concept d'histoire du salut, qui est en fait une manière de recevoir, d'une façon compatible avec l'intelligence historique de l'époque qui précède Vatican II, non pas toute la Bible, mais seulement ses écrits de forme historique qui possèdent encore, aux yeux des historiens de l'époque, une part d'historicité. On voit ainsi que la théologie biblique de *Dei Verbum*, si elle a pu satisfaire les théologiens confrontés aux questions des historiens du XIXe siècle et du début du XXe, ne rend pas bien compte de l'ensemble de l'Ancien Testament.

Pour terminer, on doit remarquer quelques affirmations concernant l'Ancien Testament qui étaient encore acceptables il y a un demi-siècle, mais que les progrès de l'archéologie et de l'exégèse rendent aujourd'hui indéfendables. Ainsi, on ne peut plus reprendre l'argumentation du paragraphe 3 du premier chapitre et du paragraphe 14 du chapitre IV, qui mentionnent Abraham et Moïse comme des figures historiques[47] ; on doit aussi douter de l'existence d'une alliance et d'un peuple d'Israël aussi anciens que ce qu'une lecture littérale du texte biblique laisse supposer.

---

[47] «Au temps fixé, il [Dieu] appela Abraham pour faire de lui un grand peuple [...] ; après les patriarches, il forma ce peuple par l'intermédiaire de Moïse [...]» (§3) ; «une fois conclue l'Alliance avec Abraham [...] et, par Moïse, avec le peuple d'Israël [...]» (§14).

Cette lecture de *Dei Verbum*, tant suivant l'histoire de sa rédaction que dans la structure du texte final, indique la manière dont on peut recevoir ce texte aujourd'hui. Une réception statique s'avère impossible ; elle laisse place à l'idée d'une réception dynamique. Ce que *Dei Verbum* invite à faire, c'est à poursuivre l'interaction critique et féconde entre le travail exégétique – qui ne cesse de «détruire et bâtir» (cf. Jr 1,10) – et la tradition de la théologie de la révélation. La prise en compte par le texte conciliaire, pour penser l'herméneutique biblique, des distinctions classiques de la tradition dogmatique (on a signalé l'importance des concepts de Trinité et d'Incarnation, cf. p. 332), autorise à introduire d'autres distinctions aujourd'hui fréquentes dans l'herméneutique biblique ; le parallèle entre l'humanité du Verbe incarné et celle des paroles de Dieu dans les langues humaines (§13) fonde théologiquement la légitimité de pratiquer, en exégèse biblique, toutes les méthodologies développées pour lire les autres textes de l'humanité.

9.4 Théologie de l'expérience de lecture

9.4.1 Présentation

Après avoir présenté et critiqué les deux modèles d'interprétation de la révélation en fonction de la compréhension de la parole prophétique, une nouvelle proposition va maintenant être avancée ; elle sera articulée avec l'exégèse de Jr précédemment développée. Plutôt que de s'appuyer sur le personnage divin du récit, Yhwh, on partira du travail interprétatif du lecteur, pour en proposer une relecture théologique. Précisons toutefois qu'il ne s'agit pas ici de faire une théologie de la catégorie herméneutique générale du lecteur : c'est l'expérience spécifique de la lecture de Jr, sous l'angle des oracles destinés aux personnages secondaires du récit, qui constituera le point de départ. On se souvient en effet que le lecteur a été conduit à porter sur les personnages et les événements un jugement qu'on peut qualifier de théologique, en ce qu'il conduit à juger conformément à ce que le personnage divin Yhwh exprime dans les oracles. Mais auparavant, il est nécessaire de considérer le débat théologique sur la révélation dans la période qui fait suite à Vatican II.

9.4.2 Le débat théologique contemporain

Si Vatican II a permis de dépasser le conflit moderniste sur la notion de révélation, la théologie a continué de cheminer depuis, empruntant différentes voies.

Puisque cette recherche veut prendre place, modestement, dans le débat contemporain, il est nécessaire de rendre compte des diverses positions. L'article très documenté de François Nault[48] guidera cette présentation ; on s'attachera à montrer le rapport de chaque penseur non seulement au texte biblique, mais aussi et surtout aux résultats de l'exégèse.

Nault commence par retracer comment le concept de révélation est venu au premier plan du débat théologique, dans un mouvement qui commence au XVIIᵉ siècle et culmine aux deux conciles du Vatican. Il s'appuie pour cela sur une présentation de Bouillard[49]. Si Vatican II dépasse la crise moderniste, c'est par l'importation dans la théologie catholique d'un concept de révélation qui lui est extérieur, mûri par Barth et l'école de Tübingen à la suite de Hegel (p. 144) : l'auto-révélation de Dieu. Nault schématise l'évolution de la théologie après Vatican II en distinguant deux lignes qu'il qualifie de «révélation sans théologie» (pp. 133–142) et «théologie sans révélation» (pp. 142–148). Pour la première ligne, il suit une présentation de Jean-Daniel Causse[50], qui présente notamment la position de Marion, reprenant en phénoménologie la position de Balthasar contre Bultmann et Rahner. Ainsi, ces auteurs s'opposent à la «réduction anthropologique»[51] du concept de révélation (p. 138). La pensée de Marion culmine dans l'idée, développée à partir d'une lecture du récit d'Emmaüs (Lc 24), de «suppression du moment herméneutie» au profit de l'eucharistie présidée par l'évêque[52] (pp. 141–142).

L'autre ligne est développée à partir d'une présentation de Jeanrond[53] et souligne, à partir des années 1980, un désintérêt des théologiens pour le concept de révélation. Cette remise en cause a des racines plus anciennes : dès 1941, le théologien luthérien Althaus critiquait l'importance excessive accordée à ce concept (p. 130). Depuis, des théologies fondamentales font l'impasse sur ce concept, comme celle de Tracy (cf. p. 131) ; d'autres problématisent le concept

---

48 Nault, «Révélation sans théologie, théologie sans révélation», déjà cité n. 4 p. 320.

49 H. Bouillard, «Le concept de révélation de Vatican I à Vatican II», *Révélation de Dieu et langage des hommes* (éd. J. Audinet – H. Bouillard – L. Derousseaux – C. Geffré – I. de La Potterie) (Cogitatio Fidei 53 ; Paris 1972) pp. 35–49.

50 J.D. Causse, «La notion de révélation. Éléments pour une reprise actuelle d'un héritage théologique», *ETR* 78/1 (2003) pp. 69–78.

51 À titre indicatif, on rappelle que Bultmann pense la révélation à partir d'une analyse de l'existence humaine, ce qui, pour ses détracteurs, ne laisse pas place à un événement aussi inattendu que la révélation de Dieu.

52 Selon Marion, c'est à ce moment que le Verbe en personne parle et bénit, ce que la simple herméneutique est incapable d'atteindre.

53 W.G. Jeanrond, «Révélation et concept trinitaire de Dieu : notions clés de la réflexion théologique ?», *Conc.* 289 (2001) pp. 129–140.

(Kaufman, Linbeck, Greisch sont cités p. 131) en reconnaissant qu'il doit être approfondi. La motivation de ce déplacement théologique peut se lire dans l'histoire de *Dei Verbum* : d'une part, «la question de la révélation, telle que le concile l'a abordée, est issue de questionnements quant à l'Écriture» (p. 145) ; d'autre part, dès que la question de la communication de la révélation est posée, l'herméneutique entre en scène, aux dépens de la problématique ancienne de la révélation pensée comme ensemble d'énoncés (cf. p. 146). La réflexion de Nault aboutit alors en suivant la position de Ricœur dans son article sur l'herméneutique de l'idée de la révélation[54], et conclut que «la question de la révélation est remplacée par celle du texte» (cf. p. 147) : ce concept n'aurait jamais été qu'une approximation incapable de rendre compte vraiment de l'enjeu du problème qui l'a fait naître, qui est de comprendre la manière dont la foi d'Israël puis de l'Église se rapporte à ses textes.

Cette présentation du paysage théologique par Nault permet de mettre en lumière les choix dans lesquels cette recherche se situe. Des deux figures contemporaines qui structurent le débat, celle de Marion et celle de Ricœur, seule la deuxième peut ici convenir. Les réflexions de Balthasar et de Marion, en effet, peuvent avoir leur valeur, si on les considère sous l'angle unique de la théologie ou de la philosophie ; mais, refusant que l'exégèse soit à même de rejoindre ce qu'elle poursuit, elles ne sont pas en mesure de nourrir une réflexion née dans l'herméneutique du texte biblique. Réciproquement, une démarche enracinée dans l'exégèse n'est pas à même de rejoindre une pensée pour laquelle l'herméneutique doit disparaître dans la célébration de l'eucharistie. Il ne s'agit pas ici de juger de la valeur de ces réflexions ni de leur importance dans la tradition théologique, mais simplement de noter qu'elles reposent sur des présupposés quant au statut de l'exégèse inconciliables avec ceux qui fondent cette recherche. L'exégète espère bien que sa recherche contribue à la réception de la révélation et surtout à en discourir adéquatement aujourd'hui. La ligne herméneutique aura, par conséquent, notre préférence[55] ; elle est la seule à pouvoir s'articuler avec les résultats d'un travail exégétique. Mais reste alors une question : doit-on tout à fait renoncer à parler de «révélation» ? Les objections sont réelles contre ce concept plusieurs fois dénaturé, et peut-être usé, depuis la pensée de l'apocalyptique vétérotestamentaire, en passant par le modèle d'instruction de l'époque moderniste, en arrivant au modèle d'auto-révélation, et en découvrant les implications herméneutiques de ce dernier. Pourtant, l'affir-

---

54 P. Ricœur, «Herméneutique de l'idée de Révélation», *La Révélation* (éd. P. Ricœur – E. Levinas – E. Haulotte – E. Cornélis – C. Geffré) (Théologie ; Bruxelles [1]1977 [2]1984) pp. 15–54.
55 Je dois avouer qu'il ne s'agit pas d'une surprise : la lecture de Ricœur m'accompagne depuis mes premiers pas dans l'exégèse biblique.

mation dogmatique selon laquelle Dieu s'est révélé lui-même en Jésus-Christ touche à l'essentiel de la foi chrétienne, puisqu'elle signifie le caractère complet et définitif de ce dont témoigne le Nouveau Testament. Ne pourrait-on alors pas trouver une manière de faire revivre le concept de révélation, en l'intégrant dans le paradigme herméneutique ? Il faudrait, tout en prenant en compte sérieusement ce qui se joue dans l'acte de lecture du texte biblique, pouvoir dire une initiative de Dieu, sans contradiction avec l'activité humaine.

Avant d'y venir, la lecture de quelques autres philosophes et théologiens peut aider à dégager le paysage dans lequel prendra place cette proposition. Nault mentionnait très brièvement[56], en reprenant Causse, la question de la «communication indirecte» chez Kierkegaard. Il vaut la peine de revenir sur cette question, qui apporte un argument supplémentaire pour penser la révélation divine à travers des médiations anthropologiques. Le philosophe danois remarque que la communication éthico-religieuse, n'étant pas «communication de savoir» mais «communication de pouvoir», est nécessairement indirecte[57]. Cette notion de communication indirecte a donné lieu à de larges débats, car elle paraît fluctuer dans l'ensemble des œuvres de Kierkegaard. À titre indicatif, on peut noter que la communication directe vise à transmettre un «objet», dont le destinataire devient «apprenti» ou «adepte» ; mais puisque l'éthique vise à être communiquée sur le plan de l'existence, elle ne se transmet pas comme un objet, mais indirectement, comme «un art» ou «une réalisation»[58]. Un article récent de Turnbull[59] conteste sur ce point une étude souvent citée de Mooney, pour qui la communication directe toucherait la vérité de l'être humain, la communication indirecte restant limitée à l'ambiguïté. Il propose au contraire une interprétation théologique de la communication indirecte : elle a pour but de susciter chez son destinataire une réponse au Christ dans la foi[60]. C'est sur cet axe «indirect» que prendra place, justement, notre proposition théologique. Alors que les discours et actions représentés «directement» par le récit jérémien appellent un travail d'interprétation pour résoudre les énigmes du texte, une

56 Nault, *op. cit.*, p. 134.
57 Cf. les brèves notes prises par Kierkegaard en vue d'un cours resté à l'état de projet dans S. Kierkegaard, «La dialectique de la communication éthique et éthico-religieuse», *Œuvres complètes*. XIV (Paris 1980) pp. 359–383 (trad. de *Den ethiske og den ethisk-religiøse Meddelelses Dialektik*, Pap. VIII 2 B 86–89, pp. 168–196). Je remercie Dominique Collin pour cette référence.
58 *Ibid.*, pp. 369, 371 et 374.
59 J. Turnbull, «Kierkegaard, Indirect Communication, and Ambiguity», *HeyJ* 50/1 (2009) pp. 13–22.
60 Turnbull, *op. cit.*, p. 20.

réflexion sur ce processus permettra, dans un temps situé après la lecture, de nommer une communication «indirecte» de Dieu. Rien n'est représenté directement par le récit de cette révélation divine au lecteur, qui se situe plutôt dans une prise de conscience du sens des compétences acquises lors de la lecture. La distinction de Kierkegaard entre communications directe et indirecte montre justement que c'est cette dernière qui convient pour une révélation qui ne vise pas à faire savoir des choses sur Dieu, mais à être dans une relation juste avec lui.

Dans la ligne «herméneutique», pour laquelle Nault concluait à sa préférence, on peut mentionner la position de Claude Geffré. Il a été remarqué que ce dernier veut abandonner le modèle «dogmatique» de la théologie, valable jusqu'à Vatican II inclus, au profit d'un nouveau modèle «herméneutique»[61]. Geffré est justement intervenu dans le même colloque que celui où Ricœur a développé son herméneutique de l'idée de révélation, pour proposer une «esquisse d'une théologie de la Révélation»[62]. Il commence par reprendre le dossier bien connu des difficultés liées à l'idée de révélation ; il commente aussi l'évolution théologique entre Vatican I et Vatican II. Il développe la thèse d'une révélation comme «manifestation et proclamation» (pp. 175–181), comme «Écriture et Parole de Dieu» (pp. 181–189), et réfléchit, se situant dans la lignée de Cullmann, au rapport entre révélation et histoire (pp. 189–201). L'ensemble parvient à articuler de manière satisfaisante le concept de révélation avec les exigences de la réflexion philosophique.

Toutefois, si la réflexion intègre de manière juste les résultats d'une exégèse critique classique – il y a notamment plusieurs références à von Rad – le hiatus est manifeste avec les dernières avancées exégétiques. Ainsi, la nature mythique des récits de création est reconnue mais l'ère des patriarches, le rôle de Moïse et du don de la Loi au Sinaï sont présentés comme événements de l'histoire du salut (p. 193). Geffré articule la vision des signes et l'écoute de la parole d'une manière qui rend bien compte des livres prophétiques (p. 175), mais en reste, avec Cullmann, à penser un fondement des livres prophétiques dans le témoignage oculaire des prophètes (p. 195). Une telle réflexion ne peut rendre compte de la fonction théologique de livres bibliques que la critique historique considère comme fictifs, que l'on pense à des livres souvent qualifiés de romans, comme Jonas ou Tobie, ou à des livres comme Jr, dont l'ancrage historique s'est peu à

61 J. Richard, «Le champ herméneutique de la révélation d'après Claude Geffré», *LTP* 46/1 (1990) pp. 17–30.
62 C. Geffré, «Esquisse d'une théologie de la Révélation», *La Révélation* (éd. P. Ricœur – E. Levinas – E. Haulotte – E. Cornélis – C. Geffré) (Théologie ; Bruxelles 1977) pp. 171–205.

peu distendu au fur et à mesure du développement rédactionnel[63]. On est ainsi gêné de lire sous la plume de Geffré que «Témoigner, c'est faire venir à la parole un événement qui s'est réellement produit» (p. 184) ; si la suite de sa phrase introduit une réserve, la formule demeure significative d'une manière de lire la Bible. Il est certes légitime, comme il le fait, de s'opposer à une théorie de l'inspiration qui considère la révélation comme collection de propositions révélées (p. 186), mais on doit reconnaître que Jr va parfois dans le sens contraire : c'est le cas lorsqu'après la destruction du rouleau par Yoyaqim (Jr 36), il est demandé au prophète de réécrire toutes les paroles détruites. Ce livre affirme nettement que certaines de ses phrases doivent être lues comme propositions révélées. On peut de même opposer des faits tirés de Jr à l'affirmation de Geffré que «la parole prophétique ne doit pas être conçue comme une parole directement insufflée par Dieu dans l'esprit du prophète» (p. 189).

La position de Geffré est donc une synthèse particulièrement pertinente d'une tradition théologique qui a reçu les livres bibliques d'abord dans une lecture pré-critique, puis dans une remise en cause par la question historique. Mais on ne peut en rester là alors que l'exégèse historico-critique a sapé sa synthèse classique, et qu'est entrée en scène l'exégèse narrative.

Revenons brièvement sur l'article de Ricœur[64] cité par Nault. Il a été remarqué récemment que, dans les réflexions sur la révélation, celle de Ricœur «est quasiment la seule [...] qui a prêté une attention aux formes discursives dans la Bible»[65]. En ouverture, le philosophe explique l'aporie de la crise moderniste comme opposition d'«un concept autoritaire et opaque de la révélation au concept d'une raison prétendument maîtresse d'elle-même et transparente pour soi-même»[66] ; il dénonce aussi un amalgame entre les niveaux de langage de la confession de foi, de la dogmatique ecclésiale, et des doctrines imposées comme règles d'orthodoxie (p. 16). Viennent alors deux grandes parties. La première parcourt les différents genres littéraires de la Bible, pour noter les différents rapports à Dieu qui s'y expriment : discours prophétique, narratif, prescriptif, sapientiel, hymnique. Il refuse donc de «neutraliser» ces genres littéraires «pour en extraire le contenu théologique» (p. 30) et s'oppose à une théologie uniforme de l'inspiration (p. 32). Cela explique sans doute les raidissements du magistère catholique sur la question de la révélation : ils seraient

---

63 On rappelle que McKane qualifiait Jr, sous l'angle de l'histoire de la rédaction, de «rolling corpus» (cf. 1.1.9).

64 Ricœur, «Herméneutique de l'idée de Révélation», cité n. 54 p. 340.

65 D.L.D. Tiaha, «Discours de révélation et diffraction du sujet», *Transversalités* 128/4 (2013) pp. 171–185, p. 179.

66 Ricœur, *op. cit.*, p. 15.

ainsi fondés sur l'application d'un concept théologique de l'inspiration provenant d'un genre littéraire à un autre genre littéraire – typiquement, du discours prophétique aux textes législatifs. Prendre en compte ces remarques de Ricœur peut être, pour le théologien catholique, une manière de recevoir les affirmations de *Dei Verbum* sur les « genres littéraires » (*DV* §12).

La deuxième partie est de nature philosophique ; Ricœur y expose une nouvelle fois son herméneutique, pour montrer comment elle permet de bâtir une conception « non contraignant[e] » (p. 35) de la révélation, qui n'exige pas le sacrifice de l'intelligence. Elle est utile au théologien, car elle rappelle l'importance de prendre en compte le phénomène de l'écriture qui n'est pas « la simple fixation matérielle de la parole vive » (p. 38), mais produit une distanciation ; Ricoeur développe alors de nouveau les catégories d'œuvre et de monde du texte. Cette manière de faire du philosophe est particulièrement apte à contribuer à cette recherche : elle permet une rencontre de la philosophie et de la théologie avec les résultats du travail exégétique. Certes, ce philosophe n'a pas développé son herméneutique du côté de la coopération interprétative du lecteur, mais il indique au moins la fécondité possible d'une prise en compte sérieuse de la Bible comme texte et comme littérature. Si Ricœur veut proposer un concept de révélation qui ne soit que « pluriel, polysémique, et tout au plus analogique » (p. 17), la prise en compte du travail du lecteur peut dégager une place nouvelle pour reconstruire le concept de révélation.

Dans un article récent, Alain Gignac[67] poursuit la réflexion sur le concept de révélation, en s'appuyant sur son expérience d'exégète. Il appelle à « faire le deuil d'une [...] sorte de positivisme » (p. 250) que la théologie chrétienne conserve dans sa conception de révélation ; il juge « positiviste, objectivante et quasi matérialiste » (p. 262) la conception de la révélation de l'exhortation apostolique *Verbum Domini* de Benoît XVI (2010). Contre cela, il s'engage pour une « compréhension narratologique de la Révélation » (p. 268). Alors que les théologiens en restent, habituellement, à une prise en compte des résultats désormais classiques de l'exégèse historico-critique, Gignac remarque qu'après l'effondrement de la figure d'Abraham, les avancées de la recherche congédient désormais aussi les figures de Moïse, David et Salomon, et interrogent le moment historique de l'apparition du peuple d'Israël. De plus, la recherche sur le Jésus historique conduit à un éclatement des interprétations. Tout cela n'était pas encore connu au temps de *Dei Verbum*. Il propose alors une réflexion sur les concepts d'his-

---

67 A. Gignac, « Jeter l'historicisme, relativiser l'historicité, penser autrement la révélation et l'incarnation. ‹Histoire et théologie› dans une perspective narratologique », *Théologiques* 21/1 (2013) pp. 247–275.

toire et d'événement, pour engager la responsabilité de l'énonciateur des formules théologiques. Ainsi,

> «Affirmer que ‹Dieu intervient dans l'histoire› n'est pas un énoncé objectif [...] mais une énonciation subjective dont le référent n'est pas le fait brut historique mais bien... l'énonciateur croyant.»[68]

> «Quelle que soit la part d'historicité des récits bibliques [...] leur véritable valeur théologique est de déployer un monde possible face auquel le narrataire doit se prononcer.»[69]

Cette manière de faire semble à même de tenir compte des avancées de la recherche exégétique, notamment de la prise en compte du rôle du lecteur, tout en honorant les questions héritées de la tradition théologique. Plus particulièrement, en soulignant le rôle de «l'énonciateur croyant» ou du «narrataire», Gignac rejoint la liberté du lecteur pour s'engager dans le déchiffrement des énigmes construites par le texte.

Ainsi, on conçoit que la réflexion théologique sur la révélation ne s'est pas arrêtée après Vatican II : elle se poursuit encore aujourd'hui, et cherche à bâtir une théologie qui réponde tant aux exigences de la raison qu'aux découvertes les plus récentes de l'exégèse.

9.4.3 Une nouvelle articulation du concept de révélation

Cette recherche a fait le choix de pratiquer une exégèse narrative de Jr ; il est maintenant possible de proposer d'y articuler un concept renouvelé de révélation. Le choix d'une lecture synchronique n'a pas pour conséquence un retour à la situation pré-critique : il n'est pas question ici de faire comme si les mots transcrits par Jérémie comme ayant leur origine en Yhwh devaient être lus, sans distinction, comme paroles de Dieu pour le lecteur. Au contraire, cette exégèse conceptualise la distinction entre le monde du texte, dans lequel se déroule la fable, et le monde du lecteur, où prend place le récit. C'est sur le lieu de cette distinction que la question de la révélation peut se poser de manière nouvelle. Le travail d'analyse narrative a décrit l'expérience du lecteur, en maintenant radicalement le personnage de Yhwh à sa place : dans le monde du texte. Mais en pensant théologiquement cette expérience du lecteur, on pourrait chercher comment la qualifier d'expérience de révélation de Dieu.

---

68 *Ibid.*, p. 256.
69 *Ibid.*, p. 266.

En employant le vocable de «révélation» spécifiquement pour une qualification théologique de l'expérience du lecteur, on conceptualise un mode de communication différent de ceux qui prennent place dans le monde du texte. Ainsi sera évité un retour à la situation pré-critique. Mais il importe de préciser que le texte jérémien lui-même présente déjà une articulation entre les concepts de «parole de Yhwh» et d'oracle écrit. On se tromperait, en effet, à affirmer que Yhwh s'entretient avec son prophète sur le mode d'une conversation humaine. Certes, l'expérience de la survenue de la parole (ויהי דבר) conduit à une transcription sous la forme d'un discours représenté, mais cela ne signifie pas que le lecteur doive se représenter ces mots arrivant objectivement dans l'oreille du prophète (ni dans une expérience intérieure analogique à l'audition). Si on observe les 14 occurrences[70] de l'expression ויאמר יהוה, «et Yhwh dit», pour introduire un discours représenté, elles sont systématiquement suivie du complément אלי, «à moi»[71]. Une situation narrative objective, dans laquelle on lirait «et Yhwh dit à Jérémie», n'apparaît jamais dans Jr. Dans ces 14 occurrences, les mots attribués à la divinité sont donc présentés au lecteur à une double distance du présent de la lecture : ils sont ceux d'une expérience passée, ce que souligne la conjugaison au *wayyiqtol*, et passent à travers le prisme de l'expérience subjective d'un autre[72]. Lorsque la narration a lieu sous la forme objective dans laquelle le prophète est représenté à la troisième personne, les mots divins rapportés sont distingués de l'expérience humaine de la parole par l'expression ויהי דבר, «et la parole survint»[73], qui n'est jamais employée pour un locuteur humain[74]. On trouve aussi trois passages dans lesquels la parole divine est distinguée de la parole humaine. Dans le récit de la vocation, Yhwh affirme mettre ses paroles non dans les oreilles, mais dans la bouche du prophète ; c'est

---

70 Jr 1,7.9.12.14 ; 3,6.11 ; 9,12 ; 11,6.9 ; 13,6 ; 14,11.14 ; 15,1 ; 24,3.

71 A l'exception de 9,12. Mais cette absence du complément אלי pourrait provenir d'une erreur de copie : on remarque en effet que LXX traduit toujours ces 14 passages par καὶ εἶπεν κύριος πρός με, même en 9,12. Pour ce verset, la présence de πρός με dans LXX attesterait d'un אלי dans le texte hébreu originel.

72 Genette note ainsi que la forme du roman autobiographique introduit la distance supplémentaire du souvenir du narrateur, et cite Mendilov pour qui «Loin de faciliter l'identification du lecteur au héros, il [le roman à la première personne] tend à sembler éloigné dans le temps. L'essence d'un tel roman est d'être rétrospectif [...]». Cf. Genette, «Discours du récit», p. 189.

73 On trouve aussi fréquemment les formules היה דבר et אשר היה דבר.

74 Remarquons ici que, parmi tous les arts qui mettent en scène des narrations, seule la littérature dispose des ressources pour construire rigoureusement ce genre d'effets. Le cinéma et le théâtre ne peuvent en construire que des analogies (cf. n. 51 p. 96). Cela invite, une fois encore, à la prudence lorsqu'on emploie le langage d'une forme narrative particulière pour en décrire une autre (cf. 2.3.5 et n. 67 p. 105).

déjà signifier que ce sera à Jérémie de prononcer lui-même ce qui sera authentifié comme parole divine. Dans l'épisode de l'achat du champ (Jr 32), il est indiqué que Jérémie n'a pas immédiatement reconnu l'origine divine de la parole. Un autre signe de cette distinction entre l'expérience de la parole et les mots rapportés par le texte se trouve dans l'oracle du chapitre 42 : au verset 7 est rapportée la survenue de la parole, דבר ; en revanche, l'ensemble du discours prononcé par le prophète est qualifié, en 43,1, de «paroles» au pluriel, דברים.

Au sein du texte jérémien est donc présente cette distinction entre la «parole» de Yhwh et les mots par lesquels le prophète transcrit, après coup, son expérience subjective. L'absence d'une représentation objective du moment où le prophète prend connaissance des mots de l'oracle va de pair avec la condamnation affichée pour toutes les procédures de divination[75], dans lesquelles ce sont les conditions présentes de l'expérience qui prétendent assurer l'origine divine du message. Pour Jérémie, les mots transcrits ne sont qu'une manière de rendre compte, après coup, d'une expérience subjective qui reste insaisissable. Cette lecture précise du texte s'oppose déjà au modèle précritique qui concevait la révélation comme instruction. C'est cela qui invite à poser une autre distinction, pour penser spécifiquement la communication au lecteur, en reprenant pour cela le vocable de «révélation» plutôt que celui de «parole».

La théorie poétique de la narration, qui a structuré l'analyse de l'expérience du lecteur, ne repose pas sur ce paradigme de la communication ; parler ici de «révélation» permet de respecter cette distinction. On a en effet reconnu dans la forme de Jr une narration sans narrateur : pour le lecteur se forment des représentations d'actions, sans que se manifeste le point de vue d'un personnage extérieur au récit qui, comme «narrateur», indiquerait une présence à ce qui est représenté. L'analyse précédente a montré bien des fois que le texte pose une énigme au lecteur, qui doit chercher, par ses propres moyens, à trouver une éventuelle solution ; mais ces énigmes ne font pas connaître quelqu'un qui les poserait. Si le fruit du déchiffrage de ces énigmes est identifié au message du livre, il convient de dire que, à proprement parler, ce message ne donne pas à connaître son émetteur. Il est construit par le lecteur, au terme d'un travail d'interprétation. C'est en ce lieu qu'on propose d'ancrer le concept de révélation – et non pas dans un message objectivement saisissable tel qu'on pourrait croire que le récit le présente entre Yhwh et Jérémie. Le lecteur, dans son engagement personnel pour construire le message appelé par les énigmes tex-

---

75 Ainsi, le fait d'avoir «eu un songe» (23,25) ne prouve rien de l'authenticité d'un envoi. Ce qui n'interdit pas, pour autant, que Jérémie ait pratiqué l'oniromancie : le verset énigmatique 31,26 pourrait en être la trace : «Entendant cela, je me suis réveillé et j'ai ouvert les yeux ; mon sommeil m'avait été agréable».

tuelles, vit une expérience qui ne lui montre pas Dieu, et qui diffère de la manière dont Jérémie objective sous forme d'oracle son expérience de la «parole de Yhwh» ; en produire une interprétation théologique devrait permettre de disposer d'un nouveau concept de révélation. Pour cela, on va devoir prêter attention aux compétences spécifiques que le lecteur a dû acquérir pour résoudre les énigmes posées par la lecture de Jr.

9.4.4 Réflexion du lecteur

Guidé par des récits énigmatiques, à la recherche d'une causalité annoncée par les oracles, le lecteur de Jr a appris à porter sur les événements et sur les personnages un jugement conforme à celui de Yhwh, le personnage divin du monde du texte. Ce jugement repose sur un fondement textuel clairement dégagé : des similitudes textuelles, souvent verbales, entre le récit et les oracles revenus de sa mémoire. Ainsi, le lecteur de Jr a développé une nouvelle compétence, qui le rend apte à un jugement théologique. Or rien ne lui interdit de pratiquer par la suite ce jugement en dehors de la lecture ; c'est ainsi qu'une application à sa vie et à son monde peut avoir lieu. Certes, dans le monde réel, il n'a pas vu ni entendu Dieu lui apparaître ou lui parler. Mais le concept d'identité narrative, repris par Ricœur à Arendt[76], montre un chemin d'application : en se rapportant à lui-même sous la forme de l'interprétation d'un récit, donc d'un récit autobiographique, le lecteur peut en venir à juger de telle action ou de telle circonstance comme lieu de l'action de Dieu. En particulier, il peut qualifier l'acquisition de compétences lors de la lecture de Jr, d'action de Dieu.

Cette recherche voudrait alors proposer que cette nomination de Dieu puisse être considérée comme expérience de son auto-révélation. Le lecteur, en effet, a appris de sa lecture de Jr à voir, à juger, à parler comme Dieu, dans sa manière de considérer le monde, les événements, et les personnages. S'il réfléchit et nomme Dieu comme source de cette capacité nouvelle, il peut alors reconnaître qu'il connaît, dans l'examen de cette nouveauté en lui-même, quelque chose de Dieu. Certes, la vie et l'action de Dieu ne se résument pas à voir, à juger et à parler ; de plus, le lecteur n'a certainement pas acquis cette capacité autant que sa source la possède. Il est vrai aussi que Dieu est créateur, libérateur, sauveur, ce que le lecteur peut savoir sans l'être lui-même. Pourtant, sans entrer ici dans une trop longue exploration théologique, la question est de savoir l'importance que tient

---

76 Voir notamment le chapitre 5, «L'action», de H. Arendt, *Condition de l'homme moderne* (Paris 1961) (trad. de *The Human Condition*, Chicago, 1958).

la parole, en Dieu, par rapport aux autres actions : n'est-elle qu'un acte secondaire, un petit détail, ou bien une catégorie essentielle ? On ne pense pas passer à côté du message biblique en proposant que la parole tienne une place centrale en Dieu. Donc, pour le lecteur, connaître en soi-même la manière de parler de Dieu, parler comme lui, dire ce qu'il appelle à dire sans l'avoir encore fait, c'est connaître Dieu vraiment. La catégorie de révélation semble ici convenir : en nommant en Dieu la source de sa capacité nouvelle, en reconnaissant comment elle touche à l'essentiel de ce qu'est Dieu, le lecteur fait une expérience qu'on peut qualifier d'auto-révélation de Dieu. Cette expérience, notons-le, respecte entièrement sa liberté et ne s'impose pas de l'extérieur.

Il importe de préciser ici combien une telle nomination de Dieu, pour libre qu'elle soit, vient précisément en continuité de la logique de l'interprétation proposée de Jr. En effet, on a remarqué les attentes du lecteur au moment où, pour la première fois, il rencontre un personnage représenté dans la narration, autre que Yhwh et Jérémie (cf. l'étude de Pashehour fils d'Immer en 3.4). Une première application avait lieu ici, après de nombreux chapitres dans lesquels ne prenaient place que des discours et des narrations à deux personnages : le lecteur, ayant été formé par les oracles symboliques en «que vois-tu ?», s'attendait, alors qu'il voyait pour la première fois de lui-même un personnage, à ce que cette représentation soit le fondement de l'oracle personnel. L'absence de concordance immédiate entre oracle et narration appelait alors à un travail d'interprétation. Cette première application conduit presque d'elle-même à celle qui est maintenant proposée, lorsque le lecteur considère son expérience de lecture comme objet symbolique, et pose à son sujet un jugement théologique conforme à ce qu'il a appris à faire en lisant Jr.

Dans cette manière de parler de la révélation de Dieu au lecteur, on est dans une relation indirecte : Dieu est connu comme celui qui a rendu possible l'expérience solitaire par laquelle le lecteur, ayant appris à qualifier théologiquement les événements et personnages situés dans le monde d'un récit, en vient à appliquer à son expérience réelle les mêmes compétences. Cet acte de nomination n'est donc pas renoncement à la liberté face à l'imposition d'une évidence, mais au contraire décision personnelle, pour nommer ce qui n'est pas encore dit. Ce processus est simultanément engagement libre de la foi et action de Dieu, sans concurrence. Une question se pose alors : si l'on peut poser ainsi une révélation de Dieu, peut-on dire davantage que le fait de cette révélation, et tenter de décrire ou qualifier ce Dieu qui se révèle lui-même ? Notons qu'il est inévitable de penser cette expérience avec les mots qui sont les nôtres, donc ceux de la tradition chrétienne, ce qui n'empêchera pas ultérieurement de réfléchir à la possibilité d'une lecture non croyante. Dans cette tradition, donc, on se souvient du paragraphe 14 de *Dei Verbum*, qui précisait certains attributs divins en affirmant que dans l'Ancien Testament Dieu se révélait comme «l'unique Dieu véritable et vivant». Dans le mouvement que l'on a décrit, qui rend l'homme capable d'un jugement, d'un engagement libre, d'une nomination, on pourrait proposer que c'est avant tout la paternité de Dieu qui se révèle. Le propre d'un père, précisément, c'est d'engendrer un fils et de lui permettre de grandir. La relation du père au fils n'est pas d'instituer une soumission mais de constituer une liberté. Si l'on reprend la capacité acquise du lecteur de juger comme le personnage divin du récit, on comprend ici que l'expérience permet au fils d'atteindre la capacité même du père. Bien sûr, cette proposition prépare, comme on le verra plus bas, une articulation avec la révélation en Jésus-Christ, le fils unique.

Cette proposition théologique tente de rendre compte du parcours exégétique réalisé dans Jr ; pour autant, peut-elle tenir sa place au sein du grand champ des débats théologiques sur la révélation ? Elle est une hypothèse pour tenter de recadrer le concept classique de révélation dans le paradigme d'une herméneutique biblique qui donne sa part au travail du lecteur. Sans vouloir l'absolutiser, on va au moins tenter, dans les points suivants, de l'articuler avec quelques questions majeures de la tradition théologique : le rapport avec la révélation en Jésus-Christ (9.4.5), le caractère définitif de la révélation de Dieu lui-même (9.4.6.1), la nécessité de lire l'Ancien Testament pour un chrétien (9.4.6.2), enfin la possibilité d'une lecture non croyante (9.4.6.3).

9.4.5 Jésus-Christ

En situant cette réflexion dans le sillage de la théologie de Vatican II, il est nécessaire d'articuler la proposition théologique précédente avec une perspective sur Jésus-Christ, «médiateur et plénitude de toute la révélation» (*DV* §2). L'argumentation procédera pour cela en deux temps. Le thème de la paternité divine ainsi que l'attention au rapport entre oracles et narration dans Jr conduisent à mettre en lumière un aspect des évangiles : s'ils affirment, chacun à leur manière, que Jésus est le Fils de Dieu, comment cette filiation est-elle représentée narrativement ? Une fois ce point établi, on pourra articuler les évangiles avec Jr, non sous l'angle de la conscience de Jésus, mais par le détour de l'identité narrative.

9.4.5.1 Jésus, fils de Dieu
La réflexion théologique tant sur les évangiles que sur la christologie est abondante ; on y entrera ici en gardant la perspective suivie pour Jr. Comme on

avait cherché à mettre en rapport les oracles destinés à des personnages avec ce que le récit montrait de ces mêmes personnages, on voudrait partir du titre de «Fils de Dieu» attribué à Jésus, et chercher comment il est manifesté par les narrations évangéliques. Ce faisant, on respectera le choix théologique de l'Église naissante, lorsqu'elle a canonisé des livres de forme narrative ; Marguerat écrit ainsi :

> «En préservant et en canonisant quatre évangiles, qui sont autant de relectures pascales de l'histoire du Jésus terrestre, l'Église primitive a sanctionné un choix théologique : l'identité du Christ ne peut être saisie en dehors d'une narration qui restitue la vie du Galiléen. Tout discours christologique trouve dès lors sa norme et sa limite dans l'exposé des faits et gestes de Jésus de Nazareth.»[77]

Remarquons que la formulation de Marguerat évite, fort justement, d'identifier les évangiles avec des biographies du Jésus historique[78] : ce n'est pas «la vie du Galiléen» ni ses «faits et gestes» qui servent de référence théologique, mais leur «narration», leur «exposé» ; ainsi est pris en compte le sens créé par l'acte narratif lui-même, y compris lorsque, poursuivant son projet théologique, il reconfigure librement les souvenirs qui lui furent transmis[79]. De plus, est ainsi respectée la diversité des quatre évangiles. Chacun a en effet sa structure narrative propre et sa manière unique de construire le personnage de Jésus. Cette différence n'est pas seulement factuelle, au sens que certains épisodes manquent dans tel ou tel évangile ; c'est de différences dans les structures du monde du texte et des personnages qu'il s'agit. On le voit nettement dans la comparaison entre Jn et les synoptiques, mais même au sein de ces derniers, des différences existent.

---

77 D. Marguerat, «Jésus de l'histoire», *Dictionnaire critique de théologie* (éd. J.-Y. Lacoste) (Paris ¹1998 ³2007) pp. 715–726, p. 725.

78 Le Jésus de l'histoire ne nous est accessible que par la médiation d'une critique historique à partir des nombreuses sources disponibles. Pour les recherches les plus récentes, dans ce qu'il est convenu d'appeler la *Third Quest*, on signale les travaux de Meier et Pagola : J.P. Meier, *A Marginal Jew. Rethinking the Historical Jesus. I. The Roots of the Problem and the Person* (New York – London – Toronto 1991) ; II. *Mentor, Message, and Miracles* (1994) ; III. *Companions and Competitors* (2001) ; IV. *Law and Love* (2009) ; V. *Probing the Authenticity of the Parables* (2016). J.A. Pagola, *Jesús. Aproximación histórica* (Madrid 2007).

79 Dans un essai récent, Aletti réfléchit sur une problématique proche mais de manière un peu différente. En étudiant le genre littéraire des évangiles en fonction des modèles littéraires de l'époque, il conclut qu'on peut voir «dans les évangiles un renouvellement réel du genre biographique et de la véridiction propre à ce type de récit», entraînant la naissance d'une «nouvelle herméneutique». J.N. Aletti, *Jésus, une vie à raconter. Essai sur le genre littéraire des évangiles de Matthieu, de Marc et de Luc* (Le livre et le rouleau 50 ; Namur – Paris 2016) p. 136.

L'évangile de Marc peut servir de point de départ pour poser le problème de la représentation narrative de la filiation divine ; on abordera ensuite les autres synoptiques et Jn. D'une part, plusieurs instances narratives attestent que Jésus est le fils de Dieu : la narration elle-même (Mc 1,1), la voix venue des cieux lors du baptême (Mc 1,11), le centurion après la mort en croix (Mc 15,39)[80]. Pourtant, ce titre n'est pas directement mis en scène par le récit. Par exemple, le lecteur qui se souvient de Jr pourrait s'attendre à trouver régulièrement un équivalent des «paroles» que Yhwh transmettait au prophète ; pourtant, Mc montre Jésus parlant de lui-même, sans mettre en scène une réception préalable de la parole divine. C'est particulièrement net lorsque, parlant avec autorité, Jésus proclame le «Royaume de Dieu», sans laisser deviner qu'il prêterait sa parole à quelqu'un d'autre[81]. L'expérience de la prière est présente chez Jésus[82], mais le récit ne la rapporte que très brièvement, et jamais sous la forme d'un dialogue avec le Père ; on mesure ici l'écart d'avec un livre prophétique tel que Jr, dans lequel est sans cesse montré le prophète attestant, par le texte des oracles, de son écoute de la parole de Yhwh [83].

La mise en récit de certains épisodes souligne cette réticence de l'évangile à montrer le Père comme personnage, notamment dans ce que l'on pourrait attendre d'une relation plus directe avec Jésus. Ainsi, dans l'épisode du désert, le récit ne représente pas de relation de parole, comme on aurait pu s'y attendre en se souvenant de Moïse dans l'Exode, mais uniquement un silence divin propice aux tentations[84] : après que l'Esprit a «poussé» Jésus au désert (Mc 1,12), aucun personnage divin n'apparaît. Dans l'épisode de la transfiguration (Mc 9) – hiérophanie s'il en est – Jésus n'est pas représenté en dialogue avec son Père, mais en conversation avec Moïse et Élie, figures bibliques symbolisant le corpus de la Torah et celui des Prophètes ; la voix céleste qui appelle à l'écouter ne lui est pas destinée, mais aux trois apôtres présents (et indirectement au lecteur), ce que

---

80 NB : l'épisode de la «confession de Césarée» est rapporté par les trois synoptiques, mais Mt est le seul dans lequel Pierre ajoute la confession de la filiation divine à celle de la messianité : «Pierre lui répond : tu es le Christ» (Mc 8,29) ; «Simon-Pierre répondit : Tu es le Christ, le Fils du Dieu vivant» (Mt 16,16) ; «Pierre répondit : Le Christ de Dieu» (Lc 9,20).

81 Cf. par ex. Mc 4,30 ; 10,13-31 ; 12,28-34.

82 Jésus prie la nuit (Mc 1,35), lève les yeux au ciel à la multiplication des pains (Mc 6,41) puis prie la nuit (Mc 6,46), crie de se sentir abandonné sur la croix (Mc 15,34). On est loin ici des épanchements des «confessions» rapportées dans Jr.

83 On a proposé plus haut (cf. 9.4.3) une articulation entre le concept de «Parole de Yhwh» et le texte des oracles.

84 Mt 4,1-11 et Lc 4,1-13 détaillent davantage l'épisode, mais sans rendre davantage visible la présence de Dieu : c'est dans sa mémoire des Écritures que Jésus trouve de quoi vaincre le tentateur.

signale l'impératif pluriel «écoutez-le !» (Mc 9,7). Sur la croix, là encore, le cri de Jésus est rapporté alors que Dieu semble absent de la scène : lorsqu'il s'écrie «mon Dieu, pourquoi m'as-tu abandonné ?», ce n'est que sa mémoire des Écritures (du Ps 22/21) que le récit donne à connaître.

Il est possible à ce point de proposer une articulation intermédiaire entre lecture de Jr et lecture du récit évangélique. En effet, le travail d'association entre oracles et narration est d'une grande valeur heuristique pour interpréter la re-présentation narrative de la filiation divine de Jésus. Alors que Jr associait des discours de Yhwh à des narrations qui ne le représentaient presque jamais comme personnage agissant, le lecteur a appris à porter un jugement théologi-que sur ces narrations. De la même manière, Jésus parle de son Père, proclame le Royaume de Dieu, dans un récit extrêmement réticent à représenter Dieu comme personnage. Certes, Jésus, dans ses discours, insiste sur une relation d'obéis-sance filiale, tant pour lui que pour ses auditeurs appelés à «devenir comme des enfants»[85] ; pourtant, la narration, lorsqu'elle représente ses actions et celle des autres personnages, le montre comme un adulte autonome, non comme un enfant ou un serviteur recevant continuellement des ordres. Cela correspond bien à ce qui a été dit d'une relation entre père et fils : le propre du père n'est pas de toujours guider ou assister son fils, mais de créer les conditions dans les-quelles ce dernier se construira comme adulte dans sa liberté et sa responsa-bilité.

C'est avec une grande précision que Mc met en scène la voix descendant des cieux qui affirme la relation de paternité, juste au moment de l'entrée en scène du personnage de Jésus : «Tu es mon fils bien aimé» (Mc 1,11). Le lecteur n'est donc pas invité par cette déclaration à chercher comment, dans la suite du récit, Dieu se manifestera de nouveau à Jésus pour lui dicter ce qu'il doit faire ou dire. Mais il est plutôt poussé à déchiffrer, dans les épisodes suivants où Dieu ne se montrera pas comme personnage, comment se manifestera la filiation divine. C'est justement là où Jésus agira avec autonomie et responsabilité que peut se lire le déploiement de cette parole du baptême. Elle ne disait en effet rien sur des actions particulières de Jésus – ni passées ni à venir – mais affirmait une relation structurante entre père et fils, qui irradie dans la totalité du parcours de Jésus. Symétriquement à cette parole du baptême, ce n'est qu'après la mort de Jésus en croix que le rideau du Temple se déchire et que le centurion confesse, premier

---

85 Cf. Mt 18,3-5 ; Mc 10,14-15 ; Lc 18,16-17.

personnage marcien à le faire vraiment[86], que Jésus était fils de Dieu[87]. Cette conclusion vient, là encore, dire une identité profonde de Jésus déployée à travers toute son existence, plutôt que souligner quelques péripéties de sa vie. On doit noter que ce déchirement du rideau – qui est au sens propre un «dévoilement», une révélation – survient lui aussi après coup, alors que Jésus n'est plus en vie, dans un temps de réflexion seconde similaire à la nomination de la révélation de Dieu par le lecteur de Jr.

L'essentiel de cette réflexion vaut encore pour les autres synoptiques, même si l'on peut brièvement noter quelques spécificités. L'évangile selon Matthieu développe davantage la prière de Jésus, en représentant quelques paroles adressées à son Père : «je te loue, Père, d'avoir caché cela aux sages...» (Mt 11,25), et les paroles à Gethsémani (cf. Mt 26,39.53). Jésus y atteste aussi d'une révélation du Père à Pierre lors de la confession de Césarée (cf. Mt 16,17). Contrairement à Mc, les disciples confessent l'identité de Jésus comme Fils de Dieu plusieurs fois : après la marche sur les eaux (Mt 14,33), à Césarée (Mt 16,16). Mais on peut noter, dans la ligne de ce qu'on a développé pour Mc, la construction du thème de l'autorité de Jésus : elle est fréquemment affirmée, sans que le récit mette en scène une transmission de cette autorité de Dieu à son fils. Il en est ainsi lors du Discours sur la montagne, où Jésus affirme une série d'antithèses qui le posent à l'égal de Moïse, et où les foules reconnaissent son «autorité» (Mt 7,29). Il a autorité pour pardonner les péchés (9,6) et transmet son autorité aux Douze (10,1) ; mais il est significatif qu'il refuse de dire «de quelle autorité je fais cela» (21,27). Dans l'économie du récit, l'autorité de Jésus se manifeste non sur titres – comme un ambassadeur qui présenterait ses lettres de créance – mais justement par le fait de parler et d'agir de lui-même. On mesure la différence de construction avec le personnage de Jérémie, à qui il est arrivé de devoir attendre dix jours (cf. Jr 42,7) une parole de Yhwh en réponse à une demande !

Dans l'évangile de Luc, on doit souligner le rapport très fort de Jésus aux Écritures ; pourtant, il n'est jamais représenté en train d'en lire matériellement le texte. Au baptême, Lc est le seul à suivre aussi littéralement le texte du Ps 2,7 pour la voix qui descend du ciel. Comme dans Mt, Jésus au désert résiste au tentateur en citant des versets bibliques ; mais il est spécifique à Lc que le tentateur lui-même mentionne la Bible : «Jette-toi en bas, car il est écrit...» (Lc 4,9-11). Lc place, pour inaugurer le ministère public de Jésus, la scène de la lecture d'Isaïe dans la synagogue de Nazara. Mais on doit remarquer que, malgré

---

86 Les esprits impurs (3,11) et la légion de démons (5,7) sont les seuls personnages, avant le centurion, à appeler Jésus «fils de Dieu» ; mais cette reconnaissance ne va pas dans le sens d'une conversion, bien au contraire.

87 Cf. Mc 15,37-39.

la précision de la construction de l'épisode avec une disposition chiastique à trois degrés «se lever / recevoir / dérouler et trouver // rouler / rendre / s'asseoir», Lc s'abstient de représenter Jésus lisant[88]. On note aussi comment, dans les épisodes d'apparition du ressuscité, la foi en la résurrection est associée avec une intelligence nouvelle des Écritures : tant aux disciples d'Emmaüs qu'aux Onze, le Ressuscité ouvre l'intelligence de ses disciples pour y lire ce qui parle de lui[89].

À sa manière, Lc produit donc un paradoxe qui prend bien place dans la série déjà présentée : Jésus habite les Écritures qui disent son identité et sa mission ; pourtant il n'est jamais montré occupé à les lire, à les méditer et à en chercher le sens, à la manière dont n'importe quel lecteur le fait. Si le Ressuscité dit à ses disciples quelque chose à propos des Écritures, la narration rapporte le fait de ce discours, sans rien expliciter de son contenu. On pourrait même suggérer que, dans l'épisode de l'enfance où Jésus reste trois jours à Jérusalem[90], les docteurs entretiennent un rapport avec lui qui pourrait se substituer à leur rapport aux Écritures : ils lui parlent et se laissent interroger par lui, sans qu'un troisième terme – comme les Écritures ou Dieu – soit mentionné. Les compétences acquises à la lecture de Jr, et particulièrement du rapport entre oracles et narration, viennent donc mettre en lumière comment, dans Lc, Jésus est en quelque sorte connaturel aux Écritures, les habitant et s'y trouvant chez lui, sans être jamais représenté occupé à les lire.

Les discours de l'évangile selon Jean comportent une abondance d'affirmations christologiques, qui ont été d'une grande importance dans le développement de la tradition dogmatique. On y lit plusieurs fois que Jésus parle et agit dans une dépendance envers son Père, ce qui pourrait contredire l'argumentation développée jusqu'à présent.

(Jn 5,30) «Moi, je ne puis rien faire de moi-même.»

(Jn 7,16) «Mon enseignement n'est pas de moi mais de celui qui m'a envoyé.»

(Jn 8,28) «Je ne fais rien de moi-même, mais je dis ce que le Père m'a enseigné.»

(Jn 8,38) «Moi, je dis ce que j'ai vu auprès de mon Père.»

---

88 Aletti note que «le texte ne dit pas que Jésus lit. [...] Or, deux indices montrent qu'il ne s'agit pas d'un oubli de sa part [du narrateur], mais plutôt d'une omission visant à mettre en valeur le commentaire de Jésus». J.N. Aletti, *L'art de raconter Jésus Christ. L'écriture narrative de l'évangile de Luc* (Paris 1989) p. 43.
89 Cf. Lc 24,25-27.44-47.
90 Cf. Lc 2,41-50.

Mais, là encore, on remarque que la narration ne met jamais en scène une telle dépendance de Jésus envers son Père. On constate d'ailleurs que ces discours de Jésus provoquent fréquemment de la confusion chez leurs auditeurs ; le temps de leur compréhension est renvoyé à «l'élévation» de Jésus (cf. 8,28 et 20,9).

Ces brèves remarques sur les quatre évangiles suffisent pour assurer une première étape d'articulation entre Jr et le Nouveau Testament : l'expérience de révélation à travers la lecture de Jr aide à comprendre le sens théologique des constructions narratives évangéliques, chacune ayant ses particularités. En effet, la discrétion divine n'y est pas une difficulté à combler pour comprendre vraiment la relation entre Jésus et son Père, mais est le signe de cette relation. Ainsi, les narrations évangéliques font le choix de montrer de manière «indirecte» (pour reprendre cet adjectif kierkegaardien) la relation d'engendrement du Fils par le Père, ainsi que l'autorité de Jésus et sa lecture des Écritures. Elles en transmettent l'affirmation, par l'une ou l'autre des instances narratives, mais en montrent la réalisation dans les actions représentées justement par l'autonomie de Jésus.

9.4.5.2 Une autobiographie en forme évangélique

Après cette première étape, reste encore à construire une articulation entre l'expérience de révélation à la lecture de Jr et la révélation en Jésus-Christ. Il serait fascinant d'en savoir davantage sur la conscience qu'a eue Jésus de sa relation avec son Père, et de se demander quelle forme elle prenait... On ne s'aventurera pourtant pas dans cette direction, et ce pour deux raisons. Cette question, d'abord, a été le lieu d'un débat ample et difficile chez les théologiens et les exégètes ; l'espace manque pour y entrer. Mais on doit surtout noter que, dans notre perspective d'exégèse narrative, ce projet n'est pas celui des narrations évangéliques. Certes, les évangiles veulent conduire leurs lecteurs à croire que Jésus est Fils de Dieu, mais ils ne s'intéressent pas à montrer si et comment le Jésus historique en a pris peu à peu conscience. Les quelques paroles de Jésus à son Père, dans la transcription de quelques moments de prière, de même que les rares paroles descendant des cieux[91], sont intégrées dans le projet narratif et théologique des évangélistes, ce qui interdit de les lire uniquement comme représentation factuelle de l'expérience humaine de Jésus. Il serait donc périlleux

---

[91] Discours représentés de Jésus à son Père : «je te loue...» (Mt 11,25 ; Lc 10,21) ; à Gethsémani (Mc 14,36 ; Mt 26,39 ; Lc 22,42) ; au Calvaire (Mc 15,34 ; Mt 27,46 ; Lc 23,34.46). Discours représentés en provenance des cieux ou d'un ange : au baptême (Mc 1,11 ; Mt 3,17 ; Lc 3,22) ; à la Transfiguration (Mc 9,7 ; Mt 17,5 ; Lc 9,35) ; «Je l'ai glorifié» Jn 12,28.

de vouloir construire une analogie entre la conscience que le lecteur peut prendre de Dieu qui se révèle à lui, et une expérience du même genre chez Jésus.

Mais une telle voie ne serait nécessaire que si l'on devait penser l'identité personnelle sur le mode d'une conscience psychologique transparente à elle-même. D'autres manières sont possibles, et l'on a déjà cité plus haut la catégorie d' «identité narrative», par laquelle un sujet se rapporte à lui-même sous la forme de l'interprétation d'un récit. Alors que l'AT a souvent été employé en théologie morale comme source dans laquelle puiser des commandements, il vaut la peine d'explorer cette autre voie : selon Ricœur, elle permet de penser autrement l'éthique, en l'articulant à la forme littéraire de la narration :

> «Comment, en effet, un sujet d'action pourrait-il donner à sa propre vie, prise en entier, une qualification éthique, si cette vie n'était pas rassemblée, et comment le serait-elle si ce n'est précisément en forme de récit ?»[92]

Le récit de vie du sujet présente toutefois une différence avec les autres récits qui se donnent à lire : les narrations écrites sont délimitées ; l'existence d'une fin est corrélative du déploiement d'une intrigue depuis le nœud initial jusqu'à la résolution. L'autobiographie est au contraire, tant que la fin n'est pas atteinte, multiple :

> «sur le parcours connu de ma vie, je peux tracer plusieurs itinéraires, tramer plusieurs intrigues, bref raconter plusieurs histoires, dans la mesure où, à chacune, manque le critère de la conclusion, ce ‹sense of an ending› sur lequel Kermode insiste tant.»[93]

La ressemblance entre récit de vie et récit littéraire, ainsi que leur différence, permet de justifier la nécessité des récits de fiction pour la vie éthique :

> «C'est précisément en raison du caractère évasif de la vie réelle que nous avons besoin du secours de la fiction pour organiser cette dernière rétrospectivement dans l'après-coup, quitte à tenir pour révisable et provisoire toute figure de mise en intrigue empruntée à la fiction ou à l'histoire.»[94]

Il a déjà été signalé (cf. p. 658) que l'herméneutique du lecteur implicite, bien adaptée à la forme particulière de Jr, présente quelques écarts avec la façon ricœurienne. Les réflexions du philosophe sur le rapport entre vie et récit restent

---

92 P. Ricœur, «6. Le soi et l'identité narrative», *Soi-même comme un autre* (Paris 1990) pp. 167–198, p. 187.
93 *Ibid.*, p. 190. Il fait référence à Kermode, *The Sense of an Ending*.
94 *Ibid.*, pp. 191–192.

toutefois inspirantes dans leurs grandes lignes. Pour en venir à construire un lien entre l'expérience de révélation du lecteur de Jr et l'identité de Jésus, on doit noter que les évangiles cherchent justement à transmettre une identité narrative de Jésus. Adolphe Gesché note d'ailleurs que cette catégorie permet de résoudre le problème du rapport entre le Jésus de l'histoire et le Christ de la foi, en servant de médiation pour articuler l'identité historique de Jésus à son identité dogmatique[95]. Certes, les récits évangéliques ne sont pas une autobiographie : ce sont d'autres que Jésus qui se chargent de dire qui il est. Mais Gesché remarque que cela correspond à la manière dont Jésus préfère inviter les autres à dire qui il est plutôt qu'à le proclamer lui-même[96]. De plus, cette altérité n'est pas un obstacle à l'authenticité de ces récits : l'identité ne se conçoit réellement qu'en relation à l'autre[97].

On voudrait alors suggérer que le lecteur de Jr, s'il a reconnu l'expérience de révélation que permet la lecture, peut produire des récits de forme évangélique pour ses récits de vie. Un récit de ce genre pourra ainsi oser affirmer explicitement la présence divine, sachant qu'il pourra toujours être corrigé par d'autres récits qui produiront un effet de distanciation. Il pourra même reconnaître une révélation divine dans des expériences qui, à première vue, pourraient paraître entièrement profanes : la compétence de jugement théologique développée en lisant Jr peut se pratiquer ici.

Nul doute que cela peut aider les croyants d'aujourd'hui à vivre leur foi dans un monde sécularisé, où certains de leurs coreligionnaires sont tentés de remythologiser le réel[98]. Plus encore, la forme de ces récits bibliques aide celui qui les a lus à rendre compte d'existences fracturées : mieux que ne le font des théologies morales trop monolithiques, il s'agit de rendre compte d'existences contemporaines souvent marquées par des ruptures, qu'elles soient géographiques, conjugales, professionnelles, idéologiques... Dans le champ religieux, plus particulièrement, une telle forme littéraire facilite l'ouverture au fait œcuménique : aujourd'hui, plusieurs récits ecclésiaux contradictoires coexis-

---

95 Cf. A. Gesché, *Dieu pour penser*. VI. Le Christ (Paris 2001), p. 56.
96 *Ibid.*, p. 89.
97 *Ibid.*, p. 90.
98 Ce que montre le récent débat en France sur les crèches dans les lieux publics : en décembre 2016, on a vu d'une part des municipalités d'extrême-droite installer des crèches dans des mairies qui en avaient perdu l'habitude, et d'autre part des militants de la laïcité agir en justice pour les faire retirer là où elles avaient été installées comme de coutume. C'est une certaine figure du catholicisme français qui se manifestait ainsi, plus proche de Charles Maurras que du Pape François ; on ne peut que noter qu'elle ne se préoccupe nullement des débats exégétiques sur l'historicité des évangiles de l'enfance.

tent[99]. Un récit ecclésial à plusieurs facettes apprend au croyant à vivre dans un monde qui n'est pas régi par un grand récit unifié, mais par une multiplicité de récits partiels.

Ainsi donc, la proposition théologique présentée ne limite pas la possibilité d'une révélation, dans l'époque exégétique qui est la nôtre, à celle qui naît de la lecture biblique. Mais la perspective, reprise à Ricœur, de l'identité narrative est celle d'un *sola hermeneutica* : tout ce qui fait la vie du croyant, et notamment les «lieux théologiques» classiques, peuvent être le lieu d'une révélation pensée sur le même mode, mais au prix d'une réserve. En effet, ces lieux ne peuvent offrir de révélation immédiate de Dieu, mais uniquement par la médiation d'une mise en récit dans laquelle un témoin engage son interprétation.

Il ne sera donc pas offert d'analogie entre la manière dont le lecteur de Jr prend conscience de la révélation de Dieu et une expérience psychologique concrète du Jésus de l'histoire. Mais on conçoit que le récit de vie, écrit par celui qui a développé sa capacité d'interprétation en lisant Jr et en répondant à ses énigmes, pourra ressembler à la forme narrative des évangiles. Il racontera des événements dans lesquels Dieu n'est pas montré comme l'un des personnages, ce qui ne l'empêchera pas d'affirmer sa présence. Or on doit remarquer que les récits évangéliques précèdent ce récit de vie. Déjà, c'est la catégorie évangélique de «paternité divine» qui a servi à interpréter l'expérience de révélation à travers Jr. Mais c'est aussi une sorte de fraternité qui apparaît. Elle n'est pas située entre Jésus et le lecteur de Jr, comme s'il était possible de mettre en parallèle autrement que de manière très hypothétique (au niveau de l'interprétation biblique) leur rapport au Père. Mais elle est située entre des récits : le récit de vie du lecteur, qui a nommé la révélation divine dans sa vie, et les récits évangéliques qui affirment la relation paternelle de Dieu envers Jésus.

9.4.5.3 Relecture critériologique

La thèse théologique qui vient d'être exposée satisfait aux exigences apparues dans la remise en cause des deux modèles précédents de la parole prophétique : le modèle pré-critique (cf. 9.2) et le modèle de l'histoire du salut (cf. 9.3). Il ne s'agit bien sûr que d'une ébauche dont il faudrait voir si elle peut être étendue à d'autres textes vétérotestamentaires, mais elle a le mérite de rouvrir une pensée de la révélation articulée à une exégèse centrée sur le lecteur, plutôt que de renoncer à cette notion comme le fait Nault. En montrant l'analogie possible

---

99 Pour la première fois en cinq siècles, d'ailleurs, les catholiques sont invités à participer à la célébration d'un centenaire de la Réforme luthérienne.

entre le récit de vie du lecteur de Jr, et les récits évangéliques sur Jésus, elle honore à sa manière – différemment des voies classiques de la typologie et de l'accomplissement – la formule que *Dei Verbum* reprenait à Augustin : «Le Nouveau est caché dans l'Ancien et l'Ancien est dévoilé dans le Nouveau» (*DV* §16). En effet, l'expérience de lecture de Jr – de «l'Ancien» – a été interprétée à partir de la catégorie de «paternité divine», tirée du «Nouveau» ; réciproquement, la lecture de Jr a permis de mettre en relief une caractéristique littéraire forte des évangiles : l'affirmation de l'identité de Jésus comme Fils de Dieu sans mise en scène narrative de cette relation.

De plus, notre proposition théologique montre l'intérêt actuel d'une lecture de Jr, même pour celui qui a déjà accueilli dans le Christ l'accomplissement de la révélation : la compétence de lecture acquise en portant un jugement théologique sur les personnages de Jr, conformément aux jugements de Yhwh exprimés dans les oracles, éclaire la stratégie narrative des récits évangéliques, dans leur manière d'affirmer que Jésus est Fils de Dieu tout en étant extrêmement discrets pour représenter directement une action du Père.

9.4.6 Quelques difficultés

Plusieurs objections pourraient être apportées à la thèse théologique proposée ; on voudrait tenter d'y répondre pour montrer comment elle peut s'insérer dans la tradition théologique. Seront successivement évoqués le caractère définitif de la révélation, le canon des Écritures, et la possibilité d'une lecture non croyante.

9.4.6.1 Le caractère définitif de la révélation

La tradition théologique affirme très fortement le caractère définitif de la révélation dont témoigne le Nouveau Testament : si en Jésus-Christ, Dieu s'est révélé lui-même, il n'y a alors rien d'autre à attendre en termes de révélation. Mais ce caractère définitif peut-il être pensé en restant dans le paradigme d'une herméneutique de la lecture biblique ? Si l'on pense le rapport du croyant à Dieu qui se révèle selon le modèle de la lecture d'un livre, on présuppose toujours la possibilité que d'autres livres, lus après la Bible, apportent des connaissances nouvelles. Le chemin choisi, qui est celui de lire l'Écriture comme on lit n'importe quel autre livre, est-il incapable de rendre compte du fait qu'un livre particulier prétend à rendre compte de quelque chose de définitif ?

On va toucher ici une des limites de cette recherche. La tradition théologique, en effet, articule le rapport entre ce qui est achevé et ce qui progresse sur le modèle du rapport entre le Fils et l'Esprit : ce que le Fils avait à accomplir est achevé depuis Pâques, mais l'Esprit est une force d'innovation au long de l'histoire. Cette articulation s'ancre dans la lettre même du Nouveau Testament : ainsi, Jésus annonce que les croyants feront des œuvres «plus grandes» que les siennes (Jn 14,12) et qu'ils recevront un Esprit qui «enseignera toutes choses» (Jn 14,26). Or la tradition théologique a l'habitude de parler de l'Esprit d'une manière que cette recherche a très nettement choisi d'ignorer, ce qui pose problème ici. En effet, la tradition a souvent affirmé le lien entre l'Esprit et l'inspiration des Écritures, pensée comme origine en Dieu. Cela conduit à des affirmations telles que celle de Dei Verbum selon laquelle «la Sainte Écriture doit être lue et interprétée à la lumière du même Esprit qui la fit rédiger» (*DV* §12). Le Concile reprend ici la doctrine de l'encyclique de Léon XIII, *Providentissimus Deus*, publiée en 1893[100]. La théologie de cette formule repose sur une pensée typique de son époque : à la fin du XIXe siècle règne l'herméneutique romantique pour qui interpréter un texte, ce serait retrouver l'inspiration qui habitait l'auteur, son génie, au moment où il écrivait, et donc parvenir à une communion en amont du texte. Or cette recherche a posé, dans la partie exégétique de cette recherche, un choix herméneutique radicalement différent : s'intéresser aux effets du texte sur son lecteur, indépendamment de toute prise de position quant à ses conditions historiques d'apparition. Sans entrer ici dans une histoire de l'herméneutique, il devient net que cette recherche n'est pas à même de considérer un pan entier de la pneumatologie. Mieux vaut ici reconnaître que cette recherche a abordé, comme Job, des «merveilles qui me dépassent» (Job 42,3), plutôt que négliger aveuglément l'importance de la pneumatologie.

Si le choix d'une herméneutique attentive au lecteur ne fournit pas un fondement suffisant pour articuler vraiment ce qui est définitif avec ce qui progresse, on voudrait toutefois indiquer une piste qui peut laisser pressentir comment, de l'intérieur de l'expérience de lecture, quelque chose de définitif peut prendre place. Si l'on considère la révélation divine comme transmission d'une série de connaissances, il restera une aporie indépassable : par définition, il est toujours possible d'ajouter des connaissances. Mais on gagne à recadrer cette question en prenant en compte une spécificité de la théologie chrétienne. Dans un article qui part de la célèbre formule de Grotius «etsi Deus non daretur»[101], Adolphe Gesché explore les liens entre athéisme et christianisme au long

---

100 Il est un peu artificiel que *Providentissimus Deus* renvoie ici au commentaire de Jérôme sur Michée : Jérôme ne réfléchit pas à la question de l'inspiration de manière systématique, mais dans une incise au moment de traduire le verset difficile de Mi 1,10.
101 A. Gesché, «Le christianisme comme athéisme suspensif. Réflexion sur le ‹Etsi Deus non daretur›», *RTL* 33/2 (2002) pp. 187–210.

de l'histoire de la théologie, partant des théologies récentes de la «mort de Dieu» pour remonter jusqu'aux Pères de l'Église et à certains passages bibliques. Il s'appuie sur Ernst Bloch pour affirmer qu'il y a «dans l'athéisme un héritage effectif des potentialités critiques de la religion déjà développées dans le judéo-christianisme»[102]. On perçoit déjà que la question du caractère définitif de la révélation va s'en trouver déplacée, si elle voisine avec la possibilité d'affirmer l'absence de toute divinité. Gesché retient que dans la tradition judéo-chrétienne, Dieu «ne s'impose pas, ni à la manière religieuse d'un Dieu-Moloch, ni à la manière philosophique d'un Dieu de la preuve»[103]. Il souligne au contraire l'originalité biblique du modèle de l'alliance, rencontre et engagement dans la liberté. Il développe les conséquences de ce modèle en soulignant l'originalité humaniste du christianisme : cette ouverture à l'alliance crée de la place pour la rencontre de toute altérité. Or cette altérité n'est pas seulement infiniment distante de l'homme : en Jésus-Christ, elle s'est faite proche.

Gesché ne traite pas spécifiquement ici du caractère définitif de la révélation chrétienne ; mais sa pensée permet de situer ce dernier moins dans des connaissances particulières que dans une capacité relationnelle spécifique, qui est celle de la rencontre de l'autre. Il s'agit moins de connaissances nouvelles pour le croyant, ou de toute chose qui serait l'objet d'une possession, que d'une ouverture, d'une capacité relationnelle, d'une possibilité de connaissance. Or c'est précisément cela qui peut être qualifié de définitif, en tant qu'il y a là non une connaissance parmi d'autres mais un fondement à toute connaissance ultérieure. Revenons alors à la problématique spécifique de cette recherche, à partir de la lecture de Jr et des évangiles. En soi, on l'a remarqué, aucun livre ne peut prétendre apporter une information définitive, puisqu'on pourra toujours lire d'autres livres par la suite. En revanche, il a été montré que la lecture de Jr, en lien avec la lecture des évangiles, permettait d'acquérir des compétences spécifiques, à interpréter comme révélation de la paternité de Dieu. On a vu aussi comment les évangiles fournissaient un modèle narratif à l'autobiographie du croyant. C'est là qu'on peut identifier quelque chose de définitif : moins dans des informations, ou des biographies de personnages amis de Dieu, que dans une ouverture fondatrice à des capacités nouvelles. L'enrichissement qu'apporteront, par la suite, d'autres lectures, sera moins un apport de nouvelles capacités que de nouvelles informations, qui seront reçues en faisant fond sur les capacités précédemment acquises.

---

102 *Ibid.*, p. 194. Gesché s'appuie sur E. Bloch, *Atheismus im Christentum. Zur Religion des Exodus und Reichs* (Frankfurt 1968).
103 *Ibid.*, p. 204.

9.4.6.2 Le canon des Écritures

Une autre difficulté touche à la question du canon des Écritures. Il a bien été montré, certes, que la lecture de Jr était utile pour un chrétien. Mais peut-on pour autant affirmer que, pour ce chrétien, lire Jr soit nécessaire ? Qu'est-ce qui peut conduire un lecteur du Nouveau Testament à lire Jérémie, en dehors d'un acte ecclésial d'autorité passé[104] ? Pour y répondre, seront d'abord relevés tous les indices qui, dans le Nouveau Testament, renvoient à Jérémie ; on montrera ensuite le rapport paradoxal de l'Église naissante aux écrits de l'Ancien Testament. Le rapport entre lecteur implicite et lecteur réel fournira alors un éclairage.

L'abondance des références à Jr dans le NT est impressionnante : l'édition de Nestlé-Aland identifie 156 versets de Jr objets d'une citation ou d'une allusion dans le NT[105]. L'Apocalypse comporte plus de soixante-dix références à Jr ; Mt presque trente ; Lc plus de vingt[106]. Les livres sans lien textuel avec Jr sont la minorité : la moitié des épîtres pauliniennes (Ph, Phm, Col, 2 Th, 1–2 Tm, Tt)[107], la deuxième et la troisième épître de Jean, la lettre de Jude. Le nom même du prophète Jérémie est mentionné trois fois par Mt (2,17 ; 16,14 ; 27,9). La présence de Jr dans le NT va plus loin que ces contacts ponctuels : deux personnages sont caractérisés en s'appuyant sur Jérémie. Dans Mt, les disciples à Césarée rapportent ainsi que le Fils de l'homme est « pour d'autres encore, Jérémie ou l'un des prophètes » (Mt 16,14). Quant à Paul, il s'appuie fréquemment sur la figure de Jérémie pour construire sa propre identité : selon Yara Matta,

---

104 La réflexion théologique sur le canon comporte une part de circularité : d'une part, les Églises s'estiment tenues par des livres qu'elles considèrent avoir reçus de Dieu ; d'autre part, ce sont elles qui produisent cette déclaration et ses déterminations concrètes. Ainsi, pour l'Église catholique, le concile de Trente dit « recevoir » les livres saints, mais en même temps tranche le débat sur la composition du canon en produisant la liste de ces livres (cf. Denzinger §1501). Cela laisse dans l'ombre l'histoire concrète de la constitution du canon ; il est certain que l'apparition de l'imprimerie a rendu cruciale une question qui l'était moins du temps où les livres bibliques n'étaient pas imprimés et reliés en un seul volume.

105 Cf. E. Nestle – K. Aland (éd.), « Loci citati vel allegati », *Novum Testamentum Graece* (Stuttgart [27]1993) pp. 772–808, pp. 795–797.

106 Les autres évangiles, bien que de manière moindre, ne sont pas sans liens avec Jr : 7 références dans Mc, 8 dans Jn.

107 La présence ou l'absence de référence à Jr est indépendante de la question de la pseudépigraphie paulinienne. Parmi les épîtres authentiques, on trouve des liens textuels à Jr dans Rm, 1–2 Co, Gal, 1 Th ; parmi les deutéro-pauliniennes, dans Eph. Des authentiques, seules Ph et Phm ne citent Jr ni n'y font allusion ; parmi les deutéro-pauliniennes, c'est le cas de Col, 2 Th, 1–2 Tm, Tt.

«Vers la fin de son développement sur le mystère d'Israël dans l'épître aux Romains (Rm 9–11), Paul se définit, en une sorte d'incise rapide, comme étant ‹apôtre des nations› (ἐθνῶν ἀπόστολος, Rm 11,13), ce qui ne manque pas de susciter chez le lecteur habitué des Écritures un écho vétérotestamentaire, rappelant l'établissement de Jérémie par le Seigneur comme ‹prophète des nations› (προφήτην εἰς ἔθνη τέθεικά σε, Jr 1,5 LXX). En effet, bien que le corpus protopaulinien – tout comme le reste du Nouveau Testament – soit parsemé de citations et de réminiscences de l'Ancien Testament, il semble que l'Apôtre entretient une affinité particulière avec le prophète d'Anatot. D'un point de vue extérieur à l'herméneutique de l'Écriture, le lecteur de manquera pas de remarquer que Paul, comme Jérémie, appartient à la tribu de Benjamin (Ph 3,5 et Jr 1,1). Comme lui, il n'a pas pris de femme (1 Co 7,7 et Jr 16,2). Comme lui encore, il obéit à la puissance de la Parole qui s'impose à sa volonté comme une nécessité inévitable (1 Co 9,16-17 et Jr 20,9). Malgré leur manque d'éloquence ou la réticence à parler (Voir 2 Co 11,6 et Jr 1,6), tous les deux se consacrent à l'annonce de la Parole divine et rencontrent l'opposition de faux apôtres et de faux prophètes (2 Co 11,13 et Jr 23,9-40).»[108]

La portée de ces arguments doit pourtant être précisée, dans une perspective de lecture synchronique du NT. On vient de mentionner Paul : il apparaît que pour l'apôtre, la figure de Jésus-Christ est l'intermédiaire nécessaire entre lui et Jérémie. Selon Matta, «sous les traits du Prophète de l'AT, c'est l'accomplissement des Écritures en Jésus-Christ qui semble être le véritable enjeu de l'auto-présentation de Paul»[109]. De plus, des références d'un livre à un autre livre (à son texte ou à un de ses personnages) ne suffisent pas à rendre sa lecture indispensable à une juste interprétation : nul ne conteste qu'il soit possible de lire les livres des Rois sans disposer des livres perdus, ou fictifs, que sont les *Annales des rois d'Israël*, les *Annales des rois de Juda*, et le *Livre des Actes de Salomon*[110]. Enfin, on ne trouve dans le NT qu'une seule décision explicite de l'Église naissante par rapport à ses racines juives, et elle consiste précisément à prendre

---

108 Cf. Y. Matta, «Entre Paul et Jérémie : le prisme du Christ Ressuscité», *Paul et son Seigneur : Trajectoires christologiques des épîtres pauliniennes*. XXVIᵉ congrès de l'Association catholique française pour l'étude de la Bible (Angers, 2016) (C. Raimbault dir.) (LeDiv 271 ; Paris 2018) pp. 291–308, p. 291. Je remercie Mme Matta d'avoir bien voulu me transmettre son texte avant sa publication définitive.

109 Matta, *op. cit.*, pp. 307–308.

110 Livres mentionnés par ex. en 1 R 11,41 ; 14,19 ; 14,29. Même si ces livres sont inaccessibles, leur mention a joué un important rôle épistémologique dans la découverte progressive de l'histoire de la rédaction. On peut par exemple signaler que Richard Simon, lorsqu'il veut expliquer que Moïse n'est pas l'auteur du Pentateuque, qualifie ce volume du terme même d' «Annales». C'est cet argument sur la non-authenticité mosaïque du Pentateuque qui conduisit à la destruction des exemplaires de la première édition de son *Histoire critique* sur ordre du Conseil d'État, poussé par Bossuet. Cf. R. Simon, *Histoire critique du Vieux Testament* (Rotterdam ²1685) p. 18.

distance par rapport à la Torah : le concile de Jérusalem, tel qu'il est rapporté en Ac 15, décide de suspendre pour les pagano-chrétiens les commandements de l'AT[111].

La question de savoir ce qui requiert, pour le lecteur du NT, de lire Jr, ne peut recevoir de réponse que si l'on réfléchit à la distinction entre lecteur réel et le lecteur implicite. On doit en effet rappeler que ce dernier est une figure construite par le texte. Cela apparaît clairement dans un des romans qui sert d'exemple à Iser pour construire ce concept : dans *Tristram Shandy*, le lecteur implicite est en quelque sorte une figure symétrique du narrateur qui s'exprime en première personne. Si ce lecteur est censé avoir une certaine culture, préalable à la lecture du roman[112], il ne reçoit jamais d'apostrophe sur sa vie en dehors de la lecture. De manière théorique, le lecteur implicite est donc construit en conséquence d'un choix préalable du texte à lire : le lecteur implicite dont le corpus est limité au NT n'est pas le même que celui de l'ensemble de la Bible chrétienne. Il est donc impossible de demander à une herméneutique du lecteur implicite de rendre compte de la délimitation du livre considéré ou de la décision d'entreprendre d'autres lectures. On rejoint ainsi une conclusion de Pierre Gisel qui, dans une démarche différente de celle de cette recherche, situait l'unité de l'Écriture en dehors d'elle-même :

> «En elle-même, l'Écriture est polysémique, et toutes les tentatives d'en dire l'unité en dehors d'un fait canonique et ecclésial échouent.»[113]

Mais le lecteur réel, lui, existe bien en dehors de la lecture. Son rapport avec le lecteur implicite est le suivant : ayant choisi de lire tel livre, il doit essayer de correspondre au lecteur implicite (à sa culture, à ses attentes, à sa manière de coopérer à l'interprétation, etc.) pour recevoir le message du livre. En dehors de sa lecture des livres saints, le lecteur réel se positionne nécessairement par rapport aux traditions, aux propositions de sens, aux personnes qu'il rencontre : il ne peut pas entretenir un rapport neutre, de pure observation, par rapport à tout cela, mais il est déjà pris dans un réseau de relations et d'engagements. Parmi tout ce qui lui préexiste se trouvent les propositions de sens des églises,

---

111 Ac 15,21 mentionne certes la «lecture de Moïse tous les sabbats», mais le rôle de cette mention dans l'argumentation est obscur ; on ne peut pas y voir l'affirmation d'une obligation de continuer à lire la Torah.

112 Ainsi : «Vous connaissez au moins un peu la nature humaine, mon cher lecteur» ; «Si vous n'avez pas lu Hippocrate, ô mon cher lecteur ! [...]». Cf. L. Sterne, *Vie et opinions de Tristram Shandy* (Paris An XI [1803]) Livre I, chap. 13 et 28 (trad. de *The Life and Opinions of Tristram Shandy, Gentleman*, York, 1759).

113 P. Gisel, *Croyance incarnée*. Tradition – Écriture – Canon – Dogme (Genève 1986) p. 104.

soit qu'il adhère déjà à l'une d'entre elles, ou qu'il en ait quitté une, etc. Son cheminement personnel ne peut pas ne pas lui poser la question de son rapport à ces églises, à leurs traditions textuelles, à leurs canons bibliques. Quand il ouvre le NT, il est déjà engagé dans une prise de position par rapport à ces relations, et donc par rapport au canon biblique ; peu importe ici que sa lecture confirme ou infirme ce qui est déjà là : l'essentiel est de noter qu'il n'est pas dans une relation neutre et qu'il lui est impossible de partir de zéro. C'est cela qui, de manière non contraignante, invite le lecteur réel du NT à s'intéresser aussi à l'AT, et donc à Jr : non une obligation interne à la lecture, mais une conséquence de la situation de ce livre dans la culture qui le transmet.

Dans ce rapport du lecteur réel à son contexte, en dehors de l'acte de lecture, peut aussi s'ancrer la question de la Tradition. Il est clair encore une fois que le lecteur implicite, qui conceptuellement est créé par le texte à lire, n'est pas concerné par cette question. En revanche, le lecteur réel, lui, ne peut pas s'abstenir de prendre position face aux croyances et expériences de ceux qui l'ont précédé. Dans ce cadre peut s'envisager une forme de révélation transmise par la Tradition ; mais il restera toujours à penser la manière dont le croyant se l'approprie. Le langage du «dépôt» est inadapté ici : le croyant ne peut pas recevoir les énoncés de foi de ceux qui l'ont précédé sans s'engager dans un processus herméneutique d'appropriation et de reconstruction du sens. Ce rapport culturel au livre biblique, préalable à la lecture, permettra aussi d'éclairer la question de la lecture non croyante ou non confessionnelle de la Bible, sur laquelle on va maintenant se pencher.

9.4.6.3 La possibilité d'une lecture non croyante

Alors que l'analyse exégétique de Jr qui couvrait les premiers chapitres de cette recherche essayait de lire ce livre sans prendre de position particulière par rapport aux propositions de foi des églises, ce chapitre théologique s'est explicitement situé dans le champ de la théologie catholique. La cohérence de cette recherche demande donc de penser, de l'intérieur de ce choix théologique, la possibilité et le sens d'une lecture non croyante de Jr. Il a été bien montré que la lecture de Jr pouvait conduire à nommer une révélation de Dieu, mais ne peut-on lire vraiment ce livre sans parvenir à cette conclusion de foi ?

On doit bien noter combien le contexte culturel de sécularisation transforme les conditions de ce questionnement, par rapport à la longue histoire théologique des églises. En effet, la question de la foi a été réfléchie au sein d'un monde globalement croyant. Il est ainsi typique que les «preuves» médiévales de Dieu n'aient pas été conçues pour convaincre un incroyant, mais pour aider le croyant à habiter par la raison une situation qu'il occupait déjà. De plus, au cours des siècles, les théologiens ne pensaient aux incroyants qu'en se plaçant en posture de supériorité : il fallait convaincre ceux qui vivaient dans l'obscurité, répondre par l'apologétique aux hérétiques ; au temps des réformes, il fallait convaincre de la légitimité de son appartenance ecclésiale particulière. Le contexte de la sécularisation déplace entièrement ce problème de la foi : ce dont la théologie veut aujourd'hui rendre compte, c'est de la légitimité d'une lecture non croyante[114]. Plutôt que de chercher à se convaincre de sa supériorité, il s'agit pour la théologie de penser le fait qu'elle n'est pas propriétaire du texte biblique : elle le partage avec d'autres, qui se situent autrement par rapport aux propositions de sens des églises.

La question – et cela transparaît dans ce qui précède – est en fait double : il se pose d'une part la question de la foi du lecteur, en tant que relation personnelle avec Dieu ; et d'autre part la manière dont cette foi conduit à adhérer à la proposition d'une église, et par là à reconnaître dans le langage de cette église une interprétation adéquate de son expérience personnelle. Or sur la relation personnelle avec Dieu, dire quelque chose de théologique est extrêmement difficile sans employer déjà les mots d'une église. Une lecture authentique du texte demande certainement de s'engager, de faire une sorte de confiance à ce qui pourra se produire et qui est inattendu, d'accepter d'avance un jeu dont l'issue n'est pas prévisible. Les réflexions précédentes laissent aussi entendre que cette lecture sera une expérience d'altérité. Mais dire qu'on parle ainsi d'une expérience de Dieu, c'est déjà thématiser cela avec les mots de la foi chrétienne.

L'autre dimension de la question est celle du rapport du lecteur avec la proposition de sens d'une église. Il faut affirmer – comme on l'a déjà remarqué en commentant les exégèses de Jr – que, même si un rapport non croyant, ou plutôt non confessionnel, avec Jr est possible, il reste toujours que ce livre est connu comme appartenant aux livres saints de différents groupes de croyants. Une attitude neutre n'est donc pas possible : le livre est donné comme livre des croyants, et tout lecteur aura à se situer par rapport à cette interpellation. On peut ici rappeler les exemples donnés par Pierre Rousselot dans son article sur «les yeux de la foi»[115] : deux scientifiques, ou deux policiers, observant les mêmes indices, sans parvenir à la même conclusion[116]. Or Rousselot parvient à articuler l'observation et la conclusion autrement que comme deux moments successifs : il y a pour lui «priorité réciproque entre l'affirmation de la loi [qui

---

114 Cette question se poserait même si cette thèse n'était défendue que dans une faculté ecclésiastique.

115 P. Rousselot, «Les yeux de la foi», *RSR* 1 (1910) pp. 241–259 et 444–475.

116 *Ibid.*, p. 251.

régit des phénomènes observés par les sciences] et la perception du fait qui sert d'indice»[117]. En effet,

«L'indice est réellement cause de l'assentiment qu'on donne à la conclusion, et c'est cependant la conclusion perçue qui éclaire l'indice, qui lui donne un sens.»[118]

Ainsi peut-on situer l'un par rapport à l'autre deux lecteurs concrets de Jr, l'un qui identifie son expérience de lecture à la proposition de sens d'une église particulière, l'autre qui, ne pouvant ignorer ces propositions, s'en tient en dehors. Ces deux lecteurs se sont offerts au jeu du texte, se sont laissé guider par ses énigmes, ont acquis des compétences de lecture... L'un, à la manière des «indices» de Rousselot, reconnaît cela comme ce dont parle une église, et, au moyen du langage de cette église, nomme comme révélation du Dieu de Jésus-Christ ce qui lui est advenu. Si cette nomination vient dans un second temps réflexif, elle authentifie ce qui était présent dès le départ. L'autre ne le fait pas, ce qui ne condamne pas pour autant l'authenticité de sa lecture. Quant à la théologie, lorsqu'elle réfléchit à l'expérience générale du lecteur, elle ne peut le faire qu'en employant les langages et les conceptualités d'une église. Il lui est impossible de parler, de manière neutre, de l'expérience d'un lecteur qui se situerait hors des propositions des églises, sans acceptation ni rejet. Mais elle situe cette nomination de Dieu qui se révèle comme, précisément, ce qu'est l'acte de foi selon la théologie chrétienne.

9.5 Conclusion

Au long de l'histoire de la théologie, la réflexion critique sur les livres prophétiques «plante et arrache, bâtit et démolit» : elle fournit des idées, des concepts, des manières de penser ; mais en progressant elle révèle aussi les faiblesses de certaines argumentations, jusque dans les énoncés conciliaires. Le risque est grand, à notre époque de post-modernité, de s'accommoder de la fragmentation des savoirs : aux exégètes reviendrait le travail sur le texte biblique, et aux dogmaticiens (ou systématiciens) une recherche théologique indépendante.

Il est indéniable que l'exégèse historico-critique s'articule plus aisément avec la théologie, grâce au concept d'histoire du salut, que les exégèses synchroniques, qui traitent le texte biblique comme un texte de fiction. Cette recherche vient pourtant de montrer qu'à sa manière l'approche narrative se prête

---

117 *Ibid.*, p. 253.
118 *Ibid.*, p. 255.

à une reprise théologique. La catégorie de révélation en est même revivifiée, lorsqu'elle est pensée comme relation entre Dieu et le lecteur des Écritures. On a montré que cette manière de faire parvenait à honorer les exigences majeures héritées de la tradition théologique. Le travail réalisé n'est bien sûr qu'une ébauche, surtout parce qu'il s'appuie sur l'exégèse d'un sous-ensemble restreint du texte biblique, mais il suggère une manière de faire qui pourrait certainement s'élargir de manière féconde.

Conclusion générale

1 Reprise du parcours

La conclusion de cette recherche va d'abord revenir brièvement sur l'ensemble du parcours, puis en signaler quelques limites, enfin indiquer quelques pistes d'approfondissement. Reprendre ainsi le chemin parcouru permettra d'en souligner les articulations essentielles. On fera ainsi droit à ce que Jean Starobinski disait du rapport entre méthode et interprétation :

> «Bien des fois, l'historien, le critique, le philosophe lui-même n'accèdent à la pleine conscience de leur méthode qu'en se retournant vers la trace de leur cheminement.»[1]

Cette recherche est née d'une intuition : la présence conjointe dans Jr d'oracles et de narrations comportait un enjeu que les explications diachroniques ne suffisaient pas à épuiser[2] ; elle créait un surcroît de sens dont seule une analyse synchronique pouvait rendre compte. De plus, en associant des paroles attribuées à la divinité avec la représentation narrative de temps, de lieux, et de personnages, sa forme littéraire semblait présenter une pensée sous forme inchoative du problème théologique de la Révélation. Pour aborder cette problématique d'une manière raisonnablement délimitée, le choix de partir des personnages et des oracles qui leur sont destinés offrait un critère de délimitation cohérent avec les logiques de l'analyse narrative.

Toutefois, avant d'en venir à l'analyse concrète d'une série d'oracles (ce qu'on a fait dans la deuxième partie, chap. 4 à 7), un certain nombre de préalables étaient nécessaires ; ils ont permis d'affiner la méthodologie et de fonder solidement les analyses à venir. C'était en effet une préoccupation constante de cette recherche de ne pas appliquer de manière forcée une méthodologie qui aurait existé préalablement à la confrontation avec le texte, mais au contraire de chercher à rendre compte du texte en forgeant peu à peu une manière de faire qui lui soit adéquate[3]. Cela interdisait la solution de facilité qui aurait consisté à

---

1 Starobinski, *La relation critique*, p. 13.
2 Il est typique de la perspective diachronique que Carroll demande souvent d'interpréter un passage sans tenir compte de son contexte dans le livre. Ainsi, à propos du chap. 28 : «To understand the story it needs to be heard (read) as quite independant of its present context [...]» ; «The peculiarities of 28 should warn the exegete agaits treating it as anything other than a disjunctive story in the tradition.» ; cf. Carroll, *Jeremiah*, pp. 541 et 543.
3 Starobinski compare ainsi à un mariage la relation du critique à son texte : il est des «couples névrotiques» où l'être aimé «n'est que le support des projections du désir amoureux qui le font

https://doi.org/10.1515/9783110657845-013

tout ignorer des études diachroniques : il fallait les traverser, puisque ces études se sont imposées à leurs chercheurs comme étant la seule manière possible de rendre compte du texte si difficile de Jr. On honorait ainsi ce qui a constitué au XXᵉ siècle la majorité des études jérémiennes. Or, en parcourant les principaux commentaires diachroniques de Jr, on a découvert une manière de les intégrer dans cette recherche, en remarquant qu'ils présupposaient un modèle de bon récit – et que, par écart avec ce modèle implicite, ils reconstruisaient une histoire rédactionnelle. L'étude narrative n'apparaissait plus alors comme une méthode concurrente de l'analyse diachronique, mais comme un préalable. Ce parcours bibliographique s'est terminé en montrant qu'une approche synchronique de Jr avait déjà été tentée : ce qu'on se proposait de faire venait non pas de manière solitaire, mais prenait place dans une tradition naissante.

La première partie (chap. 2 et 3) a donné lieu au déploiement d'autres préalables. Il n'était en effet pas satisfaisant de puiser dans des manuels quelques concepts narratifs bien établis pour ensuite procéder à l'analyse. Les débats théoriques sont en effet considérables, et il était nécessaire de repérer, parmi les positions des spécialistes, ce qui convenait à cette littérature si originale qu'est le livre de Jérémie. Il ne suffisait pas de dire qu'on voulait pratiquer une analyse narrative de Jr : il fallait préciser quelle théorie narrative particulière. Il ne suffisait pas non plus de dire qu'on voulait analyser les personnages de Jr : il fallait préciser une théorie des personnages.

C'est ainsi qu'est née l'analyse de la distinction entre récit et discours (chap. 2) : il ne s'agissait pas seulement de pallier rapidement le manque de guillemets en hébreu, puisque cette distinction touchait à des catégories essentielles des études syntaxiques et narratives. Mais cela n'a pas eu pour seul fruit de fournir des catégories adaptées à Jérémie : on a trouvé là de quoi formaliser l'hypothèse de lire Jr comme un récit global. De plus, la présentation d'une distinction si forte entre les deux formes littéraires que sont la narration et le discours représenté a nourri l'analyse des effets sur le lecteur de l'apparition (en Jr 19) d'une narration riche en personnages, et des attentes particulières qu'elle fait naître chez ce lecteur. C'est cela qui justifie d'analyser les attentes et frustrations du lecteur face à la manière dont les personnages sont mis en récit. De plus, la découverte de « glissements » d'énonciation (passage sans rupture franche du discours à la narration, changement de personne pour représenter Jérémie)

---

autre qu'il n'est », d'autres où « l'amant s'annule dans la fascination et la soumission absolue à l'objet de son amour », d'autres encore où « l'amour ne se porte pas sur la personne même, mais sur ses attenants et sur ses alentours, ses possessions, son nom, c'est-à-dire sa parenté glorieuse, etc. Bref, j'ose affirmer que l'œuvre critique lie deux existences personnelles et vit de leur intégrité préservée. », Starobinski, *op. cit.*, p. 52.

préparait au niveau syntaxique l'analyse, au niveau narratif, des phénomènes de distanciation.

La catégorie de personnage, elle aussi, s'est révélée complexe, et son approfondissement utile à l'analyse. On a découvert la diversité des théories des personnages, qui interdisait des reconstructions non critiques de leur biographie ou de leur psychologie. Il apparaissait ainsi que la littérature avait, dans son histoire, eu recours à des manières variées de construire ses personnages, et qu'il importait de trouver la description la mieux adaptée à Jr. La catégorie d'effet-personnage s'est révélée pertinente, en permettant de penser la manifestation au lecteur de sa limitation. On a profité aussi de la conceptualisation dans le théâtre de Brecht de l'effet de distanciation. Ce faisant, on disposait d'un fondement théorique permettant d'interpréter ce que le récit jérémien construit de ses personnages, en appuyant l'analyse sur ce que dit le texte – éventuellement, dans des chapitres précédents, sous forme d'oracles poétiques – plutôt qu'en projetant des attentes psychologiques ou biographiques non critiques[4].

Ainsi était prête une méthodologie pour l'analyse, après l'étude exemplaire de Pashehour, de quatre personnages secondaires du livre de Jérémie. Alors que les discours représentés des chapitres précédents construisaient, pour le prophète puis d'autres personnages, une logique d'objets symboliques servant de base aux oracles, la représentation narrative de personnages recevant des oracles appelait le lecteur à chercher, lui aussi, ce qui dans la mise en récit des personnages servait de fondement au jugement divin. C'est ce qui, face à un effet-personnage qui manifeste au lecteur sa limitation, appelait à chercher dans les mots mêmes de la narration ce que l'histoire racontée se refusait à donner. De plus, l'étude successive de ces personnages a été l'occasion d'étudier des cas variés par ordre de complexité croissante : d'un personnage pour lequel l'oracle fait immédiatement suite à la narration le mettant en scène, jusqu'à un personnage représenté dans un grand ensemble de narrations et d'oracles, en

---

4 Peut-être ai-je été préparé à cette manière de traiter les personnages par l'étude, dans le séminaire «Nominalisme et toute puissance» de Bernard Forthomme, de la *Somme de logique* de Guillaume d'Ockham. Michel de Certeau notait à propos de la fécondité de cet auteur : «Aussi, alors que dans l'ontologie médiévale tout traitement du langage était en lui-même une expérience ou une manipulation du réel, [après l'ockhamisme] il a désormais en face de lui ce qui se ‹manifestait› en lui : il est séparé de ce réel qu'il vise, qu'il peint et qui lui fait face. *L'expérience*, au sens moderne du terme, naît avec la désontologisation du langage, à laquelle correspond aussi la naissance d'une linguistique.» M. de Certeau, *La Fable mystique.* XVIe–XVIIe siècle (Bibliothèque des histoires ; Paris 1982) p. 170. On pourrait dire que les personnages de Jérémie, dans l'optique de notre recherche, sont «désontologisés» : ils ne sont plus traités comme personnes réelles mais comme êtres de langage.

passant par un personnage dont il fallait découvrir qu'il était implicitement concerné par les oracles.

À ce point s'est produit ce que les méthodologies narratives générales ne pouvaient prévoir : des échos et résonances de vocabulaire avec les chapitres précédents apportaient exactement l'information manquante pour la reconstruction de la causalité des oracles, de manière analogue à la règle de la *gezerah shavah* dans l'exégèse rabbinique. La catégorie de mémoire du lecteur, corrélative du postulat de la possibilité de lire Jr, offrait le bon lieu pour poser ces résonances. Un déplacement méthodologique s'opérait ainsi : repérer des discontinuités ou des reprises de vocabulaire est une opération classique du travail exégétique. Mais au lieu de considérer que l'exégète doit résoudre ces difficultés pour établir le sens du texte, elles ont été intégrées dans le travail du lecteur, comme devant être reçues par lui comme constitutives du sens à construire. Cette manière de rendre compte du texte a été pratiquée pour cinq personnages, avant de donner lieu à une brève reprise de la catégorie de mémoire du lecteur : la cohérence de l'argumentation a été montrée en soulignant le rôle des répétitions lexicales dans l'activation du processus de la mémoire ; la lecture du « livre dans le livre », dans la mise en abyme que constitue le chapitre 36, en a offert une analogie.

Ainsi, le jugement divin à propos des personnages apparaissait, non pas donné directement au lecteur comme un énoncé mis par écrit, mais sous une forme qui appelle sa coopération interprétative. Si les hasards de l'évolution rédactionnelle du texte pouvaient, dans une analyse diachronique, expliquer ces difficultés textuelles, elles se révélaient, dans la forme finale du texte, une stratégie fine à même de combattre l'échec d'une autre stratégie de communication. Le livre rapporte en effet comment échoua la communication directe du jugement divin : ni Yoyaqim, qui découpa le rouleau et le brûla, ni Sédécias, qui finit aveugle et prisonnier de Nabuchodonosor, n'auront écouté le message proclamé sous forme objective par le prophète. Une communication prophétique réussie devait se garantir contre ces échecs, et s'assurer de la coopération bienveillante du lecteur. Au moyen des énigmes que constituent les personnages, de la manifestation de la limitation de leur construction, voire parfois d'un effet de distanciation anticipant étonnamment ce que la littérature n'a mis en œuvre consciemment qu'au XXe siècle, Jr parvenait, par sa forme littéraire, à conjurer l'échec traumatisant d'une communication directe, dont il rapporte quelques exemples. Quelles que soient les causes historiques ayant conduit à une telle forme littéraire – ce sur quoi on n'a jamais posé la moindre hypothèse, considérant à la suite de théoriciens comme Kuroda et Ricœur l'effet du texte indépendamment des intentions conscientes de ses rédacteurs – la transmission de ce texte par des générations de croyants laissait supposer qu'on y trouverait davantage qu'un artefact né des hasards d'une histoire encore grandement inconnaissable.

Il restait alors à honorer l'intuition théologique qui était présente dès l'ouverture de cette recherche. On ne pouvait se résoudre, d'ailleurs, à un divorce définitif de l'exégèse et de la théologie. Comment penser théologiquement ce que dit Jr, d'une divinité qui parle dans des lieux et des circonstances précises, d'une manière qui soit compatible tant avec les avancées de la recherche exégétique qu'avec les problématiques théologiques d'aujourd'hui ? On a montré comment, après l'épreuve de la crise moderniste, la théologie et l'exégèse s'étaient réconciliées autour de la notion d' «histoire du salut», qui permet d'interpréter théologiquement les résultats de l'exégèse diachronique. Mais l'exégèse synchronique avait-elle une place dans la constellation de la théologie contemporaine ? Le parcours d'histoire de la théologie, qu'on entreprenait surtout pour bien poser la question, a montré que plusieurs modèles d'interprétation de la parole prophétique avaient travaillé la théologie au long des siècles. Restait donc à proposer une nouvelle étape, ce que l'on a fait en considérant le travail d'interprétation du lecteur de Jr comme «lieu théologique»[5]. Cette manière de considérer la révélation, au lieu de la rendre plus obscure ou moins accessible par les distinctions sans cesse raffinées de l'exégèse, rend compte comme il se doit d'une communication divine qui ne peut être qu'indirecte. On parvenait ainsi à se tenir dans le sillage de Vatican II, honorant une conception de la révélation dans laquelle Dieu se communique lui-même, pensée en intégrant les acquis de la réflexion trinitaire.

2 Limites

Il convient de signaler quelques limites de cette recherche, sans prétendre qu'il n'en soit pas d'autres. On pourrait s'interroger sur la manière de découvrir les échos verbaux et les résonances, qui ont joué un rôle majeur dans l'argumentation. Cette découverte a d'abord été une surprise lors du travail préparatoire ; l'usage intensif de la concordance d'un logiciel biblique a ensuite permis d'en repérer d'autres. Il est probable, pourtant, que certaines résonances attendent encore d'être découvertes ; certaines d'entre elles pourraient venir nuancer, voire contredire, certaines conclusions. Pourrait-on alors concevoir une méthode systématique de repérage de ces échos verbaux ? Cela rendrait l'argumentation

---

5 Melchior Cano, dans son *De Locis Theologicis* (1563), n'avait bien sûr pas mentionné ce onzième «lieu».

plus convaincante, notamment si l'on pouvait affirmer positivement l'absence de résonances dans certaines narrations.

Une autre limite vient de la nécessité de délimiter les textes analysés. Le critère d'une délimitation en fonction des personnages est raisonnable ; pourtant on ne peut que regretter de ne pas disposer d'une perspective globale mais non superficielle sur le livre de Jérémie. Cela aurait permis de mieux situer les extraits étudiés dans la dynamique d'ensemble du livre.

Enfin, on peut regretter que la confrontation avec la théologie chrétienne n'ait pas fait place à certains oracles jérémiens dont la relecture christologique a joué un grand rôle. On pense ainsi à l'oracle de la nouvelle alliance (Jr 31,31-34), qui a fourni un concept clef pour articuler le christianisme à ses racines juives (même s'il importe de rappeler que la Vulgate traduit ici ברית חדשה par *foedus novum*, et non *testamentum novum*).

3 Pistes de recherche

On ne voudrait pas terminer sans évoquer des pistes de recherche qui pourraient utilement poursuivre et approfondir ce qu'on a établi ici. La première consisterait à tenter une analyse similaire dans la LXX de Jr. Si les études du rapport entre TM et LXX de Jr sont nombreuses, elles portent souvent sur l'histoire de la rédaction et elles s'appuient sur les différences dans l'ordre des séquences du livre ainsi que sur les « plus » et « moins » entre les deux textes. Mais cette recherche est partie d'une analyse spécifique de la narrativité hébraïque, telle qu'elle s'appuie sur la syntaxe de cette langue. Il serait donc intéressant d'entrer dans une comparaison avec la LXX de Jr qui s'appuie sur les spécificités de la narrativité en langue grecque. La richesse de son système verbal et de sa syntaxe entraîne certainement une manière particulière d'articuler la narration et les discours représentés. De plus, les jeux d'échos et de résonances que cette recherche a mis au jour sont certainement intraduisibles en grec. Il faudrait voir si la LXX a tenté de les rendre ou si elle les a négligés ; il est possible aussi que d'autres échos lexicaux fonctionnent dans ce texte.

En restant dans le texte hébreu de Jr, on remarque qu'il n'existe pas encore d'étude d'ensemble du personnage du prophète Jérémie. L'étendue du texte rend sans doute la tâche ardue, ainsi que le rapport privilégié qu'il entretient, par rapport aux autres personnages, avec Yhwh. On a aussi mentionné plusieurs fois le problème des passages habituellement appelés « confessions », qui rapportent un discours où une voix évoque sa condition personnelle, mais sans s'identifier explicitement comme étant Jérémie. De même que cette recherche a tenté de penser le lien entre la mise en récit des personnages et les oracles qui leur sont destinés, il serait intéressant d'étudier le lien entre ces «confessions» et les épisodes narratifs qui mettent en scène Jérémie. Les modes d'analyse de cette recherche, ainsi que la distinction entre locuteur et énonciateur, offriraient sans doute une bonne base théorique pour cela.

Il serait aussi intéressant de transposer à d'autres livres bibliques la méthodologie de cette recherche. Plusieurs autres livres prophétiques présentent des séquences narratives, même si elles sont souvent moins vastes que celles de Jr, qu'il vaudrait la peine de relier à leurs oracles respectifs. Au-delà du corpus strictement prophétique, on pourrait aussi se pencher sur la narrativité dans les autres livres bibliques. On sait que l'analyse y est souvent rendue difficile par les «coutures» textuelles, fruits d'une histoire rédactionnelle longue et tumultueuse ; plutôt que d'y voir un obstacle, l'analyse de Jr a montré la fécondité d'un concept tel que celui d'effet de distanciation, pour rendre compte du travail du lecteur là où le texte présente des discontinuités.

Une dernière suggestion, enfin. Nul ne peut se satisfaire durablement d'une diversité de méthodes exégétiques vivant chacune de manière autonome, voire autarcique. Ce problème concerne tant les exégètes que ceux qui lisent leurs travaux ; ces derniers espèrent souvent qu'aboutisse une harmonisation méthodologique. Cette recherche, basée de manière axiomatique sur le choix d'une exégèse synchronique, aura peut-être contribué à avancer vers une future rencontre des méthodes : c'est ainsi que l'on a tenté de rendre compte de la précompréhension du texte qui nourrit les analyses diachroniques. Mais une articulation des méthodes ne sera possible qu'à un niveau épistémologique fondamental, en mettant en lumière les principes qui animent les questionnements et l'obtention des résultats de chaque méthode, pour bâtir une articulation de ces principes. Elle demandera aussi que chaque méthode accepte de rendre compte des présupposés qui habitent ses questionnements, reconnaissant qu'ils ne vont pas de soi. Les évolutions des exégèses tant diachronique que synchronique, conduisant de plus en plus à s'intéresser au livre en tant que tel, peuvent laisser espérer une rencontre plus facile qu'il n'y a quelques décennies. La question suivante – fidèle à la perspective synchronique – pourrait contribuer à une telle avancée : qu'est-ce qui, dans la lettre même de la forme finale du texte, invite le lecteur implicite à s'interroger sur l'histoire de la rédaction du livre qu'il tient entre les mains ? D'un point de vue diachronique, inversement, il faudrait interroger le moment historique de la séparation du livre de son milieu de production, lorsqu'il a cessé d'être réécrit pour être transmis comme tel.

* * *

Au moment de clore l'aventure de cette recherche, exprimons encore un souhait : avoir contribué à ce que le livre de Jérémie ne sombre pas dans l'oubli – tel ce rouleau lesté d'une pierre et jeté au fond des eaux de l'Euphrate (cf. Jr 51,63) – mais que, tel un document scellé placé dans un récipient de terre cuite (cf. Jr 32,14), il continue à se conserver longtemps pour des générations de lecteurs.

Bibliographie

1 Sources et outils de travail

Biblia Hebraica Stuttgartensia. Editio quinta emendata opera A. Schenker (Stuttgart 1997).

La Bible. Traduction œcuménique. Édition intégrale TOB (Paris – Villiers-le-Bel 2000).

La sainte Bible. Traduite en français sous la direction de l'École biblique de Jérusalem (Paris 1973).

Le Nouveau Petit Robert. Texte remanié et amplifié sous la direction de J. Rey-Debove et A. Rey (Paris 2009).

Le trésor de la langue française informatisé, consulté sur http://atilf.atilf.fr le 16/02/2015.

Barthélemy, D. (éd.), *Critique textuelle de l'Ancien Testament.* 2. Isaïe, Jérémie, Lamentations (OBO 50/2 ; Göttingen 1986).

Botterweck, G.J. – Ringgren, H. – Fabry, H.J. (éd.), *Theological Dictionary of the Old Testament* (Grand Rapids – Cambridge 1999).

Centre informatique et Bible de l'Abbaye de Maredsous, *Dictionnaire encyclopédique de la Bible* (Turnhout ³2002).

Concile Vatican II, *Constitution dogmatique sur la Révélation divine Dei Verbum,* dans G. Alberigo (éd.), *Les conciles œcuméniques.* II-2. Les Décrets. Trente à Vatican II (Le magistère de l'Église ; Paris 1994).

Denzinger, H., *Symboles et définitions de la foi catholique.* Édité par P. Hünermann pour l'édition originale et par J. Hoffmann pour l'édition française (Paris 1996) (trad. de *Enchiridion Symbolorum Definitionum et Declarationum De Rebus Fidei et Morum,* Freiburg ³⁷1991).

Gesenius, H.F.W. – Kautzsch, E. – Cowley, A.E., *Gesenius' Hebrew Grammar.* As Revised and Enlarged by the Late E. Kautzsch. Second English Edition Revised in Accordance with the Twenty-Eighth German Edition by A. E. Cowley (Oxford 1910).

Hastings, J., *Dictionary of the Bible* (Edinburgh 1899).

Joosten, J., «Verbal System : Biblical Hebrew», *EHLL.*

Joüon, P. – Muraoka, T., *A Grammar of Biblical Hebrew.* Second Reprint of the Second Edition, with Corrections (SubBi 27 ; Roma 2009).

Kedar-Kopfstein, B., «סָרִיס *sārîs*», *TDOT* 10 (Grand Rapids – Cambridge 1999) pp. 344–350.

Khan, G. (éd.), *Encyclopedia of Hebrew Language and Linguistics* (publiée en ligne en 2013) (consultée sur brillonline.com le 26/5/2015).

Koehler, L. – Baumgartner, W., *The Hebrew and Aramaic Lexicon of the Old Testament.* Translated and edited under the supervision of M.E.J. Richardson (Leiden – Boston – Köln 2001).

König, E., *Hebräisches und aramäisches Wörterbuch zum Alten Testament* (Leipzig 1936).

Miller-Naudé, C.L., «Direct and Indirect Speech : Biblical Hebrew», *EHLL.*

Nestle, E. – Aland, K. (éd.), *Novum Testamentum Graece* (Stuttgart ²⁷1993).

Niccacci, A., *The Syntax of the Verb in Classical Hebrew Prose* (JSOT.S 86 ; Sheffield 1990) (trad. de *Sintassi del verbo ebraico nella prosa biblica classica,* Jerusalem 1986).

Penner, K.M., «Verbal System, History of Research», *EHLL.*

Rahlfs, A. – Hanhart, R., *Septuaginta.* Id est Vetus Testamentum graece iuxta LXX interpretes (Stuttgart 2006).

https://doi.org/10.1515/9783110657845-014

Schwertner, S.M., *Internationales Abkürzungsverzeichnis für Theologie und Grenzgebiete* (Berlin – New York ²1992).

Waltke, B.K. – O'Connor, M., *An Introduction to Biblical Hebrew Syntax* (Winona Lake 1990).

Ziegler, J., *Septuaginta. Vetus Testamentum Graecum.* XV. Ieremias, Baruch, Threni, Epistula Ieremiae (Göttingen ²1976).

2 Études et commentaires

«Au nom d'un autre». Pseudépigraphie, fiction et narratologie. Actes du symposium du RRENAB, Sète 12–14 juin 2015. *ETR* 91/4 (2016).

Abrego de Lacy, J.M., *Jeremías y el Final del Reino.* Lectura sincrónica de Jer 36–45 (EstAT 3 ; Valencia 1983).

Alberigo, G. (éd.), *Les conciles œcuméniques.* II-2. Les Décrets. Trente à Vatican II (Le magistère de l'Église ; Paris 1994).

Albertz, R., *Israel in Exile.* The History and Literature of the Sixth Century B.C.E. (Studies in Biblical Literature 3 ; Atlanta 2003) (trad. par D. Green de *Die Exilszeit*, Stuttgart 2001).

Aletti, J.N., *Jésus, une vie à raconter.* Essai sur le genre littéraire des évangiles de Matthieu, de Marc et de Luc (Le livre et le rouleau 50 ; Namur – Paris 2016).

——, *L'art de raconter Jésus Christ.* L'écriture narrative de l'évangile de Luc (Paris 1989).

Alonso Schökel, L., «Jeremías como anti-Moisés», *De la Tôrah au Messie.* Études d'exégèse et d'herméneutique bibliques offertes à Henri Cazelles pour ses 25 années d'enseignement à l'Institut Catholique de Paris (éd. M. Carrez – J. Doré – P. Grelot) (Paris 1981) pp. 245–254.

——, *Manuel de poétique hébraïque* (Le livre et le rouleau 41 ; Bruxelles 2013) (trad. et adaptation par M. Gilbert de *Manuel de poetica hebrea*, Madrid 1987).

Alter, R., *L'art de la poésie biblique* (Le livre et le rouleau 11 ; Bruxelles 2003).

——, *The Art of Biblical Narrative* (New York 1981).

Arend, W., *Die typischen Scenen bei Homer* (Problemata 7 ; Berlin 1933).

Arendt, H., *Condition de l'homme moderne* (Paris 1961) (trad. de *The Human Condition*, Chicago, 1958).

Aristote, *Poétique.* Texte établi et traduit par J. Hardy (Collection des universités de France ; Paris 1932).

Auerbach, E., *Mimèsis.* La représentation de la réalité dans la littérature occidentale (Bibliothèque des idées ; Paris 1968) (trad. par C. Heim de *Mimesis.* Dargestellte Wirklichkeit in der abendländischen Literatur, Bern 1946).

Augustin, *Les Confessions* (Texte de l'édition de M. Skutella. Trad. de E. Tréhorel et G. Bouisson) (BAug – Œuvres de Saint Augustin 14 ; Paris 1996).

Balentine, S.E., «The Prophet as Intercessor : A Reassessment», *JBL* 103/2 (1984) pp. 161–173.

Bally, C., «Le style indirect libre en français moderne», *Germanisch-Romanische Monatsschrift* 4 (1912) pp. 549–556 et 597–606.

Banfield, A., *Phrases sans parole.* Théorie du récit et du style indirect libre (Paris 1995) (trad. par C. Veken du suivant).

——, *Unspeakable Sentences.* Narration and Representation in the Language of Fiction (Boston 1982).

Barbiero, G., «*Tu mi hai sedotto, Signore*». Le confessioni di Geremia alla luce della sua vocazione profetica (AnBib Studia 2 ; Roma 2013).

Bar-Efrat, S., *Narrative Art in the Bible* (JSOT.S 70 ; Sheffield 1989).

Baroni, R., *La tension narrative*. Suspense, curiosité et surprise (Poétique ; Paris 2007).

Barr, J., «Revelation through History in the Old Testament and in Modern Theology», *PSB* 56/3 (1963) pp. 4–14.

——, *Sémantique du langage biblique* (BScR ; Paris 1971).

Barthes, R., «Introduction à l'analyse structurale des récits», *Communications* 8. Recherches sémiologiques. L'analyse structurale du récit (1966) pp. 1–27.

——, «Le discours de l'histoire», *Essais critiques IV*. Le bruissement de la langue (Paris 1984) pp. 153–166 (article d'abord publié dans *Social Science Information* 6/4, 1967, pp. 63–75).

——, «L'effet de réel», *Communications* 11 (1968) pp. 84–89.

——, *L'empire des signes* (Les sentiers de la création ; Genève ¹1970 ²1993).

——, *S/Z* (Paris 1976).

Bayard, P., *Enquête sur «Hamlet» : le dialogue des sourds* (Paris 2002).

——, *L'affaire du chien des Baskerville* (Paris 2007).

——, *Qui a tué Roger Ackroyd ?* (Paris 2002).

Beauchamp, P., «Jérémie et Moïse», *Croire aujourd'hui* 46 (mars 1998) pp. 30–31.

——, *L'un et l'autre testament*. I. Essai de lecture (Parole de Dieu ; Paris 1976).

Becking, B., «Baalis, the King of the Ammonites. An Epigraphical Note on Jeremiah 40:14», *JSSt* 38/1 (1993) pp. 15–24.

Begg, C., «The Gedaliah Episode and its Sequels in Josephus», *JSPE* 12 (1994) pp. 21–46.

Benveniste, É., «Chapitre XIX. Les relations de temps dans le verbe français», *Problèmes de linguistique générale* (Paris 1966) pp. 237–250.

Ben Zvi, E., «The Voice and Role of a Counterfactual Memory in the Construction of Exile and Return : Considering Jeremiah 40:7-12», *The Concept of Exile in Ancient Israel and its Historical Contexts* (éd. E. Ben Zvi – C. Levin) (BZAW 404 ; Berlin – New York 2010) pp. 169–188.

Berlin, A., *Poetics and Interpretation of Biblical Narrative* (Winona Lake ¹1983 ²1994)

Bianchi, F., «Godolia contro Ismaele. La lotta per il potere politico in Giudea all'inizio della dominazione neobabilonese (Ger 40–41 e 2 Re 25,22-26)», *RivBib* 53/3 (2005) pp. 257–275.

Bickell, G., «Die hebräische Metrik. I.», *ZDMG* 34 (1880) pp. 557–563.

——, «Die hebräische Metrik. II.», *ZDMG* 35 (1881) pp. 415–422.

Boadt, L., recension de Holladay, W.L., *Jeremiah 1. A Commentary on the Book of the Prophet Jeremiah*. Chapters 1–25 (Hermeneia ; Philadelphia 1986), *BTB* 18/1 (1988) p. 35.

Bogaert, P.-M., «De Baruch à Jérémie. Les deux rédactions conservées du livre de Jérémie», *Le livre de Jérémie*. Le prophète et son milieu. Les oracles et leur transmission (éd. P.-M. Bogaert) (BEThL 54 ; Leuven 1981) pp. 168–173.

——, «Le livre de Jérémie en perspective : les deux rédactions antiques selon les travaux en cours», *RB* 101/3 (1994) pp. 363–406.

——, «Le personnage de Baruch et l'histoire du livre de Jérémie. Aux origines du Livre deutérocanonique de Baruch», *StEv VII*. Papers presented to the Fifth International Congress on Biblical Studies held at Oxford 1973 (éd. E.A. Livingstone) (TU 126 ; Berlin 1982) pp. 73–81.

Bompiani, B., «Style Switching in the Jacob and Laban Narratives», *HebStud* 55 (2014) pp. 43–58.

Bouillard, H., «Le concept de révélation de Vatican I à Vatican II», *Révélation de Dieu et langage des hommes* (éd. J. Audinet – H. Bouillard – L. Derousseaux – C. Geffré – I. de La Potterie) (Cogitatio Fidei 53 ; Paris 1972) pp. 35–49.

Bourneuf, R. – Ouellet, R., *L'univers du roman*, Paris, 1972.

Bovati, P., «‹Je ne sais pas parler› (Jr 1,6). Réflexions sur la vocation prophétique», *Ouvrir les Écritures*. Mélanges offerts à Paul Beauchamp (éd. P. Bovati – R. Meynet) (LeDiv 162 ; Paris 1995) pp. 31–52.

——, *Ristabilire la giustizia*. Procedure, vocabolario, orientamenti (AnBib 110 ; Roma 1986).

Brecht, B., *La Mère* (Adaptation de Pierre Abraham). *Théâtre complet* III (Paris 1955) (pièce créée à Berlin en 1932).

——, *Petit organon pour le théâtre* (Paris ¹1963, ⁴2013) (trad. par J. Tailleur de *Kleines Organon für das Theater*, 1949).

Bright, J., *Jeremiah*. A New Translation with Introduction and Commentary (AncB 21 ; Garden City ¹1965 ²1981).

Brueggemann, W., *A Commentary on Jeremiah*. Exile & Homecoming (Grand Rapids – Cambridge 1998).

——, «The ‹Baruch Connection› : Reflections on Jer 43:1-7», *JBL* 113/3 (1994) pp. 405–420.

Buber, M., *La monarchie de Dieu* (Les Dix Paroles ; Paris 2013) (trad. de *Königtum Gottes*, Heidelberg 1932).

Burridge, R.A., *What are the Gospels ?* A Comparison with Graeco-Roman Biography (MSSNTS 70 ; Cambridge 1992).

Callaway, M.C., « Black Fire on White Fire : Historical Context and Literary Subtext in Jeremiah 37–38 », *Troubling Jeremiah* (éd. A.R.P. Diamond – K.M. O'Connor – L. Stulman) (JSOT.S 260 ; Sheffield 1999) pp. 171–178.

Carroll, R.P., *From Chaos to Covenant*. Uses of Prophecy in the Book of Jeremiah (London 1981).

——, *Jeremiah*. A Commentary (OTL ; London 1986).

——, «Synchronic Deconstructions of Jeremiah : Diachrony to the Rescue ? Reflections on Some Reading Strategies for Understanding Certain Problems in the Book of Jeremiah», *Synchronic or Diachronic*. A Debate on Method in Old Testament Exegesis (éd. J.C. de Moor) (OTS 34 ; Leiden 1995) pp. 39–51.

Causse, J.D., «La notion de révélation. Éléments pour une reprise actuelle d'un héritage théologique», *ETR* 78/1 (2003) pp. 69–78.

de Certeau, M., *La Fable mystique*. XVIᵉ–XVIIᵉ siècle (Bibliothèque des histoires ; Paris 1982).

——, *L'écriture de l'histoire* (Bibliothèque des histoires ; Paris 1975).

Chauty, E., «Jérémie rejoint Guedalias : deux récits, combien de *fabulae* ?», *SJOT* 31/2 (2017) pp. 202–212.

——, « Réduit au silence dans une citerne… (Jr 37,1-16) », *Le livre de Jérémie : crise et résistance* (éd. E. Di Pede – G. Balestier) (CBFV 53 ; Octobre 2014) pp. 24–36.

——, «Vrais prophètes et faux prophètes. Quand nos certitudes vacillent», *Christus* 249. Vouloir la bienveillance (Janvier 2016) pp. 55–61.

Cirad, *Mémento de l'Agronome* (Versailles 2009).

Colenso, J.W. (Bishop of Natal), «Appendix 149. Comparison of the language of the Deuteronomist with that of Jeremiah», *The Pentateuch and the Book of Joshua Critically*

Examined. VII. The Pentateuch and Book of Joshua compared with the other Hebrew Scriptures (London 1879) Appendix, pp. 85–110. NB : l'Appendice se trouve à la fin du livre, après la p. 528, et sa pagination recommence à 1.

Colombat, B., « Remarques sur le développement de la notion de personne dans l'histoire de la linguistique », *Faits de langue* 3 (1994) pp. 15–27.

Cornill, C.H., *The Book of the Prophet Jeremiah*. Critical Edition of the Hebrew Text Arranged in Chronological Order, With Notes (Leipzig – Baltimore – London 1895).

Cuarón, A., *Interview by Gavin Smith on February 27th, 2014* (consulté le 16/02/2017 sur http://www.filmcomment.com/blog/interview-alfonso-cuaron).

Cucca, M., *Il corpo e la città*. Studio del rapporto di significazione paradigmatica tra la vicenda di Geremia e il destino di Gerusalemme (Studie e ricerche ; Assisi 2010).

Davidson, S.V., « Chosen Marginality as Resistance in Jeremiah 40:1-6 », *Jeremiah Dis(Placed)*. New Directions in Writing/Reading Jeremiah (éd. A.R.P. Diamond – L. Stulman) (LHB/OTS 529 ; New York – London 2011) pp. 150–161.

Deleuze, G., *Cinéma 2*. L'image-temps (Critique ; Paris 1985).

Dionne, C., « Le point sur les théories de la gestion des personnages », *Et vous, qui dites-vous que je suis ?* La gestion des personnages dans les récits bibliques (éd. P. Létourneau – M. Talbot) (Sciences bibliques. Études 16 ; Montréal 2006) pp. 11–51.

Di Pede, E., *Au-delà du refus : l'espoir*. Recherches sur la cohérence narrative de Jr 32–45 (TM) (BZAW 357 ; Berlin – New York 2005).

——, « Jer 32, *exergue* du récit des chapitres 32–45 ? », *ZAW* 117/4 (2005) pp. 559–573.

——, « Jérusalem, 'Ebed-melek et Baruch. Enquête narrative sur le déplacement chronologique de Jr 45 », *RB* 111/1 (2004) pp. 61–77.

——, « Le prophète mis en scène. Les récits de vocation prophétique comme scène type », *L'intrigue dans le récit biblique*. Quatrième colloque international du Rrenab, Université Laval, Québec, 29 mai – er juin 2008 (éd. A. Pasquier – D. Marguerat – A. Wénin) (BEThL 237 ; Leuven 2010) pp. 127–140.

——, *Le récit biblique de « vocation » : structure, narration et impact d'une scène-type*. Moïse, Isaïe, Jérémie, Ézéchiel et Amos (Thèse HDR soutenue à Metz le 6/12/2013 ; à paraître).

Duhm, B., *Das Buch Jeremia* (KHC 11 ; Tübingen – Leipzig 1901).

Dupuy, B.D. (éd.), *La révélation divine*. I et II (UnSa 70a et 70b ; Paris 1968).

Eco, U., *Lector in fabula*. La cooperazione interpretativa nei testi narrativi (Milano ¹1979, ¹¹2010).

Ehrlich, A.B., *Randglossen zur hebräischen Bibel*. Textkritisches, Sprachliches und Sachliches. IV. Jesaia, Jeremia (Leipzig 1912).

Erman, M., *Poétique du personnage de roman* (Thèmes et études ; Paris 2006).

Feiner, J., « La contribution du Secrétariat pour l'unité des chrétiens à la Constitution dogmatique sur la Révélation divine », *La Révélation divine*. I (éd. B.D. Dupuy) (UnSa 70a ; Paris 1968) pp. 119–153.

Ferry, J., *Illusions et salut dans la prédication prophétique de Jérémie* (BZAW 269 ; Berlin – New York 1999).

——, « Le livre dans le livre. Lecture de Jérémie 36 », *Les recueils prophétiques de la Bible*. Origines, milieux, et contexte proche-oriental (éd. J.-D. Macchi – C. Nihan – T. Römer – J. Rückl) (MoBi 64 ; Genève 2012) pp. 283–306.

Finkelstein, I. – Silberman, N.A., *The Bible Unearthed* (New York 2001).

Finsterbusch, K. – Jacoby, N., «אשר-Zitateinleitungssätze in Jeremia und 1QM. Anmerkungen zu 1QM 10:6, zu der hebräischen Vorlage von LXX-Jer 26:13 ; 49:19 sowie zu MT-Jer 14:1 ; 46:1 ; 47:1 ; 49:34», VT 65/4 (2015) pp. 558–566.

Fischer, G., Jeremia 1–25 (HThKAT ; Freiburg im Breisgau 2005).

——, Jeremia 26–52 (HThKAT ; Freiburg im Breisgau 2005).

——, Jeremia. Der Stand der theologischen Diskussion (Darmstadt 2007).

——, «Jeremiah. Septuagint», Textual History of the Bible. 1B. The Hebrew Bible. Pentateuch, Former and Latter Prophets (éd. A. Lange – E. Tov) (Leiden – Boston 2017) pp. 543–555.

Fishbane, M., Biblical Interpretation in Ancient Israel (Oxford 1985).

Flavius Josèphe, Les antiquités juives. V. Livres X et XI (tr. É. Nodet) (Paris 2010).

Fokkelman, J.P., Reading Biblical Narrative. A Practical Guide (Leiden 1999).

Galil, G., The Chronology of the Kings of Israel and Judah (Studies in the History and Culture of the Ancient Near East 9 ; Leiden – New York – Köln 1996).

Garvey, J., «Characterization in Narrative», Poetics 7/1 (1978) pp. 63–78.

Geffré, C., «Esquisse d'une théologie de la Révélation», La Révélation (éd. P. Ricœur – E. Levinas – E. Haulotte – E. Cornélis – C. Geffré) (Théologie ; Bruxelles 1977) pp. 171–205.

Genette, G., «Discours du récit. Essai de méthode», Figures III (Poétique ; Paris 1972) pp. 65–282.

——, «Frontières du récit», Communications 8. Recherches sémiologiques. L'analyse structurale du récit (1966) pp. 152–163.

Gesché, A., Dieu pour penser. VI. Le Christ (Paris 2001).

——, «Le christianisme comme athéisme suspensif. Réflexion sur le ‹Etsi Deus non daretur›», RTL 33/2 (2002) pp. 187–210.

Gignac, A., «Jeter l'historicisme, relativiser l'historicité, penser autrement la révélation et l'incarnation. ‹Histoire et théologie› dans une perspective narratologique», Théologiques 21/1 (2013) pp. 247–275.

Gisel, P., Croyance incarnée. Tradition – Écriture – Canon – Dogme (Genève 1986).

Goldmann, L., Pour une sociologie du roman (Bibliothèque des idées ; Paris 1964).

Greimas, A.J., Sémantique structurale. Recherche de méthode (Langue et langage ; Paris 1966).

Hamon, P., «Pour un statut sémiologique du personnage», Poétique du récit (R. Barthes – W. Kayser – W. Booth – P. Hamon) (Points 78 ; Paris 1977) pp. 115–180.

Hartenstein, F., «Prophets, Princes and Kings : Prophecy and Prophetic Books according to Jeremiah 36», Jeremiah's Scriptures. Production, Reception, Interaction and Transformation (éd. H. Najman – K. Schmid) (JSJ.S 173 ; Leiden – Boston 2016) pp. 70–91.

Hill, J., «Jeremiah 40.1-6 : An Appreciation», Seeing Signals, Reading Signs. The Art of Exegesis. Studies in Honour of Anthony F. Campbell, SJ, for his 70th Birthday (éd. M.A. O'Brien – H.W. Wallace) (JSOT.S 415 ; London – New York 2004) pp. 130–141.

Hobson, R., «Jeremiah 41 and the Ammonite Alliance», The Journal of Hebrew Scriptures 10/7 (2010) pp. 2–15.

Hochman, B., Character in Literature (Ithaca – London 1985).

Holladay, W.L., Jeremiah 1. A Commentary on the Book of the Prophet Jeremiah. Chapters 1–25 (Hermeneia ; Philadelphia 1986).

—, *Jeremiah 2. A Commentary on the Book of the Prophet Jeremiah. Chapters 26–52* (Hermeneia ; Minneapolis 1989). NB : l'éditeur a déménagé d'une ville à l'autre entre la publication des deux tomes.

—, « Prototype and Copies : A New Approach to the Poetry-Prose Problem in the Book of Jeremiah », *JBL* 79/4 (1960) pp. 351–367.

Hrushovski-Harshav, B., « Prosody, Hebrew », *Encyclopaedia Judaica* 16 (éd. M. Berenbaum – F. Skolnik) (Detroit ²2007) pp. 595–623.

Hyatt, J.P., « Jeremiah and Deuteronomy », *JNES* 1/2 (1942) pp. 156–173.

—, *Jeremiah Prophet of Courage and Hope* (New York – Nashville 1958).

—, « The Deuteronomic Edition of Jeremiah », *Vanderbilt Studies in the Humanities* 1 (éd. R.C. Beatty – J.P. Hyatt – M.K. Spears) (Nashville 1951) pp. 71–95.

Isbell, C.D. « 2 Kings 22:3–23:24 and Jeremiah 36 : A Stylistic Comparison » *JSOT* 3/8 (1978) pp. 33–45.

Iser, W., *Der implizite Leser. Kommunikationsformen des Romans von Bunyan bis Beckett* (München 1972).

—, *L'acte de lecture*. Théorie de l'effet esthétique (Philosophie et langage ; Bruxelles 1985) (trad. de *Der Akt des Lesens*, München 1976).

—, *The Implied Reader*. Patterns of Communication in Prose Fiction from Bunyan to Beckett (Baltimore – London 1974) (trad. de *Der implizite Leser* avec un chapitre complémentaire).

Janzen, J.G., « Double Readings in the Text of Jeremiah », *HThR* 60/4 (1967) pp. 433–447.

—, *Studies in the Text of Jeremiah* (HSM 6 ; Cambridge 1973).

Jastrow Jr., M., « Hebrew Proper Names compounded with יה and יהו », *JBL* 13 (1894) pp. 101–127.

Jauss, H.R., *Pour une esthétique de la réception* (Bibliothèque des idées ; Paris 1978).

Jeanrond, W.G., « Révélation et concept trinitaire de Dieu : notions clés de la réflexion théologique ? », *Conc.* 289 (2001) pp. 129–140.

Jouve, V., *L'effet-personnage dans le roman* (Écriture ; Paris 1992).

Juynboll, T.W., « Eunuch (Muslim) », *ERE.* V (éd. J. Hastings) (New York – Edinburgh 1912) pp. 584–585.

Kawashima, R.S., *Biblical Narrative and the Death of the Rhapsode* (ISBL ; Bloomington – Indianapolis 2004).

Kermode, F., *The Sense of an Ending*. Studies in the Theory of Fiction (New York 1967).

Kessler, M., « The Significance of Jer 36 », *ZAW* 81/3 (1969) pp. 381–383.

Kierkegaard, S., « La dialectique de la communication éthique et éthico-religieuse », *Œuvres complètes*. XIV (Paris 1980) pp. 359–383 (trad. de *Den ethiske og den ethisk-religieuse Meddelelses Dialektik*, Pap. VIII 2 B 86–89, pp. 168–196).

Kuhn, T.S., *The Structure of Scientific Revolutions* (Chicago – London ³1996).

Kuroda, S.-Y., *Pour une théorie poétique de la narration*. Essais traduits par C. Braconnier, T. Fauconnier et S. Patron (Recherches ; Paris 2012).

Léon-Dufour, X., « Sur le Nouveau Testament. Commentaire du chapitre V », *La Révélation divine*. II (éd. B.D. Dupuy) (UnSa 70b ; Paris 1968) pp. 401–431.

Lera, J.M., « Sacrae Paginae studium sit veluti anima Sacrae Theologiae. Notas sobre el origen y procedencia de esta frase », *Palabra y vida*. Homenaje a José Alonso Díaz en su 70 cumpleaños (éd. A. Vargas-Machuca – G. Ruiz) (Madrid 1984) pp. 409–422.

Létoublon, F., «La personne et ses masques : remarques sur le développement de la notion de personne et sur son étymologie dans l'histoire de la langue grecque», *Faits de langues* 3 (1994) pp. 7–14.

Levinas, E., «La Révélation dans la tradition juive», La révélation (éd. P. Ricœur – E. Levinas – E. Haulotte – E. Cornelis – C. Geffré) (Théologie ; Bruxelles ¹1977 ²1984) pp. 55–77.

Ley, J., *Die metrischen Formen der hebräischen Poesie, systematisch dargelegt* (Leipzig 1866).

Lichtert, C., *Traversée du récit de Jonas* (Connaître la Bible 33 ; Bruxelles 2003).

Lieberman, S., *Hellenism in Jewish Palestine*. Studies in the Literary Transmission Beliefs and Manners of Palestine in the I Century B.C.E. – IV Century C.E. (New York 1962).

Loisy, A., «Lettre à un évêque sur la critique des évangiles et spécialement sur l'Évangile de Saint Jean», *Autour d'un petit livre* (Paris ²1903) pp. 61–108.

Lorck, E., *Die «Erlebte Rede»*. Eine sprachliche Untersuchung (Heidelberg 1921).

Lowth, R., *De sacra poesi hebraeorum* (Oxford 1753).

de Lubac, H., «Commentaire du préambule et du chapitre I», *La Révélation divine*. I (éd. B.D. Dupuy) (UnSa 70a ; Paris 1968) pp. 157–302.

Lundbom, J.R., *Jeremiah 21–36*. A New Translation with Introduction and Commentary (AncB 21 B ; New York – London – Toronto – Sydney – Auckland 2004).

—, *Jeremiah 37–52*. A New Translation with Introduction and Commentary (AncB 21 C ; New York – London – Toronto – Sydney – Auckland 2004).

Lys, D., «Jérémie 28 et le problème du faux prophète ou la circulation du sens dans le diagnostic prophétique», *RHPhR* 59 (1979) pp. 453–482.

Macchi, J.-D., «Les doublets dans le livre de Jérémie», *The Book of Jeremiah and its Reception* (éd. A.H.W. Curtis – T. Römer) (BEThL 128 ; Leuven 1997) pp. 119–150.

—, «Les livres d'Esther. Évolution littéraire et approche narrative», *La Bible en récits*. L'exégèse biblique à l'heure du lecteur. Colloque international d'analyse narrative des textes de la Bible, Lausanne, mars 2002 (éd. D. Marguerat) (MoBi 48 ; Genève 2003) pp. 239–249.

Marguerat, D., «Jésus de l'histoire», *Dictionnaire critique de théologie* (éd. J.-Y. Lacoste) (Paris ¹1998 ³2007) pp. 715–726.

— (éd.), *La Bible en récits*. L'exégèse biblique à l'heure du lecteur. Colloque international d'analyse narrative des textes de la Bible, Lausanne, mars 2002 (MoBi 48 ; Genève 2003).

Masenya, M., «Invisible Exiles ? An African-South African Woman's Reconfiguration of ‹Exile› in Jeremiah 21:1-10», *OTEs* 20/3 (2007) pp. 756–771.

Matta, Y., «Entre Paul et Jérémie : le prisme du Christ Ressuscité», *Paul et son Seigneur : Trajectoires christologiques des épîtres pauliniennes*. XXVIᵉ congrès de l'Association catholique française pour l'étude de la Bible (Angers, 2016) (C. Raimbault dir.) (LeDiv 271 ; Paris 2018) pp. 291–308.

McKane, W., *A Critical and Exegetical Commentary on Jeremiah*. I. Introduction and Commentary on Jeremiah I–XXV (ICC ; Edinburgh 1986).

—, *A Critical and Exegetical Commentary on Jeremiah*. II. Commentary on Jeremiah XXVI–LII (ICC ; Edinburgh 1996).

—, «Relations Between Poetry and Prose in the Book of Jeremiah with Special Reference to Jeremiah 3,6-11 and 12,14-17», *A Prophet to the Nations*. Essays in Jeremiah Studies (éd. L.G. Perdue – B.W. Kovacs) (Winona Lake 1984) pp. 269–284 (Première publication dans *Congress Volume Vienne 1980* [éd. J.A. Emerton], VT.S 32, Leiden 1981, pp. 220–237).

──, «The Construction of Jeremiah Chapter XXI», *VT* 32/1 (1982) pp. 59–73.

Merleau-Ponty, M., *Phénoménologie de la perception* (Bibliothèque des idées ; Paris 1945).

Meynet, R., *Trattato di retorica biblica* (Retorica biblica 10 ; Bologna 2008). N.B. : Cette traduction italienne est postérieure d'un an à l'édition française (Rhétorique sémitique 4 ; Paris 2007).

Minette de Tillesse, C., «Joiaqim, repoussoir du ‹Pieux› Josias : Parallélismes entre II Reg 22 et Jer 36», *ZAW* 105/3 (1993) pp. 352–376.

Mirguet, F., «Dieu et l'art de (le) raconter. Ou comment en finir avec le narrateur omniscient», *Raconter Dieu : entre récit, histoire et théologie* (éd. C. Dionne – Y. Mathieu) (Le livre et le rouleau 44 ; Bruxelles 2014).

──, *La représentation du divin dans les récits du Pentateuque*. Médiations syntaxiques et narratives (VT.S 123 ; Leiden – Boston 2009).

Modiano, P., *Discours de réception de son prix Nobel de littérature le dimanche 7 décembre* (consulté le 19/01/2015 sur http://www.lemonde.fr/prixnobel/article/2014/12/07/verbatimlediscoursdereceptionduprixnobeldepatrickmodiano_4536162_1772031.html).

Molière, *Le Bourgeois Gentilhomme* (Paris 1671 ; Création au Château de Chambord le 14 octobre 1670).

Mowinckel, S., *Zur Komposition des Buches Jeremias* (Kristiania [=Oslo] 1914). NB : ce livre a été édité dans la ville d'Oslo, renommée Kristiania de 1877 à 1925.

Muilenburg, J., «Baruch the scribe», *A Prophet to the Nations*. Essays in Jeremiah Studies (éd. L.G. Perdue – B.W. Kowacs) (Winona Lake 1984) pp. 229–245.

Mykytiuk, L.J., «Corrections and Updates to ‹Identifying Biblical Persons in Northwest Semitic Inscriptions of 1200–539 B.C.E.›», *Maarav* 16/1 (2009) pp. 49–132.

Nault, F., «Révélation sans théologie, théologie sans révélation», *Vatican II et la théologie*. Perspectives pour le XXIᵉ siècle (éd. P. Bordeyne – L. Villemin) (Cogitatio Fidei 254 ; Paris 2006) pp. 127–149.

Neher, A., *Jérémie* (Judaïsme-Israël ; Paris 1960).

Oppenheim, A.L., *The Interpretation of Dreams in the Ancient Near East, with a Translation of an Assyrian Dream-Book* (TAPhS.NS 46/3 ; Philadelphia 1956).

Osuji, A.C., *Where is the Truth ?* Narrative Exegesis and the Question of True and False Prophecy in Jer 26–29 (MT) (BEThL 214 ; Leuven – Paris – Walpole 2010).

Parker, T., «Ebed-melech as Exemplar», *Uprooting and Planting*. Essays on Jeremiah for Leslie Allen (éd. J. Goldingay) (LHB/OTS 459 ; New York – London 2006) pp. 253–259.

Pasolini, P.P., «Le cinéma de poésie», *L'expérience hérétique* (Paris 1976) pp. 15–35.

Patron, S., «La mort du narrateur et l'interprétation du roman. L'exemple de *Pedro Páramo* de Juan Rulfo», *La mort du narrateur et autres essais* (Limoges 2015) pp. 25–52.

──, *Le narrateur*. Introduction à la théorie narrative (Collection «U» ; Paris 2009).

Peels, E., «The Assassination of Gedaliah (Jer. 40:7–41:18)», *Exile and Suffering* (éd. B. Becking – D. Human) (OTS 50 ; Leiden – Boston 2009) pp. 83–103.

Pline l'Ancien, *Histoire naturelle*. Livre XV (coll. des universités de France ; Paris 1960) (deuxième moitié du premier siècle ap. J.-C.).

Polk, T., recension de Holladay, W.L., *Jeremiah 1*. A Commentary on the Book of the Prophet Jeremiah. Chapters 1–25 (Hermeneia ; Philadelphia 1986), *JBL* 107/4 (1988) pp. 739–742.

Pontificia Commissione Biblica, *Sul carattere storico dei primi tre capitoli della Genesi* (Roma 1909).

Post, G.E., *Flora of Syria, Palestine and Sinai*. II (Beirut 1932–1933).

Prigent, P., «Apocalypse et apocalyptique», *RevSR* 47/2–4 (1973) pp. 280–299. NB : l'article du *DEB*, bien que rédigé par Prigent, renvoie par erreur à la revue *Recherches de science religieuse (RSR)*.

Prince, G., «Narratologie classique et narratologie post-classique», article publié en ligne sur http://www.vox-poetica.org/t/articles/prince.html en 2006 (consulté le 11/05/2015).

Pritchard, J.B. (éd.), *Ancient Near Eastern Texts Relating to the Old Testament* (Princeton ^{2}1955).

Propp, V., *Morphologie du conte* (trad. M. Derrida) (Poétique ; Paris 1965) (trad. de *Morfologija skazki*, Leningrad 1928).

de Pury, A., «Salomon et la reine de Saba. L'analyse narrative peut-elle se dispenser de poser la question du contexte historique ?», *La Bible en récits*. L'exégèse biblique à l'heure du lecteur. Colloque international d'analyse narrative des textes de la Bible, Lausanne, mars 2002 (éd. D. Marguerat) (MoBi 48 ; Genève 2003) pp. 213–238.

Rabatel, A., «Retour sur les relations entre locuteurs et énonciateurs. Des voix et des points de vue», *La question polyphonique ou dialogique en sciences du langage* (éd. M. Colas-Blaise – M. Kara – L. Perrin – A. Petitjean) (Recherches linguistiques 31 ; Metz 2010) pp. 357–373.

von Rad, G., *Théologie de l'Ancien Testament*. II. Théologie des traditions prophétiques d'Israël (Genève 1967) (trad. de la 4e édition allemande).

Rahner, K., *Über die Schriftinspiration* (Freiburg 1958).

Rastoin, M., *Tarse et Jérusalem*. La double culture de l'Apôtre Paul en Galates 3,6–4,7 (AnBib 152 ; Rome 2003).

Renaud-Grosbras, P., «La pseudépigraphie, entre vérité et radicalisme ?», *Le pacte pseudépigraphique*. *ETR* 88/4 (2013) pp. 559–568.

Resnais, A., *L'année dernière à Marienbad* (Scénario d'A. Robbe-Grillet ; France – Italie – RFA – Autriche 1961).

Retief, F.P. – Cilliers, J.F.G. – Riekert, S.P.J.K., «Eunuchs in the Bible», *Acta Theologica* 26/2 (2006) pp. 247–258.

Richard, J., «Le champ herméneutique de la révélation d'après Claude Geffré», *LTP* 46/1 (1990) pp. 17–30.

Ricœur, P., «Aux frontières de la philosophie. II. Philosophie et prophétisme», *Esprit* 23/12 (1955) pp. 1928–1939.

——, «Herméneutique de l'idée de révélation», *La révélation* (éd. P. Ricœur – E. Levinas – E. Haulotte – E. Cornelis – C. Geffré) (Théologie ; Bruxelles ^{1}1977 ^{2}1984) pp. 15–54.

——, «Herméneutique philosophique et herméneutique biblique», *Du texte à l'action*. Essais d'herméneutique II (Paris 1986) pp. 133–149 (Article publié initialement dans F. Bovon – G. Rouiller [éd.], *Exegesis*. Problèmes de méthode et exercices de lecture, Neuchâtel 1975, pp. 216–228).

——, «La fonction herméneutique de la distanciation», *Du texte à l'action* (Paris 1986) pp. 113–131.

——, «6. Le soi et l'identité narrative», *Soi-même comme un autre* (Paris 1990) pp. 167–198.

——, *Temps et récit*. II. La configuration dans le récit de fiction (Paris 1984).

Rime, J., «Hergé est un personnage : quelques figures de la médiation et de l'autoreprésentation dans *Les aventures de Tintin*», *Études françaises* 46/2 (2010) pp. 27–46.
Robbe-Grillet, A., «Après *L'Éden et après*. 1970», *Le voyageur*. Textes, causeries et entretiens
(1947–2001) choisis et présentés par O. Corpet avec la collaboration d'E. Lambert (Paris
2001) pp. 103–107 (texte publié sous ce titre dans *Le Nouvel Observateur*, n° 294, 29
juin 1970).
——, *La jalousie* (Paris 1957).
——, *L'immortelle* (France – Italie – Turquie 1963).
——, «Pour un nouveau cinéma (1982), *Le voyageur*. Textes, causeries et entretiens
(1947–2001) (Paris ¹2001 ²2003) pp. 205–213.
——, «Sur quelques notions périmées. 1957», *Pour un nouveau roman* (Paris 1963)
pp. 25–43.
——, «Temps et description dans le récit d'aujourd'hui. 1963», *Pour un nouveau roman* (Paris
1963) pp. 123–134. N.B. : dans ce recueil, le lieu de première publication des différents
articles n'est pas indiqué.
Robert, M., *Roman des origines et origines du roman* (Tel 13 ; Paris 1972).
Römer, T., *Israels Väter*. Untersuchungen zur Väterthematik im Deuteronomium und in der
deuteronomistischen Tradition (OBO 99 ; Freiburg – Göttingen 1990).
——, «Jérémie», *Introduction à l'Ancien Testament* (éd. T. Römer – J.-D. Macchi – C. Nihan)
(MoBi 49 ; Genève ²2009) pp. 426–438.
——, «La conversion du prophète Jérémie à la théologie deutéronomiste. Quelques enquêtes
sur le problème d'une rédaction deutéronomiste du livre de Jérémie», *The Book of
Jeremiah and its Reception* (éd. A.H.W. Curtis – T. Römer) (BEThL 128 ; Leuven 1997)
pp. 27–50.
——, recension de Di Pede, E., *Au-delà du refus : l'espoir*. Recherches sur la cohérence
narrative de Jr 32–45 (TM) (BZAW 357 ; Berlin – New York 2005), *CBQ* 71/2 (2009)
pp. 368–369.
——, *The So-Called Deuteronomistic History*. A Sociological, Historical and Literary Introduc-
tion (London ¹2005 ²2006).
Rosenberg, J., «Jérémie et Ézéchiel», *Encyclopédie littéraire de la Bible* (éd. R. Alter – F.
Kermode) (Paris 2003) pp. 231–255 (trad. de *The Literary Guide to the Bible*, Cambdrige
1987).
Rossi, B., *L'intercessione nel tempo della fine*. Studio dell'intercessione profetica nel libro di
Geremia (Analecta Biblica 204 ; Roma 2013).
Rousselot, P., «Les yeux de la foi», *RSR* 1 (1910) pp. 241–259 et 444–475.
Roy, Y., «La marionnette et le personnage», *Études françaises* 41/1 (2005) pp. 79–88.
Rudolph, W., *Jeremia* (HAT 12 ; Tübingen ¹1947 ²1958 ³1967).
Sarraute, N., *Les fruits d'or* (Paris 1963).
——, «Nouveau roman et réalité. Conférence faite à Bruxelles à la Tribune Libre Universitaire»,
Problèmes d'une sociologie du roman. Revue de l'Institut de sociologie 2 (1963)
pp. 431–447.
Scalise, P.J., «Baruch as First Reader : Baruch's Lament in the Structure of the Book of
Jeremiah», *Uprooting and Planting*. Essays on Jeremiah for Leslie Allen (éd. J. Goldingay)
(New York – London 2007) pp. 291–307.
Schlink, E., «Écriture, Tradition et Magistère selon la constitution *Dei Verbum*», *La Révélation
divine*. II (éd. B.D. Dupuy) (UnSa 70b ; Paris 1968) pp. 499–511.

Schmid, K., *Buchgestalten des Jeremiabuches*. Untersuchungen zur Redaktions- und Rezeptionsgeschichte von Jer 30–33 im Kontext des Buches (WMANT 72 ; Neukirchen-Vluyn 1996).

——, «L'accession de Nabuchodonosor à l'hégémonie mondiale et la fin de la dynastie davidique. Exégèse intrabiblique et construction de l'histoire universelle dans le livre de Jérémie», *ETR* 81/2 (2006) pp. 211–227.

——, «La formation des prophètes postérieurs (histoire de la rédaction)», *Introduction à l'Ancien Testament* (éd. T. Römer – J.-D. Macchi – C. Nihan) (MoBi 49 ; Genève ^{1}2004 ^{2}2009) pp. 400–409.

——, «L'auto-compréhension des livres prophétiques comme littérature de réécriture», *Écritures et réécritures*. La reprise interprétative des traditions fondatrices par la littérature biblique et extra-biblique. Cinquième colloque international du RRENAB, Universités de Genève et de Lausanne, 10–12 juin 2010 (éd. C. Clivaz – C. Combet-Galland – J.-D. Macchi – C. Nihan) (BEThL 248 ; Leuven – Paris – Walpole, MA 2012) pp. 123–136.

——, «The Prophets after the Law or the Law after the Prophets ? Terminological, Biblical, and Historical Perspectives», *The Formation of the Pentateuch*. Bridging the Academic Cultures of Europe, Israel and North America (éd. J.C. Gertz – B.M. Levinson – D. Rom-Shiloni – K. Schmid) (FAT 111 ; Tübingen 2016) pp. 841–850.

Schmid, K. – Steck, O.H., «Restoration Expectations in the Prophetic Tradition of the Old Testament», *Restoration*. Old Testament, Jewish, and Christian Perspectives (éd. J.M. Scott) (JSJ.S 72 ; Leiden – Boston – Köln 2001) pp. 41–81.

Schnackenburg, S., *Règne et royaume de Dieu*. Essai de théologie biblique (Études théologiques 2 ; Paris 1964) (trad. de *Gottes Herrschaft und Reich*, Freiburg 1959).

Schulte, H. «Baruch und Ebedmelech. Persönliche Heilsorakel im Jeremiabuche», *BZ* 32/2 (1988) pp. 257–265.

Sesboüé, B., «Écritures, traditions et dogmes au concile de Trente» et «La communication de la Parole de Dieu : *Dei Verbum*», *Histoire des dogmes*. IV. La parole du salut (éd. B. Sesboüé) (Paris 1996) pp. 133–173 et 511–558.

Shiloh, Y., *Excavations at the City of David*. I. 1978–1982. Interim Report of the First Five Seasons (Qedem ; Jerusalem 1984).

Sievers, E., *Metrische Studien*. I. Studien zur hebräischen Metrik. 1. Untersuchungen (Leipzig 1901).

——, *Metrische Studien*. I. Studien zur hebräischen Metrik. 2. Textproben (Leipzig 1901).

Simon, R., *Histoire critique du Vieux Testament* (Rotterdam ^{2}1685).

Ska, J.-L., «Le livre de Ruth ou l'art narratif biblique dans l'Ancien Testament», *La Bible en récits*. L'exégèse biblique à l'heure du lecteur. Colloque international d'analyse narrative des textes de la Bible, Lausanne, mars 2002 (éd. D. Marguerat) (MoBi 48 ; Genève 2003) pp. 41–72.

——, *«Nos pères nous ont raconté»*. Introduction à l'analyse des récits de l'Ancien Testament (CEv 155 ; Paris 2011) (trad. de «*Our Fathers Have Told Us*», Roma 1990).

——, «Un narrateur ou des narrateurs ?», *La Bible en récits*. L'exégèse biblique à l'heure du lecteur. Colloque international d'analyse narrative des textes de la Bible, Lausanne, mars 2002 (éd. D. Marguerat) (MoBi 48 ; Genève 2003) pp. 264–275.

Smith, M., «Jewish Religious Life in the Persian Period», *The Cambridge History of Judaism*. I. (éd. W.D. Davies – L. Finkelstein) (Cambridge 1984) pp. 219–278.

Sonnet, J.-P., «Lorsque Dieu vient au récit. À propos d'un ouvrage récent», *RTL* 42 (2001) pp. 75–83.

Starobinski, J., *La relation critique* (Tel 314 ; Paris ²2001).

Sternberg, M., *La Grande Chronologie*. Temps et espace dans le récit biblique de l'histoire (Le livre et le rouleau 32 ; Bruxelles 2008) (trad. de «Time and Space in Biblical [Hi]story Telling : The Grand Chronology», *The Book and the Text : The Bible and Literary Theory* [éd. R. Schwartz], Oxford 1990, pp. 81–145).

Sterne, L., *Vie et opinions de Tristram Shandy* (Paris An XI [1803]) (trad. de *The Life and Opinions of Tristram Shandy, Gentleman*, York, 1759).

Stulman, L., *Order amid Chaos*. Jeremiah as Symbolic Tapestry (The Biblical Seminar 57 ; Sheffield 1998).

Taylor, M.A., «Jeremiah 45 : The Problem of Placement», *JSOT* 37 (1987) pp. 79–98.

Thelle, R.I., «דרש את־יהוה. The Prophetic Act of Consulting YHWH in Jeremiah 21,2 and 37,3», *SJOT* 12/2 (1998) pp. 249–256.

Theobald, C., *La Révélation… tout simplement* (Paris 2001).

——, *Le concile Vatican II*. Quel avenir ? (UnSa nouvelle série 6 ; Paris 2015).

——, «L'Église sous la Parole de Dieu», *Histoire du Concile Vatican II*. V. Concile de transition (éd. G. Alberigo) (Paris – Leuven 2005) pp. 337–437.

——, «L'entrée de l'histoire dans l'univers religieux et théologique au moment de la crise moderniste», *La crise contemporaine*. Du modernisme à la crise des herméneutiques (éd. J. Greisch – K. Neufeld – C. Theobald) (Paris 1973).

Thévenet, L., «L'Héraklès de *Philoctète* : une synthèse théâtrale du *deus ex machina*», *Bulletin de l'Association Guillaume Budé* 1/2 (2008) pp. 37–65.

Thiel, W., *Die deuteronomische Redaktion von Jeremia 1–25* (WMANT 41 ; Neukirchen-Vluyn 1973).

——, *Die deuteronomische Redaktion von Jeremia 26–45* (WMANT 52 ; Neukirchen-Vluyn 1981).

Thomas, D.W., «A Note on מוּעָדִים in Jeremiah 24,1», *JThS* 3/1 (1952) p. 55.

Tiaha, D.L.D., «Discours de révélation et diffraction du sujet», *Transversalités* 128/4 (2013) pp. 171–185.

Todorov, T., «Les catégories du récit littéraire», *Communications* 8. Recherches sémiologiques. L'analyse structurale du récit (1966) pp. 125–151.

——, *Poétique de la prose* (Poétique ; Paris 1971).

Tolstoï, L., *La Guerre et la Paix* (Pléiade ; Paris 1952) (trad. H. Mongault).

Tomachevski, B., «Thématique», *Théorie de la littérature*. Textes des formalistes russes (Tel Quel ; Paris 1965) pp. 263–307 (éd. et trad. par T. Todorov de Boris Viktorovitch Tomashevskij, *Teorija literatury [Poetika]*, Leningrad 1925, pp. 132–165).

Tov, E., «L'incidence de la critique textuelle sur la critique littéraire dans le livre de Jérémie», *RB* 79/2 (1972) pp. 189–199.

——, «Some Aspects of the Textual and Literary History of the Book of Jeremiah», *Le livre de Jérémie*. Le prophète et son milieu. Les oracles et leur transmission (éd. P.-M. Bogaert) (BEThL 54 ; Leuven 1981) pp. 145–167.

Tresmontant, C., *La crise moderniste* (Paris 1973).

Turnbull, J., «Kierkegaard, Indirect Communication, and Ambiguity», *HeyJ* 50/1 (2009) pp. 13–22.

Uspensky, B., *A Poetics of Composition.* The Structure of the Artistic Text and Typology of a Compositional Form (Berkeley 1974) (trad. de *Poetika komposizii,* Moscou 1970).

Vultur, I., «La réception de la *Recherche* : une question de genre ?», *Poétique* 142/2 (2005) pp. 239–254.

Wanke, G., *Jeremia 1* (ZBK.AT 20.1 ; Zürich 1995).

——, «Kanon und biblische Theologie. Hermeneutische Überlegungen zum alttestamentlichen Kanon», *Gott und Mensch im Dialog.* Festschrift für Otto Kaiser zum 80. Geburtstag (éd M. Witter) (BZAW 345/II ; Berlin – New York 2004) pp. 1053–1061.

——, *Untersuchungen zur sogenannten Baruchschrift* (BZAW 122 ; Berlin 1971).

Weinberg, J., «Gedaliah, the Son of Ahikam in Mizpah : His Status and Role, Supporters and Opponents», *ZAW* 119/3 (2007) pp. 356–368.

Wicks, J., «Vatican II on Revelation. From Behind the Scenes», *TS* 71/3 (2010) pp. 637–650.

van Wolde, E., (éd.), *Narrative Syntax and the Hebrew Bible.* Papers of the Tillburg Conference 1996 (Biblical Interpretation Series 29 ; Leiden – New York – Köln 1997).

Zenger, E., et al. (éd.), *Einleitung in das Alte Testament* (Stuttgart ⁸2012).

Zevit, Z., «A Chapter in the History of Israelite Personal Names», *BASOR* 250 (1983) pp. 1–16.

Index des références bibliques

Cet index comprend l'ensemble des références bibliques mentionnées ou citées au long du texte. Pour les références les plus importantes (lorsqu'une sous-partie analyse précisément cette référence, ou lorsqu'elle est présente dans un tableau), le numéro de page est indiqué en gras.

https://doi.org/10.1515/9783110657845-015

Index des auteurs cités

https://doi.org/10.1515/9783110657845-016